ORGE SAND ILLUSTRÉ PAR TONY JOHANNOT
ET MAURICE SAND

LE PICCININO

PRÉFACE ET NOTICE NOUVELLE

Prix : 1 franc 95 centimes

ÉDITION J. HETZEL

LIBRAIRIE CENTRALE
Des Publications illustrées à 20 centimes
5, RUE DU PONT-DE-LODI, 5

1857
—
PARIS

BLANCHARD
Libraire
RUE RICHELIEU, 78, PRÈS LA BOURSE

MICHEL LÉVY FRÈRES, ÉDITEURS
2 BIS, RUE VIVIENNE

NOUVELLE ÉDITION

LIBRAIRIE NOUVELLE
15, BOULEVARD DES ITALIENS

LE PICCININO

NOTICE

Le *Piccinino* est un roman de fantaisie qui n'a la prétention ni de peindre une époque historique précise, ni de décrire fidèlement un pays. C'est une étude de couleur, rêvée plutôt que sentie, et où quelques traits seulement se sont trouvés justes comme par hasard. La scène de ce roman pourrait se trouver placée partout ailleurs, sous le ciel du midi de l'Europe, et ce qui m'a fait choisir la Sicile, c'est tout bonnement un recueil de belles gravures que j'avais sous les yeux en ce moment-là.

J'avais toujours eu envie de faire, tout comme un autre, mon petit chef de brigands. Le chef de brigands qui a défrayé tant de romans et de mélodrames sous l'Empire, sous la Restauration, et jusque dans la littérature romantique, a toujours amusé tout le monde, et l'intérêt principal s'est toujours attaché à ce personnage terrible et mystérieux. C'est naïf, mais c'est comme cela. Que le type soit effrayant comme ceux de Byron, ou comme ceux de Cooper digne du prix Monthyon, il suffit que ces héros du désespoir aient mérité légalement la corde ou les galères pour que tout bon et honnête lecteur les chérisse dès les premières pages, et fasse des vœux pour le succès de leurs entreprises. Pourquoi donc, sous prétexte d'être une personne raisonnable, me serais-je privé d'en créer un à ma fantaisie?

Bien persuadé que le chef de brigands était tombé dans le domaine public, et appartenait à tout romancier comme les autres types classiques lui appartiennent, je voulus au moins essayer de faire possible et réel de sa nature, ce personnage bizarre dans sa position. Un tel mystère enveloppe les pirates de Byron, qu'on n'oserait les questionner, et qu'on les redoute ou les plaint sans les connaître. Il faut même dire bien vite que c'est par ce mystère inexpliqué qu'ils nous saisissent; mais je ne suis pas Byron, et les romans ne sont pas des poëmes. Je souhaitais, moi, faire un personnage très-expliqué, entouré de circonstances romanesques, un peu exceptionnel par lui-même, mais avec qui, cependant, mon bon lecteur pût faire connaissance peu à peu, comme avec un simple particulier.

GEORGE SAND.

Nohant 22 avril 1853.

A MON AMI EMMANUEL ARAGO

SOUVENIR D'UNE VEILLÉE DE FAMILLE.

I.

LE VOYAGEUR.

La région, dite *piedimonta*, qui s'étend autour de la base de l'Etna, et dont Catane marque le point le plus abaissé vers la mer, est, au dire de tous les voyageurs, la plus belle contrée de l'univers. C'est ce qui me détermine à y placer la scène d'une histoire qu'on m'a racontée, mais dont on m'a recommandé de ne dire ni le lieu, ni les personnages véritables. Ainsi donc, ami lecteur, donne-toi la peine de te transporter en imagination jusqu'au pays nommé Valdémona, ou *Val des Démons*. C'est un bel endroit que je ne me propose pourtant pas de te décrire très-exactement, par une assez bonne raison : c'est que je ne le connais pas, et qu'on ne peint jamais très-bien ce que l'on ne connaît que par ouï-dire. Mais il y a tant de beaux livres de voyages que tu peux consulter!... A moins que tu ne préfères y aller de ta personne, ce que je voudrais pouvoir faire aussi, dès demain, pourvu que ce ne fût pas avec toi, lecteur : car, en présence des merveilles de ce lieu, tu me reprocherais de t'en avoir si mal parlé, et il n'y a rien de plus maussade qu'un compagnon de voyage qui vous sermonne.

En attendant mieux, ma fantaisie éprouve le besoin de te mener un peu loin, par delà les monts, et de laisser reposer les campagnes tranquilles où j'aime le plus souvent à encadrer mes récits. Le motif de cette fantaisie est fort puéril; mais je veux te le dire.

Je ne sais si tu te souviens, toi qui as la bonté de me lire, que, l'an dernier, je te présentai un roman intitulé le *Péché de M. Antoine*, dont la scène se passait aux bords de la Creuse, et principalement dans les ruines du vieux manoir de Châteaubrun. Or, ce château existe, et je vais m'y promener tous les ans, au moins une fois, quoiqu'il soit situé à une dizaine de lieues de ma demeure. Cette année, je fus assez mal accueilli par la vieille paysanne qui garde les ruines.

« Oui-da! me dit-elle, dans son parler demi-berrichon, demi-marchois : *i'* ne suis point contente de vous: *i'* ne m'appelle point *Janille*, mais *Jennie*; *i'* n'ai point de fille et ne mène point mon maître par le bout du nez. Mon maître ne porte point de blouse, vous avez menti; *i'* ne l'ai jamais vu en blouse! etc... etc.; *i'* ne sais pas lire, mais *i'* sais que vous avez écrit du mal de mon maître et de moi; *i'* ne vous aime plus. »

Ceci m'apprit qu'il existait encore, non loin des ruines de Châteaubrun, un vieux paysan nommé M. de Châteaubrun, lequel ne porte jamais de blouse. C'est tout ce que je sais de lui.

Mais cela m'a prouvé qu'il fallait être fort circonspect quand on parlait de la Marche et du Berri. Voilà bien la dixième fois que cela m'arrive, et chaque fois, il se trouve que des individus, portant le nom de quelqu'un de mes personnages, ou demeurant dans la localité que j'ai décrite, se fâchent tout rouge contre moi, et m'accusent de les avoir calomniés, sans daigner croire que j'ai pris leur nom par hasard et que je ne connaissais même leur existence.

Pour leur donner le temps de se calmer, en attendant que je recommence, je vais faire un tour en Sicile... Mais comment m'y prendrai-je pour ne pas me servir d'un nom appartenant à une personne ou à une localité de cette île célèbre? Un héros sicilien ne peut pas s'appeler Durand ou Wolf, et je ne peux pas trouver, sur toute la carte du pays, un nom qui rime avec Pontoise ou avec Baden-Baden. Il faudra bien que je baptise mes acteurs et ma scène de noms qui aient quelque rime en

a, en *o* ou en *i*. Je les prendrai le plus faciles à prononcer qu'il me sera possible, sans m'inquiéter de l'exactitude géographique, et en déclarant d'avance que je ne connais pas un chat en Sicile, même de réputation; qu'ainsi, je ne puis avoir l'intention de désigner personne.

Ceci posé, je suis libre de mon choix, et le choix des noms est ce qu'il y a de plus embarrassant pour un romancier qui veut s'attacher sincèrement aux figures qu'il crée. D'abord, j'ai besoin d'une princesse qui ait un beau nom, de ces noms qui vous donnent une haute idée de la personne : et il y a de si jolis noms dans ce pays-là! Acalia, Madonia, Valcorrente, Valverde, Primosole, Tremisteri, etc., tout cela sonne à l'oreille comme des accords parfaits! Mais si par hasard il est jamais arrivé, dans quelqu'une des familles patriciennes qui portent les noms de ces localités seigneuriales, une aventure du genre de celle que je vais raconter, aventure délicate, je l'avoue, me voilà encore une fois accusé de médisance ou de calomnie. Heureusement, Catane est bien loin d'ici; mes romans ne passent probablement pas le phare de Messine, et j'espère que le nouveau pape fera par charité ce que son prédécesseur avait fait sans savoir pourquoi, c'est-à-dire qu'il me maintiendra à l'index, ce qui me donnera beau jeu pour parler de l'Italie sans parler l'Italie, et à plus forte raison la Sicile, s'en doutent.

En conséquence, ma princesse se nommera la princesse de Palmarosa. Je défie qu'on trouve des sons plus doux et un sens plus fleuri à un nom de roman. Quant à son prénom, il est temps d'y songer : nous lui donnerons celui d'Agathe, parce que sainte Agathe est la patronne vénérée de Catane. Mais je prierai le lecteur de prononcer *Agata*, sous peine de manquer à la couleur locale, quand même il m'arriverait par inadvertance d'écrire tout bonnement ce nom en français.

Mon héros s'appellera Michel-Ange Lavoratori, qu'il ne faudra jamais confondre avec le célèbre Michel-Ange Buonarotti, mort au moins deux cents ans avant la naissance de mon personnage.

Quant à l'époque où la scène se passe, autre nécessité fâcheuse d'un roman qui commence, vous serez parfaitement libre de la choisir vous-même, cher lecteur. Mais comme mes personnages seront pleins des idées qui sont actuellement en circulation dans le monde, et qu'il me serait impossible de vous parler comme je le voudrais des hommes du temps passé, je me figure que l'histoire de la princesse Agathe de Palmarosa et de Michel-Ange Lavoratori prend naturellement place entre 1810 et 1840. Précisez à votre guise l'année, le jour et l'heure où nous entrons en matière; cela m'est indifférent, car mon roman n'est ni historique, ni descriptif, et ne se pique en aucune façon d'exactitude sous l'un ou l'autre rapport.

Ce jour-là... c'était en automne et en plein jour, si vous voulez, Michel-Ange Lavoratori descendait en biais les gorges et les ravins qui se creusent et se relèvent alternativement des flancs de l'Etna jusqu'à la fertile plaine de Catane. Il venait de Rome; il avait traversé le détroit de Messine, et il avait suivi la route jusqu'à Taormina. Là, enivré du spectacle qui s'offrait à ses yeux de toutes parts, et ne sachant lequel choisir, ou des bords de la mer ou de l'intérieur des montagnes, il était venu un peu au hasard, partagé entre l'impatience d'aller embrasser son père et sa sœur, dont il était séparé depuis un an, et la tentation d'approcher un peu du volcan gigantesque auprès duquel il trouvait, comme Spallanzani, que le Vésuve n'est qu'un volcan de cabinet.

Comme il était seul et à pied, il s'était perdu plus d'une fois en traversant cette contrée sillonnée par d'énormes courants de laves, qui forment partout des montagnes escarpées et des vallons couverts d'une végétation luxuriante. On fait bien du chemin et on avance bien peu quand il faut toujours monter et descendre sur un espace quadruplé par des barrières naturelles. Michel avait mis deux jours à franchir les dix lieues environ qui, à vol d'oiseau, séparent Taormina de Catane; mais enfin il approchait, il arrivait même : car, après avoir passé le Cantaro et traversé Mascarello, Piano-Grande, Valverde et Mascalucia, il venait enfin de laisser Santa-Agata sur sa droite et Ficarazzi sur sa gauche. Il n'était donc plus qu'à une distance d'un mille environ des faubourgs de la ville : qu'il eût encore marché un quart-d'heure et il en avait fini avec les aventures d'un voyage pédestre, durant lequel, malgré le ravissement et les transports d'admiration qu'une telle nature inspire à un jeune artiste, il avait passablement souffert du chaud dans les gorges, du froid sur la cime des montagnes, de la faim et de la fatigue.

Mais comme il longeait la clôture d'un parc immense, au versant de la dernière colline qu'il eût encore à franchir, et que, les yeux fixés sur la ville et le port, il marchait vite pour réparer le temps perdu, son pied heurta contre une souche d'olivier. La douleur fut aiguë ; car, depuis deux jours qu'il foulait des scories tranchantes et une pouzzolane chaude comme la cendre rouge, sa chaussure s'était amincie et ses pieds s'étaient meurtris assez cruellement.

Forcé de s'arrêter, il se trouva tout à coup devant une niche qui faisait saillie sur la muraille et qui contenait une statuette de madone. Cette petite chapelle, ombragée d'un dais de pierre et garnie d'un banc, offrait un abri hospitalier aux passants et un lieu d'attente pour les mendiants, moines ou autres, à la porte même de la *villa*, dont notre voyageur pouvait apercevoir les constructions élégantes à travers les orangers d'une longue avenue à triple rang.

Michel, plus irrité qu'abattu par cette subite souffrance, jeta son sac de voyage, s'assit sur le banc, secoua son pied malade, puis l'oublia bientôt pour se perdre dans ses rêveries.

Pour initier le lecteur aux réflexions que la circonstance suggérait à ce jeune homme, il est nécessaire que je le lui fasse un peu connaître. Michel avait dix-huit ans, et il étudiait la peinture à Rome. Son père, Pier-Angelo Lavoratori, était un simple barbouilleur à la colle, peintre en décors, mais fort habile dans sa partie. Et l'on sait qu'en Italie les artisans chargés de couvrir de fresques les plafonds et les murailles sont presque des artistes. Soit tradition, soit goût naturel, ils produisent des ornements fort agréables ; et dans les plus modestes demeures, jusque dans de pauvres auberges, l'œil est réjoui par des guirlandes et des rosaces d'un charmant style, ou seulement par des bordures, dont les couleurs sont heureusement opposées à celle de la teinte plate des panneaux et des lambris. Ces fresques sont parfois aussi parfaitement exécutées que nos papiers de tenture, et elles sont bien supérieures, en ce que l'on y sent le laisser-aller des ouvrages faits à la main. Rien de triste comme les ornements d'une régularité rigoureuse que produisent les machines. La beauté des vases, et en général des ouvrages chinois, tient à cet abandon capricieux que la main humaine peut seule donner à ses œuvres. La grâce, la liberté, la hardiesse, l'imprévu, et même la maladresse naïve sont, dans l'ornementation, des conditions de charme qui se perdent chaque jour chez nous, où tout s'obtient au moyen des mécaniques et des métiers.

Pier-Angelo était un des plus expéditifs et des plus ingénieux parmi ces ouvriers *ornateurs* (*adornatori*). Natif de Catane, il y avait élevé sa famille jusqu'à la naissance de Michel, époque où il quitta brusquement son pays pour aller se fixer à Rome. Le motif qu'il donna à cet exil volontaire fut que sa famille augmentait, qu'il s'établissait à Catane une trop grande concurrence, que son travail par conséquent devenait insuffisant ; enfin qu'il allait chercher fortune ailleurs. Mais on disait tout bas qu'il avait fui les ressentiments de certains patriciens tout-puissants, et tout dévoués à la cour de Naples.

On sait la haine que ce peuple conquis et opprimé porte au gouvernement de l'autre côté du détroit. Fier et vindicatif, le Sicilien gronde sans cesse comme son volcan et s'agite parfois. On disait que Pier-Angelo avait été compromis dans un essai de conspiration populaire,

et qu'il avait dû fuir, emportant ses pinceaux et ses pénates. Pourtant, son caractère enjoué et bienveillant semblait démentir une telle supposition ; mais il fallait bien aux vives imaginations des habitants du faubourg de Catane un motif extraordinaire à la brusque disparition de cet artisan aimé et regretté de tous ses confrères.

A Rome, il ne fut guère plus heureux, car il y eut la douleur de perdre tous ses enfants, excepté Michel, et peu de temps après, sa femme mourut en donnant le jour à une fille, dont le jeune frère fut parrain, et qui reçut le nom de Mila, contraction de Michel'Angela.

Réduit à ces deux enfants, Pier-Angelo, plus triste, fut du moins plus aisé, et il vint à bout, en travaillant avec ardeur, de faire donner à son fils une éducation très-supérieure à celle qu'il avait reçue lui-même. Il montra pour cet enfant une prédilection qui allait jusqu'à la faiblesse, et, quoique pauvre et obscur, Michel fut un véritable enfant gâté.

Ainsi, Pier-Angelo avait poussé ses autres fils au travail et leur avait communiqué de bonne heure cette ardeur qui le dévorait. Mais, soit qu'ils eussent succombé à un excès de labeur pour lequel ils n'avaient pas reçu du ciel la même force que leur père, soit que Pier-Angelo, voyant sa famille réduite à trois personnes, lui compris, ne jugeât plus nécessaire de se faire aider, il sembla s'attacher à ménager la santé de son dernier fils, plus qu'à se hâter de lui donner un gagne-pain.

Néanmoins, l'enfant aimait la peinture, et il créait, en se jouant, des fruits, des fleurs et des oiseaux d'un coloris charmant. Un jour, il demanda à son père pourquoi il ne plaçait pas des figures dans ses fresques.

« Oui-da ! les figures ! répondit le bonhomme plein de sens : il faut les faire fort belles, ou ne s'en point mêler. Ceci dépasse le talent que j'ai pu acquérir, et, tandis qu'on approuve mes guirlandes et mes arabesques, je serais bien sûr de faire rire les connaisseurs si je m'avisais de faire danser des amours boiteux ou des nymphes bossues sur mes plafonds.

— Et si j'essayais, moi ! dit l'enfant qui ne doutait de rien.

— Essaie sur du papier, et quelque succès que tu aies pour ton âge, tu verras bientôt qu'avant de savoir il faut apprendre. »

Michel essaya. Pierre montra les croquis de son fils à des amateurs et même à des peintres, qui reconnurent que l'enfant avait beaucoup de dispositions et qu'il serait heureux pour lui de n'être pas trop enchaîné à la tâche du manœuvre. Dès lors, Pier-Angelo résolut d'en faire un peintre, l'envoya dans un des premiers ateliers de Rome, et le dispensa entièrement de préparer les couleurs et de barbouiller les murailles.

« De deux choses l'une, se disait-il avec raison : ou cet enfant deviendra un maître, ou, s'il n'a qu'un faible talent, il reviendra à la peinture d'ornement avec des connaissances que je n'ai pas, et il sera un ouvrier de premier ordre dans sa partie. De toute façon il aura une existence plus libre et plus aisée que la mienne. »

Ce n'est pas que Pier-Agelo fût mécontent de son sort. Il était doué de cette imprévoyance, et même de cette insouciance qu'ont les hommes très-laborieux et très-robustes. Il comptait toujours sur la destinée, peut-être parce qu'il comptait surtout sur ses bras et sur son courage. Mais, comme il était fort intelligent et fin observateur, il avait déjà vu poindre chez Michel une étincelle d'ambition que ses autres enfants n'avaient jamais eue. Il en conclut que le bonheur dont il s'arrangeait, lui, ne suffirait pas à cette organisation plus exquise. Tolérant à l'excès, et bien convaincu que chaque homme a des aptitudes que nul autre ne peut mesurer exactement, il respecta les instincts et les penchants de Michel comme des volontés du ciel, et, en cela, il fut aussi imprudent que généreux.

Car il devait résulter, et il résulta en effet de cette condescendance aveugle, que Michel-Ange s'habitua à ne jamais souffrir, à ne jamais être contrarié, et à regarder sa personnalité comme plus importante et plus intéressante que celle des autres. Il prit souvent ses fantaisies pour des volontés, et ces volontés pour des droits. De plus, il fut atteint de bonne heure de la maladie des gens heureux, c'est-à-dire de la crainte de n'être pas toujours heureux; et au milieu de ses progrès, il fut souvent paralysé par la crainte d'échouer. Une vague inquiétude s'empara de lui, et, comme il était naturellement énergique et audacieux, elle le rendit parfois chagrin et irritable...

Mais nous pénétrerons plus avant encore son caractère, en le suivant dans les réflexions qu'il fit lui-même aux portes de Catane, dans la petite chapelle où il venait de s'arrêter.

II.

L'HISTOIRE DU VOYAGEUR.

J'ai oublié de vous dire, et il est urgent que vous sachiez pourquoi, depuis un an, Michel était séparé de son père et de sa sœur.

Quoiqu'il gagnât fort bien sa vie à Rome, et malgré son heureux caractère, Pier-Angelo n'avait jamais pu s'habituer à vivre à l'étranger, loin de sa chère patrie. En véritable insulaire qu'il était, il regardait la Sicile comme une terre privilégiée du ciel sous tous les rapports, et le continent comme un lieu d'exil. Quand les Catanais parlent de ce volcan terrible qui les écrase et les ruine si souvent, ils poussent l'amour du sol jusqu'à dire : Notre Etna. « Ah! disait Pier-Angelo le jour qu'il passa près des laves du Vésuve, si vous aviez vu notre fameuse lame de Catane! c'est cela qui est beau et grand! Vous n'oseriez plus parler des vôtres! » Il faisait allusion à cette terrible éruption de 1669 qui apporta, au centre même de la ville, un fleuve de feu, et détruisit la moitié de la population et des édifices. La destruction d'Herculanum et de Pompeïa lui semblait une plaisanterie. « Bah! disait-il avec orgueil, j'ai bien d'autres tremblements de terre! C'est chez nous qu'il faut aller pour savoir ce que c'est! »

Enfin il soupirait sans cesse après le moment où il pourrait revoir sa chère fournaise et sa bouche d'enfer bien-aimée.

Lorsque Michel et Mila, qui étaient habitués à sa bonne humeur, le voyaient rêveur et abattu, ils s'affligeaient et s'inquiétaient, comme il arrive toujours à l'égard des personnes qui ne sont tristes que par exception. Il avouait alors à ses enfants qu'il pensait à son pays. « Si je n'étais d'une forte santé, leur disait-il, et si je ne me faisais une raison, il y a longtemps que le mal du pays m'aurait fait mourir. »

Mais lorsque ses enfants lui parlaient de retourner en Sicile, il remuait un doigt d'une manière significative, comme pour leur dire : « Je ne puis plus franchir le détroit : je n'échapperais à Charybde que pour tomber dans Scylla. »

Une fois ou deux il lui échappa de leur dire « : Le prince Dionigi est mort depuis longtemps, mais son frère Ieronimo ne l'est pas. » Et quand ses enfants le questionnèrent sur ce qu'il avait à craindre du prince Ieronimo, il remua encore le doigt et ajouta : « Silence là-dessus! C'est encore trop pour moi que de nommer devant vous ces princes-là. »

Enfin, un jour, Pier-Angelo, travaillant dans un palais de Rome, ramassa une gazette qu'il trouva par terre, et la montrant à Michel qui, au sortir du musée de peinture, était venu le voir. — « Quel chagrin pour moi, lui dit-il, de ne savoir pas lire! Je parie qu'il y a là-dedans quelque nouvelle de ma chère Sicile. Tiens, tiens, Michel, qu'est-ce que c'est que ce mot-là? Je jurerais que c'est le nom de Catane. Oui, oui, je sais lire ce nom! Eh bien! regarde, et dis-moi ce qui se passe à Catane, à l'heure qu'il est. »

Michel jeta les yeux sur le journal, et vit qu'il était question d'éclairer les principales rues de Catane au gaz hydrogène.

— Vive Dieu! s'écria Pier-Angelo; voir l'Etna à la clarté du gaz! Que ce sera beau!

Et de joie, il fit sauter son bonnet au plafond.

— Il y a encore une nouvelle, dit le jeune homme en parcourant le journal. « Le cardinal-prince Ieronimo de Palmarosa a été obligé de suspendre l'exercice des fonctions importantes que le gouvernement napolitain lui avait confiées. Son Éminence vient d'être frappée d'une attaque de paralysie qui a fait craindre pour ses jours. En attendant que la science médicale puisse se prononcer sur la situation morale et physique de ce noble personnage, le gouvernement a confié ses fonctions provisoirement à Son Excellence le marquis de... »

— Et que m'importe à qui? s'écria Pier-Angelo en arrachant le journal des mains de son fils avec un enthousiasme extraordinaire, le prince Ieronimo va rejoindre son frère Dionigi dans la tombe, et nous sommes sauvés!... » Puis, essayant d'épeler lui-même le nom du prince Ieronimo, comme s'il eût craint une méprise de la part de son fils, il lui rendit le papier public, en lui disant de relire bien exactement et bien lentement le paragraphe.

Quand ce fut fait, Pier-Angelo fit un grand signe de croix:

— O Providence! s'écria-t-il, tu as permis que le vieux Pier-Angelo vît l'extinction de ses persécuteurs, et qu'il pût retourner dans sa ville natale! Michel, embrasse-moi! cet événement n'a pas moins d'importance pour toi que pour moi-même. Quoi qu'il arrive, mon enfant, souviens-toi que Pier-Angelo Lavoratori a été pour toi un bon père!

— Que voulez-vous dire, mon père? courez-vous encore quelque danger? Si vous devez retourner en Sicile, je vous y suivrai.

— Nous parlerons de cela, Michel. En attendant, silence!... Oublie même les paroles qui me sont échappées. »

Deux jours après, Pier-Angelo pliait bagage et partait pour Catane avec sa fille. Il ne voulut pas emmener Michel, quelque instance que ce dernier pût lui faire.

— Non, lui dit-il. Je ne sais pas au juste si je pourrai m'installer à Catane, car je me suis fait lire les gazettes, ce matin encore, et on ne dit point que le cardinal Ieronimo soit mort. On n'en parle point. Un personnage si protégé du gouvernement et si riche ne pourrait ni guérir ni trépasser sans qu'on en fît grand bruit. J'en conclus qu'il respire encore, mais il n'en vaut guère mieux. Son remplaçant par interim est un brave seigneur, bon patriote et ami du peuple. Je n'ai rien à craindre de la police tant que nous aurons affaire à lui. Mais enfin, si par miracle ce prince Ieronimo revenait à la vie et à la santé, il me faudrait revenir ici au plus vite; et alors à quoi bon t'avoir fait faire ce voyage qui interromprait tes études?

— Mais, dit Michel, pourquoi ne pas attendre que le sort de ce prince se décide, pour partir vous-même? Je ne sais pas ce que vous avez à craindre de lui et du séjour de Catane, mon père; car vous n'avez jamais voulu vous expliquer clairement à cet égard; mais je suis effrayé de vous voir partir seul avec cette enfant, pour une terre où vous n'êtes pas sûr d'être bien accueilli. Je sais que la police des gouvernements absolus est ombrageuse, tracassière; et n'eussiez-vous à redouter qu'un emprisonnement momentané, que deviendrait notre petite Mila, seule, dans une ville où vous ne connaissez plus personne? Laissez-moi vous accompagner, au nom du ciel! je serai le défenseur et le gardien de Mila, et, quand je vous verrai tranquilles et bien installés, s'il vous plaît de rester en Sicile, je reviendrai reprendre mes études à Rome.

— Oui, Michel, je le sais, et je le comprends, repartit Pier-Angelo. Tu n'as aucun désir de rester en Sicile, et ta jeune ambition s'arrangerait mal du séjour d'une île que tu crois privée des ressources et des monuments de l'art..... Tu te trompes; nous avons de si beaux monuments! Palerme en fourmille, l'Etna est le plus grand spectacle que la nature puisse offrir à un peintre, et, quant aux peintures, nous en avons. Le Morealèse a rempli notre patrie de chefs-d'œuvre comparables à ceux de Rome et de Florence!...

— Pardon, mon père, dit Michel en souriant. Le Morealèse n'est point à comparer à Raphaël, à Michel-Ange, ni à aucun des maîtres de l'école florentine.

— Qu'en sais-tu? Voilà bien les enfants! Tu n'as pas vu ses grandes œuvres, ses meilleurs morceaux; tu les verrais chez nous. Et quel climat! quel ciel! quels fruits! quelle terre promise!

— Eh bien, père, permets-moi de t'y suivre, dit Michel. C'est précisément ce que je te demande.

— Non! non! s'écria Pier-Angelo vivement. Je m'oubliais à te vanter Catane, et je ne veux pas que tu m'y suives maintenant; je sais que ton bon cœur et ta sollicitude pour nous te le conseillent; mais je sais aussi que ta fantaisie ne t'y porte pas. Je veux que cela te vienne naturellement, quand l'heure de ta destinée aura sonné, et que tu baises alors le sol de la patrie avec amour, au lieu de le fouler aujourd'hui avec dédain.

— Ce sont là, mon père, des raisons de peu de valeur auprès des inquiétudes que je vais éprouver en votre absence. J'aime mieux m'ennuyer et perdre mon temps en Sicile que de vous y laisser aller sans moi, et de rêver ici périls et catastrophes pour vous.

— Merci, mon enfant, et adieu! lui dit le vieillard en l'embrassant avec tendresse. Si tu veux que je te le dise clairement, je ne peux pas t'emmener. Voici la moitié de l'argent que je possède, ménage-le jusqu'à ce que je puisse t'en envoyer d'autre. Tu peux compter que je ne perdrai pas mon temps à Catane, et que j'y travaillerai assidument pour me procurer de quoi continuer la peinture. Il me faut le temps d'arriver et de m'installer, après quoi, je trouverai de l'ouvrage, car j'avais beaucoup d'amis et de protecteurs dans mon pays, et je sais que j'en retrouverai quelques-uns. Ne rêve pas périls et catastrophes. Je serai prudent, et, quoique la fausseté et la peur ne soient pas mes défauts habituels, j'ai trop de sang sicilien dans les veines pour ne savoir pas trouver au besoin la finesse d'un vieux renard. Je connais l'Etna comme ma poche, et ses gorges sont assez profondes pour tenir longtemps caché un pauvre homme comme moi. Enfin, j'ai gardé, comme tu le sais, de bonnes relations, quoiqu'en secret, avec mes parents. J'ai un frère capucin, qui est un *grand homme*. Mila trouverait chez eux asile et protection au besoin. Je t'écrirai, c'est-à-dire ta sœur t'écrira pour moi, le plus souvent possible, et tu ne seras pas longtemps incertain de notre sort. Ne m'interroge pas dans les lettres; la police les ouvre. Ne prononce pas le nom des princes de Palmarosa, à nous ne t'en parlons pas les premiers....

— Et jusque-là, dit Michel, ne saurai-je pas ce que j'ai à craindre ou à espérer de la part de ces princes?

— Toi? Rien, en vérité, répondit Pier-Angelo; mais tu ne connais pas la Sicile; tu n'aurais pas la prudence qu'il faut garder dans les pays soumis à l'étranger. Tu as les idées d'un jeune homme, toutes les idées ardentes qui pénètrent ici sous le manteau des abus, mais qui, en Sicile, se cachent et se conservent sous la cendre des volcans. Tu me compromettrais, et, d'un mot échappé à ta ferveur libérale, on ferait un complot contre la cour de Naples. Adieu encore, ne me retiens plus. Il faut que je revoie mon pays, vois-tu! Tu ne sais pas ce que c'est que d'être né à Catane, et d'en être absent depuis dix-huit ans, ou plutôt tu ne le comprends pas, car il est bien vrai que tu es né à Catane, et que l'histoire de mon exil est celle du tien! Mais tu as été élevé à Rome, et tu crois, hélas! que c'est là ta patrie!»

Au bout d'un mois, Michel reçut, de la main d'un ouvrier qui arrivait de Sicile, une lettre de Mila, qui lui annonçait que leur voyage avait été des plus heureux, qu'ils avaient été reçus à bras ouverts par leurs parents et anciens amis, que Pier-Angelo avait trouvé de l'ouvrage et de belles protections; mais que le cardinal était toujours vivant, peu redoutable à la vérité, car il était retiré du monde et des affaires; cependant, Pier-Angelo ne souhaitait pas encore que Michel vint le rejoindre, car on ne savait *ce qui pouvait arriver*.

Jusque-là Michel avait été triste et inquiet, car il aimait tendrement ses parents; mais, dès qu'il fut rassuré sur leur compte, il se réjouit involontairement d'être à Rome, et non à Catane. Son existence y était fort agréable depuis que son père lui avait permis de se consacrer à la grande peinture. Protégé par ses maîtres, auxquels il plaisait, non-seulement à cause de ses heureuses dispositions, mais encore à cause d'une certaine élévation d'esprit et d'expressions au-dessus de son âge et de sa condition, lancé dans la société de jeunes gens plus riches et plus répandus que lui (et il faut avouer qu'il se laissait gagner aux avances de ceux-là plus qu'à celles des fils d'artisans, ses égaux), il consacrait ses loisirs à orner son cerveau et à agrandir le cercle de ses idées. Il lisait vite et beaucoup, il fréquentait les théâtres; il causait avec les artistes; en un mot, il se formait extraordinairement pour une existence libre et noble, à laquelle il n'était pourtant pas assuré de pouvoir prétendre.

Car les ressources du pauvre peintre en détrempe, qui lui consacrait le plus de ses salaires, n'étaient pas inépuisables. La maladie pouvait les faire cesser, et la peinture est un art si sérieux et si profond, qu'il faut l'apprendre bien des années avant de pouvoir s'en servir lucrativement.

Cette pensée effrayait Michel et le jetait parfois dans de grands accablements. «Oh! mon père!» pensait-il encore, au moment où nous le rencontrons à la porte d'un palais voisin de sa ville natale, «n'avez-vous pas fait, par excès d'amour pour moi, une grande faute contre vous et contre moi-même, en me poussant dans la carrière de l'ambition? J'ignore si je parviendrai, et pourtant je sens que j'aurai bien de la peine à reprendre la vie que vous menez et que la fortune m'avait destinée. Je ne suis pas aussi robuste que vous; j'ai dégénéré sous le rapport de la force physique, qui est le cachet de noblesse de notre race. Je ne sais pas marcher, je me fatigue à outrance de ce qui ne serait pour vous, à soixante ans, qu'une promenade de santé. Me voilà accablé, blessé au pied par ma faute, par ma distraction ou ma maladresse. Je suis pourtant né dans ces montagnes, et je vois les enfants courir sur ces laves tranchantes, comme je marcherais sur un tapis. Oui, mon père avait raison, c'est là une belle patrie; on peut être fier d'être sorti, comme la lave, des flancs de cette montagne terrible! Mais il faudrait être digne d'une telle origine et ne l'être pas à demi. Il faudrait être un grand homme et remplir le monde de foudres et d'éclairs, ou bien il faudrait être un paysan intrépide, un bandit déterminé, et vivre au grand air, sans autre ressource qu'une carabine et une âme implacable. Cela aussi est une destinée poétique. Mais il est déjà trop tard pour moi; j'ai appris trop de choses, je connais trop les lois, les sociétés et les hommes. Ce qui est héroïsme, chez ces montagnards naïfs et sauvages, serait crime et lâcheté chez moi. Ma conscience me reprocherait d'avoir pu parvenir à la grandeur par le génie et les dons de la civilisation, et d'être retombé, par impuissance, à la condition de brigand. Il faudra donc vivre obscur et petit!»

Laissons encore un peu Michel rêver et secouer machinalement son pied engourdi, et disons au lecteur pourquoi, malgré son amour pour Rome et les jours agréables qu'il y passait, il se trouvait maintenant aux portes de Catane.

De mois en mois, sa sœur lui avait écrit sous la dictée de son père: «Tu ne peux venir encore, et nous ne pouvons rien arrêter pour notre propre avenir. Le malade est aussi bien portant que peut l'être un homme qui a perdu l'usage de ses bras et de ses jambes. Mais sa tête vit encore et conserve un reste de pouvoir. Voici de l'argent; ménage-le, mon enfant; car, bien que j'aie de l'ouvrage à discrétion, les salaires sont moins forts ici qu'à Rome.»

Michel essayait de ménager cet argent, qui représentait pour lui les sueurs de son père. Il frémissait de honte et d'effroi lorsque sa jeune sœur, qui travaillait à filer la soie (industrie très-répandue dans cette partie de la Sicile), ajoutait en cachette une pièce d'or à l'envoi de son père. C'était évidemment au prix de grandes privations que la pauvre enfant procurait à son frère de quoi se divertir pendant une heure. Michel fit le serment de ne pas toucher à ces pièces d'or, de les rassembler, et de reporter à Mila toutes ses petites économies.

Mais Michel aimait le plaisir; il avait besoin d'un certain luxe, il ne savait pas épargner. Il avait des goûts de prince, c'est-à-dire qu'il aimait à donner, et qu'il récompensait largement le premier facchino qui lui apportait une toile ou une lettre. Et puis, les matériaux du peintre sont fort coûteux. Et puis, enfin, quand Michel se trouvait avec des jeunes gens aisés, il eût rougi de ne point payer son écot comme les autres... Si bien qu'il s'endetta d'une petite somme, bien grosse pour le budget d'un pauvre peintre en bâtiments. Il arriva un moment où la dette, faisant la boule de neige, il fallait fuir honteusement, ou se résigner à quelque travail plus humble que la peinture d'histoire. Michel sacrifia, en frémissant de rage et de douleur, les pièces d'or qu'il avait résolu de reporter un jour à Mila. Mais, se voyant encore loin de compte, il avoua tout dans une lettre à son père, en s'accusant avec une sorte de désespoir. Huit jours après, un banquier fit remettre au jeune homme la somme nécessaire pour s'acquitter et vivre encore quelque temps sur le même pied. Puis, arriva une lettre de Mila, qui disait toujours, sous la dictée de Pier-Angelo: « Une bonne âme m'a prêté l'argent que je t'ai fait passer; mais il me faudra travailler six mois pour m'acquitter. Tâche, mon enfant, de ne pas t'endetter jusque-là, car nous aurions un arriéré dont nous ne pourrions peut-être pas sortir. »

Quoique Michel n'eût jamais subi aucune réprimande de la part de son père, il s'était attendu, cette fois, à quelque reproche. En voyant la bonté inépuisable et le courage philosophique de ce brave ouvrier, il fut navré, et, se pouvant s'en prendre à lui-même des fautes que sa position l'avait entraîné à commettre, il se reprocha comme un crime d'avoir accepté cette position trop brillante. Il prit une grande résolution, et ce qui l'aida à y persister, ce fut l'idée qu'il accomplissait un grand sacrifice, et que s'il n'avait pas en lui l'étoffe d'un grand peintre, il avait au moins l'héroïsme d'un grand caractère. La vanité entra donc pour beaucoup dans cet effort, mais ce fut une vanité généreuse et naïve. Il paya ses dettes, dit adieu à ses amis, en leur déclarant qu'il abandonnait la peinture, et qu'il allait se faire ouvrier avec son père.

Puis, sans s'annoncer à celui-ci, il mit dans un sac quelques hardes choisies, un album, quelques pastilles d'aquarelle, sans s'apercevoir que c'était encore un reste de luxe et d'art dont il emportait avec lui la pensée, et il partit pour Catane, où nous venons de le voir presque arriver.

III.

MONSEIGNEUR.

Malgré ce renoncement héroïque à tous les rêves de sa jeunesse, le pauvre Michel éprouvait en cet instant une sorte de terreur douloureuse. Le voyage l'avait étourdi sur les conséquences de son sacrifice. La vue de l'Etna l'avait exalté. La joie qu'il éprouvait de revoir son excellent père et sa chère petite sœur l'avait soutenu. Mais cet accident fortuit d'une légère blessure au pied, et la nécessité de s'arrêter un instant, lui donnèrent, pour la première fois depuis son départ de Rome, le temps de la réflexion.

Il y avait aussi dans cet instant quelque chose de bien solennel pour sa jeune âme. Il saluait les coupoles de sa ville natale, une des plus belles villes du monde, même pour quiconque vient de Rome, et celle dont la situation offre peut-être le coup d'œil le plus imposant.

Cette ville, si souvent bouleversée par le volcan, n'est pas fort ancienne, et le style du dix-septième siècle, qui y domine, n'a pas la grandeur ou la pureté des époques antérieures. Nanmoins, Catane, bâtie sur un plan vaste et avec une largeur antique, a un caractère grec dans son ensemble. La couleur sombre des laves dont elle est sortie, après avoir été engloutie par elles,

comme si elle avait repris la vie dans ses propres cendres, à la manière du phénix, la plaine ouverte qui l'environne et les durs rochers de lave qui ont pris racine dans son port, comme pour assombrir de leur reflet austère jusqu'à l'éclat des flots, tout en elle est triste et majestueux.

Mais ce n'était pas l'aspect de cette cité qui préoccupait le plus notre jeune voyageur. Sa propre situation la lui faisait paraître plus morne et plus terrible que ne l'a rendue le passage des feux vomis de l'antre des Cyclopes. Il voyait là un lieu d'épreuves et d'expiations, devant lequel une sueur froide parcourait ses membres. C'est là qu'il allait dire adieu au monde des arts, à la société des gens éclairés, aux libres rêveries, et aux loisirs érudits de l'artiste destiné à de hautes destinées. C'est là qu'il fallait reprendre, après dix ans d'une existence privilégiée, le tablier du manœuvre, le hideux pot à colle, le feston classique, la peinture d'antichambre et de corridor. C'est là surtout qu'il faudrait travailler douze heures par jour et se coucher brisé de fatigue, sans avoir le temps ou la force d'ouvrir un livre ou de rêver dans un musée; là qu'il faudrait ne plus connaître d'autre intimité que celle de ce peuple sicilien, si pauvre et si malpropre, que la poésie de ses traits et de son intelligence peut à peine percer sous les haillons et l'accablement de la misère. Enfin, la porte de Catane était, pour ce pauvre proscrit, celle de la cité maudite dépeinte par le Dante.

A cette idée, un torrent de larmes, longtemps contenu ou détourné, s'échappa de ses yeux, et, qui l'eût vu ainsi, jeune, beau, pâle, assis à la porte d'un palais, et la main négligemment posée sur sa jambe douloureuse, eût songé au gladiateur antique blessé dans le combat, mais pleurant sa défaite plus que sa souffrance.

Les grelots de plusieurs mulets qui montaient la colline, et l'apparition d'une étrange caravane qui se dirigeait sur lui, apportèrent une distraction forcée aux pénibles réflexions de Michel-Ange Lavoratori. Les mulets étaient superbes et richement caparaçonnés et empanachés. Sur leurs longues housses de pourpre brillaient les insignes du cardinalat, la triple croix d'or, surmontée du petit chapeau et des glands. Ils étaient chargés de bagages et menés en main par des valets vêtus de noir, à figure triste et méfiante; puis venaient des abbés et d'autres personnages ecclésiastiques avec des culottes noires, des bas rouges et de larges boucles d'argent sur leurs souliers; les uns à cheval, les autres en litière. Un personnage fort gros, en habit noir, cheveux en bourse, le diamant au doigt, l'épée au côté, venait gravement, sur un âne magnifique. A son air d'importance, plus naïf que les physionomies cauteleuses des gens d'église qui l'entouraient, on pouvait reconnaître le médecin de Son Eminence. Il escortait pas à pas Son Eminence elle-même, portée dans une chaise, ou plutôt dans une grande boîte, par deux hommes vigoureux auprès desquels se tenaient quatre porteurs de rechange. Ce cortège se composait d'une quarantaine de personnes, et l'inutilité de chacune d'elles pouvait se mesurer au degré de recueillement et d'humilité qui se montrait sur sa figure.

Michel, curieux de voir défiler ce cortège qui renchérissait sur tout ce que Rome pouvait lui offrir de plus classique et de plus suranné en ce genre, se leva et se tint près de la porte, afin de regarder ce cortège et la figure du personnage principal. Il fut d'autant plus à même de satisfaire sa curiosité, que les porteurs s'arrêtèrent devant la vaste grille dorée, tandis qu'une espèce d'abbé à figure repoussante, mettant pied à terre, l'ouvrait lui-même d'un air d'autorité et avec un étrange sourire.

Le cardinal était un homme fort âgé, qui, de replet et coloré, était devenu maigre et pâle, par l'effet d'une lente et cruelle destruction. La peau de son visage, détendue et relâchée, formait mille plis et faisait ressembler sa face à une terre sillonnée par le passage des torrents. Malgré cette affreuse décomposition, il y avait un reste de beauté impérieuse sur cette figure; qui ne pouvait ou ne voulait plus faire aucun mouvement, mais où brillaient encore deux grands yeux noirs, dernier sanctuaire d'une vie obstinée.

Le contraste d'un regard perçant et dur avec une figure de cadavre frappa tellement Michel, qu'il ne put se défendre d'un sentiment de respect, et qu'il se découvrit instinctivement devant ce vestige d'une volonté puissante. Tout ce qui offrait un caractère de force et d'autorité agissait sur l'imagination de ce jeune homme, parce qu'il portait en lui-même l'ambition de ces choses, et, sans l'expression de ces yeux tyranniques, il n'eût peut-être pas songé à ôter son chapeau de paille.

Mais comme sa mise modeste et sa chaussure poudreuse annonçaient un homme du peuple beaucoup plus qu'un grand peintre en herbe, les gens du cardinal et le cardinal lui-même devaient s'attendre à ce qu'il se mît à genoux, ce que Michel ne fit point, et ce qui les scandalisa énormément.

Le cardinal s'en aperçut le premier, et, au moment où ses porteurs allaient franchir la grille, il fit avec les sourcils un signe qui fut aussitôt compris de son médecin, lequel, marchant toujours à sa portière, avait la consigne de tenir toujours ses yeux attachés sur ceux de Son Éminence.

Le docteur avait tout juste assez d'esprit pour comprendre au regard du cardinal que celui-ci voulait manifester une volonté quelconque; alors il commandait la halte et avertissait l'abbé Ninfo, secrétaire de Son Éminence, le même qui venait d'ouvrir la grille de sa propre main, avec une clef tirée de sa propre poche. L'abbé accourait, comme il accourut en ce moment même, et, couvrant de son corps la portière de la chaise, il la cachait au reste du cortège. Alors il s'établissait entre lui et l'Éminence un dialogue mystérieux, tellement mystérieux que nul ne pouvait dire si l'Éminence se faisait comprendre au moyen de la parole ou par le seul jeu de sa physionomie. A l'ordinaire, le cardinal paralytique ne faisait entendre qu'une sorte de grognement inintelligible, qui devenait un affreux hurlement lorsqu'il était en colère; mais l'abbé Ninfo comprenait si bien ce grognement, aidé du regard expressif de Son Éminence et de la connaissance qu'il avait de son caractère et de ses desseins, qu'il traduisait et faisait exécuter les volontés de son maître avec une intelligence, une rapidité et une précision de détails qui tenaient du prodige. Cela paraissait même trop surnaturel pour être accepté par les autres subalternes, et ils prétendaient que Son Éminence avait conservé l'usage de la parole; mais que, par une intention diplomatique des plus profondes, elle ne voulait plus s'en servir qu'avec l'abbé Ninfo. Le docteur Recuperati assurait pourtant que la langue de Son Éminence était aussi bien paralysée que ses bras et que ses jambes, et que les seules parties vivantes de son être étaient les organes du cerveau et ceux de la digestion.

« Avec cela, disait-il, on peut vivre jusqu'à cent ans, et remuer encore le monde, comme Jupiter ébranlait l'Olympe avec le seul froncement de son arcade sourcilière. »

Du dialogue fantastique qui s'établit encore, cette fois, entre les yeux pénétrants de l'abbé Ninfo et les sourcils éloquents de Son Éminence, il résulta que l'abbé se retourna brusquement vers Michel et lui fit signe d'approcher. Michel eut grande envie de n'en rien faire et de forcer l'abbé à marcher vers lui; mais tout à coup l'esprit sicilien se réveilla en lui, et il se mit sur ses gardes. Il se rappela tout ce que son père lui avait dit des dangers qu'il avait à craindre de l'ire d'un certain cardinal, et quoiqu'il ne vît point si celui-ci était paralysé ou non, il s'avisa tout de suite que ce pouvait bien être le cardinal prince Ieronimo de Palmarosa. Dès lors il résolut de dissimuler et approcha de la chaise dorée, fleuronnée et armoriée de Son Éminence.

— Que faites-vous à cette porte? lui demanda l'abbé d'un ton rogue. Êtes-vous de la maison?

— Non, Excellence, répondit Michel avec un calme apparent, bien qu'il fût tenté de souffleter ce personnage. Je passe.

L'abbé regarda dans la chaise, et apparemment on lui fit comprendre qu'il était inutile d'effrayer les passants, car il changea tout à coup de langage et de manières en se retournant vers Michel:

— Mon ami, dit-il d'un air bénin, vous ne paraissez pas heureux; vous êtes ouvrier?

— Oui, Excellence, répondit Michel résolu à parler le moins possible.

— Et vous êtes fatigué? vous venez de loin?

— Oui, Excellence.

— Cependant vous êtes fort pour votre âge. Quel âge avez-vous bien?

— Vingt et un ans.

Michel pouvait risquer ce mensonge; car, quoiqu'il n'eût encore presque pas de barbe au menton, il était arrivé à toute sa croissance, et son cerveau actif et inquiet lui avait déjà fait perdre la première fraîcheur de l'adolescence. Dans cette dernière réponse, il se conformait à une instruction particulière que son père lui avait donnée en le quittant, et qui lui revenait fort à propos dans la mémoire. « Si tu viens me rejoindre un jour ou l'autre, lui avait dit le vieux Pier-Angelo, souviens-toi bien, tant que tu ne seras pas auprès de moi, de ne jamais répondre un mot de vérité aux gens qui te paraîtront curieux et questionneurs. Ne leur dis ni ton nom, ni ton âge, ni ta profession, ni la mienne, ni d'où tu viens, ni où tu vas. La police est plus tracassière que clairvoyante. Mens effrontément et ne crains rien. »

« Si mon père m'entendait, pensa Michel, après s'être ainsi tiré d'affaire, il serait content de moi. »

— C'est bien, dit l'abbé, et il se retira de la portière du prélat, afin que celui-ci pût voir le pauvre diable qui avait attiré ainsi son attention. Michel rencontra le regard terrible de ce moribond, et, cette fois, il sentit plus de méfiance et d'aversion que de respect pour ce front étroit et despotique. Averti par un pressentiment intérieur qu'il courait un certain danger, il changea l'expression habituelle de sa figure, et, mettant une feinte puérilité à la place de l'orgueil, il plia le genou, puis, baissant la tête pour échapper à l'examen du prélat, il feignit d'attendre sa bénédiction.

— Son Éminence vous bénit mentalement, répondit l'abbé après avoir consulté les yeux du cardinal, et il fit signe aux porteurs de se remettre en marche.

La chaise franchit la grille et pénétra lentement dans l'avenue.

« Je voudrais bien savoir, se disait Michel en regardant passer le cortège, si mon instinct ne m'a pas trompé et si c'est là l'ennemi de ma famille. »

Il allait se retirer, lorsqu'il remarqua que l'abbé Ninfo n'avait pas suivi le cardinal, et qu'il attendait, pour refermer la grille et remettre la clef dans sa poche, que le dernier mulet eût passé. Ce soin étrange, de la part d'un homme attaché de si près à la personne du cardinal, avait lieu de le frapper, et le regard oblique et attentif que ce personnage déplaisant jetait sur lui à la dérobée le frappait encore plus.

« Il est évident qu'on m'observe déjà dans ce pays de malheur, pensa-t-il; et que mon père n'avait pas rêvé les inimitiés contre lesquelles il me mettait en garde. »

L'abbé lui fit signe à travers la grille, au moment où il retirait la clef. Michel, convaincu qu'il fallait jouer son rôle avec plus de soin que jamais, approcha d'un air humble:

— Tenez, mon garçon, lui dit l'abbé en lui présentant un tharin, voilà pour vous rafraîchir au premier cabaret, car vous me paraissez bien fatigué.

Michel s'abstint de tressaillir. Il accepta l'outrage, tendit la main et remercia humblement; puis il se hasarda à dire:

— Ce qui m'afflige, c'est que Son Éminence n'ait pas daigné m'octroyer sa bénédiction. »

Cette platitude bien jouée effaça les méfiances de l'abbé.

« Console-toi, mon enfant, répondit-il d'un ton dégagé: la divine Providence a voulu éprouver notre saint cardinal en lui retirant l'usage de ses membres. La pa-

Tenez, mon garçon. (Page **7.**)

ralysie ne lui permet plus de bénir les fidèles qu'avec l'esprit et le cœur.

— Que Dieu la guérisse et la conserve! reprit Michel; et il s'éloigna, bien certain, cette fois, qu'il ne s'était pas trompé, et qu'il venait d'échapper à une rencontre périlleuse.

Il n'avait pas descendu dix pas sur la colline qu'il se trouva face à face, au détour d'un rocher, avec un homme qui vint tout près de lui sans que ni l'un ni l'autre se reconnussent, tant ils s'attendaient peu à se rencontrer en ce moment. Tout à coup ils s'écrièrent tous les deux à la fois, et s'unirent dans une étreinte passionnée. Michel embrassait son père.

— O mon enfant! mon cher enfant! toi, ici! s'écria Pier-Angelo. Quelle joie et quelle inquiétude pour moi! Mais la joie l'emporte et me donne l'esprit plus courageux que je ne l'avais il y a un instant. En songeant à toi, je me disais : Il est heureux que Michel ne soit pas ici, car nos affaires pourraient bien se gâter. Mais te voilà, et je ne puis pas m'empêcher d'être le plus heureux des hommes.

— Mon père, répondit Michel, n'ayez pas peur : je

suis devenu prudent en mettant le pied sur le sol de ma patrie. Je viens de rencontrer notre ennemi face à face, j'ai été interrogé par lui, et j'ai menti à faire plaisir.

Pier-Angelo pâlit. — Qui? qui? s'écria-t-il, le cardinal?

— Oui, le cardinal en personne, le paralytique dans sa grande boîte dorée. Ce doit être le fameux prince Ieromino, dont mon enfance a été si effrayée, et qui me paraissait d'autant plus terrible que je ne savais pas la cause de ma peur. Eh bien, cher père, je vous assure que s'il a encore l'intention de nuire, il ne lui en reste guère les moyens, car toutes les infirmités semblent s'être donné le mot pour l'accabler. Je vous raconterai notre entrevue; mais parlez-moi d'abord de ma sœur, et courons la surprendre.

— Non, non, Michel, le plus pressé c'est que tu me racontes comment tu as vu de si près le cardinal. Entrons dans ce fourré, je ne suis pas tranquille. Dis-moi, dis-moi vite!... Il t'a parlé, dis-tu?... Cela est donc certain, il parle?

— Rassurez-vous, père, il ne parle pas.

— Tu en es sûr? Tu me disais qu'il t'avait interrogé?

Au lieu de gronder, vous devriez aider à clouer. (Page 15.)

— J'ai été interrogé de sa part, à ce que je suppose ; mais, comme j'observais tout avec sang-froid , et que l'espèce d'abbé qui lui sert de truchement est trop mince pour cacher tout l'intérieur de la chaise , j'ai fort bien vu que Son Éminence ne pouvait parler qu'avec les yeux. De plus, Son Éminence est affligée de surdité complète, car, lorsque j'ai fait savoir mon âge, qu'on me demandait, je ne sais trop pourquoi, j'ai vu l'abbé se pencher vers monseigneur et lui montrer deux fois de suite ses dix doigts, puis le pouce de sa main droite.

— Muet, impotent , et sourd par-dessus le marché ! Je respire. Mais quel âge t'es-tu donc donné ? vingt et un ans ?

— Vous m'aviez recommandé de mentir dès que j'aurais mis le pied en Sicile ?

— C'est bien, mon enfant, le ciel t'a assisté et inspiré en cette rencontre.

— Je le crois, mais j'en serais encore plus certain si vous me disiez comment le cardinal peut s'intéresser à ce que j'aie dix-huit ou vingt et un ans.

— Cela ne peut l'intéresser en aucune façon, dit Pier-Angelo en souriant. Mais je suis charmé que tu te sois

souvenu de mes conseils et que tu aies acquis soudainement cette prudence dont je ne te croyais pas capable. Eh, dis-moi encore, l'abbé Ninfo, car c'était lui qui t'interrogeait, j'en suis sûr... il est fort laid ?

— Il est affreux, louche, camard.

— C'est bien cela ! Que t'a-t-il demandé encore ? Ton nom, ton pays ?

— Non, aucune autre question directe que celle de mon âge, et la manière brillante dont je lui ai répondu l'a tellement satisfait apparemment, qu'il m'a tourné le dos en me promettant la bénédiction de Son Éminence.

— Et Son Éminence ne te l'a pas donnée ? elle n'a pas levé une main ?

— L'abbé lui-même m'a dit, un peu plus tard, que Son Éminence était complétement privée de l'usage de ses membres.

— Quoi ! cet homme t'a encore parlé ? Il est revenu vers toi, ce suppôt d'enfer ?

En parlant ainsi, Pier-Angelo se grattait la nuque, le seul endroit de sa tête où sa main agitée pût trouver des cheveux. C'était, chez lui, le signe d'une grande contention d'esprit.

IV.

MYSTÈRES.

Quand Michel eut raconté, dans le plus petit détail, la fin de son aventure, et que Pier-Angelo eut admiré et approuvé son hypocrisie : « Ah çà ! mon père, dit le jeune homme, expliquez-moi donc comment vous vivez ici, à visage découvert et sous votre véritable nom sans être tourmenté, tandis que moi je dois, en arrivant, user de feinte et me tenir sur mes gardes ? »

Pier-Angelo parut hésiter un instant, puis répondit :

— Mais c'est tout simple, mon enfant ! On m'a fait passer autrefois pour un conspirateur ; j'ai été mis en prison, je n'ai peut-être échappé à la potence que par la fuite. Il y avait déjà un commencement d'instruction contre moi. Tout cela est oublié, et, quoique le cardinal ait dû, dans le temps, connaître mon nom et ma figure, il paraît que j'ai bien changé, ou que sa mémoire est fort affaiblie, car il m'a revu ici, et peut-être m'a-t-il entendu nommer, sans me reconnaître et sans se rien rappeler : c'est une épreuve que j'ai voulu faire. J'ai été mandé par l'abbé Ninfo pour travailler dans son palais ; j'y ai été très-hardiment, après avoir pris mes mesures pour que Mila pût être en sûreté, au cas où l'on me jetterait en prison sans forme de procès. Le cardinal m'a vu et ne m'a pas reconnu. L'abbé Ninfo ne sait rien de moi ; je suis donc, ou du moins j'étais tranquille pour mon propre compte, et j'allais justement t'engager à venir me voir, lorsqu'on a dit par la ville, depuis quelques jours, que la santé de Son Éminence était sensiblement améliorée, à tel point qu'elle allait passer quelque temps dans sa maison de campagne, tiens, là-bas, à Ficarazzi ; on voit d'ici le palais, au revers de la colline.

— La villa que voici à deux pas de nous, et où je viens de voir entrer le cardinal, n'est donc pas sa propre résidence ?

— Non, c'est celle de sa nièce, la princesse Agathe, et, sans doute, il a voulu faire un détour et lui rendre une visite comme en passant ; mais cette visite-là me tourmente. Je sais qu'elle ne s'y attendait point, qu'elle n'avait rien préparé pour recevoir son oncle. Il aura voulu lui faire une surprise désagréable ; car il ne peut pas ignorer qu'il n'a guère sujet d'être aimé d'elle. Je crains que cela ne cache quelque mauvais dessein. Dans tous les cas, cette activité subite de la part d'un homme qui, depuis un an, ne s'est promené que sur un fauteuil à roulettes, dans la galerie de sa maison de ville, me donne à penser, et je dis qu'il faut faire attention à tout maintenant.

— Mais enfin, mon père, tout cela ne m'apprend pas quel danger je peux courir personnellement ! J'avais à peine six mois, je crois, quand nous avons quitté la Sicile ; je ne pense pas que je fusse impliqué dans la conspiration où vous vous êtes trouvé compromis ?

— Non, certes ; mais on observe les nouveaux-venus. Tout homme du peuple, jeune, intelligent et venant du dehors, est supposé dangereux, imbu des idées nouvelles. Il ne faudrait qu'un mot de toi, prononcé devant un espion ou extorqué par un agent provocateur, pour te faire mettre en prison, et quand j'irais t'y réclamer comme mon fils, que sais-je, si, par hasard, le maudit cardinal était réveillé à la santé et à l'exercice du pouvoir. Il pourrait se rappeler alors que j'ai été accusé autrefois ; il nous appliquerait, en guise de sentence, le proverbe : Tel père, tel fils. Comprends-tu, maintenant ?

— Oui, mon père, et je serai prudent. Comptez sur moi.

— Cela ne suffit pas. Il faut que je m'assure de l'état du cardinal. Je ne veux pas te faire entrer dans Catane sans savoir à quoi m'en tenir.

— Et que ferez-vous pour cela, mon père ?

— Je me tiendrai caché ici avec toi jusqu'à ce que nous ayons vu le cardinal et sa livrée descendre vers Ficarazzi. Cela ne tardera pas. S'il est vrai qu'il soit sourd et muet, il ne fera pas de longue conversation avec sa nièce. Aussitôt que nous ne risquerons plus de le ren-

contrer, nous irons là, au palais de Palmarosa, où je travaille maintenant ; je t'y cacherai dans un coin, et j'irai consulter la princesse.

— Cette princesse est donc dans vos intérêts ?

— C'est ma plus puissante et ma plus généreuse cliente. Elle m'emploie beaucoup ; et, grâce à elle, j'espère que nous ne serons point persécutés.

— Ah ! mon père ! s'écria Michel, c'est elle qui vous a donné l'argent avec lequel j'ai pu payer mes dettes ?

— Prêté, mon enfant, prêté. Je savais bien que tu n'accepterais pas une aumône ; mais elle me donne assez d'ouvrage pour que je puisse m'acquitter peu à peu envers elle.

— Vous pouvez dire : « Bientôt », mon père, car me voici ! Je viens pour m'acquitter envers vous, et mon voyage n'a pas d'autre but.

— Comment, cher enfant ! tu as vendu un tableau ? tu as gagné de l'argent ?

— Hélas ! non ! Je ne suis pas encore assez habile et assez connu pour gagner de l'argent. Mais j'ai des bras, et j'en sais assez pour peindre des fresques d'ornement. Nous allons donc travailler ensemble, mon bon père, et je ne rougirai plus jamais de mener la vie d'un artiste, tandis que vous épuisez vos forces pour satisfaire mes goûts déplacés.

— Parles-tu sérieusement, Michel ? s'écria le vieillard. Tu voudrais te faire ouvrier ?

— J'y suis bien résolu. J'ai revendu mes toiles, mes gravures, mes livres. J'ai donné congé de mon logement, j'ai remercié mon maître, j'ai dit adieu à mes amis, à Rome, à la gloire... Cela m'a un peu coûté, ajouta Michel, qui sentait ses yeux se remplir de larmes ; mais embrassez-moi, mon père, dites-moi que vous êtes content de votre fils, et je serai fier de ce que j'ai fait !

— Oui, embrasse-moi, ami ! s'écria le vieil artisan en pressant son fils contre sa poitrine, et en mêlant ses larmes aux siennes. C'est bien, c'est beau ce que tu as fait là, et Dieu te donnera une belle récompense, c'est moi qui t'en réponds. J'accepte ton sacrifice ; mais, entendons-nous ! pour un temps seulement, pour un temps que nous ferons le plus court possible, en travaillant vite à nous acquitter. Cette épreuve te sera bonne, et ton génie y grandira au lieu de s'éteindre. A nous deux, grâce à la bonne princesse, qui nous paiera bien, nous aurons bientôt gagné assez d'argent pour que tu puisses reprendre la grande peinture, sans aucun remords et sans m'imposer aucune privation. C'est entendu. Maintenant parlons de ta sœur. C'est un prodige d'esprit que cette petite fille. Et comme tu vas la trouver grandie et belle ! belle que c'est effrayant pour un pauvre diable de père comme moi.

— Je veux rester ouvrier, s'écria Michel, puisque avec un gagne-pain modeste, mais assuré, je puis arriver à établir ma sœur suivant sa condition. Pauvre cher ange, qui m'envoyait ses petites épargnes ! Et moi, malheureux, qui voulais les lui rapporter, et qui me suis vu forcé de les sacrifier ! Ah ! c'est affreux, c'est peut-être infâme, de vouloir être artiste quand on a des parents pauvres !...

— Nous parlerons de cela, et je te ferai reprendre goût à la destinée, mon enfant ; mais écoute ! J'entends crier la grille... c'est le cardinal qui sort de la villa ! ne nous montrons pas ! nous les verrons bientôt descendre sur la droite... Tu dis que le Ninfo a ouvert la porte lui-même avec une clef qu'il avait ? C'est fort étrange et fort inquiétant de voir que cette bonne princesse n'est pas chez elle, que ces gens-là ont de fausses clefs pour violer sa demeure à l'improviste, et qu'ils la soupçonnent apparemment, puisqu'ils l'épient de la sorte !

— Mais de quoi peuvent-ils donc la soupçonner ?

— Eh ! ce ne serait que de protéger les gens qu'ils persécutent ! Tu déclares que tu es devenu prudent, et d'ailleurs, tu comprendras l'importance de ce que je vais te dire : Tu sais déjà que les Palmarosa étaient tout dévoués à la cour de Naples ; que le prince Dionigi, l'aîné de la famille, père de la princesse Agathe et frère du cardinal, était le plus mauvais Sicilien qu'on ait jamais connu, l'ennemi de sa patrie et le persécuteur de ses compatriotes ; et cela, non par lâcheté, comme tous ceux qui se donnent au vainqueur, ni par cupidité comme ceux qui se vendent ; il était riche et hardi, mais par ambition ; par la passion qu'il avait de dominer, enfin par une sorte de méchanceté qui était dans son sang et qui lui faisait trouver un plaisir extrême à effrayer, à tourmenter et à humilier son prochain. Il fut tout-puissant du temps de la reine Caroline, et, jusqu'à ce qu'il ait plu à Dieu de nous débarrasser de lui, il a fait aux nobles patriotes et aux pauvres gens qui aimaient leur pays tout le mal possible. Son frère l'a continué, ce mal ; mais le voilà qui s'en va aussi, et, si la lampe épuisée jette encore une petite clarté, c'est la preuve qu'elle va s'éteindre. Alors, tout ce qui forme, dans le peuple de Catane et surtout dans le faubourg que nous habitons, la clientèle des Palmarosa pourra respirer en paix. Il n'y a plus de mâles dans la famille, et tous ces grands biens, desquels le cardinal avait encore une grande partie en jouissance, vont retomber dans les mains d'une seule héritière, la princesse Agathe. Celle-là est aussi bonne que ses parents ont été pervers, et celle-là pense bien ! Celle-là est Sicilienne dans l'âme et déteste les Napolitains ! Celle-là aura de l'influence quand elle sera tout à fait maîtresse de ses biens et de ses actions. Si Dieu voulait permettre qu'elle se mariât et qu'elle mît dans sa maison un bon seigneur bien pensant comme elle, cela changerait un peu l'esprit de l'administration et adoucirait notre sort !

— Cette princesse est donc une jeune personne ?

— Oui, jeune encore, et qui pourrait bien se marier ; mais elle ne l'a pas voulu jusqu'à cette heure ; dans la crainte, à ce que je puis croire, de n'être pas libre de choisir à son gré.

Mais nous voici près du parc, ajouta Pier-Angelo ; nous pourrions rencontrer du monde, ne parlons plus que de choses indifférentes. Je te recommande bien, mon enfant, de ne te servir ici que du dialecte sicilien , comme nous en avions gardé si longtemps à Rome, la louable habitude. Depuis que nous nous sommes quittés, tu n'as point oublié ta langue, j'espère ?

— Non, certes, répondit Michel. »

Et il se mit à parler sicilien avec volubilité pour montrer à son père que rien ne lui restait de l'étranger.

« C'est fort bien, reprit Pier ; tu n'as pas le moindre accent. »

Ils avaient fait un détour et étaient arrivés à une grille assez distante de celle où Michel avait fait la rencontre de monsignor Ieronimo ; cette entrée était ouverte, et de nombreuses traces sur le sable attestaient que beaucoup d'hommes, de chevaux et de voitures y passaient habituellement.

« Tu vas voir un grand remue-ménage ici et bien contraire aux habitudes de la maison, dit le vieux peintre à son fils. Je t'expliquerai cela. Mais ne disons mot encore, c'est le plus sûr. Ne regarde pas trop autour de toi, n'aie pas l'air étonné d'un nouveau-venu. Et d'abord cachemoi ce sac de voyage ici, dans les rochers, auprès de la cascade ; je reconnaîtrai bien l'endroit. Passe ta chaussure dans l'herbe pour n'avoir pas l'air d'un voyageur. Mais je crois que tu boites ; es-tu blessé ?

— Rien, rien ; un peu de fatigue.

— Je vais te conduire en un lieu où tu te reposeras sans que personne te dérange. »

Pier-Angelo fit plusieurs détours dans le parc, dirigeant son fils par des sentiers ombragés, et ils parvinrent ainsi jusqu'au palais sans avoir rencontré personne, quoiqu'ils entendissent beaucoup de bruit à mesure qu'ils en approchaient. Ils y pénétrèrent par une galerie basse et passèrent rapidement devant une salle immense, remplie d'ouvriers et de matériaux de toute espèce, rassemblés pour une construction incompréhensible. Ces gens étaient si affairés et faisaient un grand tapage, qu'ils ne remarquèrent pas Michel et son père. Michel n'eut pas le temps de se rendre compte de ce qu'il voyait. Son père lui avait recommandé de le suivre pas à pas, et celui-ci marchait si vite que le jeune voyageur, épuisé de fatigue,

avait peine à franchir, comme lui, les escaliers étroits et rapides où il l'entraînait.

Le voyage qu'ils firent dans ce labyrinthe de passages dérobés parut fort long à Michel. Enfin, Pier-Angelo tira une clef de sa poche et ouvrit une petite porte située sur un couloir obscur. Ils se trouvèrent alors dans une longue galerie, ornée de statues et de tableaux. Mais les jalousies étant fermées partout, il y régnait une telle obscurité que Michel n'y put rien distinguer.

— Tu peux faire la sieste ici, lui dit son père après avoir refermé avec soin la petite porte, dont il retira la clef ; je t'y laisse ; je reviendrai le plus tôt possible, et je te dirai alors comment nous devons nous conduire. »

Il traversa la galerie dans toute sa longueur, et, soulevant une portière armoriée, il tira un cordon de sonnette. Au bout de quelques instants, une voix lui répondit de l'intérieur, un dialogue s'établit si bas que Michel ne put rien entendre. Enfin une porte mystérieuse s'ouvrit à demi, et Pier-Angelo disparut, laissant son fils dans l'obscurité, la fraîcheur et le silence de ce grand vaisseau désert.

Par moments, cependant, les voix sonores des ouvriers qui travaillaient en bas, le bruit de la scie et du marteau, des chansons, des rires et des juremeuts, montaient jusqu'à lui. Mais peu à peu ce bruit diminua en même temps que le jour baissait, et, au bout de deux heures, le silence le plus complet régna dans cette demeure inconnue, où Michel-Angelo se trouvait enfermé, mourant de faim et de lassitude.

Ces deux heures d'attente lui eussent paru bien longues si le sommeil ne fût venu à son secours. Quoique ses yeux se fussent habitués à l'obscurité de la galerie, il ne fit aucun effort pour regarder les objets d'art qu'elle contenait. Il s'était laissé tomber sur un tapis, et il s'abandonnait à un assoupissement parfois interrompu par le vacarme d'en bas, et l'espèce d'inquiétude qu'on éprouve toujours à s'endormir dans un lieu inconnu. Enfin, quand la fin du jour eut fait cesser les travaux, il s'endormit profondément.

Mais un cri étrange, qui lui parut sortir d'une des rosaces à son côté qui donnaient de l'air à la galerie, le réveilla en sursaut. Il leva instinctivement la tête et crut voir une faible lueur courir sur le plafond. Les figures peintes sur cette voûte parurent s'agiter un instant. Un nouveau cri plus faible que le premier, mais d'une nature si particulière que Michel en fut atteint et bouleversé jusqu'au fond des entrailles, vibra encore au-dessus de lui. Puis la lueur s'éteignit. Le silence et les ténèbres redevinrent tels, qu'il put se demander s'il n'a pas fait un rêve.

Un quart d'heure s'écoula encore, pendant lequel Michel, agité de ce qui venait de lui arriver, ne songea plus à se rendormir. Il craignait pour son père quelque danger inqualifiable. Il s'effrayait de se voir enfermé et hors d'état de le secourir. Il interrogeait toutes les issues, et toutes étaient solidement closes. Enfin, il n'osait faire aucun bruit, car, après tout, c'était la voix d'une femme qu'il avait entendue, et il ne voyait pas quel rapport ce cri ou cette plainte pouvait avoir avec sa situation ou celle de Pier-Angelo.

Enfin, la porte mystérieuse s'ouvrit, et Pier-Angelo reparut portant une bougie, dont la clarté vacillante donna un aspect fantastique aux statues qu'elle éclaira successivement. Quand il fut auprès de Michel : « Nous sommes sauvés, lui dit-il à voix basse; le cardinal est en enfance, et l'abbé Ninfo ne sait rien qui nous concerne. La princesse, que j'ai été forcé d'attendre bien longtemps, parce qu'elle avait du monde autour d'elle, est d'avis que nous ne fassions aucun mystère à propos de toi. Elle pense que ce serait pire que de te montrer sans affectation. Nous allons donc rejoindre ta sœur qui, sans doute, s'inquiète de ne pas me voir rentrer. Mais nous avons un bout de chemin à faire, et je présume que tu meurs de faim et de soif. L'intendant de la maison, qui est très-bon pour moi, m'a dit d'entrer dans un petit office, où nous trouverons de quoi nous restaurer. »

Michel suivit son père jusqu'à une pièce qui était fermée, sur une de ses faces, par un vitrage sur lequel un rideau retombait à l'extérieur. Cette pièce, qui n'avait rien de remarquable, était éclairée de plusieurs bougies, circonstance qui étonna légèrement Michel. Pier-Angelo, qui s'en aperçut, lui dit que c'était un endroit où la première femme de chambre de la princesse venait présider, le soir, à la collation que l'on préparait pour sa maîtresse. Puis il se mit, sans façon, à ouvrir les armoires et à en tirer des confitures, des viandes froides, du vin, des fruits, et mille friandises qu'il plaça pêle-mêle sur la table, en riant à chaque découverte qu'il faisait dans ces inépuisables buffets, le tout à la grande stupéfaction de Michel, qui ne reconnaissait point là la discrétion et la fierté habituelles de son père.

V.

LE CASINO.

« Eh bien , dit Pier-Angelo, tu ne m'aides point? Tu te laisses servir par ton père et tu restes les bras croisés? Au moins, tu vas te donner la peine de boire et de manger toi-même?

— Pardon, cher père, vous me paraissez faire les honneurs de la maison avec une aisance que j'admire, mais que je n'oserais pas imiter. Il me semble que vous êtes ici comme chez vous.

— J'y suis mieux que chez moi, répondit Pierre en mordant une aile de volaille et en présentant l'autre aile à son fils. Ne compte pas que je te ferai faire souvent de pareils soupers. Mais profite de celui-ci sans mauvaise honte ; je t'ai dit que le majordome m'y avait autorisé.

— Le majordome n'est qu'un premier domestique qui gaspille comme les autres, et qui invite ses amis à prendre ses aises aux frais de sa patronne. Pardon, mon père, mais ce souper me répugne ; tout mon appétit s'en va, à l'idée que nous volons le souper de la princesse ; car ces assiettes du Japon chargées de mets succulents n'étaient pas destinées pour notre bouche, ni même pour celle de monsieur le majordome.

— Eh bien, s'il faut te le dire, c'est vrai ; mais c'est la princesse elle-même qui m'a commandé de manger son souper, parce qu'elle n'a pas faim ce soir et qu'elle a supposé que tu aurais quelque répugnance à souper avec ses gens.

— Voilà une princesse d'une étrange bonté, dit Michel, et d'une exquise délicatesse à mon égard ! J'avoue que je n'aimerais pas à manger avec ses laquais. Pourtant, mon père, si vous le faites, si c'est l'habitude de la maison et une nécessité de ma position nouvelle, je ne serai pas plus délicat que vous, je m'y accoutumerai. Mais comment cette princesse a-t-elle songé à m'épargner, pour ce soir, ce petit désagrément?

— C'est que je lui ai parlé de toi. Comme elle s'intéresse à moi particulièrement, elle m'a fait beaucoup de questions sur ton compte, et, en apprenant que tu étais un artiste, elle m'a déclaré qu'elle te traiterait en artiste, qu'elle te trouverait dans sa maison une besogne d'artiste, enfin qu'on y aurait pour toi tous les égards que tu pourrais souhaiter.

— C'est là une dame bien libérale et bien généreuse, reprit Michel en soupirant, mais je n'abuserai pas de sa bonté. Je rougirais d'être traité comme un artiste, à côté de mon père l'artisan. Non, non, je suis artisan moi-même, rien de plus et rien de moins. Je veux être traité comme mes pareils, et, si je mange ici ce soir, je veux manger demain où mangera mon père.

— C'est bien, Michel ; ce sont là de nobles sentiments. A ta santé! Ce vin de Syracuse me donne du cœur et me fait paraître le cardinal aussi peu redoutable qu'une momie! Mais que regardes-tu ainsi?

— Il me semble voir ce rideau s'agiter à chaque instant derrière le vitrage. Il y a là certainement quelque domestique curieux qui nous voit de mauvais œil manger un si bon souper à sa place. Ah! ce sera désagréable d'avoir des relations de tous les instants avec ces gens-là! Il faut les ménager, sans doute, car ils peuvent nous

desservir auprès de leurs maîtres et priver d'une bonne pratique un honnête ouvrier qui leur déplaît.

— C'est vrai, en général, mais ici ce n'est point à craindre ; j'ai la confiance de la princesse ; je traite avec elle directement et sans recevoir d'ordres du majordome. Et puis, elle n'est servie que par d'honnêtes gens. Allons, mange tranquille et ne regarde pas toujours ce rideau agité par le vent.

— Je vous assure, mon père, que ce n'est pas le vent, à moins que Zéphyre n'ait une jolie petite main blanche avec un diamant au doigt.

— En ce cas, c'est la première femme de chambre de la princesse. Elle m'aura entendu dire à sa maîtresse que tu étais un joli garçon, et elle est curieuse de te voir. Place-toi bien de ce côté, afin qu'elle puisse satisfaire sa fantaisie.

— Mon père, je suis plus pressé d'aller voir Mila que d'être vu par madame la première femme de chambre de céans. Me voilà rassasié, partons.

— Je ne partirai pas sans avoir encore une fois demandé du cœur et des jambes à ce bon vin. Trinque avec moi de nouveau, Michel! je suis si heureux de me trouver avec toi, que je me griserais si j'en avais le temps!

— Moi aussi, mon père, je suis heureux ; mais je le serai encore plus quand nous serons chez nous auprès de ma sœur. Je ne me sens pas aussi à l'aise que vous dans ce palais mystérieux : il me semble que j'y suis épié, ou que j'y effraie quelqu'un. Il y a ici un silence et un isolement qui ne me semblent pas naturels. On n'y marche pas, on ne s'y montre pas comme ailleurs. Nous y sommes furtivement, et c'est furtivement aussi qu'on nous y observe. Partout ailleurs je casserais une vitre pour regarder ce qu'il y a derrière ce rideau... et tout à l'heure, dans la galerie, j'ai eu une émotion terrible : j'ai été réveillé par un cri tel que je n'en ai jamais entendu de pareil.

— Un cri, vraiment? comment se fait-il qu'étant peu éloigné, dans cette partie du palais, je n'aie rien entendu? Tu auras rêvé!

— Non! non! je l'ai entendu deux fois ; un cri faible, il est vrai, mais si nerveux et si étrange que le cœur me bat quand j'y songe.

— Ah! voilà bien ton esprit romanesque! A la bonne heure, Michel, je te reconnais ; cela me fait plaisir, car je craignais que tu ne fusses devenu trop raisonnable. Cependant je suis fâché pour ton aventure d'être forcé de te dire ce que j'en pense : c'est que la première femme de chambre de Son Altesse aura vu une araignée ou une souris, en passant dans un des couloirs qui longent le plafond de la grande galerie de peinture. Toutes les fois qu'elle voit une de ces bestioles, elle fait des cris affreux, et je me permets de me moquer d'elle. »

Cette explication prosaïque contraria un peu le jeune artiste. Il entraîna son père, qui penchait à s'oublier à l'endroit du vin de Syracuse, et, une demi-heure après, il était dans les bras de sa sœur.

Dès le lendemain, Michel-Ange Lavoratori était installé avec son père au palais de Palmarosa, pour y travailler assidûment le reste de la semaine. Il s'agissait de décorer une immense salle de bal construite en bois et en toile pour la circonstance, attenant au péristyle de cette belle villa, et ouvrant de tous côtés sur les jardins. Voici à propos de quoi la princesse, ordinairement très-retirée du monde, donnait cette fête splendide, à laquelle devaient prendre part tous les riches et nobles habitants de Catane et des villas environnantes.

Tous les ans, la haute société de cette contrée se réunissait pour donner un bal par souscription au profit des pauvres, et chaque personnage, propriétaire d'un vaste local, soit à la ville, soit à la campagne, prêtait son palais et faisait même une partie des frais de la fête quand sa fortune le lui permettait.

Quoique la princesse fût fort charitable, son goût pour la retraite lui avait fait différer d'offrir son palais; mais enfin son tour était venu ; elle avait pris magnifiquement son parti en se chargeant de tous les frais du bal, tant pour le décor de la salle que pour le souper, la musique, etc. Moyennant cette largesse, la somme des pauvres promettait d'être fort ronde, et la villa Palmarosa étant la plus belle résidence du pays, la réception étant organisée d'une manière splendide, cette fête devait être la plus éclatante qu'on eût encore vue.

La maison était donc pleine d'ouvriers qui travaillaient depuis quinze jours à la salle du bal, sous la direction du majordome Barbagallo, homme très-entendu dans cette partie, et sous l'influence très-prépondérante de maître Pier-Angelo Lavoratori, dont le goût et l'habileté étaient avérés et fort prisés déjà dans tout le pays.

Le premier jour, Michel, fidèle à sa parole et résigné à son sort, fit des guirlandes et des arabesques avec son père et les apprentis employés par lui ; mais là se borna son épreuve ; car, dès le lendemain, Pier-Angelo lui annonça que la princesse lui confiait le soin de peindre des figures allégoriques sur le plafond et les parois de toile de la salle. On lui laissait le choix et la dimension des sujets ; on lui fournissait tous les matériaux ; on l'invitait seulement à se dépêcher et à avoir confiance en lui-même. Cette œuvre ne demandait pas le soin et le fini d'une œuvre durable ; mais elle ouvrait carrière à son imagination ; et, quand il se vit en possession de ce vaste emplacement où il était libre de jeter ses fantaisies à pleines mains, il eut un instant de véritable transport, et il se retrouva plus enivré que jamais de sa destinée d'artiste.

Ce qui acheva de l'enthousiasmer pour cette tâche, c'est que la princesse lui faisait savoir par son père que, si sa composition était seulement passable, elle lui serait comptée comme avance sur l'acquittement de la somme prêtée pour lui à Pier-Angelo ; mais que, si elle obtenait les éloges des connaisseurs, elle lui serait payée le double.

Ainsi, Michel allait redevenir libre à coup sûr, et peut-être riche pour un an encore, s'il faisait preuve de talent.

Une seule terreur, mais bien grande, vint refroidir sa joie : le jour du bal était fixé, et il n'était pas au pouvoir de la princesse de le reculer. Huit jours restaient, rien que huit jours ! Pour un décorateur exercé c'en est assez, mais pour Michel, qui n'avait pas encore taillé en grand dans cette partie, et qui ne pouvait se défendre d'y porter un vif amour-propre, c'était si peu qu'il en avait une sueur froide rien que d'y songer.

Heureusement pour lui, ayant travaillé dans son enfance avec son père, et l'ayant vu travailler mille fois depuis, les procédés de la détrempe lui étaient familiers, ainsi que la géométrie des ornements ; mais, quand il voulut choisir ses sujets, il fut assailli par la surabondance de ses fantaisies, et la prodigalité de son imagination le mit à la torture. Il passa deux nuits à dessiner ses compositions, et tout le jour sur son échafaud pour les adapter au local. Il ne songea ni à dormir, ni à manger, ni même à renouer très-ample connaissance avec sa jeune sœur, dont le tout fut pas fixé. Enfin, il arrêta son sujet et il s'en alla au milieu du parc, où sa toile de ciel, longue de cent palmes, était étendue dans le parvis d'une ancienne chapelle en ruines. Là, aidé de quelques bons apprentis, qui lui présentaient ses couleurs toutes prêtes, et marchant, pieds nus, sur son firmament mythologique, il demanda aux muses de donner à sa main tremblante l'expérience et la *maestria* nécessaires ; puis, enfin, armé d'un pinceau gigantesque, qu'on eût bien pu qualifier de balai, il esquissa son Olympe et travailla avec tant de fougue et d'espérance, que, deux jours avant le bal, les toiles se trouvèrent prêtes à être mises en place.

Il fallut encore assister à leur installation et refaire quelques parties endommagées nécessairement par cette opération. Enfin, il lui fallut aussi aider son père, qui, ayant été retardé par lui, avait encore beaucoup de bordures de lambris et de corniches à rajuster.

Ces huit jours passèrent comme un rêve pour Michel, et le peu d'instants de repos qu'il se permit lui parurent délicieux. La villa était admirable au dedans comme au dehors. Les jardins et le parc donnaient une idée du paradis terrestre. La nature était si féconde dans cette contrée, les fleurs si belles et si suaves, la végétation si splendide, les eaux si claires et si courantes, que l'art a bien peu de chose à faire pour créer des lieux de délices autour des palais. Ce n'est pas que, çà et là, des blocs de lave et des plaines de cendres n'offrent l'image de la désolation à côté de l'Élysée. Mais ces horreurs ajoutent au charme des oasis qu'a épargnées le passage des feux volcaniques.

La villa Palmarosa, située à mi-côte d'une colline qui présentait son élévation ardue aux ravages de l'Etna, subsistait depuis des siècles au milieu des continuels désastres qu'elle avait pu tranquillement contempler. Le palais était fort ancien, et d'une architecture élégante, empruntée au goût sarrasin. La salle de bal, qui enveloppait maintenant les premiers plans de sa façade, offrait un contraste étrange avec la couleur sombre et les ornements sérieux des plans élevés. A l'intérieur, le contraste était plus frappant encore. Tandis que tout était bruit et confusion au rez-de-chaussée, tout était calme, ordre et mystère à l'étage le plus élevé, habité par la princesse. Michel pénétrait dans cette partie réservée, à l'heure de ses repas, car le petit office vitré, où il avait soupé le premier jour avec son père, lui fut réservé comme par une gracieuseté spéciale et mystérieuse. Ils y étaient toujours seuls, et, si le rideau s'agita encore, ce fut d'une manière si peu sensible que Michel ne put être certain d'avoir inspiré une passion romanesque à madame la première femme de chambre.

Le palais étant adossé au rocher, des appartements de la princesse, on entrait de plain-pied sur des terrasses ornées de fleurs et de jets d'eau, et même on pouvait, en descendant un escalier étroit, hardiment, taillé dans la lave, aller gagner le parc et la campagne. Michel pénétra une fois dans ces parterres babyloniens suspendus au-dessus d'un ravin effroyable. Ils les fenêtres du boudoir de la princesse, qui se trouvait à deux cents pieds plus haut que l'entrée principale du palais, et d'où elle pouvait aller se promener sans descendre une seule marche. Tant de hardiesse et de délices dans le plan d'une habitation lui donna le vertige au physique et au moral. Mais il ne vit jamais la reine de ce séjour enchanté. Aux heures où il montait chez elle, elle faisait la sieste ou recevait des visites d'intimité dans les salons du second étage.

Cet usage sicilien d'habiter l'étage le plus élevé, pour y jouir de la fraîcheur et du repos, est commun à plusieurs villes d'Italie. Ces appartements réservés, petits et tranquilles, s'appellent quelquefois le *Casino*, et grâce à leur jardin particulier, forment comme une habitation distincte au-dessus du palais. Celui dont nous parlons reculait sur la façade et sur les côtés, de toute la largeur d'une vaste terrasse, et se trouvait ainsi caché et comme isolé. Sur l'autre face, il formait, au niveau du parterre, un étage unique, puisque la masse de l'édifice inférieur était adossée au rocher. On eût dit, de ce côté, qu'une coulée de laves était venue s'adosser et se figer contre le palais, dont elle aurait envahi toute une face jusqu'au pied du Casino. Mais la construction de cette villa avait été ainsi conçue pour échapper au danger de nouvelles éruptions. A la voir, du côté de l'Etna, on l'eût prise pour un léger pavillon planté à la cime d'un rocher. Ce n'est qu'en tournant cette masse de déjections volcaniques qu'on découvrait un palais splendide, composé de trois grands corps superposés, et gravissant la colline à reculons.

En d'autres circonstances, Michel eût été fort curieux de savoir si cette dame, qu'on disait belle et bonne, était, par droit de poésie, bien digne d'habiter une si noble demeure ; mais son imagination, absorbée par le travail brûlant avec lequel on l'avait mise aux prises, ne s'occupa guère d'autre chose.

Il se sentait si fatigué lorsqu'il abandonnait un instant son rude pinceau, qu'il était forcé de lutter contre le sommeil pour ne pas prolonger sa sieste au delà d'une demi-heure. Il craignait même tellement de voir ses compagnons se refroidir, qu'il allait en cachette prendre cet instant de repos dans la galerie de peinture, où son père l'enfermait, et où il semblait que personne ne mît jamais les pieds. Deux ou trois fois, il n'eut pas le courage d'aller passer la nuit jusqu'au faubourg de Catane, où sa maison était pourtant une des premières sur le chemin de la villa, et il consentit à ce que son père lui fît donner un lit dans le palais. Lorsqu'il se retrouvait dans la misérable demeure où Mila fleurissait comme une rose sous un châssis, il ne voyait et ne comprenait rien à ce qui se passait dans son intérieur. Il se bornait à embrasser sa sœur, à lui dire qu'il était heureux de la voir, et il n'avait pas le temps de l'examiner et de causer avec elle.

Enfin, la veille de la fête se trouva un dimanche. Il n'y avait plus qu'un dernier coup d'œil et de main à donner aux travaux ; la journée du lundi devait suffire, et, d'ailleurs, dans ce pays de dévotion ardente, il ne faut pas songer à l'art le jour du repos.

Michel ne s'intéressait à rien qu'à ses toiles, et son père fut forcé d'insister beaucoup pour qu'il allât prendre l'air. Il se décida enfin à faire un peu de toilette et à parcourir la ville où après avoir mené Mila aux offices du soir. Il prit vite connaissance des églises, des places et des édifices principaux. Enfin son père le présenta à quelques-uns de ses amis et de ses parents, qui lui firent bon accueil, et avec lesquels il s'efforça d'être aimable. Mais la différence de ce milieu avec celui qu'il avait fréquenté à Rome le rendit triste malgré lui, et il se retira de bonne heure, aspirant au lendemain ; car, en présence de son ouvrage et sous le prestige de la belle résidence où il travaillait, il oubliait qu'il était peuple pour se souvenir seulement qu'il était artiste.

Enfin arriva ce jour d'espoir et de crainte où Michel devait voir son œuvre applaudie ou raillée par l'élite de la société sicilienne.

VI.

L'ESCALIER.

« Eh quoi ! pas plus avancés que cela ? s'écriait avec désespoir le majordome, en se précipitant au milieu des ouvriers. Mais à quoi songez-vous, grand Dieu ? Sept heures vont sonner ; à huit, les voitures arriveront, et la moitié de cette salle n'est pas encore tendue ! »

Comme cette admonestation ne s'adressait à personne en particulier, personne n'y répondit, et les ouvriers continuèrent à se hâter plus ou moins, chacun dans la mesure de ses forces et de son habileté.

— Place, place aux fleurs ! cria l'ordonnateur de cette partie notable de l'établissement du palais. Échelonnez ici cent caisses de camélias, sur les deux gradins.

— Et comment voulez-vous placer les caisses de fleurs avant que les tapis soient posés ? demanda maître Barbagallo avec un profond soupir.

— Et où voulez-vous que je dépose mes caisses et mes vases ? reprit le maître jardinier. Pourquoi vos tapissiers n'ont-ils pas fini ?

— Ah ! voilà ! pourquoi n'ont-ils pas fini ! dit l'autre avec l'accent d'une indignation profonde.

— Place ! place mes échelles, cria une autre voix ; on veut que tout soit éclairé à huit heures précises, et j'en ai encore pour longtemps à allumer tant de lustres. Place ! place, s'il vous plaît !

— Messieurs les peintres, enlevez vos échelles, crièrent à leur tour les tapissiers, nous ne pouvons rien faire tant que vous serez là.

— C'est une confusion, c'est une cohue, c'est une seconde tour de Babel, murmura le majordome en s'essuyant le front. J'ai eu beau faire pour que chaque chose se fît à son heure et en son lieu ; j'ai averti chacun plus de cent fois, et voici que vous êtes tous pêle-mêle, vous disputant la place, vous gênant, et n'avançant à rien. C'est désolant ! c'est révoltant !

— A qui la faute ? dit l'homme aux fleurs. Puis-je poser mes guirlandes sur des murailles nues, et mes vases sur des planches brutes ?

— Et moi, puis-je grimper aux plafonds, dit l'homme

aux bougies, si on soulève mes échelles pour étendre les tapis ? Prenez-vous mes ouvriers pour des chauves-souris, et voulez-vous que je fasse casser le cou à trente bons garçons ?

— Comment voulez-vous que mes ouvriers tendent leurs tapis, dit à son tour le maître tapissier, si les échelles des peintres décorateurs ne sont pas enlevées ?

— Et comment voulez-vous que nos échelles soient emportées si nous sommes encore dessus ? cria un des peintres.

— Toute la faute est à vous, messieurs les barbouilleurs, s'écria le majordome exaspéré ; ou plutôt c'est votre maître qui est le seul coupable, ajouta-t-il en voyant le jeune homme auquel il s'adressait, rouler des yeux terribles à cette épithète de barbouilleur. C'est ce vieux fou de Pier-Angelo, qui n'est même pas là, je parie, pour vous diriger. Où sera-t-il ? Au plus prochain cabaret, je gage ! »

Une voix, encore pleine et sonore, qui partait de la coupole, fit entendre le refrain d'une antique chanson, et, en levant les yeux, l'intendant courroucé vit briller la tête-chauve et luisante du peintre décorateur en chef. Evidemment, le vieillard narguait l'intendant, et, maître du terrain, il voulait mettre complaisamment la dernière main à son ouvrage.

— Pier-Angelo, mon ami, dit l'autre, vous vous moquez de nous ! C'est trop fort. Vous vous conduisez comme un vieux enfant gâté que vous êtes ; mais nous finirons par nous fâcher. Ce n'est point le moment de rire et de chanter vos vers bachiques. »

Pier-Angelo ne daigna pas répondre ; il se contenta de lever l'épaule, tout en parlant avec son fils, placé encore plus haut que lui, et activement occupé à mettre des tons à la robe d'une danseuse d'Herculanum, nageant dans un ciel de toile bleue.

— C'est bien assez de figures, c'est bien assez de teintes et de plis ! s'écria encore l'intendant hors de lui. Qui diable ira regarder là-haut, s'il manque quelque chose à vos divinités perdues dans la voûte céleste ? L'ensemble y est, c'est tout ce qu'il faut. Allons, descendez, vieux sournois, ou je secoue l'échelle où vous perchez.

— Si vous touchez à l'échelle de mon père, dit le jeune Michel d'une voix retentissante, je vous écrase avec ce lustre. Pas de plaisanteries de ce genre, monsieur Barbagallo, ou vous vous en repentirez.

— Laisse-le donc dire, et continue ton ouvrage, dit alors, d'un ton calme, le vieux Pierre. La dispute prend du temps, ne t'amuse pas à de vaines paroles.

— Descendez, mon père, descendez, reprit le jeune homme. Je crains que, dans cette confusion, on ne vous fasse tomber ; moi, j'ai fini dans un instant. Descendez, je vous en prie, si vous voulez que je garde ma présence d'esprit. »

Pier-Angelo descendit lentement, non pas qu'il eût perdu, à soixante ans, la force et l'agilité de la jeunesse, mais afin de faire paraître moins long le temps que son fils voulait encore donner à son œuvre.

— Quelle niaiserie, quelle puérilité, disait le majordome, en s'adressant au vieux peintre ; pour des toiles volantes qui seront demain roulées dans un grenier et qu'il faudra couvrir d'autres sujets à la première fête, vous vous appliquez comme s'il s'agissait de les envoyer dans un musée ! Qui vous en saura gré ? Qui y fera la moindre attention ?

— Pas vous, on le sait de reste, répondit le jeune peintre, d'un ton méprisant, du haut de son échelle.

— Tais-toi, Michel, et va ton train, lui dit son père. Chacun met son amour-propre où il peut le prendre, ajouta-t-il en regardant l'intendant. Il y en a qui mettent le leur à se faire honneur de toutes nos peines ! Allons ! les tapissiers peuvent commencer. Donnez-moi un marteau et des clous, vous autres ! puisque je vous ai retardés, il est juste que je vous aide.

— Toujours bon camarade ! dit un des ouvriers tapissiers, en présentant les outils au vieux peintre. Allons, maître Pier-Angelo, que les arts et les métiers se donnent la main ! Il faudrait être fou pour se brouiller avec vous.

— Oui, oui, grommela Barbagallo, qui, contrairement à ses habitudes de réserve et de politesse, était, ce soir-là, d'une humeur massacrante : voilà comme chacun lui fait la cour, à ce vieux entêté, et il se soucie fort peu de faire damner les autres.

— Au lieu de gronder, vous devriez aider à clouer, ou à allumer les lustres, dit Pier-Angelo d'un air moqueur. Mais, bah ! vous craindriez de gâter vos culottes de satin et de déchirer vos manchettes !

— Maître Pier-Angelo, vous devenez trop familier, et je vous jure que je vous emploie aujourd'hui pour la dernière fois.

— Plût au ciel ! répliqua l'autre avec son flegme accoutumé, en s'accompagnant de vigoureux coups de marteau, frappés en cadence sur les nombreux clous qu'il plantait rapidement ; mais, à la prochaine occasion, vous viendrez encore me supplier, me dire que rien ne peut se faire sans moi : et moi, comme à l'ordinaire, je vous pardonnerai vos impertinences.

— Allons ! dit l'intendant au jeune Michel, qui descendait lentement de son échelle, c'est donc fini ? C'est bien heureux ! Vite ! vite ! aidez aux tapissiers, ou aux fleuristes, ou aux allumeurs. Faites quelque chose pour réparer le temps perdu. »

Michel toisa le majordome d'un air hautain. Il avait si bien oublié jusqu'à la pensée de se faire ouvrier, qu'il ne concevait pas que ce subalterne lui ordonnât de prendre part à des travaux en dehors de ses attributions ; mais, au moment où il allait lui répondre avec vivacité, il entendit la voix de son père qui l'appelait.

— Allons, Michel, apporte-nous ici des clous, et viens aider à ces bons compagnons, qui n'arriveront pas à temps sans nous.

— Rien de plus juste, répondit le jeune homme, je ne serai peut-être pas très-adroit à ce travail ; mais j'ai des bras solides pour tendre. Voyons, que faut-il faire ? commandez-moi, vous autres.

— A la bonne heure ! dit Magnani, un jeune ouvrier tapissier, plein de feu et de franchise, qui demeurait dans le faubourg, porte à porte, avec la famille Lavoratori. Sois bon camarade comme ton père, que tout le monde aime, et tu seras aimé comme lui. On nous disait que, pour avoir étudié la peinture à Rome, tu faisais un peu le glorieux, et il est certain que tu vas par la ville avec un habit qui ne convient guère à un artisan. Tu as pourtant une jolie figure qui plaît, mais ne te reproche pas d'avoir de l'ambition.

— Où serait le mal ? répondit Michel, tout en travaillant avec Magnani. A qui cela est-il défendu ?

— J'aime la bonne foi de ta réponse ; mais quiconque veut être admiré doit commencer par se faire aimer.

— Suis-je donc haï dans ce pays où j'arrive, où je ne connais encore personne ?

— Ce pays est le tien : tu y as vu le jour, ta famille y est connue, ton père estimé ; et c'est parce que tu arrives, que tout le monde a les yeux sur toi. On te trouve beau garçon, bien mis et bien tourné. Autant que je puis m'y connaître, tu as du talent, les figures que tu as dessinées et enluminées là-haut ne sont pas des barbouillages vulgaires. Ton père est fier de toi ; mais tout cela n'est pas une raison pour que tu sois déjà fier de toi-même. Tu es encore un enfant, tu es plus jeune que moi de plusieurs années ; tu n'as guère de barbe au menton, tu n'as pas pu faire encore les preuves de courage et de vertu... Quand tu auras un peu souffert, sans te plaindre, des maux de la condition, nous te pardonnerons de porter haut la tête et de te balancer sur tes hanches en traversant les rues, le bonnet sur l'oreille. Autrement nous te dirons que tu veux t'en faire accroire, et que si tu n'es pas un artisan, mais un artiste, il faut aller en voiture et ne pas regarder en face les jeunes gens de ta classe ; car enfin ton père est un ouvrier comme nous ; il a du talent dans sa partie, et il peut être plus difficile de peindre des fleurs, des fruits et des oiseaux sur une corniche, que de suspendre des draperies à une fenêtre et d'assortir des couleurs dans un ameublement. Mais la différence n'est pas si grande qu'on ne soit cousin-germain dans le travail. Je ne me crois pas plus que le menuisier et le maçon ; pourquoi te croirais-tu au-dessus de moi ?

— Je n'ai pas cette pensée, répondit Michel ; Dieu m'en préserve !

— Et alors, pourquoi n'es-tu pas venu à notre bal d'artisans, hier soir ? Je sais que ton cousin Vincenzo a voulu t'y mener et que tu as refusé.

— Ami, ne me juge pas mal pour cela ; peut-être suis-je d'un caractère triste et sauvage.

— Je n'en crois rien. Ta figure annonce autre chose. Pardonne-moi de te parler sans façon ; c'est parce que tu me plais, que je t'adresse ces reproches. Mais, voici notre tapis cloué par ici. Il faut aller ailleurs.

— Mettez-vous donc deux et trois à chaque lustre ! criait le maître lampiste à ses ouvriers, vous n'en finirez jamais si vous vous divisez ainsi !

— Eh ! moi, je suis tout seul ! criait à son tour Visconti, un gros allumeur, bon vivant, qui, ayant déjà un peu de vin dans la cervelle, plaçait toujours la mèche enflammée à deux doigts de la bougie. Michel, frappé de la leçon que Magnani lui avait donnée, dressa un escabeau et se mit en devoir d'aider à Visconti.

— Ah ! c'est bien ! dit l'ouvrier ; maître Michel est un bon garçon, et il sera récompensé. La princesse paie bien, et, de plus, elle veut que tout le monde s'amuse chez elle les jours de fête. Il y aura souper pour nous, de la desserte du souper des seigneurs, et le bon vin ne sera pas épargné. J'ai déjà pris un petit à compte en passant par l'office.

— Aussi vous vous brûlez les doigts ! dit Michel en souriant.

— Vous n'aurez peut-être pas la main aussi sûre que vous l'avez maintenant, dans deux ou trois heures d'ici, reprit Visconti : car vous viendrez souper avec nous, n'est-ce pas, jeune homme ? Votre père nous chantera ses vieilles chansons, qui font toujours rire. Nous serons plus de cent à table à la fois. Oh ! va-t-on se divertir !

— Place, place ! cria un grand laquais, galonné sur toutes les coutures ; voici la princesse qui vient voir si tout est prêt. Dépêchez-vous, rangez-vous ! Ne secouez pas les tapis si fort, vous faites de la poussière. Hé ! là-haut, les allumeurs, ne répandez pas de bougie ! ôtez vos outils, ouvrez le passage !

— Bon, dit le majordome, vous allez vous taire, j'espère, messieurs les ouvriers ! Allons, hâtez-vous ; que, si vous êtes en retard, vous ayez au moins l'air de vous dépêcher. Je ne réponds pas des reproches que vous allez recevoir. J'en suis fâché pour vous. Mais c'est votre faute ; je ne saurais vous justifier. Ah ! maître Pier-Angelo, cette fois-ci, vous n'avez que faire de venir quêter des compliments.

Ces paroles arrivèrent aux oreilles du jeune Michel, et toute sa fierté lui revint au cœur. L'idée que son père pût quêter des compliments et recevoir des affronts lui était insupportable. S'il n'avait pas encore pu voir la princesse, il pouvait se rendre cette justice qu'il n'avait guère cherché à la voir. Il n'était pas de ceux qui courent avidement sur les traces d'un personnage riche et puissant, pour repaître leurs regards d'une banale et servile admiration. Mais, cette fois, il se pencha sur son escabeau, cherchant des yeux cette altière personne qui, au dire de maître Barbagallo, devait humilier d'un geste et d'un mot d'intelligents et généreux travailleurs. Il restait ainsi matériellement au-dessus du niveau de la foule, afin de mieux voir, mais tout prêt à descendre, à s'élancer auprès de son vieux père et à répondre pour lui, si, dans un accès d'humeur bienveillante, l'insouciant vieillard venait à se laisser outrager.

L'immense salle que l'on se hâtait de terminer n'était autre chose qu'une vaste terrasse de jardin recouverte extérieurement de tant de feuillages, de guirlandes et de banderoles, qu'on eût dit d'un berceau gigantesque dans le goût de Watteau. A l'intérieur, on avait établi des parquets volants sur le terrain sablé. Trois grandes fontaines de marbre, ornées de personnages mythologi-

Eh, moi, je suis tout seul, criait à son tour Visconti. (Page 13.)

ques, loin de gêner cet intérieur improvisé, en faisaient le plus bel ornement. Il y avait, entre leurs masses élégantes, assez de place pour circuler et pour danser. Elles lançaient leurs gerbes d'eau cristalline au milieu de buissons de fleurs, sous la clarté resplendissante des grands lustres qui les semaient d'étincelles. Des gradins, disposés comme dans un amphithéâtre antique et coupés de buissons fleuris, offraient une libre circulation et des siéges nombreux pour les assistants.

La hauteur de la voûte factice était telle que le grand escalier du palais, admirable morceau d'architecture, tout orné de statues antiques et de vases de jaspe du plus beau style, s'y encadrait tout entier. Les degrés de marbre blanc étaient fraîchement recouverts d'un immense tapis de pourpre, et le laquais qui précédait la princesse, en ayant balayé la foule des ouvriers, il y avait là un vide solennel. Un silence instinctif se fit dans l'attente d'une apparition majestueuse.

Les ouvriers, partagés entre un sentiment de curiosité, naïf et respectueux chez les uns, insouciant et railleur chez les autres, regardèrent tous à la fois vers la grande porte fleuronnée qui s'ouvrait à deux battants

au haut de l'escalier. Michel sentit battre son cœur, mais c'était de colère autant que d'impatience. « Que sont donc ces nobles et ces riches de la terre, se disait-il, pour qu'ils marchent avec tant d'orgueil sur les autels, sur les tréteaux, que nos mains aviles leur dressent? Une déesse de l'Olympe serait à peine digne de se montrer ainsi, du haut d'un pareil temple, aux vils mortels prosternés à ses pieds. Oh ! insolence, mensonge et dérision ! La femme qui va se produire ici, devant mes regards, est peut-être un esprit borné, une âme vulgaire; et, pourtant, voilà tous ces hommes forts et hardis qui se découvrent à son approche. »

Michel avait fait très-peu de questions à son père sur les goûts et les facultés de la princesse Agathe; à ce peu de questions, le bon Pier-Angelo n'avait guère répondu, surtout dans les derniers jours, qu'avec distraction, selon sa coutume, lorsqu'on mêlait une idée étrangère à la contention de son esprit absorbé par le travail. Mais Michel était orgueilleux, et la pensée qu'il allait être aux prises avec un être quelconque plus orgueilleux que lui, faisait entrer du dépit et une sorte de haine dans son cœur.

Il vit que le hallebardier qui gardait la porte... (Page 24.)

VII.

UN REGARD.

Lorsque la princesse de Palmarosa parut au haut de l'escalier, Michel crut voir une fille de quinze ans, tant elle était svelte et souple dans sa taille et dans son attitude; mais, à chaque marche qu'elle descendit, il vit apparaître une année de plus sur son front; et, quand il l'observa de près, il put juger qu'elle en avait trente. Cela ne l'empêchait pas d'être belle; non pas éclatante et superbe, mais pure et suave comme le bouquet de cyclamens blancs qu'elle portait à la main. Elle avait une réputation de grâce et de charme plus que de beauté, car elle n'avait jamais été coquette et ne cherchait point à faire de l'effet. Beaucoup de femmes beaucoup moins belles avaient allumé des passions, parce qu'elles l'avaient voulu. La princesse Agathe n'avait jamais fait parler d'elle, et, s'il y avait eu des émotions dans sa vie, les gens du monde n'en avaient rien su positivement.

Elle était fort charitable, et comme exclusivement oc-cupée de répandre des aumônes; mais cela se faisait sans faste et sans ostentation, et on ne la nommait point la mère des pauvres. La plupart du temps, les gens qu'elle secourait ignoraient la source du bienfait. Elle n'était pas très-assidue à l'église et au sermon, sans cependant fuir les cérémonies religieuses. Elle avait des goûts d'artiste et s'entourait avec discernement des plus belles choses et des plus nobles esprits. Mais elle ne brillait point au centre, et ne se faisait un piédestal ni de ses relations, ni de ses richesses. En tout, il semblait qu'elle aimât à faire comme tout le monde, et que, soit apathie, soit bon goût, soit timidité intérieure, elle eût pris à tâche de ne point se faire remarquer. Il n'était point de femme plus inoffensive. On l'estimait, on l'aimait sans enthousiasme, on l'appréciait sans jalousie. Mais l'appréciait-on à sa juste valeur? C'est ce qu'il eût été difficile de dire. Elle ne passait point pour un grand esprit. Ses plus anciens amis disaient d'elle, comme éloge culminant, que c'était une personne très-sûre et d'une humeur toujours égale.

Tout cela pouvait se juger dès le premier coup d'œil jeté sur elle, et le jeune Michel, en la voyant descendre l'escalier avec une grâce nonchalante, sentit son aversion se dissiper avec sa crainte. Il était impossible de se conserver irrité en présence d'un visage si pur, si calme et si doux. Mais comme, au milieu de sa colère, il s'était préparé à affronter le terrible regard d'une beauté arrogante et splendide, il éprouva comme un soulagement intérieur à voir une femme ordinaire. Déjà il pressentait que, si elle venait pour gronder, elle n'aurait ni l'énergie, ni peut-être l'esprit d'être blessante. Son cœur s'apaisa, et il la regarda avec une tranquillité croissante, comme si le fluide rafraîchissant émané d'une sérénité intérieure se fût communiqué d'elle à lui.

Elle était simplement et richement vêtue d'une robe d'étoffe de soie lourde et mate d'un blanc lacté, sans aucun ornement. Une légère guirlande de diamants ornait ses cheveux d'un noir doux, séparés en bandeaux sur un front lisse et pur. Sans doute elle eût pu avoir de plus riches pierreries, mais sa couronne était une œuvre d'art d'un excellent travail, et ne fatiguait point d'un poids abrutissant sa tête fine et admirablement attachée. Ses épaules, à demi découvertes, avaient perdu l'intéressante maigreur de l'adolescence et ne se noyaient pas encore dans l'embonpoint fastueux de la troisième ou quatrième jeunesse des femmes. Il y avait encore des contours délicats dans ses formes, et dans tous ses mouvements une souplesse abandonnée, qui semblait s'ignorer elle-même et ne poser pour personne.

Elle écarta lentement, du bout de son éventail, le laquais et l'intendant qui s'évertuaient à lui faire faire place, et passa devant eux, enjambant avec facilité et sans empressement maladroit les planches et les tapis roulés qui s'opposaient encore à sa marche; laissant traîner, avec une sorte d'insouciance humble ou opulente, les longs plis de sa belle robe de soie blanche sur la poussière qu'avaient laissée les pieds des manœuvres. Elle effleura, sans éprouver de dégoût ou sans les remarquer, les ouvriers baignés de sueur, qui ne pouvaient se ranger assez vite. Elle passa dans un groupe de jardiniers qui remuaient des caisses énormes, et ne parut pas s'apercevoir ou se soucier du danger d'être écrasée ou blessée. Elle salua ceux qui la saluaient, sans prendre aucun air de commandement ou de protection; et, quand elle fut au milieu de la cohue des hommes, des toiles, des planches et des échelles, elle s'arrêta fort tranquillement, promena ses regards sur ce qui était achevé et sur ce qui ne l'était pas, et dit d'une voix douce et encourageante:

— Eh bien, Messieurs, espérez-vous avoir fini à temps? Nous n'avons plus guère qu'une demi-heure.

— Je vous réponds de tout, ma chère princesse, répondit Pier-Angelo en s'approchant d'elle d'un air enjoué; ne voyez-vous pas que je mets la main à tout?

— En ce cas, je suis tranquille, répondit-elle, et je compte aussi sur tout le monde. Il serait fâcheux de laisser imparfait un aussi bel ouvrage. Je suis extrêmement contente. Tout cela est conçu avec goût et exécuté avec soin. Je vous remercie beaucoup de la peine que vous prenez pour bien faire, Messieurs, et cette fête sera à votre gloire.

— Mon fils Michel en aura sa part, j'espère, reprit le vieux peintre en décors; Votre Seigneurie veut-elle me permettre de le lui présenter? Allons, Michel, approche, et baise la main de la princesse, mon enfant: c'est une bonne princesse, tu vois!

Michel ne fit pas un mouvement pour s'approcher. Quoique la manière dont la princesse venait de gronder son père l'eût attendri et gagné, il ne se souciait pas de faire acte de servilité devant elle. Il savait bien que la coutume italienne de baiser la main à une dame est l'hommage d'un ami ou la prosternation d'un inférieur, et, ne pouvant prétendre à l'un, il ne voulait pas descendre à l'autre. Il ôta son bonnet de velours et se tint droit, affectant de regarder la princesse avec aplomb.

Elle fixa alors ses yeux sur lui, et soit qu'il y eût dans son regard une habitude de bonté et d'effusion qui fit contraste avec la nonchalante bienveillance de ses manières, soit que Michel fût frappé d'une étrange hallucination, il fut remué jusqu'au fond des entrailles par

ce regard inattendu. Il lui sembla qu'une flamme insinuante, mais intense et profonde, pénétrait en lui à travers les douces paupières de la grande dame; qu'une ineffable tendresse, partant de cette âme inconnue, venait s'emparer souverainement de tout son être; enfin que la tranquille princesse Agathe lui disait dans un langage plus éloquent que toutes les paroles humaines: « Viens dans mes bras, viens sur mon cœur. »

Michel étourdi, fasciné, hors de lui, tressaillit, pâlit, s'approcha d'un mouvement convulsif et involontaire, prit en tremblant la main de la princesse, et au moment de la porter à ses lèvres, leva encore ses yeux sur les siens, croyant s'être trompé et pouvoir sortir d'un rêve à la fois pénible et délicieux. Mais ces yeux purs et transparents lui exprimaient un amour si absolu et si confiant qu'il perdit la tête, se sentit défaillir et tomba comme terrassé aux pieds de *la signora*.

Quand il recouvra sa présence d'esprit, la princesse était déjà à quelques pas de lui. Elle s'éloignait suivie de Pier-Angelo, et, quand ils furent isolés au bout de la salle, ils parurent s'entretenir de quelque détail de la fête. Michel était honteux : son émotion se dissipait rapidement, à la pensée qu'il avait donné à tous ses compagnons le spectacle d'une faiblesse et d'une présomption inouïes : mais, comme les bonnes paroles de la princesse les avaient tous électrisés, comme on s'était remis au travail avec une sorte de rage joyeuse, on remuait, on chantait, on frappait autour de lui, et son aventure n'était qu'un incident perdu, où du moins incompris, dans la foule. Quelques-uns avaient remarqué en souriant, qu'il saluait plus bas qu'il n'était besoin, et qu'apparemment c'était une manière aristocratique et galante qu'il avait apportée de loin avec son air fier et ses beaux habits. D'autres pensèrent qu'il avait trébuché sur les planches en voulant s'incliner, et que sa maladresse lui avait fait perdre contenance.

Le seul Magnani l'avait observé attentivement et à moitié deviné.

— Michel, lui dit-il au bout de quelques instants, quand un travail commun les eut rapprochés, tu parais fort timide, mais je te crois follement hardi. Il est certain que la princesse t'a trouvé beau garçon et qu'elle t'a regardé d'une certaine manière qui aurait pu signifier tout autre chose de la part d'une autre femme; mais ne sois pas trop présomptueux, mon enfant; cette bonne princesse est une dame vertueuse; on ne lui a jamais connu d'amant, et si elle en voulait prendre un, il n'est pas probable qu'elle commencerait par un petit peintre à la détrempe, lorsque tant d'illustres seigneurs...

— Taisez-vous, Magnani, dit Michel avec impétuosité; vos plaisanteries me blessent, et je ne vous ai point autorisé à me railler de la sorte; je ne le souffrirai pas.

— Allons, pas de colère, reprit le jeune artisan; je n'ai pas l'intention de t'offenser, et quand on a des bras comme les miens, on serait lâche de provoquer un enfant tel que toi. D'ailleurs, je te l'ai dit, je te parle franchement, c'est parce que je me sens disposé à t'aimer. Je sens en toi un esprit au-dessus du mien qui me plaît et me charme. Mais je sens aussi que ton caractère est faible et ton imagination folle. Si tu as plus d'intelligence et de finesse, j'ai plus de raison et d'expérience. Ne prends pas mes réflexions en mauvaise part. Tu n'as pas encore d'amis parmi nous, et déjà tu compterais plus d'une antipathie prête à éclater, si tu cherchais à voir clair autour de toi. Je pourrai t'être bon à quelque chose, et, si tu écoutes mes avertissements, tu éviteras beaucoup d'ennuis que tu ne prévois point. Voyons, Michel, me dédaignes-tu, et refuses-tu mon amitié?

— Je te la demande, au contraire, répondit Michel, ému et subjugué par l'accent de franchise de Magnani; et, pour m'en montrer digne, je veux me justifier. Je ne sais rien, je ne crois rien, je ne pense rien de la princesse. Je vois, pour la première fois, d'aussi près, une aussi grande dame, et.... Mais pourquoi souris-tu?

— Tu t'arrêtes à mon sourire pour ne point achever ta phrase. Je vais la compléter pour toi. Tu trouves qu'une grande dame est quelque chose de divin, et tu en tombes épris comme un fou. Tu aimes la grandeur! J'ai bien compris cela le premier jour où je t'ai vu.

— Non, non! s'écria Michel, je ne tombe pas amoureux; je ne connais pas cette femme, et, quant à sa grandeur, j'ignore où elle réside. Autant vaudrait dire que je suis épris de son palais, de sa robe ou de ses diamants, car jusqu'ici je ne lui vois d'autre supériorité que celle d'un goût auquel nous aidons beaucoup, ce me semble, ainsi que son joaillier et sa couturière.

— Puisque tu ne la connais pas autrement, c'est assez bien parlé, reprit Magnani; mais alors m'expliqueras-tu pourquoi tu as failli t'évanouir en lui baisant la main?

— Explique-le-moi toi-même si tu peux; quant à moi je l'ignore. Je savais bien que les dames avaient une manière de se servir de leurs yeux, qui était plus hardie que celle des courtisanes, et en même temps plus dédaigneuse que celle des nonnes. Oui, j'avais remarqué cela : et ce mélange de provocation et de fierté me mettait hors de moi quand il m'arrivait, malgré moi, d'en coudoyer quelques-unes dans la foule. Et c'est pour cela que je haïssais les grandes dames.... Mais celle-ci a un regard qui ne ressemble à celui de personne. Je ne saurais dire si c'est langueur voluptueuse ou stupidité bienveillante; mais jamais aucune femme ne m'a regardé ainsi, et... que veux-tu, Magnani? je suis jeune, impressionnable, et cela m'a donné le vertige : voilà tout. Je ne suis point enivré de vanité, je le jure, car je suis bien certain qu'elle eût regardé de même si le hasard eût mis sa figure devant elle à la place de la mienne.

— Je n'en crois rien, dit Magnani tout pensif.

Il avait laissé tomber son marteau; il s'était assis sur un gradin. Il paraissait chercher assez péniblement à résoudre un problème.

— Ah! jeunes gens! leur dit le vieux Pier-Angelo, en passant auprès d'eux; vous babillez et ne travaillez pas : il n'y a que les vieux qui sachent se dépêcher.

Sensible au reproche, Michel courut aider à son père, après avoir dit à demi-voix à son nouvel ami qu'il reprendrait plus tard cet entretien avec lui.

— Le mieux pour toi, lui dit à la dérobée Magnani d'un air singulier, sera d'y penser le moins possible.

Michel aimait ardemment son père, et il avait raison. Pier-Angelo était un homme de cœur, de courage et de sens. Artiste à sa manière, il suivait, dans son travail, de bonnes vieilles traditions et ne s'irritait point de voir innover autour de lui. Tout au contraire, il s'assimilait très-vite les progrès qu'on lui faisait comprendre. C'était un caractère facile et enjoué, optimiste en général et tolérant en particulier, ne croyant presque jamais aux mauvaises intentions, mais ne transigeant point avec elles quand il ne pouvait plus se faire d'illusion généreuse; une âme droite, simple, désintéressée, se contentant de peu, s'amusant de tout, aimant le travail pour lui-même et l'argent pour les autres, c'est-à-dire vivant au jour le jour, et ne sachant rien refuser à son prochain.

La Providence avait donné au bouillant Michel le seul guide qu'il fût capable d'accepter : car ce jeune homme était tout le contraire de son père sous plusieurs rapports. Il était inquiet, ombrageux, un peu personnel, porté à l'ambition, au doute et à la colère. Et pourtant c'était une belle âme aussi, parce qu'elle était sincèrement éprise du beau et du grand, et s'abandonnait avec enthousiasme quand on avait justifié sa confiance. Mais il est bien certain que le caractère était moins heureux qu'il n'eût pu l'être, que l'intelligence active et chercheuse se dévorait souvent elle-même; enfin, que l'esprit tumultueux et délicat livrait parfois une bataille acharnée à la tranquillité du cœur.

Si une main rude, la pesante main d'un ouvrier acharné au gain, ou porté à toutes les jalouses indignations républicaines, eût voulu manier le caractère mobile et l'âme souffrante du jeune Michel, elle les eût exaspérés et promptement brisés ou éteints. L'humeur imprévoyante et joviale du vieux Pier-Angelo avait servi de contre-poids et de calmant à ses instincts exaltés. Il lui parlait rare-

ment le langage de la raison froide, et ne contrariait jamais ses inclinations changeantes. Mais il y a dans l'insouciance vaillante de certaines natures une action sympathique qui nous fait rougir de nos faiblesses, et qui agit plus sur nous par l'exemple, par le précepte mis en action simplement et noblement, que tous les discours et les sermons ne sauraient le faire. C'est par là que le bon Pier-Angelo, tout en paraissant céder aux désirs et aux fantaisies de Michel, exerçait pourtant sur lui le seul ascendant qu'il eût été jusque-là capable de subir.

VIII.

L'INTRUS.

Cette fois encore, en voyant son père travailler pour deux, Michel eut honte de ses distractions, et se hâta de le seconder. Il y avait encore un escalier volant à dresser sur un des côtés de la salle, pour communiquer avec une galerie plus élevée, et ouvrir à la foule qu'on attendait une nouvelle voie de circulation.

On entendait déjà rouler au loin de nombreuses voitures sur cette magnifique rue qu'on nomme pompeusement la *Voie Etnéenne*, et qui traverse Catane en droite ligne, du bord de la mer au pied de l'Etna, comme si, a dit un voyageur, les habitants qui ont planté leurs fiers palais le long de cette voie avaient voulu offrir aux colères du volcan un chemin digne de lui.

Dans les moments de crise où le temps ne suffit plus, où l'heure semble courir plutôt que marcher, où les forces humaines sont aux prises avec l'impossible dans un travail ardent, bien peu d'hommes sont doués d'assez de volonté pour conserver l'espoir de triompher. Il s'agit tout simplement, dans ces moments-là, de décupler ses propres facultés et d'accomplir un miracle. La plupart des ouvriers se sentirent découragés, et proposèrent d'abandonner cette construction volante, de masquer le passage avec des fleurs et des toiles; enfin, de laisser aux ordonnateurs de la fête la désagréable surprise d'une infraction à leur plan. Pier-Angelo ranima ceux qui parurent de bonne volonté et se mit à l'ouvrage. Michel fit des prodiges pour le seconder, et, en dix minutes, l'ouvrage qu'on avait déclaré devoir durer deux heures fut terminé comme par magie.

« Michel, dit alors le vieillard en essuyant son front nu jusqu'à l'occiput, je suis content de toi, et je vois que tu es un bon ouvrier; ce qui, à mes yeux, est indispensable à quiconque veut devenir un grand artiste. Ne se dépêche pas qui veut, et la plupart de ceux qui font vite font mal. Il ne faut pas les mépriser pour cela. Selon le cours ordinaire des choses, tout travail demande du sang-froid, du calcul, de l'ordre, de la prévoyance, enfin du raisonnement... oui, même pour charger une charrette de cailloux, il y a mille manières de s'y prendre, et une seule bonne. Celui-ci en prend trop avec sa pelle, celui-là pas assez; l'un élève trop le bras, et jette par dessus la charrette; l'autre ne lève pas assez, et jette tout dans les roues. N'as-tu jamais examiné, comparé et réfléchi, en regardant les plus simples travaux de la campagne? As-tu vu bêcher la terre? Pour cela comme pour le reste, il y a un bon ouvrier sur vingt maladroits. Et que sait-on, si celui qui bêche à lui seul autant que quatre, sans se fatiguer et sans perdre une seconde, n'est pas un homme supérieur qui ferait admirablement bien des choses plus savantes? Voyons, que t'en semble? Moi, je me suis toujours imaginé cela, et en voyant les jeunes filles cueillir des fraises dans la montagne, j'aurais deviné celle qui devait un jour le mieux tenir son ménage et le mieux élever ses enfants. Crois-tu que je divague? réponds.

— Je pense que vous avez raison, mon père, répliqua Michel en souriant; pour aller vite et bien, il faut pouvoir réunir la présence d'esprit à l'ardeur de la volonté; il faut avoir la fièvre dans le sang et la tête lucide. Il faut penser et agir simultanément. Non, certes, cela n'est pas donné à tous; et c'est une chose affligeante de voir tant d'organisations débiles et incomplètes, pour un si petit nombre de calmes et de puissantes. Hélas! je m'effraie de moi-même, malgré les éloges que vous venez de me donner; car je me sens rarement dans cette disposition souveraine et féconde, et, si j'y ai été tout à l'heure, c'est à votre exemple que je le dois.

— Non, non, Michel, il n'y a pas d'exemple qui serve aux impuissants. Pauvres êtres! ils font ce qu'ils peuvent, et c'est une raison pour que les plus robustes et les plus capables se fassent un devoir de les soulager. Ne sens-tu pas du contentement et de l'orgueil de l'avoir fait?

— Vous avez raison, mon père! vous savez trouver le côté noble et légitime de mes instincts mieux que moi-même. Ah! Pier-Angelo! tu ne sais pas lire, et tu m'as fait apprendre mille choses que tu ne connais pas. Pourtant, tu es la lumière de mon âme, et, à chaque pas, je sens que tu ouvres les yeux à un aveugle.

— C'est bien dit, cela! s'écria le bon Pierre avec un ravissement naïf. Je voudrais que cela fût écrit. C'était comme quand les acteurs récitent de belles sentences sur la scène. Voyons, comment as-tu dit? répète cela. Tu m'as tutoyé, tu m'as appelé par mon nom, comme si je n'étais pas là et que tu vinsses à penser à ton vieux ami... Oh! j'aime les belles paroles, moi! *Pier-Angelo, tu ne sais pas lire...* tu as commencé ainsi... Et puis, tu t'es comparé à un aveugle dont j'étais la lumière, moi, pauvre ignorant, mais dont le cœur voit clair pour toi, Michel... Je voudrais savoir faire des vers en pur toscan; mais je ne sais qu'improviser dans mon dialecte de Sicile, où, pourvu qu'on rime en *i* et en *à*, on arrive toujours à faire quelque chose qui ressemble à des vers. Si je pouvais, je ferais une belle chanson sur l'amour et la modestie d'un fils qui attribue à son vieux bonhomme de père tout ce qu'il découvre de lui-même: une chanson!... il n'y a rien de plus parfait au monde qu'une bonne chanson... J'en sais beaucoup, mais il y en a peu dont je sois parfaitement content. Je voudrais pouvoir refaire à toutes quelque chose qui manque. Cela me fait penser qu'il faudra que je chante ce soir à souper. Hum! après avoir avalé tant de poussière! mais il y aura de bon vin à la buvette des ouvriers. Tu ne veux donc pas y venir? Décidément tu n'aimes pas à trinquer avec tout le monde. Tu as peut-être raison, toi. On te dit fier; mais, d'un autre côté, tu es sobre et digne. Il faut faire ce qui te convient. Après tout, tu as beau faire, tu ne seras jamais, quoi que tu fasses, un simple ouvrier comme moi. Tu m'aides comme un manœuvre à l'heure qu'il est, et c'est bien. Mais une fois mes petites dettes payées, tu retourneras à Rome, car j'entends que tu continues ces nobles études qui te charment.

— Ah! mon père, chacune de vos paroles me perce le cœur. Nos petites dettes! c'est moi qui les ai contractées, et non pas seulement pour de bonnes études, mais pour de sots amusements et de folles vanités d'enfant. Et quand je songe que chaque année passée par moi à Rome vous coûte tout le fruit de votre labeur!

— Eh bien! pour qui donc gagnerais-je de l'argent, si ce n'était pour mon fils?

— Mais vous vous privez!

— De rien du tout. Je trouve, partout où l'on m'emploie, de l'amitié, de la confiance; et, sauf un peu de bon vin, qui est le lait des vieillards, et qui, Dieu merci, n'est ni rare ni cher dans nos heureux climats, je n'ai besoin de rien. Que faut-il à un homme de mon âge? Ai-je besoin de songer à l'avenir? Ta sœur est laborieuse: elle trouvera un bon mari. Mon sort n'est-il pas ce qu'il sera jusqu'à ma dernière heure? Je n'ai rien de nouveau à apprendre dont je puisse faire usage. Pourquoi amasserais-je de l'argent? En amasser pour ton âge mûr, serait folie: ce serait priver ta jeunesse des moyens de se développer et de s'assurer l'avenir.

— Hélas! c'est votre avenir qui m'effraie justement, mon père! L'avenir d'un vieillard, c'est la perte des forces, les infirmités, l'abandon, la misère! Et, si tous vos sacrifices étaient perdus! Si j'étais sans vertu, sans intelligence, sans courage, sans talent! Si je n'arrivais pas à faire fortune, à bien marier ma sœur et à vous

assurer de l'aisance et de la sécurité pour vos vieux jours!

— Allons, allons! c'est outrager la Providence que de douter de soi-même quand on se sent porté à bien faire. D'ailleurs, mettons tout au pire, et tu verras que rien n'est perdu. Je suppose que tu ne sois qu'un artiste ordinaire; tu gagneras toujours ton pain, et, comme tu as de l'esprit, tu sauras te contenter des plaisirs qui seront à ta portée. Tu feras comme moi, qui, sans jamais être riche, ne me suis jamais considéré comme pauvre, n'ayant jamais eu plus de besoins que de ressources. C'est une philosophie que tu ne connais pas encore, parce que tu es dans l'âge des grands désirs et des grandes espérances, mais qui te viendra si tes projets échouent. Je n'admets pas encore qu'ils puissent échouer. Voilà pourquoi je ne te prêche pas maintenant la modération. La puissance vaut encore mieux. Celui qui court bien au jeu de bagues est enivré de joie. Celui qui court bien au jeu de bagues est enivré de joie. S'applaudit d'avoir osé courir. Mais celui qui a rompu des lances en pure perte s'en va chez lui en disant: j'ai du malheur, je ne jouerai plus. Et celui-là est encore content d'avoir profité de l'expérience et de pouvoir se donner une sage leçon à lui-même. Mais je sens la brise du soir sécher un peu trop vite la sueur sur mon vieux front; je vais me rafraîchir à l'office. Toi, puisque tu n'as plus rien à faire ici, rassemble nos outils et va-t'en à la maison.

— Et vous, mon père, quand donc rentrerez-vous?

— Ah! moi, Michel, je ne sais trop ni quand ni comment! cela dépendra du plaisir que j'aurai à souper. Tu sais qu'au fond je suis sobre et ne bois pas plus que ma soif; mais si l'on me fait chanter et rire, et babiller, je m'exalte, j'entre dans des accès de joie et de poésie qui m'emmènent jusque dans la lune; et, alors, il ne faut plus me parler d'aller me coucher. Ne sois pas inquiet de moi. Je ne tomberai pas dans un coin, je n'ai pas l'ivresse des brutes; j'ai celle des beaux esprits, au contraire, et je ne me conduis jamais plus raisonnablement que quand je me sens un peu fou; c'est-à-dire que je travaillerai encore ici demain au grand jour, pour aider à défaire tout ce que nous avons fait cette semaine, et que je serai moins fatigué que si j'avais passé la nuit dans mon lit.

— Vous devez bien me mépriser de ne savoir pas trouver dans le vin cette force surhumaine qu'il vous donne!

— Tu n'as jamais voulu essayer!... s'écria le vieillard; et il reprit tout aussitôt: Et tu as bien fait! parce qu'à ton âge c'est un stimulant inutile. Ah! quand j'étais jeune, le moindre regard de femme m'eût donné plus de force que toute la cave de la princesse ne m'en donnerait à l'heure qu'il est! Allons, bonsoir, mon enfant.»

En parlant ainsi, Pier-Angelo remontait le perron de bois qu'il venait de construire, car il avait causé avec son fils dans le jardin, où il s'était jeté sur le gazon pour reprendre haleine. Michel l'arrêta et, au lieu de le quitter:

«Mon père, dit-il avec une émotion extraordinaire, est-ce que vous aurez le droit de rester dans ce bal après que le beau monde sera entré?

— Mais certainement, répondit Pier-Angelo surpris du mouvement du jeune homme. Nous avons été choisis plusieurs de chaque profession, en tout une centaine d'ouvriers d'élite, pour veiller à ce que rien ne se dérangeât durant la fête. Au milieu d'un semblable mouvement, une charpente peut fléchir, une toile se détacher et s'enflammer aux lustres; mille accidents doivent toujours être prévus, et un certain nombre de bras éprouvés sont prêts à y porter remède. Nous n'aurons peut-être rien à faire, et alors nous passerons joyeusement la nuit à table; mais, à tout événement, nous sommes là. De plus, nous avons le droit de circuler partout, afin de donner notre coup d'œil et de prévenir l'incendie, la confusion, la mauvaise odeur des lumières qui s'éteignent, la chute d'un tableau, d'un lustre, d'un vase, que sais-je? On a toujours besoin de nous, et, à tour de rôle, nous faisons notre ronde, ne fût-ce que pour empêcher les filous de s'introduire.

— Et vous êtes payés pour faire ce métier de serviteurs?

— Nous sommes payés si bon nous semble. A ceux qui le font par pure amitié, la princesse fait toujours quelque agréable présent, et, pour les vieux amis comme moi, elle a toujours de bonnes paroles et des attentions délicates. Et puis, d'ailleurs, quand même cela ne rapporterait rien, n'est-ce pas un devoir pour moi de mettre ma prévoyance, mon activité et ma fidélité au service d'une femme que j'estime autant qu'elle? Je n'ai pas encore eu besoin d'elle; mais j'ai vu comment elle secourait ceux qui tombent dans la peine, et je sais qu'elle me panserait de ses mains si elle me voyait blessé.

— Oui, oui, je sais cela, dit Michel d'un air sombre : bienfaisance, charité, compassion, aumône !

— Allons! allons! maître Pier-Angelo, dit un valet en passant auprès d'eux, voici le moment de remettre vos habits. Otez votre tablier, tout le monde arrive ; passez au vestiaire, ou à la buvette d'abord, si bon vous semble.

— C'est juste, dit Pier-Angelo, nous sommes un peu mal peignés pour coudoyer de si belles toilettes. Adieu, Michel, je vais me faire beau. Va-t'en te reposer. »

Michel jeta un regard sur ses vêtements poudreux et tachés en mille endroits. L'orgueil lui revint; il descendit lentement les gradins qui le ramenaient à la grande salle et la traversa au milieu des groupes étincelants qui commençaient à s'y répandre. Un jeune homme, qui entrait au moment où Michel allait sortir, le heurta assez rudement. Michel allait se fâcher ; mais il se calma en voyant que ce jeune homme était aussi préoccupé que lui.

C'était un garçon de vingt-cinq ans environ, d'une petite taille et d'une figure charmante. Cependant sa physionomie et sa démarche avaient quelque chose de singulier qui fixa l'attention de Michel, sans qu'il pût trop se rendre compte à lui-même de l'intérêt qu'il pouvait prendre à cet inconnu. Il fallait bien pourtant qu'il y eût en lui quelque chose d'insolite, car le gardien auquel il avait remis son billet d'entrée reporta plusieurs fois ses yeux de lui à la carte, et réciproquement, comme s'il eût voulu bien s'assurer qu'il était en règle. A peine l'inconnu eut-il fait trois pas que les regards des autres arrivants se portèrent sur lui, comme par un instinct de contagion, et Michel, resté auprès de la porte, entendit une dame dire au cavalier qui l'accompagnait : « Qui est-ce? je ne le connais pas.

— Et moi, répondit le cavalier; mais que vous importe? Dans une réunion aussi nombreuse que va l'être celle-ci, croyez-vous donc que vous ne rencontrerez pas beaucoup de figures nouvelles?

— Certes, je m'y attends, reprit la dame, et nous allons avoir, dans ce bal payant, un amalgame qui nous divertira. Et, pour commencer, je m'amuse de ce personnage qui vient d'entrer et qui s'arrête court sous le premier lustre, comme s'il cherchait son chemin dans cette grande salle. Regardez-le donc, il est fort étrange; c'est un joli garçon !

— Vous êtes vraiment fort occupée de ce garçon-là, dit le cavalier, qui l'avait aperçu, amant ou mari, connaissait sa Sicilienne par cœur. Aussi, au lieu de regarder celui qu'on lui montrait, il regarda derrière lui, pour voir si, pendant qu'on occupait son attention d'un côté, on ne tendait pas un billet doux, ou si on n'échangeait pas un regard d'intelligence du côté opposé. Mais soit vertu, soit hasard, la dame était de bonne foi dans ce moment-là et ne regardait que l'inconnu. »

Michel ne s'en allait pas, et pourtant il ne pensait plus à l'étourdi qui l'avait heurté : il avait aperçu, tout au fond de la salle, une robe blanche et une couronne de diamants qui scintillaient comme de pâles étoiles. Il n'avait vu la princesse qu'un instant, et il y avait, dans le bal, bien d'autres femmes en blanc, bien d'autres diadèmes de pierreries. Pourtant il ne s'y trompait point et ne pouvait en détacher ses regards.

La dame et le cavalier qui venaient de commenter l'arrivée du jeune homme inconnu s'éloignaient, et un autre groupe parlait à côté de Michel.

« J'ai vu cette figure-là je ne sais où, disait une dame. »

Une belle personne pâle, qui donnait le bras à celle-ci, s'écria, avec un accent qui tira Michel de sa rêverie :

« Ah! mon Dieu! quelle ressemblance !

— Eh bien! qu'avez-vous donc, ma chère?

— Rien; un souvenir, une ressemblance; mais ce n'est point cela...

— Mais quoi donc?

— Je vous le dirai plus tard. Regardez d'abord cet homme-là.

— Ce petit jeune homme? décidément je ne le connais pas.

— Ni moins non plus; mais il ressemble d'une manière effrayante à un homme que... »

Michel n'en entendit pas davantage ; la belle dame avait baissé la voix en s'éloignant.

Quel était donc ce personnage qui ne faisait que d'entrer, et qui, déjà, produisait une impression si marquée? Michel le regarda et le vit revenir sur ses pas, comme s'il voulait sortir ; mais il s'arrêta devant lui, et lui dit d'une voix douce comme celle d'une femme : « Mon ami, voulez-vous bien me dire laquelle de toutes les dames qui sont déjà ici est la princesse Agathe de Palmarosa?

— Je n'en sais rien, répondit Michel, poussé par je ne sais quel instinct de méfiance et de jalousie.

— Vous ne la connaissez donc pas? reprit l'inconnu.

— Non, Monsieur, répondit Michel d'un ton sec. »

L'inconnu rentra dans le bal, et se perdit dans la foule, qui grossissait rapidement. Michel le suivit des yeux et remarqua quelque chose de singulier dans son allure. Quoiqu'il fût mis à la dernière mode et avec une recherche qui frisait le mauvais goût, il semblait gêné dans ses habits, comme un homme qui n'aurait jamais porté un frac noir et des chaussures fermées. Il y avait pourtant dans ses traits et dans son air quelque chose de fier et de distingué qui ne sentait point le petit bourgeois endimanché.

Comme Michel se retournait pour s'en aller décidément, il vit que le hallebardier qui gardait la porte était préoccupé aussi de la tournure de l'inconnu.

« Je ne sais pas, disait-il au majordome Barbagallo, qui venait d'approcher de lui, apparemment pour l'interroger ; je connais un paysan qui lui ressemble, mais ce n'est pas lui. »

Un troisième subalterne approcha et dit :

« Ce doit être le prince grec arrivé hier ou quelqu'un de son escorte.

— Ou bien, reprit le hallebardier, quelque attaché de l'envoyé égyptien.

— Ou bien encore, ajouta Barbagallo, quelque négociant levantin. Quand ces gens-là quittent leur costume pour s'habiller à l'européenne, on ne les reconnaît plus. A-t-il acheté son billet à la porte? C'est ce que vous ne devez permettre à personne.

— Il avait son billet à la main, je l'ai vu le présenter ouvert, et le contrôleur a même dit : « La signature de Son Altesse. »

Michel n'avait pas écouté cette discussion ; il était déjà loin sur le chemin de Catane.

Il regagna son pauvre logis et s'assit sur son lit; mais il oublia de se coucher. En rejetant en arrière sa chevelure, dont le poids lui brûlait le front, il en fit tomber une petite fleur. C'était une fleur de cyclamen blanc. Comment s'était-elle brisée et accrochée à ses cheveux? Il n'y avait pas de quoi s'étonner ni s'inquiéter beaucoup. Le lieu où il avait travaillé, remué, passé et repassé cent fois, était tapissé, en mille endroits, de tant de fleurs de toutes sortes!

Michel ne s'en souvint pourtant pas. Il se rappela seulement un énorme bouquet de cyclamen que la princesse de Palmarosa tenait à la main, au moment où il s'était penché avec agitation pour le lui baiser. Il approcha cette fleur de ses lèvres; elle exhalait une odeur enivrante. Il prit sa tête à deux mains. Il lui sembla qu'il devenait fou.

IX.

MILA.

Le trouble qu'éprouvait notre jeune peintre avait deux causes qui tenaient, l'une à une sorte de jalousie absurde qui venait de s'emparer de lui, comme un accès de fièvre, à propos de la princesse Agathe ; l'autre à l'inquiétude de n'avoir pas obtenu le suffrage de cette noble dame à propos de ses peintures. On pense bien que ce n'était pas l'amour du gain, le désir d'être payé plus ou moins largement qui l'agitait ainsi. Tant qu'il avait été dans sa fièvre de production, il s'était fort peu occupé de l'opinion personnelle de la signora ; il n'avait songé qu'à réussir, qu'à se contenter lui-même ; puis, ayant à peu près réussi à ses propres yeux, et n'ayant pas encore vu sa mystérieuse patronne, il s'était demandé avec plus d'espoir que d'effroi s'il trouverait assez de juges éclairés dans ce pays pour enter sa réputation sur un essai de ce genre. En somme, il avait eu tant à faire jusqu'au dernier moment qu'il n'avait pu encore se rendre bien compte de l'anxiété de son esprit.

Quand il se vit seul, il s'aperçut qu'il souffrait étrangement de savoir qu'on était en train de le juger, et de ne pouvoir être là. Qui l'en empêchait? Aucune consigne relative à sa chétive position dans le monde, mais une fausse honte poignante, et qu'il ne se sentait pas la force de surmonter.

Pourtant Michel n'était pusillanime, ni comme homme, ni comme artiste. Malgré son jeune âge, il avait déjà beaucoup réfléchi sur les chances de son avenir, et il résumait déjà d'une manière assez serrée le chapitre des succès et des revers attachés à sa destinée. En se sentant saisi de défaillance au début, il s'étonna et chercha à se combattre. Mais plus il s'interrogea, plus il reconnut sa faiblesse sans vouloir s'en avouer la cause. Nous le dirons donc au lecteur.

Au fond de cette tristesse et de cette terreur, il y avait l'incertitude du jugement que la princesse avait porté sur son ouvrage. Pier-Angelo lui avait dit, le matin, que dans la journée du dimanche Son Altesse était venue examiner la salle ; mais que, comme il n'était pas présent, il ne savait point ce qu'elle avait pensé. Maître Barbagallo, ayant pris de l'humeur à cause des grands embarras de la fête, s'en était expliqué avec lui très-froidement, sans dire toutefois que la princesse eût paru mécontente, ni qu'elle eût rien critiqué. Puis, le bon Pierre avait ajouté, avec sa confiance ordinaire : « Sois tranquille, elle s'y connaît. Il est impossible qu'elle ne soit pas satisfaite au delà de ce qu'elle attendait. » Michel s'était laissé aller à cette confiance, sans tenir beaucoup à ce qu'elle fût justifiée. Il s'était dit que, quand même la princesse ne s'y connaîtrait pas, il y aurait bientôt assez de connaisseurs autour d'elle pour redresser son jugement.

Et puis, maintenant il avait peur de tout le monde, parce qu'il avait peur de la princesse. Elle l'avait bien regardé d'une manière qui l'avait bouleversé ; mais elle ne lui avait rien dit : pas un mot d'éloge ou d'encouragement n'avait accompagné ce regard plus que bienveillant, il est vrai, mais par cela même incompréhensible. Et, s'il s'était trompé sur l'expression de son visage! si, en attachant ainsi sur lui ses beaux yeux enivrés, elle avait pensé à tout autre qu'à lui... à son amant, par exemple, car elle devait avoir un amant, quoi qu'en pensât Magnani!

À cette seule idée, Michel se sentait transir ; il croyait alors voir la princesse appuyée au bras de l'heureux mortel pour qui elle affectait de renoncer au mariage. Ils jetaient un regard distrait sur les peintures du jeune artiste, et ils souriaient en se regardant l'un l'autre ; comme pour se dire :

« Que nous importe? rien n'est beau, rien n'existe pour nous que nous-mêmes. »

Las de souffrir si follement, Michel crut se vaincre et se calmer en prenant une résolution superbe.

« Je vais me coucher et m'endormir comme un prince, comme un héros, se dit-il, pendant qu'on me juge, qu'on discute, qu'on s'agite peut-être beaucoup à propos de moi là-bas. Demain matin, mon père viendra me secouer pour me dire que je suis couronné ou sifflé. Que m'importe, après tout? »

Il lui importait si peu, en effet, qu'au lieu de se déshabiller pour dormir, il s'habilla pour aller au bal. Emporté par une distraction prodigieuse, il arrangea sa belle chevelure, qui eût été un peu trop longue pour un patricien austère, mais qui était un magnifique cadre pour sa figure intelligente et passionnée. Il se purifia avec le plus grand soin de toutes les traces du travail ; il endossa son plus beau linge et ses meilleurs habits : et, quand il eut jeté un regard sur son petit miroir, il se trouva, avec raison, aussi distingué que quelque invité que ce fût au bal de la princesse.

Ainsi préparé à se mettre au lit, il prit le chemin de la porte, et quand il eut fait dix pas dehors, il s'aperçut qu'une étrange préoccupation le conduisait au palais Palmarosa. Indigné contre lui-même, il rentra, ôta son habit, le jeta sur son lit, et, ouvrant sa fenêtre, il resta partagé entre le projet héroïque de se coucher et l'irrésistible tentation d'aller voir la fête.

Les mille lumières du palais brillaient devant lui, et les sons de l'orchestre arrivaient à son oreille dans la nuit sonore. Les voitures roulaient de tous côtés ; personne ne dormait dans la ville ni dans la campagne environnante. Au fait, il n'était pas neuf heures, et Michel se sentait peu disposé au sommeil. Il ferma sa fenêtre et voulut prendre un livre ; mais le cyclamen qu'il avait jeté sur sa table, dans un mouvement de dépit contre lui-même, fut le seul objet qui lui tomba sous la main.

Alors, à travers la fine et pénétrante odeur de musc qu'exhalait le nectaire rosé de cette jolie petite plante, il lui sembla voir des images palpables se former et se répandre autour de lui. Des femmes, des lumières, des fleurs, des eaux jaillissantes, des diamants au feu bleuâtre ; et, à ces choses qui semblaient réelles, des choses fantastiques se mêlaient comme dans un rêve. Les belles danseuses antiques, que Michel avait peintes à la coupole, se détachaient mollement de la toile, et, relevant au-dessus du genou leur tunique d'azur et de pourpre, elles se glissaient dans la foule, et lui jetaient, en passant, des regards lascifs et de mystérieux sourires. Enivré de désirs, il les suivait, les perdait, les cherchait encore, saisissant à l'une sa ceinture flottante, à l'autre son peplum transparent, mais s'épuisait en vains efforts, en vaines prières, pour les retenir et les fixer.

Alors une femme blanche passait lentement et s'emparait seule de sa passion vagabonde. Elle s'arrêtait devant lui et le regardait, d'abord avec des yeux pétrifiés, qui s'animaient peu à peu et finissaient par lui lancer des flammes dont il se sentait consumé. Immobile à ses pieds, il la voyait se pencher sur lui. Il croyait sentir son haleine effleurer son front ; mais aussitôt la bande échevelée des courtisanes latines l'enlaçait dans un réseau d'étoffes diaprées et l'entraînait dans un tourbillon jusque sous les combles de la voûte. Il se trouvait alors seul sur son échelle, barbouillé de peinture, couvert de taches, accablé, haletant, dans une effrayante solitude, et à peine éclairé d'un jour incertain. Le silence planait sur les salles vides et froides ; il ne lui restait de sa vision qu'une petite fleur brisée, dont il avait épuisé le parfum à force de l'aspirer.

Cette fantasmagorie devint si pénible que Michel, effrayé, repoussa encore une fois le cyclamen, pensant que ses émanations avaient quelque chose de narcotique et de vénéneux. Cependant, il ne put se résoudre à l'anéantir. Il le plaça dans un verre d'eau, et, ouvrant de nouveau sa fenêtre :

« Pourquoi souffrir ainsi sans cause et sans but? se dit-il ; est-ce un regard de femme, est-ce la vue lointaine d'une grande fête, qui font travailler ainsi mon imagination désordonnée? Eh bien ! si la folle est indomptable, donnons-lui carrière ; sans doute, le spectacle de la réalité va ou l'éteindre ou lui fournir des aliments nouveaux. Ou je me calmerai ou je changerai de souffrance ; qu'importe !

— Qu'as-tu donc à parler ainsi tout seul, Michel? lui dit une voix douce, en même temps que la porte de sa petite chambre s'entr'ouvrait derrière lui. Et Michel, en se retournant, vit sa petite sœur Mila, qui, les pieds nus et le corps enveloppé dans une piddemia (mante brune à l'usage des femmes du peuple), s'approchait avec précaution.

Il n'y avait rien au monde d'aussi joli, d'aussi gracieux et d'aussi aimable que Mila. Michel l'avait toujours tendrement aimée. Cependant, son apparition, en cet instant, lui causa un peu d'humeur.

« Que viens-tu faire ici, petite? lui dit-il, et pourquoi ne dors-tu pas?

— Dormir déjà ! dit-elle, quand j'entends rouler les carrosses dans le faubourg, et quand je vois le palais de la princesse briller là-bas comme une étoile? Oh ! je ne saurais reposer ! Notre père m'avait fait promettre de me coucher comme à l'ordinaire, et de ne pas aller courir autour du palais avec les autres jeunes filles pour tâcher de regarder la fête par les portes entr'ouvertes. Je m'étais donc couchée, et, quoique ces violons, qu'on entend d'ici, me fissent sauter le cœur en mesure, j'allais m'endormir résolument, lorsque mon amie Nenna est venue me demander d'aller avec elle.

— Et tu veux y aller, Mila? désobéir à ton père? Courir la nuit aux abords de cette maison entourée de valets, de mendiants et de vagabonds, avec une petite écervelée comme Nenna? Tu ne le feras pas, je m'y oppose !

— Eh ! il n'est pas nécessaire de prendre ces grands airs paternels, monsieur mon frère, répondit Mila d'un ton piqué. Me croyez-vous assez folle pour écouter Nenna? Je l'ai renvoyée; elle est déjà loin d'ici, et j'allais me rendormir quand je vous ai entendu marcher et parler. J'ai cru que mon père était avec vous; mais, en regardant par la fente de la porte, j'ai vu que vous étiez seul, et alors...

— Et alors, tu viens babiller pour te dispenser de t'endormir?

— Le fait est que je n'ai nulle envie de me coucher si tôt, et que le père ne m'a pas défendu d'écouter et de regarder de loin ce qui se passe là-bas! Oh! que cela doit être beau! On voit bien mieux de ta fenêtre que de la mienne, Michel; laisse-moi donc rassasier mes yeux de cette grande clarté si réjouissante !

— Non, petite. La brise est fraîche cette nuit, et tu es à peine vêtue. Je vais fermer la fenêtre et me coucher. Fais-en autant, bonsoir.

— Tu vas te coucher, toi; et tu viens de t'habiller! à quel propos, je te prie? Michel, tu me trompes, tu vas voir le bal, tu vas y entrer! Je parie que tu es invité, et que tu ne m'en dis rien !

— Invité ! on n'invite pas les gens comme nous à de pareilles fêtes, ma pauvre petite ! Quand nous entrons là, c'est comme ouvriers et non comme amis.

— Qu'est-ce que cela fait, pourvu qu'on y soit? Tu y entreras donc? Oh ! que je voudrais être à ta place !

— Mais quelle est donc cette rage de voir?

— Voir ce qui est beau, Michel, n'est-ce pas tout? Quand tu dessines une belle figure, j'ai du plaisir à la regarder peut-être plus que toi qui l'as faite.

— Mais si cela était, ce serait à la condition de te tenir cachée dans quelque petite niche, car si l'on te voyait on te ferait sortir; tu ne pourrais ni danser, ni te montrer !

— Fort bien ; mais je verrais danser, ce serait beaucoup.

— Tu es un enfant. Bonsoir.

— Je vois bien que tu ne veux pas m'emmener !

— Non, certes, je ne le puis. On te chasserait, et il me faudrait casser la tête à l'insolent valet qui t'insulterait à mon bras.

— Comment ! il n'y a pas un petit coin grand comme la main où je pourrais me cacher? Je suis si petite ! Vois, Michel, je tiendrais dans ton armoire. D'ailleurs, sans me faire entrer, tu pourrais bien me conduire à la porte,

et notre père ne serait pas mécontent de me savoir là avec toi. »

Michel fit un beau sermon à Mila sur la curiosité puérile, et sur ce besoin instinctif et violent qu'elle éprouvait d'aller s'enivrer du spectacle des grandeurs patriciennes. Il oublia qu'il était dévoré du même désir, et qu'il lui tardait de se trouver seul pour s'y abandonner.

Mila entendit raison lorsque Michel lui dit qu'il allait aider son père à surveiller l'ordonnance matérielle de la fête ; mais elle n'en fit pas moins un gros soupir.

« Allons, dit-elle en s'arrachant de la fenêtre, il n'y faut plus songer. Au reste, c'est bien ma faute ; car si j'avais pu prévoir que cela me donnerait tant d'envie, j'aurais très-bien pu dire à la princesse de m'inviter.

— Voilà que tu redeviens folle au moment où je te croyais raisonnable, Mila ! Est-ce que la princesse pourrait t'inviter, quand même elle en aurait la fantaisie?

— Mais certainement ; n'est-elle pas maîtresse de son propre logis?

— Oui-dà ! et que diraient toutes ces antiques douairières, toutes ces augustes pécores, si elles voyaient sauter au milieu de leurs nobles poupées de filles, la petite Mila avec son corset de velours et son jupon rayé ?

— Tiens ! j'y ferais peut-être meilleure figure qu'elles toutes, jeunes et vieilles !

— Ce n'est pas une raison.

— Cela, je le sais ; mais la princesse est reine dans sa maison, et je parie qu'elle m'invite au premier bal qu'il lui plaira de donner.

— Tu le lui demanderas, n'est-ce pas?

— Certes ! je la connais et elle m'aime beaucoup ; c'est mon amie. »

Et, en disant cela, Mila se redressa et prit un air d'importance si drôle et si joli que Michel l'embrassa en riant.

« J'aime à voir, Mila, dit-il, que tu ne doutes de rien. Et pourquoi te détromperais-je? Tu perdras assez tôt les illusions confiantes de ton âge d'or ! Mais, puisque tu connais si bien cette princesse, parle-m'en donc un peu, ma bonne petite sœur, et dis-moi comment il se fait que tu sois si intimement liée avec elle, sans que j'en sache rien.

— Ah! ah! Michel, tu es curieux de savoir cela, à présent! et jusqu'ici pourtant tu ne t'étais guère. Mais, puisque tu as été si peu pressé de me questionner, tu attendras bien encore jusqu'à ce qu'il me plaise de te répondre.

— C'est donc un secret?

— Peut-être! que t'importe?

— Il m'importe fort peu, en effet, de savoir quoi que ce soit touchant cette princesse. Elle a un beau palais, j'y travaille, elle me paie, je ne me soucie pas d'autre chose pour le moment. Mais rien de ce qui intéresse ma petite Mila ne peut m'être indifférent et ne doit m'être caché, ce me semble?

— Tu me flattes maintenant pour me faire parler. Eh bien, je ne parlerai pas, voilà ! Seulement, je te montrerai quelque chose qui te fera ouvrir de grands yeux. Tiens, regarde, que dis-tu de ce bijou ? »

Et Mila tira de son sein un médaillon entouré de gros diamants.

« Ils sont fins, dit-elle, et valent je ne sais combien d'argent. Il y aurait de quoi me faire une dot si je voulais les vendre; mais je ne m'en séparerais jamais, puisque cela vient de ma meilleure amie.

— Et cette amie, c'est la princesse de Palmarosa?

— Oui, c'est Agathe Palmarosa ; ne vois-tu pas son chiffre gravé sur l'or du médaillon?

— Oui, en vérité ! Mais qu'y a-t-il dans ce bijou précieux ?

— Des cheveux, de beaux cheveux châtain clair, nuancés de blond, frisés naturellement, et si fins ! dit la jeune fille en ouvrant le médaillon. N'est-ce pas qu'ils sont doux et brillants?

— Ce ne sont pas ceux de la princesse, car les siens sont noirs.

— Tu l'as donc vue, enfin?

— Oui, je l'ai aperçue tantôt. Mais dites-moi donc,

Que viens-tu faire ici, petite? (Page 23.)

Mila, quels sont ces cheveux que vous portez sur votre cœur et dans un médaillon si précieux?

— Curieux que tu es! tu es aveugle et lourd comme tous les curieux. Tu ne les reconnais pas? Tu ne te souviens pas d'où ils me viennent?

— Non, en vérité.

— Eh bien, pose-les auprès des tiens, et tu les reconnaîtras, quoique ta tête ait un peu bruni depuis un an.

— Chère petite sœur! oui, je me souviens, en effet, que tu les a coupés sur mon front le jour où tu as quitté Rome... et tu les a conservés ainsi!...

— Je les portais dans un petit sac noir. Mon amie Agathe m'a demandé de quel saint était la relique de mon scapulaire, et quand je lui ai dit que c'étaient les cheveux de mon frère unique et bien-aimé, elle les a pris en me disant qu'elle me les renverrait le lendemain; et, le lendemain, elle me faisait remettre par notre père ce beau joyau plein de tes cheveux. Pourtant il en manquait. Le bijoutier qui les a enchâssés là-dedans en aura volé ou perdu.

— Perdu, cela se peut, dit Michel en souriant, mais volé!... Ces cheveux n'ont de prix que pour toi, Mila!

X.

PROBLÈME.

— Mais, enfin, d'où vient cette amitié de la princesse, reprit Michel après une pause, et quel service lui as-tu jamais rendu pour qu'elle te fasse de pareils présents?

— Aucun. Mon père, qui est bien avec elle, m'a emmenée un jour au palais pour me présenter. Je lui ai plu; elle m'a fait mille caresses; elle m'a demandé mon amitié, je la lui ai promise et donnée tout de suite. J'ai passé la journée toute seule avec elle à me promener dans sa villa et dans ses jardins. Depuis ce temps-là, j'y vais quand je veux, et je suis toujours sûre d'être bien reçue.

— Et tu y vas souvent?

— Je n'y suis encore retournée que deux fois, car il n'y a pas longtemps que j'ai fait connaissance avec elle. Depuis huit jours, je sais que le palais a été sens-dessus-dessous pour les apprêts de ce bal, et j'aurais craint de gêner ma chère Agathe dans un moment où elle avait sans doute beaucoup d'occupations. Mais j'irai dans deux ou trois jours.

Mais la princesse n'était pas seule... (Page 28.)

— Ainsi, voilà tout le mystère? Pourquoi te faisais-tu prier pour me le dire?

— Ah! parce que la princesse m'a dit en me quittant : « Mila, je te prie de ne parler à personne de la bonne journée que nous avons passée ensemble, et de l'amitié que nous avons contractée. J'ai mes raisons pour te demander le secret là-dessus. Tu les sauras plus tard, et je sais que je peux compter sur ta parole, si tu veux bien me la donner. » Tu penses bien, Michel, que je ne la lui ai pas refusée?

— Fort bien; mais tu y manques, maintenant.

— Je n'y manque pas. Tu n'es pas *un autre* pour moi, et certainement la princesse n'a pas compté que j'aurais un secret pour mon frère ou pour mon père.

— Mon père sait donc tout cela?

— Certainement, je lui ai bien vite tout raconté.

— Et il n'a été ni surpris ni inquiet de ce caprice de la princesse?

— Et pourquoi surpris? C'est ta surprise qui est singulière et un peu impertinente, Michel. Est-ce que je ne peux pas inspirer de l'amitié, même à une princesse?

Et pourquoi inquiet? Est-ce que l'amitié n'est pas une bonne et douce chose?

— Mon enfant, je suis cependant, sinon inquiet, du moins étonné de cette amitié-là, moi. Dis-moi quelque chose qui me l'explique, au moins? Notre père a donc rendu quelque grand service à la princesse Agathe?

— Il a fait beaucoup de belles peintures de décor dans le palais. Il a fait des feuillages superbes dans la salle à manger, entre autres.

— J'ai vu tout cela; mais il est bien payé. La princesse l'a pris en amitié pour son activité et son désintéressement, n'est-ce pas?

— Oui, cela doit être. Tous ceux qui voient mon père pendant quelque temps, ne l'aiment-ils pas?

— C'est juste. Allons, c'est à cause de notre digne père que tu inspires tant d'intérêt à cette grande dame!

— Oh! ce n'est pas une grande dame, va, Michel! c'est une bonne femme, une excellente personne.

— Et qu'a-t-elle pu te dire, à toi, enfant, durant toute une journée?

— Elle m'a fait mille questions, sur moi, sur mon

père, sur toi, sur notre séjour à Rome, sur tes occupations, sur notre vie de famille, sur nos goûts. Je crois qu'elle m'a fait raconter notre histoire, jour par jour, depuis que je suis au monde ; à tel point que j'étais fatiguée, le soir, d'avoir tant parlé.

— Elle est donc terriblement curieuse, cette dame ; car, que lui importe tout cela ?

— Tu m'y fais songer ; oui, je la crois un peu curieuse ; mais il y a du plaisir à lui répondre ; elle vous écoute avec tant d'intérêt, et elle est si aimable ! Tiens, ne m'en dis pas de mal, je me fâcherais contre toi !

— Eh bien, n'en parlons plus, et Dieu me préserve de te faire connaître la méfiance et la crainte, à toi, mon beau cœur d'ange ! Va te coucher ; mon père m'attend. Demain, nous causerons encore de ton aventure, car c'est déjà une aventure merveilleuse dans ta vie que cette grande amitié contractée avec une belle princesse... qui ne pense pas plus à toi, à l'heure qu'il est, qu'à la dernière paire de pantoufles qu'elle a mise... N'importe ! ne prends pas un air offensé. Dans un jour de solitude et de désœuvrement, il se pourra que la princesse de Palmarosa se fasse venir pour s'amuser encore de ton caquet.

— Vous ne savez pas ce que vous dites, Michel. La princesse n'est point désœuvrée, et, si vous voulez le prendre ainsi, je vous dirai que, quoique bonne, elle passe pour être assez froide avec les gens comme nous. Les uns disent qu'elle est hautre, d'autres qu'elle est timide. Le fait est qu'elle parle toujours avec douceur et politesse aux ouvriers et aux serviteurs qui l'approchent, mais qu'elle leur parle si peu, si peu !... qu'en vérité elle est renommée pour cela ; et que des gens qui ont travaillé pour elle, durant des années, n'ont pas su la couleur de ses paroles et l'ont à peine vue dans sa propre maison. Ainsi, son amitié pour mon père et pour moi n'est pas banale ; c'est de l'amitié véritable, et vos moqueries ne m'empêcheront pas d'y compter. Bonsoir, Michel, je ne suis pas trop contente de toi, ce soir ; je ne t'ai jamais vu cet air railleur. Tu as l'air de me dire que je ne suis qu'une petite fille et qu'on ne peut pas m'aimer !

— Ce n'est pas là ma pensée, et en ce qui me concerne, toujours ! puisque, toute petite fille que tu es, je t'adore !

— Comment dis-tu cela, mon frère ? Tu m'adores ? c'est beau, ce mot-là. Embrasse-moi. »

L'enfant vint se jeter dans ses bras, Michel l'y pressa tendrement, et comme elle appuyait sa belle tête brune sur son épaule, il baisa les longs cheveux qui retombaient sur le dos à demi nu de la jeune fille.

Mais tout à coup il la repoussa avec un frémissement douloureux. Toutes les pensées brûlantes qui avaient agité son cerveau une heure auparavant se présentaient à lui comme un remords, et il lui semblait que ses lèvres n'étaient plus assez pures pour bénir sa petite sœur.

Il se vit à peine seul, qu'il franchit tout d'un trait la porte de la vieille maison qu'il habitait, sans avoir daigné fermer celle de sa chambre. A vrai dire, il ne s'aperçut pas de la distance qu'il franchissait, et, toujours poursuivi par ses rêves, il s'imagina passer de plain-pied du palier de sa mansarde au péristyle de marbre de la villa. Il y avait pourtant un mille de chemin à peu près entre ce palais et les dernières maisons du faubourg de Catane.

La première figure qui frappa ses regards, comme il allait entrer dans la salle, fut celle de l'inconnu qui l'avait occupé au moment d'en sortir. Ce jeune homme se retirait lentement en s'essuyant le front avec un mouchoir garni de dentelles. Michel, intrigué, et se demandant si ce n'était point une femme déguisée, l'accosta résolûment. « Eh bien ! mon maître, lui dit-il, avez-vous réussi à voir la princesse Agathe ? »

L'inconnu, qui paraissait absorbé dans ses pensées, releva brusquement la tête, et lança à Michel un regard d'une défiance et même d'une malveillance si étranges, que le jeune homme en eut comme une sensation de froid. Ce n'était pas là le regard d'une femme, mais bien celui d'un homme énergique et irascible. Le sentiment de l'hostilité est étranger aux jeunes cœurs, et celui de

Michel se serra comme à une douleur imprévue. Il lui sembla que l'inconnu faisait le geste de chercher un couteau dans son gilet de satin broché d'or, et il s'arrêta pour suivre ses mouvements avec surprise.

« D'où vient, lui dit l'autre de sa voix douce qui contrastait avec un accent de colère et de menace, que vous étiez tout à l'heure un ouvrier, et qu'à présent vous êtes un gentilhomme ?

— C'est que je ne suis ni l'un ni l'autre, répondit Michel en souriant, je suis un artiste employé au palais. Êtes-vous rassuré ? ma question paraît vous avoir choqué beaucoup. Pourtant, une question en vaut une autre. Ne m'en aviez-vous pas fait une sans me connaître ?

— Avez-vous l'intention de railler, Monsieur ? reprit l'inconnu, qui s'exprimait en bon italien, sans aucun accent qui pût justifier l'origine grecque ou égyptienne que Barbagallo lui avait attribuée.

— Pas le moins du monde, répondit Michel, et si je vous ai adressé la parole, pardonnez à un mouvement de curiosité qui n'avait rien de malveillant.

— Curiosité ? pourquoi curiosité ! reprit l'inconnu en serrant ses dents et ses paroles d'une manière tout indigène.

— Ma foi ! je n'en sais rien, répondit Michel. Voilà bien trop d'explications pour une parole oiseuse ; je n'ai pas eu l'intention de vous blesser, si votre mécontentement persiste, ne cherchez pas de prétextes pour engager une querelle, je n'ai pas l'intention de reculer.

— N'est-ce pas vous plutôt qui voudriez me chercher querelle ? répondit l'inconnu en lui lançant un regard plus sombre que le premier.

— Ma foi ! Monsieur, vous êtes fou, dit Michel en haussant les épaules.

— Vous avez raison, repartit l'inconnu, car je m'arrête ici à écouter les discours d'un sot. »

A peine cette parole fut-elle lâchée, que Michel s'élança vers l'inconnu avec la résolution soudaine de lui donner un soufflet. Mais, craignant de frapper une femme, car le sexe du personnage lui paraissait encore suspect, il s'arrêta ; et il s'applaudit en voyant cet être problématique s'enfuir et disparaître si vite que Michel ne put comprendre quelle direction il avait prise, et crut avoir fait un rêve de plus.

« Assurément, se dit-il, je suis, ce soir, assiégé par des fantômes. »

Mais à peine fut-il en présence d'êtres réels qu'il recouvra la notion de la réalité. On lui demanda sa carte d'entrée. Il se nomma.

« Ah ! Michel ! lui dit le gardien de la porte, je ne te reconnaissais pas. Tu es si brave ! Tu as l'air d'un invité. Passe, mon garçon, et fais bien attention aux lumières. Le feu prendrait si vite aux jolis oripeaux que tu as tendus sur nos têtes ! Il paraît qu'on te donne de grands éloges. Tout le monde dit que les figures sont faites de main de maître ! »

Michel fut offensé d'être tutoyé par un valet, offensé d'être rappelé à l'office de pompier, et secrètement flatté pourtant d'avoir obtenu un succès qui faisait déjà la nouvelle de l'antichambre.

Il se glissa dans la foule, espérant passer inaperçu et gagner quelque recoin d'où il pourrait voir et entendre à son aise ; mais il y avait tant de monde dans la grande salle, qu'on se froissait et se marchait sur les pieds. Il se trouva porté à l'autre extrémité de cette vaste construction sans se rendre compte du mouvement que la masse compacte lui imprimait, et arriva ainsi au pied du grand escalier. Là seulement il put s'arrêter, haletant, et ouvrir ses yeux, ses narines, ses oreilles, son âme, au spectacle enchanteur de la fête.

Placé à une certaine élévation sur les gradins fleuris et ombragés, il pouvait embrasser d'un coup d'œil, et les danses qui tournoyaient autour des fontaines, et les spectateurs qui s'entassaient et s'étouffaient pour regarder les danses. Que de bruit, de lumière et de mouvement à éblouir et à faire tourner une tête plus mûre que celle de Michel ! que de belles femmes, de parures merveilleuses, de blanches épaules et de chevelures splendides ! que de grâces majestueuses ou agaçantes ! que de gaieté feinte ou réelle ! que de langueurs jouées ou mal dissimulées !

Michel fut enivré un instant; mais, quand l'ensemble commença à s'éclaircir et à se détailler sous ses yeux, quand il se demanda laquelle de ces femmes serait, à son sens, un modèle idéal, il reporta ses regards vers les figures qu'il avait peintes au plafond et fut plus content, l'orgueilleux ! de son œuvre que de celle de Dieu.

Il avait rêvé la beauté parfaite. Il avait cru la trouver sous ses pinceaux. Il s'était probablement trompé ; car il est impossible de créer une image divine sans la revêtir de traits humains, et rien sur la terre n'est doué d'une perfection absolue. Quoi qu'il en soit, Michel, encore hésitant et maladroit dans son art, sous plusieurs rapports, avait approché, autant que possible, de la beauté vraie dans ses types. C'était là ce qui frappait tous ceux qui regardaient son œuvre ; ce fut là surtout ce qui le frappa lui-même lorsqu'il chercha, dans la réalité, la personnification de ses idées. Sur la quantité, il ne vit que deux ou trois femmes qui lui parurent véritablement belles, et encore eût-il voulu les tenir sur sa toile, pour ôter à l'une ou donner à l'autre certain contour ou certaine teinte, qui lui paraissait manquer de plénitude ou de pureté.

Il se sentit alors très-froid, froid comme un artiste qui analyse, et il reconnut que la physionomie humaine rachetait seule pour l'expression de la vie ce qui manquait à la perfection des linéaments. « J'ai inventé de plus belles têtes, se dit-il, mais elles ne sont pas vraies. Elles ne pensent pas, elles ne respirent pas. Elles n'aiment pas. Il vaudrait mieux qu'elles fussent moins régulières et plus animées. En roulant ces toiles demain, je les crèverai toutes, et désormais je modifierai, je bouleverserai peut-être toutes les notions d'après lesquelles je me suis dirigé jusqu'ici. »

Et il ne s'occupa plus de chercher l'idéal de la forme parmi les danseuses vivantes qu'il étudiait, mais le mouvement, la grâce, l'attitude du corps, l'expression du regard et du sourire, en un mot, le secret de la vie.

Ravi d'abord, il se sentit encore une fois refroidi en prenant chaque être en particulier. Probablement il existe chez les femmes et chez les hommes beaucoup d'âmes naïves ; mais il n'est guère de figures naïves dans un bal du grand monde. On s'y compose un maintien presque toujours opposé à son propre caractère, soit qu'on cherche ou qu'on craigne les regards. Michel crut voir plus les uns cachaient hypocritement leur vanité, que les autres l'étalaient avec arrogance ; que telle jeune fille, qui voulait paraître pudique, avait un fonds d'audace; que telle femme, qui voulait sembler amoureuse, était froide et blasée; que la gaieté de celle-ci était morne, et la mélancolie de celle-là minaudière. Un parvenu voulait avoir l'air noble ; un noble voulait avoir l'allure populaire. Tout le monde posait plus ou moins. Les plus humbles cherchaient à se donner de l'aplomb, et l'intéressante timidité elle-même se contraignait pour éviter la gaucherie qui triomphait de ses efforts.

Michel vit passer quelques jeunes ouvriers de sa connaissance. Ils vaquaient au service qu'ils avaient accepté, et se faisaient remarquer par leur bonne mine et quelque chose de pittoresque dans l'arrangement de leur toilette de gala. L'intendant les avait choisis évidemment parmi les plus *présentables*, et ils le savaient bien; car, eux aussi, se maniéraient ingénument : l'un avançait alternativement chaque épaule pour en déployer la vaste carrure; l'autre ne perdait pas un pouce de sa haute taille en passant auprès de maint petit grand personnage; un troisième raidissait l'arc de ses sourcils pour montrer aux belles dames un œil brillant comme l'escarboucle.

Michel s'étonna de voir ces garçons se transformer de la sorte et perdre les avantages de leur belle prestance ou de leur agréable extérieur par une affectation involontaire, mais à coup sûr ridicule. « Je savais bien, pensa-t-il, que tous les hommes cherchaient ardemment l'approbation dans quelque classe et dans quelque genre que ce fût. Mais pourquoi ce besoin d'attirer les regards nous ôte-t-il tout à coup le charme ou la dignité de nos manières? Serait-ce que le désir est immodéré, ou que le but est méprisable? Faut-il nécessairement que la beauté s'ignore pour ne rien perdre de son éclat? Ou bien suis-je seul doué d'une insupportable clairvoyance? Où est le plaisir enthousiaste que je croyais trouver ici? Au lieu de subir l'action des autres, j'exerce la mienne sur moi-même pour juger sèchement tout ce qui frappe mes regards et m'ôter toute jouissance extérieure ! »

A tant regarder et à tant comparer, Michel avait oublié le principal but de sa présence au bal. Il se rappela enfin qu'il voulait surtout étudier avec calme une certaine figure, et il allait se disposer à monter le grand escalier et à parcourir l'intérieur du palais, où tout était ouvert et éclairé, lorsqu'en se retournant il vit, à deux pas de lui, un détail de la fête, dont il avait oublié d'observer l'effet.

C'était une grotte en rocaille, qui formait, sous le profil du grand escalier, un assez vaste enfoncement. Lui-même avait orné de coquillages, de branches de corail et de plantes pittoresques ce frais réduit, au fond duquel une naïade d'albâtre versait son urne dans une vaste conque toujours pleine d'eau limpide et courante.

Le goût que Michel avait montré dans tous les détails dont il avait été chargé, avait déterminé le majordome à lui laisser arranger beaucoup de choses à sa guise; et, comme il avait trouvé cette naïade charmante, il s'était plu à placer dans sa grotte les plus jolis vases, les plus fraîches guirlandes et les plus beaux tapis. Il avait bien perdu une heure à encadrer la conque nacrée d'une bordure de mousse fine et douce comme du velours, à choisir et à disposer avec grâce et mollesse des touffes d'iris, de nénuphar; et de ces longues feuilles rubanées qui s'harmonisent si bien avec les mouvements onduleux des eaux courantes.

Maintenant la grotte était éclairée d'une pâle lumière cachée derrière des feuillages, et, comme tout le monde était occupé à voir la danse, l'entrée en était libre. Michel y entra furtivement; mais, à peine y eut-il fait trois pas, qu'il vit au fond une personne assise ou plutôt couchée, dans le demi-jour, aux pieds de la naïade. Il se dissimula précipitamment derrière une saillie du rocher, et il allait se retirer lorsqu'une invincible fascination le retint.

XI.

LA GROTTE DE LA NAÏADE.

La princesse Agathe était assise sur un divan de velours sombre, où sa forme élégante et noble se dessinait pâle comme une ombre au clair de la lune. Michel la voyait de profil, dans la demi-teinte, et un reflet de la lumière voilée, placée derrière elle, dessinait avec une admirable pureté cette silhouette fine et suave comme celle d'une jeune vierge. Sa longue et ample robe blanche prenait, sous cette molle clarté, toutes les nuances de l'opale, et les diamants de sa couronne lançaient des feux changeants tantôt comme le saphir, tantôt comme l'émeraude. Cette fois, Michel perdit tout à fait la notion qu'il avait pu prendre de son âge à la première vue. Il lui sembla que c'était une enfant, et, quand il se souvint qu'il lui avait attribué une trentaine d'années, il se demanda si c'était un rayon céleste qui la transfigurait désormais, ou une lueur infernale dont, comme une magicienne, elle savait s'envelopper pour tromper les sens.

Elle paraissait fatiguée et accablée. Pourtant son attitude était chaste et sa figure sereine. Elle respirait son bouquet de cyclamen et jouait languissamment avec son éventail. Michel la regarda longtemps avant d'entendre, ou, du moins, d'attacher un sens aux paroles qu'elle disait. Il la trouvait plus belle qu'aucune des beautés qu'il venait d'examiner avec tant d'attention, et il ne pouvait se rendre compte de l'admiration sans mélange et sans bornes qu'elle lui inspirait. Il s'efforçait en vain de se faire à lui-même le détail de ses traits et l'analyse de ses charmes; il n'en venait point à bout. Il semblait qu'elle nageât dans un fluide magique qui la préservait d'être étudiée comme une autre femme. De temps en temps, croyant l'avoir comprise, il fermait les yeux et tâchait de faire son portrait dans sa mémoire, de la dessiner en imagination, avec des traits de feu, sur ce voile noir qu'il tendait lui-même devant lui en abaissant ses paupières. Mais, alors, il ne voyait plus que des lignes confuses et ne se représentait aucune figure distincte. Il était forcé de rouvrir les yeux à la hâte et de la contempler avec anxiété, avec délices, avec surprise surtout.

Car il y avait en elle quelque chose d'inouï. Elle était naturelle; seule de toutes les femmes que Michel venait de voir, elle ne paraissait pas songer à elle-même; elle ne s'était composé aucun air, aucun maintien; elle ne savait pas ce que voulait pas savoir ce qu'on penserait d'elle, ce qu'on sentirait pour elle en la regardant : elle avait la tranquillité d'un esprit détaché de toutes les choses humaines, et l'abandon qu'elle aurait eu dans une solitude complète.

Et pourtant elle était parée comme une vraie princesse; elle donnait un bal, elle étalait son luxe, elle jouait son rôle de grande dame et de femme du monde, tout comme une autre, apparemment. Pourquoi donc cet air de madone, cette méditation intérieure, ou ce ravissement de l'âme au-dessus des vanités terrestres?

Elle était une énigme vivante pour l'imagination inquiète du jeune artiste. Quelque chose de plus étrange encore le bouleversait, c'est qu'il lui semblait ne pas l'avoir vue ce jour-là pour la première fois.

Où pouvait-il l'avoir déjà rencontrée? Il rassemblait en vain tous ses souvenirs. Lorsqu'il était arrivé à Catane, son nom même avait été nouveau pour lui. Une personne d'aussi grande maison et si remarquable par sa richesse, sa beauté et sa réputation de vertu, n'avait pu venir à Rome incognito. Michel se creusait l'esprit. Il ne se rappelait aucune circonstance où il eût pu la voir; d'autant plus qu'en la regardant, il ne se figurait pas la connaître un peu, mais la connaître intimement depuis longtemps, depuis qu'il était au monde.

Quand il eut bien cherché, il se dit qu'il y avait à cela une raison abstraite. C'est qu'elle était le vrai type de beauté qu'il avait toujours rêvé sans pouvoir le saisir et le produire. C'était un lieu commun poétique. Il lui fallait bien s'en contenter, faute de mieux.

Mais la princesse n'était pas seule, car elle parlait, et Michel s'aperçut qu'elle était là, tête à tête avec un homme. C'était certainement une raison pour l'engager à se retirer, mais la retraite était difficile. Pour conserver à la grotte son obscurité mystérieuse et empêcher l'éclat des lumières de la salle de bal d'y pénétrer, on avait masqué l'entrée par un grand rideau de velours bleu, que notre curieux venait, le plus grand hasard du monde, d'écarter un peu pour passer, sans que les deux personnes occupées à causer y fissent attention. L'entrée de cette grotte, taillée de moitié moins grande que l'intérieur, formait un cadre, non de rochers factices, comme cela pourrait être arrangé chez nous, dans nos imitations de rococo, mais de véritables blocs de lave vitrifiés ou nuancés de diverses couleurs, échantillons étranges et précieux qu'on avait recueillis jadis dans le cratère même du volcan, pour les enchâsser comme les joyaux dans la maçonnerie. Cette corniche brillante formait donc une saillie assez considérable pour cacher Michel, qui pouvait regarder à travers ses anfractuosités. Mais, pour sortir tout à fait, il fallait encore toucher au rideau, et, cette fois, il était difficile d'espérer que la princesse ou son interlocuteur fussent assez distraits pour ne pas s'en apercevoir.

Michel s'avisa de tout cela trop tard pour réparer son imprudence. Il n'était plus temps de sortir naturellement, comme il était entré. Et puis, il était cloué à sa place par une inquiétude et une curiosités ardentes. Cet homme, qui était là, c'était sans doute l'amant de la princesse.

C'était un homme de trente-cinq ans environ, d'une haute stature et d'une figure grave et douce, admirable-

ment belle et régulière. Dans sa manière d'être assis en face d'Agathe, à une distance qui tenait le milieu entre le respect et l'intimité, il n'y avait pourtant rien à reprendre; mais quand Michel eut recouvré assez de sang-froid pour entendre les paroles qui frappaient ses oreilles, il crut voir un indice certain d'affection partagée dans cette phrase que prononça la princesse :

— Dieu merci, personne ne s'est encore avisé de lever ce rideau et de découvrir cette retraite charmante : malgré l'espèce de coquetterie que je pourrais mettre à y conduire mes hôtes (car elle est décorée à ravir, ce soir), je voudrais pouvoir y passer cette nuit toute seule, ou avec vous, marquis, pendant que le bal, le bruit et la danse iraient leur train derrière le rideau.

Le marquis répondit, d'un ton qui n'indiquait pas un homme avantageux :

— Vous auriez dû faire fermer tout à fait la grotte, par une porte dont vous auriez eu la clé, et vous en faire un salon réservé, où vous seriez venue de temps en temps vous reposer de la chaleur, de la lumière et des compliments. Vous n'êtes plus habituée au monde, et vous avez trop compté sur vos forces. Vous serez horriblement fatiguée demain matin.

— Je le suis déjà; mais ce n'est pas le monde et le bruit qui m'ont brisée ainsi en un instant.

— Cela, je le conçois, chère amie, dit le marquis en pressant fraternellement la main d'Agathe dans les siennes. Tâchez de vous en distraire, du moins pour quelques heures, afin qu'il n'y paraisse point; car vous ne pouvez échapper aux regards, et, hormis cette grotte, vous ne vous êtes pas laissé, dans tout votre palais, un coin où vous puissiez vous réfugier, sans traverser une foule de salutations obséquieuses, de regards curieux...

— Et de phrases banales dont je me sens déjà le cœur affadi, répondit la princesse en s'efforçant de sourire. Comment peut-on aimer le monde, marquis! concevez-vous cela?

— Je le conçois pour les gens satisfaits d'eux-mêmes, qui croient toujours avoir du profit à se montrer.

— Tenez, le bal est charmant ainsi, à distance, quand on ne le voit pas, et qu'on n'y est pas vu. Ce bourdonnement, cette musique qui nous arrivent, et l'idée qu'on s'amuse ou qu'on s'ennuie là-bas, sans que nous soyons forcés de nous en mêler, ont du piquant et presque de la poésie.

— On dit pourtant aujourd'hui que vous allez vous réconcilier avec le monde, et que cette fête splendide à laquelle vous a décidé l'amour des bonnes œuvres, va vous donner le goût d'en donner ou d'en voir d'autres. Enfin, c'est un bruit que vous allez changer toutes vos habitudes, et reparaître comme un astre trop longtemps éclipsé.

— Et pourquoi dit-on une si étrange chose?

— Ah! pour vous répondre, il faudrait que je me fisse l'écho de tous les éloges que vous n'avez pas voulu recueillir, et je n'ai pas l'habitude de vous dire même des vérités, quand cela pourrait ressembler à des fadeurs.

— Je vous rends cette justice, et je vous autorise, ce soir, à me redire tout ce que vous avez entendu.

— Eh bien! l'on dit que vous êtes encore plus belle que toutes celles qui se donnent de la peine pour le paraître; que vous effacez les femmes les plus brillantes et les plus admirées, par une certaine grâce qui n'appartient qu'à vous, et par un air de simplicité noble qui vous gagne tous les cœurs. On recommence à s'étonner que vous viviez dans la solitude, et... faut-il tout dire?

— Oui, tout absolument.

— On dit (je l'ai entendu de mes oreilles, en coudoyant des gens qui ne me croyaient pas si près) : « Quelle fantaisie singulière a-t-elle donc de ne pas épouser le marquis de la Serra? »

— Allez, allez, marquis, dites encore, ne craignez rien; on dit sans doute que j'ai d'autant plus de tort que vous êtes mon amant?

— Non, Madame, on ne dit point cela, répondit le marquis d'un ton chevaleresque, et on ne le dira point tant qu'il me restera une langue pour le nier et un bras pour venger votre honneur.

— Excellent et admirable ami ! dit la princesse en lui tendant la main ; tu prends cela trop au sérieux. Je parie bien que tout le monde dit et pense que nous nous aimons.

— On peut dire et penser que je vous aime, puisque c'est la vérité, et, qu'à la longue, la vérité perce toujours. C'est pour cela qu'on sait aussi que vous ne m'aimez point.

— Noble cœur ! Mais, à présent moins que jamais... Demain, je te parlerai de cela plus que je ne l'ai fait encore. Il le faut. Je te dirai tout. Ce n'est pas ici le lieu et le moment. Il faut que je reparaisse dans ce bal où l'on s'étonne peut-être de ne me point voir.

— Etes-vous assez reposée, assez calme?

— Oui ; maintenant je puis reprendre mon masque d'impassibilité.

— Ah ! il t'en coûte peu de le prendre, femme terrible ! s'écria le marquis en se levant et en pressant convulsivement contre sa poitrine le bras qu'elle venait d'appuyer sur le sien. Au fond de l'âme, tu es aussi invulnérable qu'à la surface.

— Ne dites pas cela, marquis, dit la princesse en l'arrêtant et en le regardant avec des yeux clairs qui firent tressaillir Michel. Dans ce moment solennel de ma vie, c'est une cruauté dont vous ne sentez pas la portée. Demain, pour la première fois, depuis douze ans que nous nous parlons sans nous comprendre, vous me comprendrez parfaitement ! Allons ! ajouta-t-elle en secouant sa tête charmante, comme pour en chasser les pensées sérieuses, allons danser ! Mais, auparavant, disons adieu à cette naïade si bien éclairée, et à cette grotte charmante, qui sera bientôt profanée par la foule des indifférents.

— Est-ce le vieux Pier-Angelo qui l'a si bien ornée? demanda le marquis, en se tournant vers la naïade.

— *Non*, répondit la princesse, *c'est lui !*

Et, s'élançant dans le bal, comme par l'effet d'une résolution courageuse, elle tira brusquement le rideau et le rejeta sur Michel, qui, par un hasard inespéré, se trouva ainsi doublement caché au moment où elle passait près de lui.

Le trouble que sa situation personnelle lui causait fut à peine dissipé, qu'il entra dans la grotte, et, s'y voyant seul, il se laissa tomber sur le divan, à côté de la place que venait d'y occuper la princesse. Tout ce qu'il avait entendu l'avait agité singulièrement ; mais toutes les réflexions qu'il eût pu faire étaient dominées maintenant par le dernier mot que cette femme étrange venait de prononcer.

Ce mot eût pu être une énigme pour un jeune homme tout à fait humble et candide : *Non, ce n'est pas Pier-Angelo, c'est lui !* Quelle mystérieuse réponse, ou quelle distraction singulière ! Mais, pour Michel, ce n'était pas une distraction : ce *lui* ne se rapportait pas à Pier-Angelo, mais à lui-même. Pour la princesse, il était donc *celui* qu'on n'a pas besoin de nommer, et c'est avec cette concision énergique qu'elle le désignait à un homme épris d'elle.

Cette inexplicable parole, et les réticences qui l'avaient précédée, le refus qu'elle avait fait d'aimer le marquis, *ce moment solennel de sa vie* dont elle avait parlé, *cette émotion terrible* qu'elle disait avoir éprouvée dans la soirée, cette confidence importante qu'elle devait faire le lendemain, tout cela se rapportait-il donc à Michel?

Quand il se rappelait l'incroyable regard qu'elle avait jeté sur lui en le voyant pour la première fois avant l'ouverture du bal, il était tenté de se livrer aux plus folles présomptions. Il est vrai qu'en parlant au marquis, il y avait eu un instant où ses yeux rêveurs avaient brillé aussi d'un éclat extraordinaire ; mais il ne semblait pas à Michel qu'ils eussent alors la même expression que lorsqu'ils s'étaient plongé dans les siens. Regard pour regard, il aimait encore mieux celui qu'il avait obtenu.

Qui pourrait raconter les étranges et magnifiques romans que, pendant un quart d'heure, forgea la cervelle de ce téméraire enfant? Ils étaient tous bâtis sur la même donnée, sur le génie extraordinaire d'un jeune artiste qui s'ignorait lui-même, et qui venait de se révéler subitement dans une grande et vive peinture de décor. La belle princesse qui avait fait exécuter cet essai, était venue souvent, à la dérobée, pendant huit jours, examiner les progrès de l'œuvre magistrale ; et, pendant huit jours que l'artiste avait fait la sieste et mangé à de certains moments, dans de certaines salles mystérieuses du palais enchanté, cette fée invisible était venue le contempler, tantôt de derrière un rideau, tantôt d'une rosace du plafond. Elle s'était prise d'amour pour sa personne, ou d'admiration pour son talent, enfin, d'un engouement quelconque pour lui ; et ce sentiment était trop vif pour qu'elle eût trouvé le sang-froid de le lui manifester par des paroles. Son regard lui avait tout révélé malgré elle ; et lui, tremblant et bouleversé, comment s'y prendrait-il pour lui dire qu'il avait bien compris?

Il en était là, lorsque le marquis de la Serra, l'adorateur de la princesse, reparut tout à coup devant lui et le surprit, tenant dans ses mains, et contemplant sans le voir, l'éventail qu'elle avait oublié sur le divan.

— Pardon, mon cher enfant, lui dit le marquis en le saluant avec une courtoisie charmante, je suis forcé de vous reprendre cet objet qu'une dame redemande. Mais si les peintures chinoises de cet éventail vous intéressent, je pourrai mettre à votre disposition une collection de vases et d'images curieuses, où vous serez libre de choisir.

— Vous êtes beaucoup trop bon, monsieur le marquis, répondit Michel, blessé d'un ton de bienveillance où il crut voir une impertinente protection ; cet éventail ne m'intéresse point, et la peinture chinoise n'est pas de mon goût.

Le marquis s'aperçut fort rien du dépit de Michel, il reprit en souriant :

— C'est apparemment que vous n'avez vu que des échantillons grossiers de l'art de ce peuple ; mais il existe des dessins coloriés, qui, malgré la simplicité élémentaire du procédé, sont dignes, pour la pureté des lignes et la naïveté charmante des mouvements, d'être comparés aux étrusques. Je serais heureux de vous montrer ceux que je possède. C'est un petit plaisir que je voudrais vous procurer et qui ne m'acquitterait pas encore envers vous, car j'en ai eu un bien grand à voir vos peintures.

Le marquis parlait d'un air si sincère, et il y avait sur sa noble figure une bienveillance si marquée, que Michel, attaqué par son côté sensible, ne put s'empêcher de lui avouer naïvement ce qu'il éprouvait.

— Je crains, dit-il, que Votre Seigneurie ne veuille m'encourager par plus d'indulgence que je n'en mérite ; car je ne suppose pas qu'elle s'abaisse à railler un jeune artiste, au début délicat de sa carrière.

— Dieu m'en préserve, mon jeune maître ! répondit M. de la Serra, en lui tendant la main d'un air de franchise irrésistible. Je connais et j'estime trop votre père pour n'être pas bien disposé d'avance en votre faveur ; cela, je dois l'avouer ; mais, sincèrement, je puis vous affirmer que vos peintures révèlent du génie et promettent du talent. Voyez, je ne vous flatte pas ; il y a encore de grandes fautes d'inexpérience, ou peut-être d'emportement d'imagination, dans votre œuvre ; mais il y a un cachet de grandeur et une originalité de conception qui ne s'acquièrent ni ne se perdent. Travaillez, travaillez, mon jeune Michel-Ange, et vous justifierez le beau nom que vous portez.

— Votre avis est-il partagé, monsieur le marquis, demanda Michel, violemment tenté d'amener le nom de la princesse dans cette conversation.

— Mon avis est, je crois, celui de tout le monde. On critique vos défauts avec indulgence, on loue de grand cœur vos qualités ; on ne s'étonne pas de vos dispositions brillantes quand on apprend que vous êtes de Catane, et fils de Pier-Angelo Lavoratori, excellent artisan, plein de cœur et de feu. On est bon compatriote ici, Michel-Ange ! On se réjouit du succès qu'obtient un enfant du pays, et chacun en prend généreusement sa part. On estime tant ceux qui sont nés sur le sol bien-aimé, qu'on oublie toutes les distinctions de caste, et que, nobles ou paysans, ouvriers ou artistes, se pardonnent les antiques préjugés respectifs pour confondre leurs vœux dans le sentiment de l'unité de race.

— Oh ! pensa Michel, le marquis me parle politique ! Je ne connais point ses opinions. Peut-être, s'il a deviné les sentiments de la princesse, va-t-il travailler à me perdre ! Je ne me fierai point à lui. — Puis-je savoir de Votre Seigneurie, dit-il, si la princesse de Palmarosa a daigné lever les yeux sur mes peintures, et si elle n'est pas trop mécontente de mes décors?

— La princesse est enchantée, n'en doutez pas, mon cher maître, répondit le marquis avec une merveilleuse cordialité; et, si elle vous savait ici, elle y viendrait pour vous le dire elle-même. Mais elle est trop occupée en ce moment pour que vous puissiez l'approcher. Demain, sans doute, elle vous donnera les éloges que vous méritez, et vous ne perdrez rien pour attendre... A propos, dit le marquis en se retournant, au moment de quitter Michel, voulez-vous venir voir mes peintures chinoises et d'autres peintures qui ne sont pas sans mérite? Je serai charmé de vous recevoir souvent. Ma maison de campagne est à deux pas d'ici.

Michel s'inclina comme pour remercier et accepter; mais, quoiqu'il eût dû être flatté de la grâce du marquis à son égard, il demeura triste et comme accablé. Évidemment le marquis n'était pas jaloux de lui. Il n'était pas même inquiet.

XII.

MAGNANI.

Rien n'est si mortifiant que d'avoir cru, ne fût-ce que pendant une heure, à une aventure romanesque, enivrante, et de s'apercevoir tout doucement qu'on a bien pu faire un rêve absurde. Chaque nouvelle réflexion de notre jeune artiste refroidissait sa cervelle et le ramenait à la triste notion de la vraisemblance. Sur quoi avait-il pu bâtir tant de châteaux en Espagne ! Sur un regard qu'il avait sans doute mal interprété, et sur une parole qu'il devait avoir mal entendue. Toutes les raisons probantes qui donnaient un démenti formel à son extravagante présomption se dressèrent devant lui comme une montagne, et il se sentit retomber du ciel sur terre.

« Je suis bien fou, se dit-il enfin, de m'occuper des yeux problématiques et des paroles inintelligibles d'une femme que je ne connais pas, et que par conséquent je n'aime point, quand il s'agit pour moi de choses bien autrement sérieuses. Allons donc voir si ce marquis ne m'a pas trompé, et si tout le monde trouve qu'il y a du génie à défaut de science dans ma peinture !

« Et cependant, se disait-il encore en quittant la grotte, il y a toujours au fond de tout ceci quelque chose qui sent le mystère. D'où ce marquis me connaît-il, moi qui ne l'ai jamais vu? D'où vient qu'il m'a abordé sans hésitation, avec une telle familiarité, en m'appelant par mon nom, comme si nous étions de vieux amis? »

Il est vrai que Michel se disait aussi : « Il a bien pu être à une fenêtre, ou dans une église, ou sur la place publique le jour où je me suis promené avec mon père dans la ville; ou encore, lorsque j'ai regardé les jardins suspendus de la Sémiramis qui me fait travailler, il pouvait être dans un de ces boudoirs si bien fermés en apparence, dont les croisées donnent de ce côté, et où il est autorisé, sans doute, à venir soupirer sans espoir pour ses beaux yeux fantasques. »

Michel parcourut la foule, et il n'attira l'attention de personne. On ne connaissait pas ses traits, quoique son nom eût passé dans beaucoup de bouches, et on parlait librement de ses peintures à ses oreilles.

« Cela promet, disaient les uns.

— Il a encore beaucoup à apprendre, disaient les autres.

— Il y a de la fantaisie, du goût; cela plaît aux yeux et amuse la pensée.

— Oui, mais il y a de trop grands bras, de trop petites jambes, des raccourcis d'une ignorance extrême; des mouvements impossibles.

— D'accord, mais toujours gracieux. Je vous dis que ce garçon, car on prétend que c'est presque un enfant, ira loin.

— C'est un enfant de notre ville.

— Eh bien ! il en fera le tour et il n'ira pas plus loin, répondait un Napolitain.»

Somme toute, Michel-Ange Lavoratori entendit plus d'éloges bienveillants que de critiques amères; mais il sentit beaucoup d'épines en cueillant beaucoup de roses, et il reconnut que le succès est un mets sucré où il entre pas mal de fiel. Il en fut attristé d'abord; puis, croisant ses bras sur sa poitrine, regardant son œuvre, et cessant d'écouter l'avis des autres, il se rendit compte à lui-même de ses qualités et de ses défauts avec une impartialité qui triompha de l'amour-propre.

« Ils ont tous raison, dit-il. Cela promet, mais ne tient pas d'avance. Je me l'étais déjà dit, je crèverai ces toiles en les rangeant dans les greniers du palais, et je ferai mieux dorénavant. J'ai fait sur moi-même une expérience que je ne regrette pas, quoique je n'en sois pas fort content; mais je saurai en profiter, et favorable ou non à ma fortune, cet essai le sera à mon talent. »

Michel ayant recouvré toute la lucidité de ses pensées, et se disant qu'il n'était point un des patrons qui payaient à leur entrée un droit pour les pauvres, il résolut de s'abstenir du spectacle de la fête et de se promener à l'écart dans quelque partie tranquille du palais, en attendant qu'il se sentît absolument calme et disposé à aller se reposer. Sa raison était revenue, mais la fatigue des jours précédents avait laissé dans son sang et dans ses nerfs un peu d'agitation fébrile. Il essaya de monter jusqu'au Casino, d'où l'on pouvait sortir sur les terrasses naturelles de la montagne.

Toute cette belle maison était éclairée et ornée de fleurs; le public y circulait librement; mais, après un tour de promenade, la foule cessa de s'y porter. Le gros du spectacle, les danses, la jeunesse, la musique, le bruit, l'amour, étaient en bas, dans la grande salle artificielle. Il ne resta plus dans les galeries supérieures, dans les élégants escaliers et dans les vastes appartements, que des groupes majestueux ou discrets, quelques graves personnages s'occupant d'affaires d'État, ou quelques grandes coquettes accaparant et retenant par leur conversation raffinée certains hommes autour de leur fauteuil.

Vers minuit, toutes les personnes qui ne prenaient pas un plaisir marqué ou un intérêt direct à la réunion se retirèrent, et la fête, devenue moins nombreuse, fut plus belle et mieux encadrée.

Michel arriva par un petit escalier dérobé jusqu'au parterre aérien de la princesse. A cette hauteur, la brise était très-fraîche, et il éprouva un grand bien-être à s'asseoir sur la dernière marche de cet escalier, auprès d'une plate-bande embaumée. Ce parterre était désert. On voyait à travers des rideaux de gaze d'argent l'intérieur, désert aussi, des appartements de la princesse. Mais Michel n'y fut pas longtemps seul; Magnani vint l'y joindre.

Magnani était un des plus beaux garçons parmi les ouvriers de la ville. Il était laborieux, intelligent, brave et probe. Michel ne se défendait point de l'amitié qu'il lui inspirait, et oublia avec lui l'espèce de gêne et de défiance que lui avaient causée tous les artisans avec lesquels la position de son père le forçait de se mettre à l'unisson. Il souffrait, le pauvre enfant, après des années de loisir, de se retrouver parmi des garçons un peu rudes, un peu bruyants, qui lui reprochaient de les dédaigner et qu'il faisait de vains efforts pour regarder comme ses pareils.

Il avoua tout à Magnani, qu'il voyait être le plus distingué de tous, et dont la cordiale franchise n'avait rien de blessant ni de tyrannique. Il lui confia toutes les ambitions, toutes les faiblesses, tous les enivrements et toutes les souffrances, enfin tous les petits secrets de son jeune cœur. Magnani le comprit, l'excusa et lui parla raison.

« Vois-tu, Michel, lui dit-il, tu n'as pas tort à mes yeux ; l'inégalité des positions est jusqu'à présent la loi du monde ; chacun veut monter, aucun ne veut descendre. S'il en était autrement, le peuple resterait à l'état de brute. Dieu merci, le peuple veut grandir, et il grandit, quoi qu'on fasse pour l'en empêcher. Moi-même, je cherche à parvenir, à posséder quelque chose, à ne pas obéir toujours, à être libre, enfin! Mais à quelque félicité que je puisse arriver, il ne me semble pas que je doive oublier le point d'où je serai parti. L'injuste hasard fait rester dans la misère bien des gens qui mériteraient aussi bien que moi, et mieux que moi, peut-être, d'en sortir. Voilà pourquoi je ne mépriserai jamais ceux que j'aurai laissés derrière moi, et ne cesserai pas de les aimer de toute mon âme et de les aider de tout mon pouvoir.

« Je sais bien que tu fuis tes frères d'origine sans les mépriser, sans les haïr ; tu te déplais avec eux, et tu les obligerais pourtant dans l'occasion ; mais, prends-y garde ! il y a un peu d'orgueil mal entendu dans cette espèce d'affection protectrice, et, si elle devient légitime un jour, songe qu'à l'heure qu'il est, elle pourrait bien être déplacée. Tu as plus d'intelligence et de savoir-vivre que la plupart d'entre nous, je l'accorde ; mais est-ce là une supériorité bien réelle? Tel pauvre diable qui aura plus de sagesse, de vertu ou de courage que toi, n'aura-t-il pas le droit de se croire au moins ton égal, quand même il aurait la parole brusque et le langage vulgaire?

« Il t'arrivera plus d'une fois, dans ta carrière d'artiste, d'avoir à prendre patience devant l'impertinence des riches ; et même, si je ne trompe, la vie des artistes doit être une attention continuelle à préserver le mérite personnel des dédains du mérite imaginaire attaché à la naissance, au pouvoir et à la fortune.

« Cependant, tu t'élances vers ce monde-là, sans effroi et sans honte ; tu acceptes le défi d'avance, tu vas te mesurer avec la vanité amère des grands ; d'où vient donc que cela te semble moins blessant et moins rude que la familiarité naïve des petits? J'excuserais plus volontiers l'offense d'un ignorant que celle d'un raffiné, et je me sentirais plus à l'aise au milieu des coups de poing de mes camarades que sous les gracieux quolibets de mes prétendus supérieurs.

« Est-ce l'ennui qui te chasse du milieu de nous? Est-ce parce que nous avons peu d'idées et point d'art pour les exprimer? Mais nous avons peut-être autre chose qui t'intéresserait, si tu le comprenais. Cette simplicité qui nous caractérise a son beau côté, qui devrait frapper de respect et d'attendrissement ceux qui l'ont perdue. Sont-ce les défauts, les vices même qui se rencontrent parmi nous, qui soulèvent le cœur de dégoût? Mais ces vices qui me font mal à voir, et dont je veille sans cesse à me préserver, les hautes classes en sont-elles exemptes? De ce qu'ils les cachent mieux, ou de ce que, chez elles, le dévergondage de l'esprit colore et stimule celui des sens, s'ensuit-il que ces vices soient plus tolérables? Ils ont beau cacher, ces heureux du siècle, leurs fautes, leurs crimes transpirent jusqu'à nous, et, c'est souvent, presque toujours parmi nous qu'ils cherchent leurs complices ou leurs victimes.

« Va, Michel, travaille, espère, monte, mais que ce ne soit pas au détriment de l'esprit de justice et de bonté ; car, alors, si tu grandissais dans l'opinion de quelques-uns, tu descendrais à proportion dans l'estime de la plupart.

— « Tout ce que tu dis est vrai et sage, répondit Michel ; mais la conclusion est-elle bien posée? Dois-je poursuivre la carrière des arts, en faisant en même temps ma société exclusive, ou du moins préférée, de ces ouvriers parmi lesquels le sort m'a fait naître? Tu verras, si tu y songes bien, que cela est incompatible. Les œuvres de l'art sont dans la main des riches, qu'eux seuls possèdent, achètent et commandent des tableaux, des statues, des vases, des ouvrages de ciselure et de gravure. Pour être employé par eux, il faut bien vivre avec eux, comme eux ; sinon l'oubli, l'obscurité, la misère

sont le partage du génie. Nos pères, les nobles artisans de la renaissance et du moyen âge, étaient à la fois des artistes et des ouvriers. Leur position était nette, et le plus ou moins de talent la faisait plus ou moins brillante. Aujourd'hui, tout est changé. Les artistes sont plus nombreux et les riches sont moins grands seigneurs. Le goût s'est corrompu, les Mécènes ne s'y connaissent plus. On bâtit moins de palais : pour un musée qui se forme, trente sont vendus en détail pour payer des dettes, ou parce que les héritiers des grandes maisons préfèrent l'argent aux monuments du génie. Il ne suffit donc plus d'être un homme supérieur pour trouver de l'emploi et de l'honneur dans son métier. C'est le hasard et encore plus souvent l'intrigue, qui font que quelques-uns naviguent, tandis que beaucoup d'autres, qui peut-être valaient mieux, sont submergés.

« Pourtant je ne me fie point au hasard, et ma fierté se refuse à l'intrigue. Que ferai-je donc? Attendrai-je que quelque amateur apprécie une figure de décor assez largement conçue, sur une toile peinte à la colle, et qu'il en soit assez frappé pour venir le lendemain me chercher au cabaret afin de me commander un tableau? Cette bonne fortune peut m'arriver une fois sur cent : mais encore, le jour où ils m'aura trouvé, il faudra que je doive mon pain à la protection du riche, qui aura commencé à s'intéresser à moi. Tôt ou tard, il faudra bien que je me courbe devant lui et que je le prie de me recommander aux autres.

« Ne vaut-il pas mieux que, le plus tôt possible, et dès que je serai sûr de moi-même, je quitte l'échelle et le tablier, que je prenne l'extérieur d'un homme qui ne mendie point, et que je me présente, le front levé, parmi les riches? Si je sors du cabaret bras dessus, bras dessous, avec les joyeux compagnons de la scie ou de la truelle, il est évident que je ne pourrai pas entrer dans le palais comme un hôte, mais comme un salarié ; et qu'aujourd'hui même, si je voulais aborder une de ces belles dames et l'inviter à danser, je serais bafoué et chassé au bout d'un quart d'heure. Un temps doit venir pourtant où elles me feront des avances, et où mon talent sera pour moi un titre qui pourra lutter avec avantage contre celui de duc ou de marquis, dans les succès de ce monde-là. Mais c'est à la condition que mes habitudes et mes manières auront pris l'empreinte et le cachet de l'aristocratie. Il faudra que je sois ce qu'ils appellent un homme de bonne compagnie ; autrement, je serais en vain un homme de génie ; personne ne s'en aviserait.

« Je ne ferai donc mon chemin, comme artiste, qu'en détruisant en moi l'artisan. Il faut que j'arrive à être libre possesseur de mes œuvres, et à les vendre comme fait un propriétaire, au lieu de les exécuter comme fait un journalier. Eh bien! pour cela, il faut que j'aie de la réputation, et la réputation aujourd'hui, ne vient pas chercher l'artiste au fond de son grenier ; il est obligé de se la donner lui-même en payant de sa personne, en fréquentant ceux qui la dispensent, en la réclamant comme un droit et non en l'implorant comme une aumône. Vois, Magnani, si je puis sortir de ce dilemme! Pourtant, je souffre mortellement, je te le jure, en songeant qu'il faut que je renie en quelque sorte la race de mes pères, et que je dois me laisser accuser de sottise et d'impudence par des hommes dont je me sens le frère et l'ami. Tu vois bien qu'il faut que je m'éloigne d'un pays où la popularité de mon père rendrait ce divorce plus choquant pour les autres et plus douloureux pour moi-même que partout ailleurs. J'y suis venu remplir un devoir, expier des égarements ; mais quand ma tâche sera remplie, il faut que je retourne à Rome, et que, de là, je parcoure le monde sous le déguisement peut-être anticipé d'un homme libre. Si je ne le fais point, adieu tout mon avenir ; j'y puis renoncer dès aujourd'hui.

— « Oui! oui! je comprends, reprit Magnani, il faut s'affranchir à tout prix. Le travail du journalier c'est le servage ; l'œuvre de l'artiste c'est le titre d'homme. Tu as raison, Michel, c'est ton droit, par conséquent ton devoir et ta destinée. Mais qu'elle est sombre et cruelle la destinée des hommes intelligents! Quoi, répudier sa

Il avoua tout à Magnani. (Page 30.)

famille, quitter sa terre natale, jouer une sorte de comédie pour se faire accepter des étrangers, prendre le masque pour recevoir la couronne, entrer en guerre contre les pauvres qui vous condamnent et les riches qui vous admettent à peine ! C'est affreux, cela ! c'est à dégoûter de la gloire ! Qu'est-ce donc que la gloire pour qu'on l'achète à ce prix ?

— « La gloire, comme on l'entend dans le sens vulgaire, n'est rien en effet, mon ami, répondit Michel avec feu, si ce n'est rien de plus que le petit bruit qu'un homme peut faire dans le monde. Honte à celui qui trahit son sang et brise ses affections pour satisfaire sa vanité ! Mais la gloire, telle que je la conçois, ce n'est pas cela ! C'est la manifestation et le développement du génie qu'on porte en soi. Faute de trouver des juges éclairés, des admirateurs enthousiastes, des critiques sévères, et même des détracteurs envieux, faute enfin de goûter tous les avantages, de recevoir tous les conseils et de subir toutes les persécutions que soulève la renommée, le génie s'éteint dans le découragement, l'apathie, le doute ou l'ignorance de soi-même. Grâce à tous les triomphes, à tous les combats, à toutes les blessures qui nous attendent dans une haute carrière, nous arrivons à faire de nos forces le plus magnifique usage possible, et à laisser, dans le monde de la pensée, une trace puissante, ineffaçable, à jamais féconde. Ah ! celui qui aime vraiment son art veut la gloire de ses œuvres, non pas pour que son nom vive, mais pour que l'art ne meure point. Et que m'importerait de n'avoir pas les lauriers de mon patron Michel-Ange, si je laissais à la postérité une œuvre anonyme comparable à celle du *Jugement dernier !* Faire parler de soi est plus souvent un martyre qu'un enivrement. L'artiste sérieux cherche ce martyre et l'endure avec patience. Il sait que c'est la dure condition de son succès ; et son succès, ce n'est pas d'être applaudi et compris de tous, c'est de produire et de laisser quelque chose en quoi il ait foi lui-même. Mais qu'as-tu, Magnani ? tu es triste et ne m'écoutes plus ? »

XIII.

AGATHE.

« Je t'écoute, Michel, je t'écoute beaucoup, au contraire, répondit Magnani, et je suis triste parce que je

.... Qui donne sur une rue presque déserte et qui se perd dans la campagne..... (Page 39.)

sens la force de ton raisonnement. Tu n'es pas le premier avec lequel je cause de ces choses-là : j'ai déjà connu plus d'un jeune ouvrier qui aspirait à quitter son métier, à devenir commerçant, avocat, prêtre ou artiste; et, il est vrai de dire que, tous les ans, le nombre de ces déserteurs augmente. Quiconque se sent de l'intelligence parmi nous se sent aussitôt de l'ambition, et jusqu'ici, j'ai combattu avec force ces velléités dans les autres et dans moi-même. Mes parents, fiers et entêtés comme de vieilles gens et de sages travailleurs qu'ils étaient, m'ont enseigné, comme une religion, de rester fidèle aux traditions de famille, aux habitudes de caste; et mon cœur a goûté cette morale sévère et simple. Voilà pourquoi j'ai résolu, en brisant parfois mon propre élan, de ne pas chercher le succès hors de ma profession; voilà pourquoi aussi j'ai rudement tancé l'amour-propre de mes jeunes camarades aussitôt que je l'ai vu poindre; voilà pourquoi mes premières paroles de sympathie et d'intérêt pour toi ont été des avertissements et des reproches.

« Il me semble que jusqu'à toi j'ai eu raison, parce que les autres étaient réellement vaniteux, et que leur vanité tendait à les rendre ingrats et égoïstes. Je me

sentais donc bien fort pour les blâmer, les railler et les prêcher tour à tour. Mais avec toi je me sens faible, parce que tu es plus fort que moi dans la théorie. Tu peins l'art sous des couleurs si grandes et si belles, tu sens si fortement la noblesse de sa mission, que je n'ose plus te combattre. Il me semble que toi, tu as droit de tout briser pour parvenir, même ton cœur, comme j'ai brisé le mien pour rester obscur... Et pourtant ma conscience n'est pas satisfaite de cette solution. Cette solution ne m'en paraît pas une. Voyons, Michel, tu es plus savant que moi; dis-moi qui de nous deux a tort devant Dieu.

— Ami, je crois que nous avons tous deux raison, répondit Michel. Je crois qu'à nous deux, dans ce moment, nous représentons ce qui se passe de contradictoire, et pourtant de simultané, dans l'âme du peuple, chez toutes les nations civilisées. Tu plaides pour le sentiment. Ton sentiment fraternel est saint et sacré. Il lutte contre mon idée : mais l'idée que je porte en moi est grande et vraie : elle est aussi sacrée, dans son élan vers le combat, que l'est ton sentiment dans sa loi de renoncement et de silence. Tu es dans le devoir, je suis dans le droit. Tolère-moi, Magnani, car moi, je te respecte, et l'idéal de chacun de nous est incomplet s'il ne se complète par celui de l'autre.

— Oui, tu parles de choses abstraites, reprit Magnani tout pensif, je crois te comprendre; mais dans le fait, la question n'est pas tranchée. Le monde actuel se débat entre deux écueils, la résignation et la lutte. Par amour pour ma race, je voudrais souffrir et protester avec elle. Par le même motif peut-être, tu veux combattre et triompher en son nom. Ces deux moyens d'être homme semblent s'exclure et se condamner mutuellement. Qui doit prévaloir devant la justice divine, du sentiment ou de l'idée? Tu l'as dit : « Tous deux! » Mais sur la terre, où les hommes ne se gouvernent point par des lois divines, où trouver l'accord possible de ces deux termes? Je le cherche en vain !

— Mais à quoi bon le chercher? dit Michel, il n'existe pas sur la terre à l'heure qu'il est. Le peuple peut s'affranchir et s'illustrer en masse par les glorieux combats, par les bonnes mœurs, par les vertus civiques, mais individuellement, chaque homme du peuple a une destinée particulière : à celui qui se sent né pour toucher les cœurs, de vivre fraternellement avec les simples; à celui qui se sent appelé à éclairer les esprits, de chercher la lumière, fût-ce dans la solitude, fût-ce parmi les ennemis de sa race. Les grands maîtres de l'art ont travaillé matériellement pour les riches, mais moralement pour tous les hommes, car le dernier des pauvres peut puiser dans leurs œuvres le sentiment et la révélation du beau. Que chacun suive donc son inspiration et obéisse aux vues mystérieuses de la Providence à son égard! Mon père aime à chanter de généreux refrains dans les tavernes; il y électrise ses compagnons; ses récits, sur un banc, au coin de la rue, sa gaieté et son ardeur au chantier, dans le travail en commun, font grandir tous ceux qui le voient et l'entendent. Le ciel l'a doué d'une action immédiate, par les moyens les plus simples, sur la fibre vitale de ses frères, l'enthousiasme dans le labeur, l'expansion dans le repos. Moi, j'ai le goût des temples solitaires, des vieux palais riches et sombres, des antiques chefs-d'œuvre, de la rêverie chercheuse, des jouissances épurées de l'art. La société des patriciens ne m'alarme pas. Je les trouve trop dégénérés pour les craindre; leurs noms sont à mes yeux une poésie qui les relève à l'état de figures, d'ombres si tu veux, et j'aime à passer en souriant parmi ces ombres qui ne me font point peur. J'aime les morts; je vis avec le passé; et c'est par lui que j'ai la notion de l'avenir; mais je t'avoue que je n'ai guère celle du présent, que le moment précis où j'existe n'existe pas pour moi, parce que je vais toujours fouillant en arrière, et poussant en avant toutes les choses réelles. C'est ainsi que je les transforme et les idéalise. Tu vois bien que je ne servirais pas aux mêmes fins que mon père et toi, si j'employais les mêmes moyens. Ils ne sont pas en moi.

« Michel, dit Magnani en se frappant le front, tu m'emportes ! Il faut bien que je t'absolve, et que je te délivre de mes remontrances! Mais je souffre, vois-tu, je souffre beaucoup! Tes paroles me font un grand mal !

— Et pourquoi donc, cher Magnani?

— C'est mon secret, et pourtant je veux te le dire sans en trahir la sainteté. Crois-tu donc que, moi aussi, je n'aie pas quelque ambition permise, quelque désir secret et profond de m'affranchir de la servitude où je vis? Ignores-tu que tous les hommes ont au fond du cœur le désir d'être heureux? Et crois-tu que le sentiment d'un sombre devoir me fasse nager dans les délices?

« Tiens ! juge de mon martyre. J'aime éperdûment, depuis cinq ans, une femme que son rang dans le monde place aussi loin de moi que le ciel l'est de la terre. Ayant toujours regardé comme impossible qu'elle eût seulement un regard de compassion pour moi, je me suis rattaché à l'enthousiasme de ma souffrance, de ma pauvreté, de ma nullité forcée parmi les hommes. C'est avec une sorte d'amertume que j'ai résolu de ne point imiter ceux qui veulent parvenir et qui s'exposent à être bafoués en haut et en bas. Si j'étais de ceux-là, pensais-je, un jour vien-

drait peut-être où je pourrais porter galamment à mes lèvres la main de celle que j'adore. Mais dès que j'ouvrirais la bouche pour trahir le mystère de ma passion, je serais sans doute repoussé, raillé, foulé aux pieds; j'aime mieux rester perdu dans la poussière de mon métier, et ne jamais élever jusqu'à elle des prétentions insensées. J'aime mieux qu'elle croie à jamais impossible une aspiration de moi vers elle! Au moins, sous la livrée de l'ouvrier, elle respectera ma souffrance ignorée; elle ne l'enveniméra point en la découvrant, en rougissant de l'avoir inspirée, en croyant nécessaire de s'en préserver. A l'heure qu'il est, elle passe près de moi comme à côté d'une chose qui lui est indifférente, mais qu'elle ne se croirait pas le droit d'insulter et de briser. Elle me salue, me sourit et me parle comme à un être d'une autre nature que la sienne : il n'y paraît point, mais cet instinct est en elle, je le sens et m'en rends compte. Du moins elle ne songe pas à m'humilier, elle ne le voudrait pas; et, moins j'ai l'orgueil de lui plaire, moins je crains qu'elle ne m'outrage par sa pitié. Tout cela changerait si j'étais peintre ou poète, si je lui présentais son portrait fait de ma main tremblante, ou un sonnet de ma façon en son honneur; elle sourirait autrement, elle me parlerait autrement. Il y aurait de la réserve, de la raillerie ou de la compassion dans sa bonté, soit que j'eusse réussi ou échoué dans ma tentative d'art. Oh ! que cela m'éloignerait d'elle et me ferait descendre plus bas que je ne suis ! J'aime mieux être l'ouvrier qui lui rend service en lui vendant l'emploi de ses bras, que le débutant qu'elle protégerait comme faible ou qu'elle plaindrait comme fou !

— Je t'approuve, ami, dit Michel, devenu pensif à son tour. J'aime ta fierté, et je crois que ce serait un bon exemple à suivre, même dans ma position et avec les projets que je nourris, d'ailleurs, si j'étais tenté de chercher l'amour au delà de certains obstacles, absurdes, il est vrai, mais énormes !

— Oh ! toi, Michel, c'est bien différent. Ces obstacles qui existeraient aujourd'hui entre toi et une grande dame seront rapidement franchis, si, tu l'as dit toi-même, un jour viendra où ces femmes-là te feront les avances. Cette parole, qui s'est échappée de ton cœur, m'a d'abord semblé présomptueuse et ridicule. A présent que je te comprends, je la trouve naturelle et légitime. Oui, tu plairas aux femmes les plus haut placées, toi, parce que tu es dans la fleur de la jeunesse, parce que ta beauté a un caractère délicat et un peu efféminé qui te fait ressembler aux hommes nés pour l'oisiveté, parce que tu as l'habitude de l'élégance, l'instinct des belles manières et de l'aisance dans les habits que tu portes; car il faut tout cela, joint au génie et au succès, pour que ces femmes orgueilleuses oublient l'origine plébéienne de l'artiste. Oui, tu pourras leur paraître un homme, tandis que moi je voudrais en vain me farder; je ne serai jamais qu'un manœuvre, et ma rude enveloppe percera malgré moi. Il serait trop tard à présent : j'ai vingt-six ans !.... Mais je frissonne sous une émotion étrange, en pensant qu'il y a cinq ans, quand j'étais encore maniable comme la cire, comme l'enfance, si quelqu'un eût légitimé et ennobli à mes yeux les instincts qui naissaient en moi, si quelqu'un m'eût parlé comme tu viens de le faire, j'eusse pu suivre une direction analogue à la tienne, et m'élancer dans une carrière ouvrière. J'avais l'esprit ouvert au sentiment du beau; je pouvais chanter comme le rossignol, sans m'expliquer mes propres accents, mais avec la puissance de l'inspiration sauvage. Je pouvais lire, comprendre et retenir beaucoup de livres; je comprenais aussi la nature; je lisais dans le ciel et dans l'horizon des mers, dans la verdure des forêts et l'azur des grandes montagnes. Il me semble que j'aurais pu être musicien, poète ou paysagiste. Et déjà l'amour parlait à mon cœur; déjà m'était apparue celle dont je ne puis détacher ma pensée. Quel stimulant pour moi si je m'étais livré à de violentes tentations !

« Mais j'ai tout refoulé dans mon cœur, craignant d'être parjure envers mes parents et mes amis, craignant de m'avilir à leurs yeux et aux miens en voulant m'élever. Je me suis endurci au travail : mes mains sont devenues calleuses, et mon esprit aussi. Ma poitrine s'est élargie, il est vrai, et mon cœur s'y est développé comme un polype qui me ronge, qui absorbe toute ma vie; mais mon front s'est rétréci, j'en suis certain; l'imagination s'est affaissée sur elle-même; la poésie est morte en moi; il ne m'est resté que la raison, le dévouement, la fermeté, le sacrifice... c'est-à-dire la souffrance! Ah! Michel, déploie tes ailes et quitte cette terre de douleurs! vole, comme un oiseau, aux coupoles des palais et des temples, et, de là-haut, regarde ce pauvre peuple qui se traîne et gémit sous tes pieds. Plains-le, du moins, aime-le si tu peux, et ne fais jamais rien qui puisse le rabaisser dans ta personne. »

Magnani était profondément ému; mais tout à coup son agitation sembla changer de nature: il tressaillit, se retourna vivement, mit la main sur les branches d'un épais buisson de myrte rose qui masquait derrière lui un enfoncement obscur de la muraille. Ce rideau de verdure, qu'il entr'ouvrit convulsivement, ne cachait qu'une entrée de corridor dérobé, lequel, ne conduisant probablement qu'à des chambres de service, n'était pas indiqué à la circulation du public invité. Michel, étonné du mouvement de Magnani, jeta un regard sur ce couloir à peine éclairé d'une lampe pâlissante et dont l'extrémité se perdait dans les ténèbres. Il lui sembla qu'une forme blanche glissait dans ces ombres, mais si vague, qu'elle était presque insaisissable, et qu'on pouvait être abusé par un reflet de lumière plus vive, que l'écartement du buisson entr'ouvert aurait fait passer sur cette profondeur. Il voulut y pénétrer; Magnani le retint en lui disant:

« Nous n'avons pas le droit d'épier ce qui se passe dans les parties voilées de ce sanctuaire. Mon premier mouvement de curiosité a été irréfléchi: j'avais cru entendre marcher légèrement auprès de moi... et j'ai rêvé, sans doute! je m'imaginais voir remuer ce buisson. Mais c'est une illusion produite par la peur qui s'emparait de moi à l'idée que mon secret allait s'échapper de mes lèvres. Je te quitte, Michel; ces épanchements sont dangereux, ils me troublent; j'ai besoin de rentrer en moi-même et de laisser à la raison le temps de calmer les tempêtes soulevées dans mon sein par ta parole et ton exemple!... »

Magnani s'éloigna précipitamment, et Michel recommença à parcourir le bal. L'aveu de ce jeune compagnon, pris d'amour insensé pour une grande dame, avait réveillé en lui une émotion dont il croyait avoir triomphé. Il erra autour des danses pour chercher à s'en distraire, car il sentait sa folie aussi dangereuse, pour le moment, que celle de Magnani. Bien des années devaient s'écouler encore avant qu'il pût se croire de niveau, par son génie, avec toutes les positions sociales: aussi se fit-il un amusement plein d'angoisses à regarder les plus jeunes danseuses, et à chercher en rêve, parmi elles, celle qu'un jour il pourrait regarder avec des yeux enflammés d'amour et d'audace. Probablement il ne la découvrit pas, car il attacha successivement sa fantaisie à plusieurs, et, comme dans ces sortes de châteaux en Espagne, on ne risque rien à être fort difficile, il ne cessa de chercher et de discuter avec lui-même le mérite comparé de ces jeunes beautés.

Mais, au milieu de ces aberrations de son cerveau, il vit passer tout à coup la princesse de Palmarosa. Attentif jusque-là à se tenir à une certaine distance des groupes dansants, et à circuler discrètement derrière les gradins de l'amphithéâtre, il se rapprocha involontairement; et, quoique la foule ne fût pas assez compacte pour autoriser ou masquer sa présence, il se trouva presque aux premiers rangs parmi des personnes plus titrées ou plus riches les unes que les autres.

Cette fois, son instinct de fierté ne l'avertit point du péril de sa situation. Un invincible aimant l'attirait et le retenait: la princesse dansait.

Sans doute c'était pour la forme, par convenance, ou par obligance, car elle ne faisait que marcher, et ne paraissait pas y prendre le moindre plaisir. Mais elle marchait mieux que les autres ne dansaient, et, sans songer

à chercher aucune grâce, elle les avait toutes. Cette femme avait réellement un charme étrange qui s'insinuait comme un parfum subtil et finissait par tout dominer ou tout effacer autour d'elle. On eût dit d'une reine au milieu de sa cour, dans quelque royaume où régnerait la perfection morale et physique.

C'était la chasteté des vierges célestes avec leur sérénité puissante, une pâleur qui n'avait rien d'exagéré ni de maladif, et qui proclamait l'absence d'émotions vives. On disait cette vie mystérieuse consacrée à une abstinence systématique ou à une indifférence exceptionnelle. Pourtant ce n'était point l'apparence d'une froide statue. La bonté animait son regard un peu distrait, et donnait à son faible sourire une suavité inexprimable.

Là, au feu de mille lumières, elle apparaissait à Michel tout autre qu'il ne l'avait vue dans la grotte de la Naïade, une heure auparavant, lorsqu'une étrange clarté ou sa propre imagination la lui avaient fait trouver un peu effrayante. Sa nonchalance était maintenant plus calme que mélancolique, plus habituelle que forcée. Elle avait repris juste assez de vie pour s'emparer du cœur et laisser les sens tranquilles.

XIV.

BARBAGALLO.

Si Michel eût pu détourner les yeux de l'objet de sa contemplation, il eût vu, à quelques pas de lui, son père faisant une partie de flageolet à l'orchestre. Pier-Angelo avait la passion de l'art, sous quelque forme qu'il pût se l'assimiler. Il aimait et devinait la musique, et jouait d'instinct de plusieurs instruments, à peu de chose près dans le ton et dans la mesure. Après avoir surveillé plusieurs détails de la fête qui lui avaient été confiés, n'ayant plus rien à faire, il n'avait pu résister au désir de se mêler aux musiciens, qui le connaissaient et s'amusaient de sa gaieté, de sa belle et bonne figure et de l'air enthousiaste avec lequel il faisait entendre, de temps en temps, une ritournelle criarde sur son instrument. Quand le ménétrier dont il avait pris la place revint de la buvette, Pier-Angelo s'empara des cymbales vacantes, et, à la fin du quadrille, il râclait avec délices les grosses cordes d'une contre-basse.

Il était surtout ravi de faire danser la princesse, qui, ayant aperçu sa tête chauve sur l'estrade de l'orchestre, lui avait envoyé de loin un sourire et un imperceptible signe d'amitié, que le bonhomme avait recueilli dans son cœur. Michel-Ange eût trouvé peut-être que son père se prodiguait trop au service de cette patronne chérie, et ne portait pas avec assez de sévérité sa dignité d'artisan. Mais, en ce moment, Michel, qui s'était cru distrait où guéri du regard de la princesse Agathe, était si bien retombé sous le prestige, qu'il ne songeait plus qu'à en rencontrer un second.

L'unique toilette que, par un reste d'aristocratie incurable, il avait courageusement apportée sur ses épaules dans un sac de voyage, à travers les défilés de l'Etna, était à la mode et de bon goût. Sa figure était si noble et si belle, qu'il n'y avait certes rien à reprendre dans sa personne et dans sa tenue. Pourtant, depuis quelques minutes, sa présence, dans le cercle qui entourait immédiatement la princesse, importunait les yeux de maître Barbagallo, le majordome du palais.

Ce personnage, habituellement doux et humain, avait pourtant ses antipathies et ses moments d'indignation comique. Il avait reconnu le talent chez Michel; mais l'air impatient de ce jeune homme lorsqu'il lui adressait quelques observations puériles, et le peu de respect qu'il avait paru éprouver pour son autorité, lui avaient fait prendre en défiance et quasi en aversion. Dans ses idées, à lui qui avait fait une étude particulière des titres et des blasons, il n'y avait de noble que les nobles, et il confondait dans un dédain muet, mais invincible, toutes les autres classes de la société. Il était donc blessé et froissé de voir le fier palais de ses maîtres ouvert à ce qu'il appelait une cohue, à des commerçants, à des hommes de loi, à des dames israélites, à des voyageurs suspects, à des étudiants, à de petits officiers, enfin à quiconque, pour une pièce d'or, pouvait s'arroger le droit de danser au quadrille de la princesse. Cette fête par souscription était une invention nouvelle, venue de l'étranger, et qui renversait toutes ses notions sur le décorum.

La retraite où la princesse avait toujours vécu avait aidé ce digne majordome à conserver toutes ses illusions et tous ses préjugés sur l'excellence des races ; voilà pourquoi, à mesure que la nuit avançait, il était de plus en plus triste, inquiet et morose. Il venait de voir la princesse promettre une contredanse à un jeune avocat qui avait eu l'audace de l'inviter, et, en regardant Michel-Ange Lavoratori la contempler de si près avec des yeux ravis, il se demanda si ce barbouilleur n'allait pas aussi se mettre sur les rangs pour danser avec elle.

« Le monde est renversé depuis vingt ans, je le vois bien, se disait-il ; si on eût donné un pareil bal ici, du temps du prince Dionigi, les choses se fussent passées autrement. Chaque société se fût tenue à l'écart des autres ; on eût formé divers groupes qui ne se fussent pas mêlés à leurs supérieurs ou à leurs inférieurs. Mais ici tous les rangs sont confondus, c'est un bazar, une saturnale !

« Mais, à propos, s'avisa-t-il de penser, que fait là ce petit peintre ? Il n'a pas payé, lui ; il n'a pas même le droit qu'on achète aujourd'hui, hélas ! à la porte du noble palais de Palmarosa. Il n'est admis ici que comme ouvrier. S'il veut jouer du tambourin à côté de son père ou veiller aux quinquets, qu'il se range d'où il est. Mais, à coup sûr, je rabattrai maintenant son petit amour-propre, et il aura beau trancher du grand peintre, je le renverrai à sa colle. C'est une petite leçon que je lui dois, puisque son vieux extravagant de père le gâte et ne sait pas le conduire. »

Armé de cette belle résolution, messire Barbagallo, qui n'osait lui-même approcher du cercle de la princesse, s'efforça d'attirer de loin l'attention de Michel, en lui faisant force signes, que celui-ci n'aperçut pas le moins du monde. Alors le majordome, voyant que la contredanse allait finir, et que la princesse ne pourrait manquer de voir le jeune Lavoratori ainsi installé cavalièrement sur son passage, se décida à en finir par un coup d'État. Il se glissa parmi les assistants comme un chien d'arrêt dans les blés, et, passant doucement son bras sous celui du jeune homme, il s'efforça de l'attirer à l'écart, sans esclandre et sans bruit.

Michel venait, en cet instant, de rencontrer ce regard de la princesse qu'il cherchait et attendait depuis si longtemps.

Ce regard l'avait électrisé, quoiqu'il lui parût voilé par un sentiment de prudence ; et, lorsqu'il se sentit prendre le bras, sans détourner la tête, sans daigner seulement savoir à qui il avait affaire, il repoussa d'un coup de coude énergique la main indiscrète qui s'attachait à lui.

« Maître Michel, que faites-vous ici ? lui dit à l'oreille le majordome indigné.

— Que vous importe ? répondit-il en lui tournant le dos et haussant les épaules.

— Vous ne devez pas être ici, reprit Barbagallo prêt à perdre patience, mais se contenant assez pour parler bas.

— Vous y êtes bien, vous ! répondit Michel en le regardant avec des yeux enflammés de colère, espérant s'en débarrasser par l'intimidation. »

Mais Barbagallo avait sa bravoure à lui ; il se fût laissé cracher au visage plutôt que de manquer d'un iota à ce qu'il regardait comme son devoir.

« Moi, Monsieur, dit-il, je fais mon service ; allez faire le vôtre. Je suis fâché de vous contrarier ; mais il faut que chacun se tienne à sa place. Oh ! ne faites pas l'insolent ! Où est votre carte d'entrée ? Vous n'avez pas de carte d'entrée, je le sais. Si l'on vous a permis de voir la fête, c'est apparemment à condition que vous veillerez au service comme votre père, au buffet, au luminaire... voyons, de quoi vous a-t-on chargé ? Allez trouver le maître d'hôtel du palais pour qu'il vous emploie, et, s'il

n'a plus besoin de vous, allez-vous-en, au lieu de regarder les dames sous le nez. »

Maître Barbagallo parlait toujours assez bas pour n'être entendu que de Michel ; mais ses yeux courroucés et sa gesticulation convulsive en disaient assez, et déjà l'attention se fixait sur eux. Michel était bien résolu à se retirer, car il sentait qu'il n'avait aucun moyen de résister à la consigne. Frapper un vieillard lui faisait dégoût, et pourtant jamais il ne sentit le sang populaire lui démanger plus fort au creux de la main. Il eût cédé en souriant à une impertinence tournée poliment ; mais, ne sachant que faire pour sauver sa dignité de cette ridicule atteinte, il crut qu'il allait mourir de rage et de honte.

Barbagallo menaçait déjà, à demi-voix, d'appeler main-forte pour vaincre sa résistance. Les personnes qui les serraient de près regardaient d'un air de surprise railleuse ce jeune homme inconnu aux prises avec le majordome du palais. Les dames froissaient leurs atours, en se rejetant sur la foule environnante, pour s'éloigner de lui. Elles pensaient que c'était peut-être quelque filou qui s'était introduit dans le bal, ou quelque intrigant audacieux qui allait faire un esclandre.

Mais au moment où le pauvre Michel allait tomber évanoui de colère et de douleur, car le sang bourdonnait déjà dans ses oreilles et ses jambes fléchissaient, un faible cri, qui partit à deux pas de lui, ramena tout le sang vers son cœur. Ce cri, il l'avait déjà entendu, à ce qu'il lui semblait, mêlé de douleur, de surprise et de tendresse, au milieu de son sommeil, le soir de son arrivée au palais. Par un instinct de confiance et d'espoir qu'il ne put s'expliquer à lui-même, il se retourna vers cette voix amie et s'élança au hasard comme pour chercher un refuge dans le sein qui l'exhalait. Tout à coup il se trouva auprès de la princesse, et sa main dans la sienne, qui tremblait en le serrant avec force. Ce mouvement et cette émotion mutuelle furent aussi rapides que le passage d'un éclair. Les spectateurs étonnés s'ouvrirent devant la princesse, qui traversa la salle, appuyée sur Michel, laissant là son danseur au milieu de son salut final, l'intendant effaré, qui eût voulu se cacher sous terre, et les assistants qui riaient de la surprise du bonhomme et jugeaient que Michel était quelque jeune étranger de distinction nouvellement arrivé à Catane, envers qui la princesse se hâtait de réparer délicatement, et sans explication inutile, la bévue de son majordome.

Quand madame Agathe fut arrivée au bas du grand escalier, où il y avait peu de monde, elle avait repris tout son calme ; mais Michel tremblait plus que jamais.

« Sans doute elle va me mettre elle-même à la porte, pensait-il, sans que personne puisse comprendre son intention. Elle est trop grande et trop bonne pour ne pas me soustraire aux insultes de ses laquais et au mépris de ses hôtes ; mais l'avis qu'elle va me donner n'en sera pas moins mortel. Ici peut-être finit tout mon avenir, et le naufrage de la vie que j'ai rêvée est là sur le seuil de son palais. »

« Michel-Ange Lavoratori, dit la princesse en approchant son bouquet de son visage, pour étouffer le son de sa voix qui eût pu frapper quelque oreille ouverte à la curiosité, j'ai reconnu aujourd'hui que tu étais un artiste véritable et qu'un noble avenir s'ouvrait devant toi. Encore quelques années d'un travail sérieux, et tu peux devenir un maître. Alors le monde t'admettra comme tu mérites dès à présent de l'être, car celui qui n'a encore que des espérances fondées de gloire personnelle, est au moins l'égal de ceux qui n'ont que le souvenir de la gloire de leurs aïeux.

« Dis-moi pourtant si tu es pressé de débuter dans ce monde que tu viens de voir et dont tu peux déjà pressentir l'esprit. Pour que cela soit, je n'ai qu'une parole à dire, qu'un geste à faire. Tout ce qu'il y a ici de connaisseurs ont remarqué tes figures et m'ont demandé ton nom, ton âge et tes antécédents. Je n'ai qu'à te présenter à mes amis, à te proclamer artiste, et dès aujourd'hui tu seras considéré comme tel, et suffisamment émancipé de ta classe. L'humble profession de ton père, loin de te nuire, sera une cause d'intérêt envers toi ; car le monde s'étonne toujours de voir un pauvre naître avec du génie, comme si le génie des arts n'était pas toujours sorti du peuple, et comme si notre caste était encore féconde en hommes supérieurs. Réponds-moi donc, Michel ; veux-tu souper ce soir à ma table, à mes côtés, ou préfères-tu souper à l'office, à côté de ton père ? »

Cette dernière question était si nettement posée, que Michel crut y lire son arrêt. « C'est une délicate mais profonde leçon que je reçois, pensa-t-il, ou c'est une épreuve. J'en sortirai pur ! » Et, retrouvant aussitôt ses esprits, violemment bouleversés une minute auparavant : « Madame, répondit-il avec fierté, bien heureux ceux qui s'asseyent à vos côtés et que vous traitez d'amis ! Mais la première fois que je souperai avec des gens du grand monde, ce sera à ma propre table, avec mon père en face de moi. C'est vous dire que cela ne sera probablement jamais, ou que, si cela arrive, bien des années me séparent encore de la gloire et de la fortune. En attendant, je souperai avec mon père dans l'office de votre palais, pour vous prouver que je ne suis point orgueilleux et que j'accepte votre invitation.

— Cette réponse me plaît, dit la princesse ; eh bien ! continue à être un homme de cœur, Michel, et la destinée te sourira ; c'est moi qui te le prédis ! »

En parlant ainsi, elle le regardait en face, car elle avait quitté son bras et se préparait à s'éloigner. Michel fut ébloui du feu qui jaillissait de ces yeux si doux et si rêveurs à l'ordinaire, animés pour lui seul, cela était désormais bien certain, d'une affection bien irrésistible. Pourtant, il n'en fut pas troublé comme la première fois. Ou c'était une expression différente, ou il avait mal compris d'abord. Ce qu'il avait pris pour de la passion était plutôt de la tendresse, et la volupté dont il s'était senti inondé se changeait en lui en une sorte d'enthousiaste adoration, chaste comme celle qui l'inspirait.

« Mais écoute, ajouta la princesse en faisant signe au marquis de la Serra, qui passait près d'elle en cet instant, de venir lui donner le bras, et l'appelant ainsi en tiers dans cet entretien : quoiqu'il n'y ait rien d'humiliant pour un esprit sage à manger à l'office ; quoiqu'il n'y ait rien d'enivrant non plus à souper au salon, je désire que tu ne paraisses ni à l'un ni à l'autre. J'ai pour cela des raisons qui te sont personnelles et que ton père a dû t'expliquer. Tu as déjà bien assez attiré l'attention aujourd'hui par tes ouvrages. Évite, pendant quelques jours encore, de montrer ta personne, sans pourtant la cacher avec une affectation de mystère qui aurait aussi son danger. J'eusse souhaité que tu ne vinsses pas à cette fête. Tu aurais dû comprendre pourquoi je ne te faisais pas remettre une carte d'entrée, et, en t'annonçant que tu serais chargé, si tu restais, d'un office qui te sied mal, ton père essayait de t'en ôter l'envie. Pourquoi es-tu venu ? Voyons, réponds-moi franchement : tu aimes donc beaucoup le spectacle d'un bal ? Tu as dû en voir à Rome d'aussi beaux que celui-ci ?

— Non, Madame, répondit Michel, je n'en ai jamais vu de beaux, car vous n'y étiez point.

— Il veut me faire croire, dit la princesse avec un sourire d'une mansuétude extrême, en s'adressant au marquis, qu'il est venu au bal à cause de moi. Le croyez-vous, marquis ?

— J'en suis persuadé, répondit M. de la Serra en pressant la main de Michel avec affection. Allons, maître Michel-Ange, quand venez-vous voir mes tableaux et dîner avec moi ?

— Il prétend encore, dit vivement la princesse, qu'il ne dînera jamais avec des gens comme nous, sans son père.

— Et pourquoi donc cette timidité exagérée ? répondit le marquis en attachant sur les yeux de Michel des yeux d'une intelligence pénétrante, où quelque chose de sévère se mêlait à la bonté ; Michel craindrait-il que vous ou moi le fissions rougir de n'être pas encore aussi respectable que son père ? Vous êtes jeune, mon enfant, et

personne ne peut exiger de vous les vertus qui font admirer et chérir le noble Pier-Angelo ; mais votre intelligence et vos bons sentiments suffisent pour que vous entriez partout avec confiance, sans être forcé de vous effacer dans l'ombre de votre père. Pourtant, rassurez-vous, votre père m'a déjà promis de venir dîner avec moi après-demain. Ce jour vous convient-il pour l'accompagner ? »

Michel ayant accepté, en s'efforçant de cacher son trouble et sa surprise sous un air aisé, le marquis ajouta :

« Maintenant, permettez-moi de vous dire que nous dînerons ensemble en cachette : votre père a été accusé jadis ; moi je suis mal vu du gouvernement ; nous avons encore des ennemis qui pourraient nous accuser de conspirer.

— Allons, bonsoir, Michel-Ange, et à bientôt ! dit la princesse, qui remarquait fort bien la stupéfaction de Michel ; fais-nous la charité de croire que nous savons apprécier le vrai mérite, et que, pour nous apercevoir de celui de ton père, nous n'avons pas attendu que le tien se révélât. Ton père est notre ami depuis longtemps, et s'il ne mange pas tous les jours à ma table, c'est que je crains de l'exposer à la persécution de ses ennemis en le mettant en vue. »

Michel se sentit troublé et décontenancé, quoiqu'en cet instant il n'eût voulu, pour rien au monde, paraître ébloui des soudaines faveurs de la fortune ; mais dans le fond il se sentait plutôt humilié que ravi de la leçon affectueuse qu'il venait de recevoir. « Car c'en est une, se disait-il lorsque la princesse et le marquis, accostés par d'autres personnes, se furent éloignés en lui faisant un signe d'adieu amical ; ils m'ont fait fort bien comprendre, ces grands seigneurs esprits forts et philosophes, que leur bienveillance était un hommage rendu à mon père plus qu'à moi-même. C'est moi qu'on invite à cause de lui, et non lui à cause de moi ; ce n'est donc pas mon propre mérite qui m'attire ces distinctions, mais la vertu de mon père ! O mon Dieu ! pardonnez-moi les pensées d'orgueil qui m'ont fait désirer de commencer ma carrière loin de lui ! J'étais insensé, j'étais criminel ; je reçois un enseignement profond de ces grands seigneurs, et qui l'ont, ou font semblant de l'avoir plus avant que moi dans le cœur. »

Puis, tout à coup, l'orgueil blessé du jeune artiste se releva de cette atteinte. « J'y suis ! s'écria-t-il après avoir rêvé seul quelques instants. Ces gens-ci s'occupent de politique. Ils conspirent toujours. Peut-être qu'ils n'ont pas même la peine de regarder mes peintures, ou qu'ils ne s'y connaissent pas. Ils choient et flattent mon père qui est un de leurs instruments, et ils cherchent aussi à s'emparer de moi. Eh bien ! s'ils veulent réveiller dans mon sein le patriotisme sicilien, qu'ils s'y prennent autrement et n'espèrent pas exploiter ma jeunesse sans profit pour ma gloire ! Je les vois venir ; mais eux, ils apprendront à me connaître. Je veux bien être victime d'une noble cause, mais non pas dupe des ambitions d'autrui. »

XV.

AMOUR ROMANESQUE.

« Mais, se disait encore Michel, les patriciens sont-ils tous de même dans ce pays-ci ? L'âge d'or règne-t-il à Catane, et n'y a-t-il que les valets qui conservent l'orgueil du préjugé ? »

L'intendant venait de passer près de lui et de le saluer d'un air triste et accablé. Sans doute il avait été réprimandé, ou il s'attendait à l'être.

Michel traversa le vestiaire, résolu à s'en aller, lorsqu'il trouva Pier-Angelo occupé à tenir la douillette d'un vieux seigneur à perruque blonde, qui cherchait ses manches en tremblotant. Michel rougit à ce spectacle et doubla le pas. Selon lui, son père était beaucoup trop débonnaire, et l'homme qui se faisait servir ainsi donnait un démenti formel aux conjectures qu'il venait de faire sur la noble bonté des grands.

Mais il n'échappa point à l'humiliation qu'il fuyait.
« Ah ! s'écria Pier-Angelo, le voilà, monseigneur ! Tenez,
vous me demandiez s'il était beau garçon, vous voyez !

— Eh ! certes, il est fort bien tourné, ce drôle-là !
dit le vieux noble en se plaçant devant Michel, et en le
toisant de la tête aux pieds, tout en roulant sa douillette
autour de lui. Eh bien ! je suis très-content de ta peinture en décor, mon garçon ; je l'ai remarquée. Je le disais à ton père, que je connais depuis longtemps : tu
mériteras un jour de lui succéder dans la possession de
sa clientèle, et, si tu ne cours pas trop la prétentaine,
tu ne seras jamais sur le pavé, toi ! Du moins, si cela
t'arrive, ce sera bien ta faute. Appelle-moi ma voiture ;
dépêche-toi : il fait un petit vent frais, cette nuit, qui
n'est pas bon quand on sort d'une cohue étouffante.

— Mille pardons, Excellence, répondit Michel furieux,
je crains cette brise pour moi-même.

— Que dit-il ? demanda le vieillard à Pier-Angelo.

— Il dit que la voiture de Votre Excellence est devant
la porte, répondit Pierre, qui se tenait à quatre pour ne
pas éclater de rire.

— C'est bien ; je le prendrai à la journée chez moi,
avec toi, quand j'aurai de l'ouvrage à te donner.

— Ah ! mon père ! s'écria Michel dès que le vieux
seigneur fut sorti, vous riez ! cet homme inepte vous
traite comme un valet, et vous vous prêtez à cet office
en riant !

— Cela te fâche, répondit Pierre, pourquoi donc ? Je
ris de ta colère et non du sans-gêne du bonhomme.
N'ai-je pas promis d'aider les domestiques de la maison
en toutes choses ? Je me trouve là, il me demande sa
douillette, il est vieux, infirme, trois raisons pour
que j'aie compassion de lui. Et pourquoi le méprise-
rais-je ?

— Parce qu'il vous méprise, lui !

— Selon toi, mais non selon l'idée qu'il se fait des choses
de ce monde. C'est un vieux dévot, jadis libertin. Autrefois, il corrompait les filles du peuple ; aujourd'hui il fait
l'aumône aux pauvres mères de famille. Dieu lui par-
donnera ses vieux péchés sans nul doute. Pourquoi serais-je plus collet-monté que le bon Dieu ? Va, la différence que la société établit parmi les hommes n'est ni si
réelle ni si sérieuse que tu crois, mon enfant. Tout cela
s'en va a volo, peu à peu, et si ceux qui ont le cœur
chatouilleux se raidissaient moins, toutes ces barrières
ne seraient bientôt plus que de vaines paroles. Moi, je
ris de ceux qui se croient plus que moi, et je ne me
fâche jamais. Il n'est au pouvoir d'aucun homme de m'humilier, tant que je suis en paix avec ma conscience.

— Savez-vous, mon père, que vous êtes invité à dîner
demain chez le marquis de la Serra ?

— Oui, c'est convenu, répondit tranquillement Pier-
Angelo. J'ai accepté, parce que cet homme n'est pas en-
nuyeux comme la plupart des grands seigneurs. Ah !
qu'il faudrait me payer cher pour me décider à passer
deux heures de suite avec certains d'entre eux ! Mais le
marquis est homme d'esprit. Veux-tu venir avec moi
chez lui ? N'accepte qu'autant que cela te plaira, Michel,
entends-tu bien ? Il ne faut se gêner avec personne, si
l'on veut garder la franchise du cœur. x

Il y avait bien loin apparemment de l'idée que Pier-
Angelo se faisait de l'honneur d'une pareille invitation à
celle que Michel s'était forgée de son entrée triomphante
dans le monde. Enivré d'abord de ce qui lui semblait
être de l'amour chez la princesse, puis, étourdi de la
bienveillance du marquis, qui atténuait le prodige sans
l'expliquer, enfin, irrité de l'insolence de l'homme à la
douillette, il ne savait plus où se prendre. Ses théories
sur les victoires du talent tombaient devant la simplicité
insouciante de son père, qui acceptait tout, l'hommage
et le dédain, avec une gratitude tranquille ou une gaieté
railleuse.

Aux portes du palais, Michel rencontra Magnani, qui
se retirait aussi. Mais, au bout de cent pas, les deux
jeunes gens, ranimés par l'air matinal, résolurent, au
lieu de s'aller coucher, de tourner la colline et de contempler le lever du jour qui commençait à blanchir les

flancs de l'Etna. Arrivés à mi-côte, sur une colline in-
termédiaire, ils s'assirent sur un rocher pittoresque,
ayant à leur droite la villa Palmarosa, tout éblouissante
encore de lumières et retentissante des sons de l'orchestre ;
de l'autre, la fière pyramide du volcan, avec les régions
immenses qui montent en gradins de verdure, de rochers
et de neiges jusqu'à son sommet. C'était un spectacle
étrange et magnifique. Tout était vague dans cette per-
spective infinie, et la région piedimonta se distinguait à
peine de la zone supérieure, dite région nemorosa ou
silvosa. Mais, tandis que l'aube, reflétée par la mer,
glissait en lueurs pâles et confuses sur le bas du tableau,
la cime du mont dessinait avec netteté ses déchirures
grandioses et ses neiges immaculées sur l'air transparent
de la nuit, qui restait bleu et semé d'étoiles sur la tête
du géant.

Le calme sublime, l'imposante sérénité de ce pic voisin de l'empyrée, contrastaient avec l'agitation répandue
dans les alentours du palais. Cette musique, ces cris des
valets et ce roulement des voitures semblaient, en face
de l'Etna paisible et muet, un résumé dérisoire de la vie
humaine en face de l'abîme mystérieux de l'éternité. A
mesure que le jour augmenta, les cimes pâlirent encore,
et la splendide banderole de fumée rougeâtre qui avait
traversé le ciel bleu, devint bleue elle-même et se dé-
roula comme un serpent d'azur sur un fond d'opale.

Alors, le tableau changea d'aspect, et le contraste se
trouva renversé. Le bruit et le mouvement s'apaisaient
rapidement vers le palais, et les horreurs du volcan de-
venaient visibles ; ses aspérités redoutables, ses gouffres
béants, et toutes les traces de désolation qu'il avait im-
primées au sol, de son cratère jusqu'à ses pieds, jusque
bien au delà de la place d'où Michel et Magnani le con-
templaient, jusqu'à la rade enfin, où Catane se trouve
enfermée par de nombreux blocs de lave noire comme
l'ébène. Cette nature terrible semblait bravée et insultée
par les phrases rieuses que l'orchestre ne jouait plus que
mollement et par les clartés mourantes qui couronnaient
le frontispice du palais. Par instants, la musique et la
lumière des flambeaux semblaient vouloir se ranimer.
Des danseurs acharnés forçaient sans doute les méné-
triers à secouer leur engourdissement. Les bougies con-
sumées enflammaient peut-être leurs collerettes de papier
rose. Il est certain qu'on eût dit, de cet édifice lumineux
et sonore, que l'insouciante gaieté de la jeunesse y luttait contre l'accablement du sommeil ou les langueurs de
la volupté, tandis que l'impérissable fléau de ce pays superbe envoyait dans les airs sa fumée ardente, comme
une menace de destruction qu'on ne braverait pas toujours en vain.

Michel-Ange Lavoratori était absorbé par la vue du
volcan, Magnani avait plus souvent les yeux fixés sur la
villa. Tout à coup il laissa échapper une exclamation, et
son jeune ami, suivant la direction de ses regards, vit
une forme blanche qui semblait flotter comme un point
dans l'espace. C'était une femme qui marchait lentement
sur la terrasse escarpée du palais.

— Elle aussi, s'écria involontairement Magnani, contemple le lever du jour sur la montagne. Elle aussi rêve et
soupire peut-être !

— Qui ? demanda Michel, dont l'esprit s'était un peu
raidi contre sa propre chimère. As-tu d'assez bons yeux
pour voir d'ici si c'est la princesse Agathe ou sa camériste qui prend le frais sur les balcons ? »

Magnani cacha sa tête dans ses deux mains et ne répondit point.

« Ami, reprit Michel, frappé d'une subite divination,
veux-tu être sincère avec moi ? La grande dame dont tu
es épris, c'est madame Agathe !

— Eh bien, pourquoi ne l'avouerais-je pas ? répondit
le jeune artisan avec un accent de profonde douleur ;
peut-être me répentirai-je tout à l'heure d'avoir livré à
un enfant que je connais à peine, un secret que je n'ai
pas laissé pressentir à ceux qui devraient être mes meilleurs amis. Il y a apparemment une raison fatale à ce
besoin d'épanchement qui m'entraîne tout à coup vers
toi. Peut-être que c'est l'heure avancée, la fatigue, l'ex-

citation que m'ont causée cette musique, ces lumières et ces parfums : je ne sais. C'est peut-être plutôt parce que je sens que tu es ici le seul être capable de me comprendre, et assez fou toi-même pour ne pas trop railler ma folie. Eh bien, oui, je t'aime ; je la hais et je l'adore en même temps, cette femme, qui ne ressemble à aucune autre, que personne ne connaît et que je ne connais pas moi-même.

— Je ne te raillerai certainement pas, Magnani ; je te plains, je te comprends et je t'aime, parce que je crois sentir entre une certaine similitude entre toi et moi. Moi aussi, je suis excité par les parfums, la vive clarté de ce bal, et cette bruyante musique de danse qui a quelque chose de si lugubre pour mon imagination, à travers sa fausse gaieté. Moi aussi, je me sens exalté et un peu fou dans ce moment-ci. Je me figure qu'il y a un mystère dans la sympathie que nous éprouvons l'un pour l'autre...

— Parce que nous t'aimons tous les deux ! s'écria Magnani, hors de lui. Eh bien, Michel, je l'ai deviné dès le premier regard que tu as jeté sur elle ; toi aussi tu l'aimes ! Mais toi, tu es aimé ou tu le seras, et moi je ne le serai jamais !

— Aimé, je serai aimé, ou je le suis déjà ! Que dis-tu là, Magnani ? tu parles dans le délire.

— Ecoute, il faut que tu saches comment ce mal s'est emparé de moi, et tu comprendras peut-être ce qui se passe en toi-même. Il y a cinq ans, ma mère était malade. Le médecin qui la soignait par charité l'avait presque abandonnée, son état semblait désespéré. Je pleurais, la tête dans mes mains, assis à l'entrée de notre petit jardin, qui donne sur une rue presque toujours déserte, et qui se perd dans la campagne à la limite du faubourg. Une femme, enveloppée d'une mante, passa près de moi et s'arrêta : « Jeune homme, me dit-elle, pourquoi t'affliges-tu ainsi ? que peut-on faire pour soulager ta peine ? » Il faisait presque nuit, son visage était caché ; je ne voyais pas ses traits, et le son de sa voix, d'une douceur extrême, m'était inconnu. Mais, à sa prononciation et à son attitude, je sentais que ce n'était pas une personne de notre classe.

— Madame, lui répondis-je en me levant, ma pauvre mère se meurt. Je devrais être auprès d'elle ; mais, comme elle a toute sa connaissance, et que je suis à bout de mon courage, je suis venu pleurer dehors, afin qu'elle ne m'entendît pas. Je vais la rejoindre, car c'est lâche de pleurer ainsi...

— Oui, dit-elle, il faut avoir assez de courage pour en donner à ceux qui se débattent dans l'agonie. Va retrouver ta mère ; mais avant, dis-moi, tout espoir est-il perdu ? n'a-t-elle pas de médecin ?

— Le médecin n'est pas revenu aujourd'hui, et je comprends qu'il n'y a plus rien à faire.

« Elle me demanda le nom du médecin et celui de ma mère, et, quand elle eut entendu ma réponse : « Quoi ! dit-elle, le mal a donc bien empiré cette nuit ? car, hier soir, il me disait encore qu'il espérait la sauver.

« Ces paroles, qui lui échappèrent dans un mouvement de sollicitude, ne m'apprirent pourtant pas que c'était la princesse de Palmarosa qui me parlait. J'ignorais alors ce que rien des gens ignorent encore aujourd'hui, que cette femme charitable payait plusieurs médecins pour les pauvres gens de la ville, des faubourgs et de la campagne ; qu'enfin, sans jamais paraître et sans vouloir recueillir la récompense de ses bonnes œuvres dans l'estime et la reconnaissance d'autrui, elle s'occupait, avec une assiduité étonnante, de tous les détails de nos maux et de nos besoins.

« J'étais trop absorbé par ma douleur pour faire à ses paroles l'attention que j'y porte depuis. Je la quittai ; mais, en entrant dans la chambre de ma pauvre malade, je vis que la dame voilée m'avait suivi. Elle s'approcha, sans rien dire, du lit de ma mère, prit sa main qu'elle tint longtemps dans les siennes, se pencha sur son visage, consulta son regard, son souffle, et me dit ensuite à l'oreille : Jeune homme, votre mère n'est pas si mal que vous croyez. Il y a encore de la force et de

la vie chez elle. Le médecin a eu tort de désespérer. Je vais vous l'envoyer, et je suis sûre qu'il la sauvera.

— Quelle est donc cette femme ? demanda ma mère d'une voix affaiblie ; je ne vous reconnais pas, ma chère, et pourtant je reconnais tout mon monde ici.

— Je suis une de vos voisines, répondit la princesse, et je viens vous dire que le médecin va venir.

« Elle sortit, et aussitôt mon père s'écria : Cette femme, c'est la princesse Agathe ! je l'ai bien reconnue.

« Nous ne pouvions en croire mon père ; nous supposions qu'il se trompait, mais nous n'avions pas le loisir de nous consulter beaucoup là-dessus. Ma mère disait qu'elle se sentait mieux, et bientôt le médecin arriva, lui donna de nouveaux soins, et nous quitta en nous disant qu'elle était sauvée.

« Elle l'était en effet ; et, depuis, elle a toujours dit que la femme voilée qu'elle avait vue à son lit de mort, était sa sainte patronne, qui lui était apparue au moment où elle la priait, et que le souffle de cet esprit bienheureux lui avait rendu la vie par miracle. On n'ôterait pas cette pieuse et poétique idée de l'esprit de ma bonne mère, et mes frères et sœurs, qui étaient alors des enfants, la partagent avec elle. Le médecin n'a jamais voulu avoir l'air de comprendre ce que nous lui disions quand nous lui parlions d'une femme en mazzaro noir, qui n'avait fait qu'entrer chez nous et sortir, en nous annonçant sa visite et le salut de ma mère.

« On dit que la princesse exige de tous ceux qu'elle emploie à ses bonnes œuvres un secret absolu, et on ajoute même que sa modestie à cet égard est poussée presque à l'état de manie. Pendant bien des années, son secret a été gardé ; mais, à la fin, la vérité perce toujours, et, à l'heure qu'il est, plusieurs personnes savent qu'elle est la providence cachée des malheureux. Vois pourtant l'injustice et la folie des jugements humains ! Quelques-uns disent, parmi nous, qu'elle a commis un crime, qu'elle a fait un vœu pour l'expier ; que sa noble et sainte vie est une pénitence volontaire et terrible ; qu'au fond, elle hait tous les hommes au point de ne vouloir échanger aucune parole de sympathie avec ceux qu'elle assiste ; mais que la peur du châtiment éternel la force à consacrer ainsi sa vie aux œuvres de charité.

« C'est affreux, n'est-ce pas, de juger ainsi ? Voilà pourtant ce que j'ai entendu dire, bien bas il est vrai, par de vieilles matrones réunies autour de ma mère pendant la veillée, et ce que répètent parfois des jeunes gens, frappés de ces étranges suppositions. Pour moi, j'étais bien persuadé que je n'avais pas vu un fantôme, et, quoique mon père, craignant de perdre la protection de la princesse, s'il trahissait son incognito, n'osât plus affirmer que ce fût elle qui nous était apparue, il l'avait dit d'abord avec tant de naturel et d'assurance que je n'en pouvais pas douter.

« Dès que ma mère fut en voie de guérison, j'allai offrir au médecin le paiement de ses soins ; mais, chez lui, comme chez le pharmacien du quartier, mon argent fut refusé. A mes questions, ils répondirent, selon la leçon qui leur a été faite, qu'une secrète association de riches et pieuses personnes les indemnisait de leurs peines et de leurs dépenses. »

XVI.

SUITE DE L'HISTOIRE DE MAGNANI.

« Mon cerveau commençait à travailler, dit Magnani, poursuivant son récit. A mesure que le chagrin qui m'avait accablé faisait place à la joie, ce qu'il y avait eu de romanesque dans mon aventure me revenait dans la mémoire. Les moindres détails s'y retraçaient et prenaient un charme enivrant. La voix douce, la stature élégante, la démarche noble, la main blanche de cette femme, étaient toujours devant mes yeux. Une bague d'une certaine forme qu'elle portait m'avait frappé, au moment où elle interrogeait le pouls de la pauvre agonisante.

« Je n'étais jamais entré dans le palais Palmarosa. Il n'est point ouvert aux étrangers ou aux curieux des en-

Pier-Angelo occupé à tenir la douillette d'un vieux seigneur. (Page 37.)

virons, comme la plupart des antiques demeures de nos patriciens. La princesse y a vécu retirée et pour ainsi dire cachée depuis la mort de son père, n'y recevant que peu de personnes, n'en sortant que le soir et rarement. Il me fallait donc guetter et chercher l'occasion de la voir de près, car je voulais la voir avec les yeux que j'avais désormais pour elle. Je n'avais jamais désiré, jusque-là, de connaître ses traits, et, depuis dix ans, elle les avait si peu montrés, que les gens du faubourg les avaient oubliés. Quand elle sortait en voiture, les stores étaient baissés, et quand elle allait à l'église, elle était enveloppée de sa mantille noire jusqu'au-dessous du menton. C'était au point que l'on disait parmi nous que, après avoir été très-belle, elle avait eu au visage une lèpre qui la rendait si effrayante, qu'elle ne voulait plus se montrer.

« Tout cela n'était qu'un bruit vague, car mon père et d'autres ouvriers employés chez elle riaient de ces histoires et assuraient qu'elle était toujours la même. Mais ma jeune tête n'en était pas moins impressionnée de toutes ces rumeurs contradictoires, et à mon désir de voir cette femme se mêlait je ne sais quelle terreur qui

me préparait insensiblement à la folie d'en devenir amoureux.

« Une particularité ajoutait encore à mon angoisse ardente. Mon père, qui allait souvent chez elle aider, comme simple ouvrier, le maître tapissier à lever et à poser les tentures, refusait de m'emmener avec lui à la villa Palmarosa, quoique j'eusse coutume de l'accompagner partout ailleurs. Il m'avait souvent payé de défaites dont je m'étais contenté sans examen; mais quand j'eus pris un intérêt violent à pénétrer dans ce sanctuaire, il fut forcé de m'avouer que la princesse n'aimait pas à voir des jeunes gens dans sa maison, et que le maître tapissier les excluait avec soin quand il se rendait chez elle avec ses ouvriers.

« Cette bizarre restriction ne servit qu'à m'enflammer davantage. Un matin, je pris résolument mon marteau, mon tablier, et j'entrai au palais Palmarosa, portant un prie-dieu couvert de velours que mon père venait de terminer dans l'atelier du maître. Je le savais destiné à madame Agathe : je ne consultai personne, je m'en emparai, je partis.

« Il y a de cela cinq ans, Michel ! Le palais que tu

Je pleurais, la tête dans mes mains. (Page 39.)

vois aujourd'hui si brillant, si ouvert et si rempli de monde, était encore, il y a un mois, ce qu'il était à l'époque que je te raconte, ce qu'il avait été déjà depuis cinq ans qu'elle était libre et orpheline, ce qu'il sera peut-être de nouveau demain. C'était un tombeau où elle semblait s'être ensevelie vivante. Toutes les richesses aujourd'hui étalées aux regards, étaient enfouies dans l'obscurité et sous la poussière, comme des reliques dans un caveau funèbre. Deux ou trois serviteurs, tristes et silencieux, marchaient sans bruit dans les longues galeries fermées au soleil et à l'air extérieur. Partout, d'épais rideaux tendus devant les fenêtres, des portes rouillées qui ne tournaient plus sur leurs gonds, un air d'abandon solennel, des statues qui se dressaient, dans l'ombre, comme des spectres; des portraits de famille qui vous suivaient du regard, d'un air de méfiance : j'eus peur, et pourtant j'avançai toujours. La maison n'était pas gardée comme je m'y attendais. Elle avait, pour sentinelles invisibles, sa réputation de tristesse inhospitalière et l'effroi de sa propre solitude. J'y portais l'audace insensée de mes vingt ans, la témérité funeste d'un cœur épris d'avance et courant à sa perte.

« Par un hasard qui tient de la fatalité, je ne fus interrogé par personne. Les rares serviteurs de cette maison lugubre ne me virent pas, ou ne songèrent point à m'empêcher d'avancer, s'en remettant peut-être à quelque cerbère plus intime de la patronne, qui devait garder la porte de ses appartements, et qui, par miracle, ne s'y trouva point.

« L'instinct ou la destinée me guidaient. Je traversai plusieurs salles ; je soulevai des portières lourdes et poudreuses; je franchis une dernière porte ouverte, je me trouvai dans une pièce fort riche, où un grand portrait d'homme occupait un panneau en face de moi. Je m'arrêtai. Ce portrait fit passer un frisson dans mes veines.

« Je le reconnaissais d'après la description que mon père m'en avait faite, car l'original de ce portrait défrayait encore alors les histoires et les propos de notre peuple, beaucoup plus que les singularités de la princesse. C'était le portrait de Dionigi Palmarosa, le père de madame Agathe, et il faut que je te parle de cet homme terrible, Michel; car peut-être ne l'as-tu pas encore entendu nommer dans ce pays, où on ne le nomme qu'en tremblant. Je m'aperçois aussi que j'aurais dû t'en parler plus tôt, car la haine et l'effroi qu'inspire sa mémoire t'auraient un peu expliqué la méfiance et même la malveillance dont, malgré toutes ses vertus, sa fille porte encore la peine dans l'esprit de certaines personnes de notre condition.

« Le prince Dionigi était un caractère farouche, despotique, cruel et insolent. L'orgueil de sa race le rendait presque fou, et toute marque de fierté ou de résistance chez ses inférieurs était punie avec une morgue et une dureté inconcevables. Vindicatif à l'excès, il avait, dit-on, tué de sa propre main l'amant de sa femme, et fait mourir cette malheureuse dans une sorte de captivité. Haï de ses pareils, il l'était encore plus des pauvres gens, qu'il secourait pourtant, dans l'occasion, avec une libéralité seigneuriale, mais avec des formes si humiliantes, qu'on se sentait avili par ses bienfaits.

« Tu comprendras mieux désormais le peu de sympathie qu'a conquis et recherché sa fille. Il me semble, moi, que la contrainte où elle a passé sa première jeunesse, sous la loi d'un père aussi détestable, doit nous expliquer la réserve de son caractère et cette espèce d'étiolement ou de refoulement prématuré de son cœur. Sans doute elle craint de réveiller bien des aversions attachées au nom qu'elle porte, en se communiquant à nous, et si elle évite le commerce des humains, il y a à cela des motifs qui devaient exciter la compassion et l'intérêt des âmes justes.

« Un seul et dernier fait te fera connaître l'humeur du prince Dionigi. Il y a environ quinze ou seize ans, je crois (cela est resté vague dans mes souvenirs d'enfance), un jeune montagnard attaché à son service, poussé à bout par la rudesse de son langage, haussa, dit-on, les épaules, en lui tenant l'étrier pour descendre de cheval; ce garçon était brave et probe, mais fier et violent aussi. Le prince le frappa outrageusement. Une haine profonde s'alluma entre eux, et l'écuyer (il s'appelait Ercolano), quitta le palais Palmarosa en disant qu'il savait le grand secret de la famille et qu'il serait bientôt vengé. Quel était ce secret? Il n'eut pas le temps de le divulguer, et personne ne l'a jamais su; car, le lendemain matin, on trouva Ercolano assassiné au bord de la mer, avec un poignard aux armes de Palmarosa, dans la poitrine... Ses parents n'osèrent demander justice, ils étaient pauvres !»

Magnani en était là lorsque l'ombre pâle qu'ils avaient déjà vue errer sur la terrasse du palais, traversa de nouveau le parterre et rentra dans l'intérieur. Michel frémit de la tête aux pieds.

— Je ne sais pourquoi ton récit me fait tant de mal, dit-il. Je crois sentir le froid de ce poignard dans mon sein. Cette femme me fait peur. Une étrange superstition s'empare de moi... On n'est pas du sang des meurtriers sans savoir, ou l'âme perverse, ou l'esprit dérangé... Laisse-moi respirer, Magnani, avant d'achever ton histoire.

— L'émotion pénible que tu éprouves, les pensées sombres qui te viennent, reprit Magnani, tout cela eut lieu en moi à la vue du portrait de Dionigi; mais je passai outre, je franchis une dernière porte; l'escalier du casino s'offrit devant moi, et je me trouvai dans l'oratoire de la princesse; j'y déposai le prie-dieu, je regardai autour de moi. Personne ! je n'avais pas de prétexte pour pénétrer plus loin; l'hôtesse de cette triste résidence était sortie apparemment. Il fallait donc me retirer sans l'avoir vue, perdre le fruit de mon audace et ne retrouver jamais peut-être le courage ou l'occasion.

« J'imaginai de faire du bruit pour l'attirer, au cas où elle serait dans une chambre voisine, car j'étais bien dans son appartement, je n'en pouvais douter. Je pris mon marteau, je frappai sur les clous dorés du prie-dieu, comme si j'y mettais la dernière main.

« Mon stratagème réussit. — Qui est là? qui frappe ainsi? dit une voix faible, mais avec une prononciation pure et nette qui ne me laissa aucun doute sur l'identité de cet accent avec celui de la femme mystérieuse, dont la voix n'avait cessé de vibrer en moi comme une ineffable mélodie.

« Je me dirigeai vers une portière de velours que je soulevai avec la résolution d'un dernier espoir. Je vis alors, dans une chambre richement décorée à l'ancienne mode, une femme couchée sur un lit de repos : c'était la princesse; je l'avais réveillée au milieu de sa sieste.

« Ma vue lui causa un effroi inconcevable : elle sauta au milieu de la chambre, comme si elle voulait prendre la fuite. Sa belle figure, dont j'avais pu, pendant une seconde, admirer la sérénité douce et un peu languissante, était bouleversée par une terreur puérile, inouïe.

« Le pas que j'avais fait en avant, je me hâtai de le faire en arrière. — Que Votre Excellence ne s'effraie pas, lui dis-je; je ne suis qu'un pauvre ouvrier tapissier, un maladroit, honteux de sa méprise. Je croyais Son Altesse à la promenade, et je travaillais ici...

— Sortez ! dit-elle, sortez !...

« Et, d'un geste où il y avait plus d'égarement et d'épouvante que d'autorité et de colère, elle me montra la porte.

« Je voulais me retirer, mais je me sentais enchaîné comme dans un rêve.

« Tout à coup je vis la princesse, qui s'était levée avec une animation extraordinaire, devenir pâle comme un beau lis; sa respiration s'arrêta, sa tête se pencha en arrière, ses mains se détendirent. Elle serait tombée par terre, si, m'élançant vers elle, je ne l'eusse retenue dans mes bras.

« Elle avait perdu connaissance. Je la déposai sur son sofa; éperdu que j'étais, je ne songeai point à appeler du secours. A quoi d'ailleurs eût servi de sonner? Tout le monde dormait, ou vaquait à ses affaires dans cette maison où le silence et l'abandon semblaient être les seuls maîtres absolus. Que Dieu me le pardonne ! Vingt fois depuis j'ai été tenté d'entrer à son service comme valet !

« Te dire ce qui se passa en moi durant deux ou trois minutes que cette femme resta étendue et comme morte sous mes yeux, avec ses lèvres blanches et sèches comme de la cire vierge, ses yeux à demi ouverts, mais fixes et sans regard, ses cheveux bruns épars sur son front baigné d'une sueur froide, et toute cette beauté exquise, délicate, sans point de comparaison dans ma pensée, oh ! Michel, ce me serait impossible aujourd'hui. Ce n'était pas l'ivresse d'une passion grossière qui s'allumait dans mon vigoureux sang de plébéien. C'était une adoration chaste, craintive, délicate et mystérieuse comme l'être qui me l'inspirait. J'éprouvais comme un besoin de me prosterner devant la châsse d'une martyre trépassée, car je la croyais morte, et je sentais mon âme prête à quitter la terre avec la sienne.

« Je n'osais la toucher, je ne savais que faire pour la secourir, je n'avais point de voix pour appeler au secours. J'étais immobile dans mon anxiété, comme lorsqu'on se débat contre un songe terrible. Enfin, un flacon me tomba sous la main, je ne sais comment; elle se ranima peu à peu, me regarda sans me voir, parut comprendre et sans chercher qui je pouvais être, se souleva enfin sur son coude et parut rassembler ses idées.

« Qui êtes-vous, mon ami, me dit-elle, en me voyant à genoux devant elle, et que demandez-vous? vous paraissez avoir beaucoup de chagrin.

— Oh ! oui, Madame, je suis bien malheureux d'avoir ainsi effrayé Votre Altesse; Dieu m'est témoin.

— Vous ne m'avez point effrayée..., dit-elle avec un embarras qui m'étonna. Est-ce que j'ai crié?... Ah ! oui, ajouta-t-elle en tressaillant et en s'abandonnant encore à un sentiment de méfiance ou de terreur,.. Je dormais, vous êtes entré ici, vous m'avez fait peur... Je n'aime pas qu'on me surprenne de la sorte... Mais vous ai-je dit quelque chose d'offensant, que vous pleurez?

— Non, Madame, répondis-je, vous vous êtes évanouie, et je voudrais être mort plutôt que de vous avoir causé ce mal.

— Mais je suis donc seule ici? s'écria-t-elle avec un accent de détresse qui me navra. Tout le monde peut donc entrer chez moi pour m'insulter? Elle se releva et courut à sa sonnette. Elle avait un air d'égarement désespéré. Ses paroles et son émotion m'étaient si douloureuses, que je ne songeais point à fuir. Cependant, si elle eût sonné, et si quelqu'un fût venu, on m'eût traité peut-être comme un malfaiteur. Mais elle s'arrêta, et ce qui se peignit sur son visage m'éclaira en un instant sur son véritable caractère.

C'était un mélange de méfiance maladive et de bonté compatissante. Elle avait été si malheureuse dans sa première jeunesse, à ce qu'on dit! Elle ne pouvait ignorer, du moins, l'atroce caractère de son père. Elle avait peut-être assisté à quelque meurtre dans son enfance. Qui sait quelles scènes de violence et d'épouvante ont caché les murailles épaisses de cette muette demeure? Il n'y avait rien d'impossible à ce qu'il en fût resté quelque maladie morale dont je venais de voir un accès; et, pourtant, que de douceur exprimait son regard, lorsqu'elle quitta le cordon de sa sonnette, vaincue apparemment par mon humble attitude et la tristesse qui m'accablait!

— Vous êtes entré ici par hasard, n'est-ce pas? me dit-elle. Vous ne saviez pas que j'ai le caprice de ne pas aimer les nouveaux visages...; ou bien, si vous le saviez, vous avez eu le courage d'enfreindre ma défense, parce que vous avez éprouvé quelque malheur que je puis adoucir? Je vous ai vu quelque part, j'ai un vague souvenir de vos traits... Votre nom?

— Antonio Magnani. Mon père travaille ici quelquefois.

— Je le connais; il a quelque aisance. Est-il donc malade? endetté?

— Non, Madame, répondis-je; je ne demande point l'aumône, quoique vous soyez la seule personne au monde de qui je l'accepterais peut-être sans rougir. J'ai désiré depuis longtemps vous voir, non pour vous implorer, mais pour vous bénir. Vous avez sauvé ma mère, vous me l'avez guérie; vous vous êtes courbée sur son chevet, vous m'avez rendu l'espoir et à elle la vie... Cela est certain! vous ne vous en souvenez certainement pas; mais moi je ne l'oublierai jamais. Que Dieu vous rende le bien que vous m'avez fait! Voilà tout ce que je voulais dire à Votre Altesse, et, à présent, je me retire, en la suppliant de ne gronder personne, car toute la faute vient de moi seul.

— Et je ne dirai à personne que, malgré mes ordres, vous êtes entré dans ma maison, reprit-elle. Votre maître et votre père vous en blâmeraient. Ne dites pas non plus, par conséquent, que vous m'avez vue si effrayée devant vous. On dirait que je suis folle, on le dit déjà, je crois, et je n'aime pas beaucoup qu'on parle de moi. Quant à vos remercîments, je ne les mérite pas. Vous vous êtes trompé, je n'ai jamais rien fait pour vous, mon enfant.

— Oh! je ne me trompe pas, Madame; je vous aurais reconnue entre mille. Le cœur a des instincts plus profonds et plus sûrs que les sens. Vous ne voulez pas qu'on devine vos bienfaits; aussi ce n'est pas de cela que je vous parle. Je ne songe pas à vous remercier d'avoir payé le médecin : non, vous êtes riche, donner vous est facile. Mais vous n'êtes pas obligée d'aimer et de plaindre ceux que vous assistez. Pourtant vous m'avez plaint en me voyant pleurer à la porte de la maison où ma mère agonisait, et vous avez aimé ma mère en vous penchant vers son lit de douleur...

— Mais, mon enfant, je vous répète que je ne connais pas votre mère.

— C'est possible; mais vous saviez qu'elle était malade, vous avez voulu la voir, et la charité était dans votre âme, ardente à ce moment-là, puisque votre regard, votre voix, votre main, votre souffle, l'ont guérie avec la soudaineté du miracle. Ma mère l'a senti, elle s'en souvient; elle croit que c'est un ange qui lui est apparu; elle vous adresse ses prières, car elle croit que vous êtes dans le ciel. Mais moi, je savais bien que je vous trouverais sur la terre, et que je pourrais vous remercier.

« La physionomie froide et contenue de madame Agathe s'était attendrie comme involontairement. Elle s'éclaira un instant d'un chaud rayon de sympathie, et je vis qu'un trésor de bonté luttait encore dans cette âme souffrante contre je ne sais quelle misanthropie douloureuse.

— Allons! dit-elle avec un sourire divin, je vois, du moins, que tu es un bon fils, et que tu adores ta mère. Fasse le ciel qu'en effet je lui aie porté bonheur! mais je crois que c'est Dieu seul qui mérite des actions de grâces. Remercie-le et adore-le, mon enfant, il n'y a que lui qui connaisse et soulage certaines douleurs, car les hommes ne peuvent pas grand'chose les uns pour les autres. Quel âge as-tu?

« J'avais alors vingt ans. Elle écouta ma réponse, et, me regardant, comme si elle n'avait pas encore fait attention à mes traits : — C'est vrai, dit-elle, vous êtes moins jeune que je ne croyais. Tu peux revenir travailler ici quand tu voudras. Me voici habituée à ta figure, elle ne m'effraiera plus; mais, une autre fois, ne me réveille pas en sursaut en frappant ainsi à mes oreilles, car j'ai le réveil triste et peureux. C'est ma maladie!

« En disant ces mots, et, tandis qu'elle me suivait des yeux jusqu'à la porte, ses yeux exprimaient cette pensée intérieure : « Je ne t'offre pas mon assistance dans la vie, mais je veillerai sur toi, comme sur tant d'autres, et je saurai te servir à ton insu; et je m'arrangerai de manière à ne pas entendre tes remercîments. »

« Oui, Michel, voilà ce que disait cette figure à la fois angélique et froide, maternelle et insensible; énigme fatale, que je n'ai pu sonder davantage, et que je devine aujourd'hui moins que jamais! »

XVII.

LE CYCLAMEN.

Magnani ne parlait plus, et Michel ne songeait plus à l'interroger. Enfin, ce dernier, revenant à lui-même, demanda à son ami la fin de son histoire.

— Mon histoire est terminée, répondit le jeune artisan. Depuis ce jour-là, j'ai été admis comme ouvrier au palais. J'ai souvent aperçu la princesse, et je ne lui ai jamais parlé.

— Et d'où vient donc que tu l'aimes? car, enfin, tu ne la connais pas? tu ne sais pas le fond de sa pensée?

— Je croyais la deviner. Mais, depuis huit jours qu'elle semble vouloir tout à coup sortir de sa tombe, ouvrir sa maison, se lancer dans la vie du monde, depuis aujourd'hui surtout qu'elle se répand et se communique aux gens de notre classe avec des paroles bienveillantes et des invitations libérales (car j'ai entendu la conversation que tu as eue sur le grand escalier avec elle et le marquis de la Serra; j'étais là, tout près de vous), je ne sais plus que penser d'elle. Oui, naguère encore, je croyais avoir deviné son caractère. Deux fois par an, au printemps et à l'automne, j'entrais ici avec les ouvriers, je la voyais de temps en temps passer, à pas lents, l'air distrait, mélancolique, et quelquefois souffrante. Si, parfois, elle semblait abattue et souffrante, la sérénité de son regard n'était point troublée. Elle nous saluait collectivement avec une politesse plus grande que ne l'observent ordinairement les personnes de son rang à notre égard. Quelquefois elle accordait au maître tapissier ou à mon père un ou deux mots d'une bienveillance sans morgue, mais sans chaleur. Elle semblait éprouver un respect instinctif pour leur âge. J'étais le seul ouvrier jeune, admis chez elle, mais elle n'a jamais paru faire la moindre attention à moi. Elle n'évitait pas mes regards, elle les rencontrait sans les voir.

« Dans de certains moments j'ai remarqué pourtant qu'elle voyait beaucoup plus de choses qu'elle n'en avait l'air, et que des gens qui se plaignaient, sans qu'elle parût les entendre, obtenaient justice ou assistance aussitôt, sans savoir quelle était la main mystérieuse étendue sur eux.

« C'est qu'elle cache sa charité immense comme les autres cachent leur égoïsme honteux. Et tu me demandes comment il se fait que je l'aime! Sa vertu m'enthousiasme, et le muet désespoir qui semble l'opprimer m'inspire une compassion tendre et profonde. Admirer et plaindre, n'est-ce pas adorer? Les païens, qui ont laissé sur notre sol tant de ruines superbes, sacrifiaient à leurs dieux, tout rayonnants de force, de gloire et de beauté; mais ils ne les aimaient pas; et nous, chrétiens, nous avons senti la foi passer de notre esprit dans notre cœur, parce qu'on nous a montré notre Dieu sous l'aspect d'un Christ sanglant et baigné de larmes. Oh! oui, je l'aime, cette femme qui a pâli, comme une pauvre fleur des bois, sous l'ombre terrible de la tyrannie paternelle. Je ne sais pas l'histoire de son enfance, mais je la devine à l'abattement de sa jeunesse. On dit que, lorsqu'elle avait quatorze ans, son père, ne pouvant la contraindre à se marier selon ses vues d'orgueil et d'ambition, auxquelles il voulait la sacrifier, l'enferma pendant longtemps dans une chambre reculée de ce palais, et qu'elle y souffrit la faim, la soif, la chaleur, l'abandon, le désespoir..... On n'a jamais eu là-dessus de données certaines. Une autre version circulait à cette époque: on disait qu'elle était dans un couvent; mais l'air consterné de ses serviteurs disait assez que sa disparition cachait quelque châtiment injuste et dénaturé.

« Quand Dionigi mourut, on vit reparaître son héritière dans le palais, avec une vieille tante qui n'était guère meilleure que lui, et qui pourtant la laissait respirer un peu plus à l'aise. On dit qu'à cette époque il fut encore question de plusieurs brillants mariages pour elle, mais qu'elle s'y refusa obstinément, ce qui irrita fort contre elle la princesse sa tante. Enfin, la mort de celle-ci mit fin aux persécutions, et, à vingt ans, elle se vit libre et seule dans la maison de ses pères. Mais sans doute il était trop tard pour qu'elle se réveillât de l'abattement où tant de chagrins l'avaient plongée. Elle avait perdu la force et la volonté d'être heureuse. Elle demeura inerte, un peu sauvage, et comme incapable de chercher l'affection d'autrui. Elle l'a trouvée pourtant chez quelques personnes de son rang, et il est certain que le marquis de la Serra, qu'elle a refusé pour époux lorsqu'il s'est mis sur les rangs, il y a plusieurs années, n'a jamais cessé d'en être ardemment épris. Tout le monde le dit, et moi je le sais; je vais te dire comment.

« Quoique je me pique, sans vanterie, d'être un bon ouvrier, je l'avoue que, quand je suis ici, je me trouve être, malgré moi, le dernier des paresseux. Je suis agité, oppressé. Le bruit des marteaux m'agace les nerfs, comme si j'étais une demoiselle; la chaleur m'accable au moindre effort des bras. Je me sens, à chaque instant, ou prêt à défaillir, ou tenté de me glisser dans les endroits sombres, de m'y blottir et de m'y laisser oublier. Je me surprends à écouter, à fureter, à espionner. Je n'ose plus pénétrer seul dans l'oratoire ni dans la chambre de la princesse. Oh! non, quoique j'en sache bien le chemin! Désormais, le respect est plus fort que mon inquiète et folle passion! Mais, si je puis respirer le parfum qui s'échappe de son boudoir à travers les fentes d'une porte; si je puis entendre, seulement à quelque distance, le bruit léger de ses pas que je connais si bien!... je suis satisfait, je suis enivré.

« J'ai donc entendu, je n'ose pas dire malgré moi (car si le hasard me plaçait à portée d'entendre, ma volonté n'était pas assez forte pour m'empêcher d'écouter), plus d'un entretien de la princesse avec le marquis. Combien de temps n'ai-je pas été consumé d'une jalousie insensée! mais j'ai acquis la certitude qu'il n'était que son ami, un ami fidèle, respectueux, soumis.

« Un jour, entre autres, ils eurent une conversation dont tous les mots se sont gravés, je crois, dans ma mémoire avec une netteté fatale.

« La princesse disait, au moment où j'arrivais dans la pièce voisine: — Oh! pourquoi donc m'interroger toujours? Vous savez pourtant bien, mon ami, que je suis ridiculement impressionnable; que l'idée du passé me glace, et que si je pouvais me décider à en parler... je crois, oui, je crois que je deviendrais folle!

« — Eh bien, eh bien, s'écriait-il avec empressement, n'en parlons point, n'y pensons plus; soyons au présent, à l'amitié, au repos. Regardez ce beau ciel et ces charmantes fleurs de cyclamen qui semblent sourire dans vos mains.

— Ces fleurs, reprit Agathe, elles ne sourient point, vous ne comprenez point leur langage, et je puis vous dire pourquoi je les aime. C'est qu'elles sont à mes yeux l'emblème de ma vie et l'image de mon âme. Regardez leur étrange désinvolture; elles sont pures, elles sont fraîches, embaumées; mais n'ont-elles pas, par le renversement et l'enroulement forcé de leurs pétales, quelque chose de maladif et de décrépit qui vous frappe?

— Il est vrai, dit le marquis, elles ont l'air échevelé; elles naissent en général sur les cimes battues des vents. On dirait qu'elles veulent s'envoler de leurs tiges comme si elles ne tenaient à rien, et que la nature les a pourvues d'ailes comme des papillons.

— Et pourtant elles ne s'envolent pas, reprit Agathe; elles sont attachées solidement à leur tige. Frêles en apparence, il n'est point de plantes plus robustes, et la fougue des brises ne les effeuille jamais. Tandis que la rose succombe à une journée de chaleur et sème de ses pétales la terre brûlante, le cyclamen persiste et vit bien des jours et bien des nuits retiré et comme crispé sur lui-même: c'est une fleur qui n'a pas de jeunesse. Vous n'avez pas sans doute observé le moment de son éclosion. Moi, j'ai patiemment assisté à ce mystère; lorsque le bouton s'entr'ouvre, les pétales roulés et serrés en spirale se séparent avec effort. Le premier qui se détache s'étend comme l'aile d'un oiseau, puis aussitôt se renverse en arrière et reprend son pli contourné. Un autre le suit, et la fleur, à peine ouverte, est déjà flottante et froissée comme si elle allait mourir de vieillesse. C'est sa manière de vivre, et elle vit longtemps ainsi. Ah! c'est une triste fleur, et c'est pour cela que je la porte partout avec moi.

— Non, non, elle ne vous ressemble pas, dit le marquis, car son sein découvert exhale généreusement son parfum à toutes les brises, tandis que votre cœur est mystérieusement fermé, même à l'affection la plus discrète et la moins exigeante!

« Ils furent interrompus; mais j'en savais assez. Depuis ce jour-là, moi aussi, j'ai aimé le cyclamen, et j'en cultive toujours dans mon petit jardin; mais je n'ose les cueillir et les respirer. Leur parfum me fait mal et me rend fou! »

— C'est comme moi, s'écria Michel. Oui, c'est une odeur dangereuse!.... Mais je n'entends plus rouler les voitures, Magnani. Sans doute on va fermer le palais. Il faut que je rejoigne mon père, car il doit être brisé de fatigue, quoi qu'il en dise, et il peut avoir besoin de mon aide. »

Ils se dirigèrent vers la salle du bal.

Elle était déserte; Visconti et ses compagnons éteignaient les lumières qui luttaient encore contre le jour.

« Et pourquoi cette fête? disait Magnani en promenant ses regards sur cette vaste salle dont l'élévation semblait doubler en se plongeant rapidement dans l'obscurité, tandis que les reflets bleuâtres du matin pénétraient mélancoliquement dans les parties basses par les portes ouvertes. La princesse pouvait secourir autrement les pauvres, et je n'ai pas encore compris pourquoi elle se soumettrait à une convenance de charité publique, elle qui faisait le bien avec tant de mystère jusqu'à présent. Qu'est-il survenu de miraculeux dans l'existence de notre discrète bienfaitrice? Au lieu de m'en réjouir, moi, qui donnerais pourtant ma vie pour elle, j'en suis blessé, et n'y pense qu'avec amertume. Je l'aimais comme elle était; je ne la comprends pas guérie, expansive et consolée. Tout le monde va donc la connaître et l'aimer maintenant? On ne dira plus qu'elle est folle, qu'elle a fait un crime, qu'elle cache un secret affreux, qu'elle rachète son âme par des œuvres pies, quoiqu'elle déteste le genre humain! Insensé que je suis! j'ai peur de guérir moi-même, et je suis jaloux du bonheur qu'elle peut avoir retrouvé!... Michel, dis-moi, peut-être qu'elle est décidée à aimer le marquis de la Serra, et qu'elle invite la cour, la ville et les faubourgs à célébrer chez elle l'éclat de ses fiançailles? Elle donnait aujourd'hui une fête royale, peut-être donnera-t-elle demain une fête populaire. Elle se réconcilie avec tout le monde; petits et grands vont se réjouir à ses noces !.... Oh ! nous allons danser ! quel plaisir pour nous, n'est-ce pas? et que la princesse est bonne !... »

Michel remarqua l'aigreur et l'ironie de son compagnon ; mais bien qu'il se sentît frémir d'une étrange émotion à l'idée du mariage d'Agathe avec le marquis, il se contint davantage. Il avait été vivement frappé au cœur, lui aussi ; mais le choc était trop récent pour qu'il osât ou daignât donner le nom d'amour à ce qu'il éprouvait. L'égarement de Magnani lui servait de préservatif ; il le plaignait, mais il trouvait, dans la situation bizarre de ce jeune homme, quelque chose d'humiliant dont il ne voulait pas être solidaire.

« Reprends ta raison, ami, lui dit-il. Une si belle fête de nuit exalte, surtout lorsqu'on n'en est que spectateur ; mais voici le soleil qui monte sur l'horizon et qui doit dissiper tous les fantômes et tous les songes. Je me sens comme éveillé après un rêve fantasque. Écoute ! les oiseaux chantent dehors, il n'y a plus ici que poussière et fumée. Je suis sûr que ta folie n'est pas aussi intense à toutes les heures de ta vie que tu te l'imagines dans ce moment d'agitation et d'abandon. Je parie que quand tu auras dormi deux heures, et que tu retourneras au travail, tu te sentiras un autre homme. Moi, déjà, j'éprouve les salutaires influences de la réalité, et je te promets que, la prochaine fois que nous verrons ensemble passer le spectre auprès de nous, je ne chercherai pas à le disputer son regard.

— Son regard ! s'écria Magnani avec amertume, son regard ! Ah ! tu me rappelles celui qu'elle a arrêté sur toi avant que le bal fût ouvert, lorsque, pour la première fois, elle a remarqué ta figure... Quel regard ! mon Dieu ! S'il fût tombé sur moi, une seule fois dans ma vie, je me serais tué aussitôt pour ne plus vivre de certitude et de raison, après une illusion, après un délire semblables. Et toi, Michel, tu l'as senti, ce feu dévorant qu'elle te communiquait. Je n'as été consumé un instant, et, sans mes railleries, tu le savourerais encore avec ivresse. Mais que m'importe maintenant ? Je vois bien qu'elle a perdu l'esprit, qu'elle a dépouillé la sainteté de sa douleur solitaire, qu'elle aime quelqu'un, toi ou le marquis, qu'importe ? Pourquoi cette manifestation particulière d'amitié pour ton père, qu'elle ne connaît guère que depuis un an ? Le mien travaille pour elle depuis qu'elle est née, et elle ne sait à peine son nom. Veut-elle couronner sa vie d'excentricité par un acte de haute démence ! Veut-elle réparer la tyrannie et l'impopularité de son père, à elle, en épousant un enfant du peuple, un adolescent ?

— C'est toi qui es fou, dit Michel troublé et presque irrité. Va prendre l'air, Magnani, et ne me mets pas de moitié dans les aberrations que te suggère la fièvre. Madame Agathe s'endort tranquillement à l'heure qu'il est sans se rappeler ni ton nom, ni le mien. Si elle m'a honoré d'un regard de bonté, c'est parce qu'elle aime la peinture, et qu'elle a été contente de mon ouvrage.

« Tiens, vois-tu, mon ami, ajouta le jeune artiste en montrant à son compagnon les figures de la fresque, qu'un rayon rosé du soleil matinal effleurait à travers les ouvertures du mur. Voilà, quant à moi, les seules réalités enivrantes de mon existence ! Que la belle princesse épouse M. de la Serra, j'en serai fort aise ; c'est un galant homme et sa figure me plaît. Je peindrai, quand je le voudrai, une divinité plus parfaite et moins problématique que la pâle Agathe.

— Toi ? malheureux ! jamais ! s'écria Magnani indigné.

— Je conviens qu'elle est belle, reprit Michel en souriant ; je l'ai bien regardée, et j'ai fait mon profit de cet examen. J'ai obtenu d'elle tout ce que je ne lui demanderai jamais, le spectacle de sa grâce et de ses charmes, pour les reproduire et les idéaliser à ma fantaisie.

— On m'avait toujours dit que les artistes avaient un cœur de glace, dit Magnani en regardant Michel avec stupeur ; tu as vu l'orage qui me bouleverse, et tu restes froid, tu me railles ! Ah ! je rougis de t'avoir révélé ma folie, et je vais me cacher ! »

Magnani s'enfuit exaspéré, et Michel resta seul dans la salle à peu près déserte. Visconti achevait d'éteindre les dernières bougies ; Pier-Angelo, avant de se retirer, aidait à remettre un peu d'ordre provisoire dans cette salle qu'on devait faire disparaître le soir même.

Michel aida aussi, mais mollement ; ses propres réflexions ayant calmé son enthousiasme, il se sentait brisé de fatigue au moral et au physique.

L'emportement subit de Magnani l'affligeait ; il se reprochait, après avoir subi en silence le contre-coup des agitations de ce jeune homme, de n'avoir pas su mieux compatir à sa peine et de l'avoir laissé partir sans le consoler. Mais, à son tour, il ne pouvait se défendre d'un peu d'irritation. Il lui semblait que Magnani avait poussé l'expansion trop loin en voulant lui persuader qu'il était l'objet de la subite passion de la princesse. Cela était absurde, si invraisemblable, que Michel, plus de sang-froid et homme du monde, à dix-huit ans, que Magnani ne pouvait jamais l'être, en haussait les épaules de pitié.

Et pourtant, l'amour-propre est un si tenace et si impertinent conseiller, que, par moments encore, Michel entendait au dedans de lui une voix qui lui disait : « Magnani a deviné juste. La jalousie lui a donné une clairvoyance que tu n'as pas toi-même ; Agathe t'aime, elle s'est enflammée à la première vue. Et pourquoi ne t'aimerait-elle pas ? »

Michel était à la fois enivré et honteux de ces bouffées de vanité qui lui montaient au visage. Il avait hâte de rentrer chez lui pour retrouver tout à fait le calme avec le sommeil. Pourtant il voulait attendre son père qui, assidu et infatigable, vaquait obstinément à mille soins minutieux, à mille précautions inutiles en apparence.

« Patience ! lui dit le bon Pier-Angelo, je vais avoir fini dans un instant ; mais je veux que notre bonne princesse puisse dormir tranquille, que personne ne puisse revenir ici lui faire du vacarme avant ce soir, et surtout qu'il ne reste pas une bougie allumée dans le moindre coin. C'est maintenant que l'incendie est le plus à craindre ! Tiens, l'étourdi de Visconti ! la lampe de la grotte brûle encore, je la vois d'ici. Va donc l'éteindre, Michel, et prends garde que l'huile ne se répande sur le divan. »

Michel entra dans la grotte de la Naïade ; mais, avant d'éteindre la lampe, il ne put s'empêcher de contempler encore un instant la ravissante statue, les beaux feuillages dont il l'avait ornée, et ce divan où il avait vu Agathe comme dans un songe.

« Qu'elle paraissait jeune et qu'elle était belle ! se disait-il, et comme cet homme épris d'elle la regardait avec un sentiment d'adoration qui se trahissait malgré lui, et qui se communiquait à la partie la plus éthérée de mon âme ! J'en ai remarqué d'autres, dans le bal, qui la regardaient avec une audace de désirs dont tout mon être frémissait d'indignation ! Ils l'aiment tous, chacun à sa manière, ces grands seigneurs, et elle n'en aime aucun ! »

Et le regard d'Agathe passait dans son souvenir comme un éclair, dont l'éblouissement faisait disparaître toute raison, toute crainte de ridicule, toute méfiance de lui-même.

En rêvant ainsi, il avait éteint la lampe, et il s'était affaissé sur les coussins du divan, comptant que son père allait l'appeler et qu'il pouvait bien savourer un dernier instant de bien-être avant de quitter cette grotte délicieuse.

Mais la fatigue le dominait. Il ne pouvait plus lutter contre les chimères de son imagination. Assis mollement et seul pour la première fois depuis vingt-quatre heures, il s'engourdissait rapidement. Un instant il rêva tout éveillé. Un instant après il était profondément endormi.

XVIII.

LES MOINES.

Combien de minutes, ou de secondes seulement, s'écoulèrent pendant que Michel fut plongé dans cet accablement insurmontable, il n'en eut pas conscience. La force de l'imagination, rapidement emportée dans le domaine des songes, fait tant de chemin et franchit tant d'obstacles d'un seul bond, que le temps ne peut plus lui servir de mesure, surtout dans le premier sommeil.

Michel fit un rêve étrange. Une femme entrait doucement dans la grotte, elle s'approchait de lui, elle se penchait sur son visage, elle le contemplait longtemps; il sentait sa respiration embaumée caresser son front, il croyait sentir aussi la chaleur de son regard attaché sur lui avec passion. Mais il ne pouvait la voir, il faisait nuit dans la grotte, et, d'ailleurs, il lui était impossible de soulever ses paupières appesanties; mais c'était Agathe: le sein de Michel, embrasé par la présence de cette femme, le lui disait assez.

Enfin, comme il essayait de s'éveiller pour lui parler, elle posa ses lèvres fraîches et douces sur son front, et y imprima un baiser si long, mais si léger, qu'il ne trouva pas la force d'y répondre, vaincu qu'il était par la joie, et en même temps par la crainte que ce ne fût un rêve.

« Mais c'est un rêve en effet, hélas! ce n'est qu'un rêve, » se disait-il tout en dormant; et pourtant, la crainte de s'éveiller fit qu'il s'éveilla. C'est ainsi que, dans le sommeil, le désir instinctif et violent de prolonger l'illusion la fait envoler plus vite.

Mais quel rêve étrange et obstiné! Michel, les yeux ouverts, et à demi soulevé sur son bras tremblant, vit et entendit fuir cette femme. Le rideau qui ornait l'entrée de la grotte étant baissé, il ne put distinguer qu'une forme vague; il sentit le frôlement d'une robe de soie; le rideau s'entr'ouvrit et se referma si vite qu'il lui sembla que le fantôme le traversait sans y toucher.

Il fit un mouvement pour le suivre; mais tout son sang refluait vers son cœur avec tant de violence qu'il ne put se soutenir, et, forcé de retomber sur le divan, ce ne fut qu'au bout d'une minute environ qu'il put se précipiter vers la portière de velours bleu qui le séparait de la salle.

Il l'entr'ouvrit d'une main convulsive, et se trouva en face de son père, qui lui dit d'un air riant et tranquille: « Il me paraît que nous avons fait un somme, enfant? Maintenant, tout est rangé, allons-nous-en voir si la petite Mila est éveillée chez nous.

— Mila? s'écria Michel, Mila est-elle ici, mon père?

— Il se pourrait bien qu'elle ne fût pas loin, répondit le vieillard. Je parie qu'elle n'a pas fermé l'œil de la nuit; elle avait tant d'envie de venir voir le bal! Mais je lui avais défendu de sortir avant qu'il fît grand jour.

— Il fait grand jour, en effet, dit Michel, et Mila doit être ici! Mon père, dites-moi, une femme, ma sœur, peut-être, vient d'entrer dans la grotte?

— Tu as rêvé cela? je n'ai vu personne. Il est vrai que je n'ai pas eu les yeux toujours attachés de ce côté, et que j'ai vu rôder dehors des jupons bariolés qui m'annoncent que de jeunes curieuses ont pénétré dans les jardins. Mila serait-elle entrée jusqu'ici pendant que j'avais le dos tourné?

— Mais, à l'instant même, mon père, comme vous approchiez de ce rideau, quelqu'un en sortait, une femme... j'en suis certain!

— Pour le coup, tu divagues, car je n'ai vu que mon ombre sur ce rideau. Allons, tu as besoin d'un bon somme, rentrons. Voici la dernière porte qui va se fermer. Si ta sœur est par là, nous la retrouverons bien. »

Michel s'apprêta à suivre son père; mais quelque chose qu'il vit briller dans la grotte, au moment de s'en éloigner, l'engagea à y jeter un dernier regard. Était-ce une étincelle tombée sur le tapis, auprès du divan? Il se baissa: c'était un bijou qu'il examina au jour après l'avoir ramassé. C'était le médaillon d'or entouré de brillants et orné du chiffre de la princesse, que celle-ci avait donné à Mila. Il l'ouvrit pour bien s'assurer que c'était le même. Il y reconnut une mèche de ses propres cheveux.

« Je savais bien que Mila était entrée dans la grotte, dit-il à son père en s'avançant vers le jardin; elle m'a donné un baiser qui m'a réveillé.

— Apparemment, Mila est entrée dans la grotte, répéta Pier-Angelo avec insouciance. Mais je ne l'ai point vue. »

Au même instant, Mila sortit d'un massif de magno-lias, et s'avança en riant et en sautant au-devant de son père, qu'elle embrassa tendrement ainsi que Michel.

« Il est bien temps de venir vous reposer, dit-elle; je venais vous dire que votre déjeuner vous attend. J'étais impatiente de vous revoir! Êtes-vous bien fatigué, pauvre père?

— Pas du tout, répondit le bonhomme, je suis habitué à ces choses-là, et une nuit blanche n'est que plaisir quand on soupe jusqu'au matin. Ton déjeuner aura tort, Mila; mais voici ton frère qui dort debout. Allons, enfants! sortons, voilà qu'on ferme aussi les grilles du jardin. »

Mais, au lieu de continuer à fermer les grilles, les portiers du palais se mirent à les rouvrir toutes grandes, et Michel vit entrer une procession de moines de divers ordres, portant tous des besaces et des escarcelles: c'étaient les frères quêteurs de tous les ordres mendiants, qui ont de nombreux établissements à Catane et dans les environs. Ils venaient faire leur ronde et recueillir les restes de la fête pour leurs couvents respectifs. Il en passa lentement une quarantaine; la plupart avaient un âne pour emporter le produit de leur quête. Leur attitude obséquieuse et leur démarche solennelle, lorsqu'ils franchirent la grille, escortés de leurs baudets, hôtes étranges d'une matinée de bal, avaient quelque chose de si imprévu et si comique, que Michel, distrait de son émotion, eut beaucoup de peine à s'empêcher de rire.

Mais, à peine ces capucins furent-ils entrés dans le jardin, que, rompant leurs rangs, et secouant leur mine empesée et discrète, ils se mirent à courir vers la salle de bal, qui poussant son voisin pour le devancer, qui battant son âne pour le faire marcher plus vite, tous se hâtant, se disputant la place, et laissant voir leur convoitise et leur jalousie. Ils se répandirent dans la salle de bal, dont ils forcèrent presque les portes fragiles, et tentèrent de monter le grand escalier du péristyle, ou de s'introduire dans les cuisines. Mais le maître d'hôtel et ses officiers, préparés à l'assaut, et connaissant leurs allures, avaient barricadé avec soin toutes les issues, et apportèrent leur pitance, qui fut distribuée avec autant d'impartialité que possible. C'étaient des plats de viande, des restes de pâtisserie, des cruches de vin, et jusqu'à des débris de verres et de porcelaines qui s'étaient brisés durant le service, et que les bons frères recueillaient avec soin et raccommodaient ensuite avec art pour en orner leurs buffets ou les revendre aux amateurs. Ils se disputaient le butin avec peu de discrétion, et reprochaient aux domestiques de ne pas leur donner tout ce qui leur revenait de droit, de traiter l'un mieux que l'autre, de manquer de respect au saint patron du couvent. Ils les menaçaient même des infirmités que ces saints étaient réputés guérir spécialement quand on se les rendait favorables.

« Fi! le pauvre jambon que tu me donnes! s'écriait l'un. Tu es déjà sourd d'une oreille, tu peux bien compter qu'avant peu l'autre n'entendra pas le tonnerre.

— Voici une bouteille à moitié vide, criait l'autre. Il ne sera pas fait de prières pour toi chez nous, et tu ne guériras jamais de la pierre, si tu prends cette vilaine maladie. »

D'autres mendiaient gaiement avec des lazzis qui faisaient rire les distributeurs, et montraient tant d'esprit et de bonhomie que les valets leur glissaient de meilleures parts en cachette des autres frères.

Michel avait vu à Rome de beaux capucins, parfumés sous leur froc, et traînant avec une solennité poétique leurs sandales tout auprès de la pantoufle sacrée du saint-père. Les pauvres moines de Sicile lui parurent bien malpropres, bien grotesques et tant soit peu cyniques, lorsqu'ils s'abattirent, comme une nuée de corbeaux avides et de pies babillardes, sur les miettes de ce festin. Cependant, quelques-uns lui plurent par leur physionomie hardie et intelligente. C'était encore la peuple sicilien sous la bure du cloître, noble race que le joug fait plier et ne peut jamais rompre.

Le jeune artiste était rentré dans la salle de bal pour assister à ce curieux spectacle, et il en observait les incidents avec l'attention d'un peintre qui fait son profit de tout. Il remarqua surtout un de ces moines qui avait le capuchon rabattu jusque sur le bout de sa barbe, et qui ne mendiait pas. Il s'éloignait des autres et se promenait dans la salle, comme s'il se fût plus intéressé au local de la fête qu'au profit qu'il pouvait en retirer. Michel essaya plusieurs fois d'apercevoir ses traits, et de juger, à sa physionomie, si l'intelligence d'un artiste ou les regrets d'un homme du monde se cachaient sous le froc. Mais ce ne fut qu'une seule fois, et à la dérobée, qu'il put le voir écarter son capuchon, et il fut frappé de sa laideur repoussante. Au même instant, les yeux du moine se portèrent sur lui avec une expression de curiosité malveillante, et s'en détournèrent aussitôt, comme si cet homme eût craint d'être surpris en examinant les autres.

« J'ai déjà vu cette laide figure quelque part, dit Michel à sa sœur, qui se tenait près de lui.

— Tu appelles cela une figure? répondit la jeune fille. Je n'ai vu qu'une barbe de bouc, des yeux de chouette et un nez qui ressemble à une vieille figue écrasée... Tu ne feras pas son portrait, j'espère?

— Mila, tu connais, disais-tu tout à l'heure, plusieurs de ces moines pour les avoir vus quêter dans le faubourg : n'as-tu jamais rencontré celui-ci?

— Je ne le crois pas ; mais, si tu es désireux de savoir son nom, ce sera très-facile, car voici un frère qui me le dira. »

Et la jeune fille courut à la rencontre d'un moine qui arrivait le dernier, sans besace et sans âne, avec une petite escarcelle seulement. C'était un grand et bel homme, entre deux âges ; sa barbe était encore noire comme de l'ébène, quoique sa couronne de cheveux commençât à blanchir. Le noir de ses yeux vifs, la noblesse de son nez aquilin et le sourire de sa bouche vermeille, annonçaient une belle santé jointe à un caractère heureux et ferme. Il n'avait ni la maigreur maladive ni l'obésité ridicule de la plupart de ses confrères. Son vêtement marron était propre, et il le portait avec une certaine majesté.

Ce capucin gagna, dès les premiers regards, la confiance de Michel ; mais il fut subitement courroucé de voir Mila sauter presque à son cou, et lui prendre la barbe dans ses deux petites mains, en riant et en feignant de vouloir l'embrasser malgré lui.

« Allons, petite, modère-toi, lui dit le frère en la repoussant avec une douceur paternelle. J'ai beau être ton oncle, on ne doit pas embrasser un moine. »

Michel se souvint alors du capucin Paolo-Angelo, dont son père lui avait si souvent parlé, et qu'il n'avait encore jamais vu. *Fra-Angelo* était, par le sang comme par le cœur, le frère de Pier-Angelo. C'était le plus jeune des oncles de Michel. Son intelligence et la dignité de son caractère faisaient l'orgueil de la famille, et, dès que Pier-Angelo l'aperçut, il courut prendre Michel pour le lui présenter.

« Frère, dit le vieil artisan en serrant cordialement la main du capucin, donne ta bénédiction à mon fils ; je l'aurais déjà conduit à ton couvent pour te la demander, si nous n'eussions été occupés ici un peu au delà de nos forces.

— Mon enfant, répondit Fra-Angelo en s'adressant au jeune homme, je te donne la bénédiction d'un parent et d'un ami ; je suis heureux de te voir, et ta figure me plaît.

— C'est bien réciproque, lui dit Michel en mettant sa main dans celle de son oncle. »

Mais, pour lui témoigner son affection, le bon moine, qui avait les muscles d'un athlète, lui serra les doigts si fort que le jeune artiste crut un instant les sentir brisés. Il ne voulut pas avoir l'air de trouver cette caresse trop rude ; mais la sueur lui en vint au front, et il se dit en souriant qu'un homme de l'étoffe de son oncle le capucin était plus propre à exiger l'aumône qu'à la demander.

Mais, comme la force est presque toujours unie à la douceur, Fra-Angelo s'approcha de l'élémosinaire du palais avec autant de retenue et de discrétion que ses confrères y avaient mis d'ardeur et d'insistance. Il le salua d'un sourire, lui ouvrit son escarcelle sans daigner tendre la main, et la referma sans regarder ce qu'on y avait mis, en murmurant une formule de remercîment très-laconique, après quoi il revint vers son frère et son neveu, refusant de se charger de vivres d'aucune espèce.

« En ce cas, lui dit un valet fort dévot en s'approchant de lui, vous n'avez pas reçu assez d'argent !

— Vous croyez? répondit le moine. Je n'en sais rien. Quoi que ce soit, il faudra bien que le couvent s'en contente.

— Voulez-vous que j'aille réclamer pour vous, mon frère? Si vous voulez me promettre de prier pour moi tous les jours de cette semaine, je vous ferai donner davantage.

— Eh bien, ne prends pas cette peine, repartit en souriant le fier capucin ; je prierai pour toi *gratis*, et ma prière en vaudra mieux. Ta patronne, la princesse Agathe, fait bien assez d'aumônes, et je ne viens chez elle que pour obéir à ma consigne.

— Mon oncle, dit la petite Mila en lui parlant bas, il y a là-bas un frère de votre ordre dont la figure tourmente mon père et mon frère. Ils trouvent qu'il ressemble à un autre.

— A un autre? Que veux-tu dire? *

— Regarde-le, répondit Pier-Angelo. Michel a raison, il a une mauvaise figure. Tu dois le connaître. Il se tient là-bas tout seul, sous l'estrade des musiciens.

— A sa taille et à sa démarche, je ne le reconnais pour aucun frère de mon couvent. Pourtant, il a la robe d'un capucin. Mais en quoi cela peut-il vous intéresser?

— C'est que nous trouvons, répondit Pierre en baissant la voix, qu'il ressemble à l'abbé Ninfo.

— En ce cas, allez-vous-en, dit vivement Fra-Angelo ; moi, je vais lui adresser la parole, et je saurai bien ce qu'il est et ce qu'il vient faire ici.

— Oui, oui, partons, répondit Pier-Angelo. Enfants, passez devant. Je vous suis. »

Michel prit le bras de sa sœur sous le sien, et fut bientôt sur le chemin de Catane.

« Il paraît, dit Mila à son frère, que cet abbé Ninfo nous en veut et peut nous faire du mal? Sais-tu pourquoi, Michel?

— Pas très-bien ; mais je me méfie d'un homme qui se déguise, apparemment pour espionner. Que ce soit à propos de nous ou de tout autre, le mystère cache ici de mauvais desseins.

— Bah ! dit l'insouciante Mila après un moment de silence, ce n'est peut-être qu'un moine comme les autres. Il se tenait à l'écart et furetait dans les coins, comme quelques-uns font souvent après le passage des foules dans les processions et les fêtes, pour voir s'ils ne trouveraient pas quelque bijou perdu... Alors, ils le ramassent sans rien dire, et portent cela à leur couvent, pour le rendre, moyennant une ou deux messes bien payées, ou pour découvrir quelque secret d'amour ; car ils sont, en général, assez curieux, ces bons pères !

— Tu n'aimes pas les moines, Mila? Tu n'es qu'à demi Sicilienne.

— C'est selon. J'aime mon oncle et ceux qui lui ressemblent.

— A propos ! reprit Michel, ramené par le mot *bijou perdu* à l'aventure dont les capucins l'avaient distrait ; tu étais entrée dans la salle du bal avant le moment où je t'ai rencontrée dans le jardin?

— Non, répondit-elle ; si tu ne m'y avais fait entrer pour assister à la quête, je n'y aurais pas songé. Pourquoi me demandes-tu cela? J'avais vu la salle terminée avant la fête. Que m'importe une salle vide où l'on ne danse pas? C'est le bal, et la danse, et les toilettes, que j'aurais voulu voir ! Mais tu n'as pas voulu m'emmener seulement à la porte, cette nuit !

— Pourquoi ne pas me dire la vérité, lorsque le fait n'a aucune importance? Il n'y a rien d'étonnant, chère petite sœur, à ce que tu sois venue tout à l'heure me réveiller dans la grotte de la Naïade.

— Mon père dit que tu dors debout, Michel, et je vois

Le lendemain matin, on trouva Ercolano assassiné... (Page 42.)

bien qu'il dit vrai. Je te fais serment que, depuis hier matin, lorsque je t'ai apporté les feuillages que tu m'avais demandé de cueillir, je ne suis pas entrée dans la grotte.

— Ah ! Mila, c'est trop fort. Tu n'étais pas menteuse autrefois, et je suis fâché de te voir ce vilain défaut maintenant.

— Taisez-vous, frère, vous m'offensez, dit Mila en retirant son bras avec fierté. Je n'ai jamais menti, et je ne commencerai pas aujourd'hui pour vous faire plaisir.

— Petite sœur, reprit Michel en se rapprochant d'elle et en doublant le pas pour la suivre, car elle s'en allait en avant, piquée et affligée, voulez-vous bien me montrer le bijou que madame Agathe vous a donné ?

— Non, maître Michel-Ange, répondit la jeune fille ; vous n'êtes pas digne de le regarder. Dans le temps où je coupais vos cheveux pour les porter sur mon cœur, vous n'étiez pas méchant comme vous l'êtes devenu depuis.

— A votre place, j'ôterais le médaillon de mon sein, dit Michel avec ironie, et je le jetterais tout de suite au nez du méchant frère qui me tourmente de la sorte.

— Tenez ! le voilà ! dit la petite fille en saisissant dans son corset le médaillon, et en le remettant à Michel avec dépit ; vous pouvez reprendre vos cheveux, je n'y tiens plus. Seulement, rendez-moi le bijou : j'y tiens, parce que c'est le don d'une personne meilleure que vous.

— Deux médaillons semblables ! se dit Michel en les réunissant dans sa main : est-ce la suite de ma vision ? »

XIX.

JEUNES AMOURS.

Michel n'osa point demander à sa sœur l'explication d'un tel prodige. Il courut s'enfermer dans sa petite chambre, et, s'asseyant sur son lit, au lieu de dormir, il ouvrit et compara le contenant et le contenu de ces joyaux identiques. Ils étaient absolument pareils : ils renfermaient les mêmes cheveux, à tel point que lorsqu'il les eut examinés et touchés longtemps, il ne sut plus lequel appartenait à sa sœur. Il se rappela alors une parole de celle-ci, qui l'avait peu frappé, quoiqu'elle lui eût paru singulière au premier instant. Mila prétendait qu'entre les mains du bijoutier la mèche de cheveux qu'elle avait confiée à la princesse avait diminué de moitié.

M.SAND.   H.DELAVILLE.

Mais il l'oublia, ce vœu formidable... (Page 51.)

Point d'éclaircissements possibles à ce fait bizarre. La princesse ne connaissait pas Michel; elle ne l'avait jamais vu, il n'était point encore à Catane lorsqu'elle avait pris le scapulaire de Mila pour l'échanger contre cette riche monture. Il est difficile de croire qu'une femme puisse s'éprendre d'un homme à la seule vue de la couleur de ses cheveux. Michel eut beau chercher, il ne trouva que cette explication peu satisfaisante pour son ardente curiosité : la princesse avait peut-être aimé une personne dont les cheveux étaient absolument de la même nuance et de la même finesse que ceux de Michel. Elle les portait dans un médaillon. En voyant le culte de la jeune Mila pour cette relique fraternelle, elle avait fait faire un médaillon tout pareil au sien, et le lui avait donné.

Mais que les vraisemblances de la vie sont invraisemblables pour une tête de dix-huit ans! Michel trouvait bien plus probable d'avoir été aimé avant d'avoir été vu; et, quand il fut vaincu enfin par le sommeil, les deux médaillons étaient encore dans sa main entr'ouverte.

Quand il s'éveilla, vers midi, il n'en trouva plus qu'un : l'autre était tombé dans ses draps, apparemment. Il défit

et bouleversa son lit, passa une heure à fouiller toutes les fentes de son plancher, tous les plis de ses vêtements étendus sur une chaise à son chevet. Un des deux talismans avait disparu.

« Ceci, pensa-t-il, est un tour de mademoiselle Mila. » La porte de sa chambrette ne fermait qu'au loquet, et la jeune fille travaillait, en chantant, dans la mansarde contiguë à la sienne.

« Ah ! vous voici enfin levé? lui dit-elle d'un air boudeur, lorsqu'il se présenta devant elle. C'est fort heureux ! Voulez-vous maintenant me rendre mon médaillon?

— Il me semble, petite, que vous êtes venue le reprendre pendant que je dormais.

— Puisque vous le tenez dans votre main ! s'écria-t-elle en lui saisissant la main à l'improviste. Voyons, ouvrez-la, ou je vous pique les doigts avec mon aiguille.

— Je le veux bien, dit-il, mais ce bijou n'est pas le vôtre. Vous m'avez déjà repris celui qui vous appartient.

— Vraiment ! dit Mila en arrachant le bijou de la main de son frère, qui se défendait faiblement en la regardant avec attention; ceci n'est pas à moi? Vous croyez que je peux m'y tromper ?

— En ce cas, vous avez l'autre, Mila.

— Quel autre? En avez-vous un aussi? Je n'en sais rien; mais celui-ci est à moi : c'est le chiffre de la princesse, c'est mon bien, c'est ma relique. Reprenez vos cheveux, si nous sommes brouillés, je le veux bien; mais le bijou ne me quittera plus jamais. »

Et elle le remit dans son sein, fort peu décidée à ôter les cheveux, auxquels elle tenait plus qu'elle ne voulait en convenir dans son dépit enfantin.

Michel retourna dans sa chambre. L'autre médaillon devait s'y trouver. Mila avait tant d'assurance et de conviction dans sa physionomie et dans ses paroles! Mais il ne trouva rien, et résolut de fouiller la chambre de sa sœur aussitôt qu'elle serait sortie. En attendant, il essaya de se réconcilier avec elle. Il lui adressa de douces cajoleries, et, jurant que tout ce qui s'était passé n'était qu'une plaisanterie de sa part, il lui reprocha d'être fière et susceptible.

Mila consentit à faire la paix et à embrasser son frère; mais elle resta un peu triste, et ses belles joues étaient colorées d'un rose moins doux que de coutume.

« Tenez, lui dit-elle, vous avez mal pris votre temps pour me tourmenter; il est des jours où l'on ne se sent pas disposé à supporter la raillerie, et j'ai cru que vous le faisiez exprès pour vous moquer de mes chagrins.

— Tes chagrins, Mila? s'écria Michel en la pressant sur son cœur avec un sourire, tu as des chagrins, toi? Pour n'avoir pas vu le bal cette nuit, n'est-ce pas? Oh! en effet, tu es une petite fille bien malheureuse!

— D'abord, Michel, je ne suis pas une petite fille. J'ai quinze ans bientôt, et je suis en âge d'avoir des chagrins. Quant au bal, je m'en souciais fort peu; et, maintenant qu'il est fini, je n'y pense plus.

— Eh bien, quel est donc ce grand chagrin? voudrais-tu une robe neuve?

— Non.

— Ton rossignol n'est pas mort?

— Est-ce que vous ne l'entendez pas chanter?

— Le gros matou de notre voisin Magnani a peut-être croqué ta tourterelle?

— Je voudrais bien qu'il en eût la pensée! Je vous dis que je ne m'occupe ni de M. Magnani, ni de son chat. »

Le ton dont elle prononça le nom de Magnani fit ouvrir l'oreille à Michel, et, en regardant le visage de sa petite sœur, il vit qu'elle avait les yeux attachés, non sur son ouvrage, quoiqu'elle eût la tête baissée, mais sur une galerie de bois où Magnani travaillait ordinairement, en face de la chambre de Mila. En ce moment, Magnani traversait la galerie. Il ne regardait pas la fenêtre de Mila, et Mila ne regardait pas son ouvrage.

« Mila, mon cher ange, lui dit Michel en prenant ses deux mains en les baisant, vous voyez bien ce jeune homme qui passe d'un air distrait?

— Eh bien, répondit Mila, pâlissant et rougissant tour à tour, qu'est-ce que cela me fait?

— C'est pour vous dire, mon enfant, que si jamais votre cœur avait besoin d'aimer, ce n'est pas à ce jeune homme-là qu'il faudrait songer.

— Quelle folie! dit la petite en hochant la tête et en s'efforçant de rire. C'est bien le dernier auquel je songerais, vraiment!

— Alors, vous auriez grandement raison, reprit Michel, car le cœur de Magnani n'est pas libre, il y a longtemps qu'il aime une autre femme.

— Cela ne me regarde point et ne m'intéresse nullement, » répondit Mila; » et, baissant le front sur son ouvrage, elle tourna son rouet avec rapidité. Mais Michel vit avec douleur deux grosses larmes tomber sur son écheveau de soie grège.

Michel avait une grande délicatesse de cœur. Il comprit la honte qui accablait sa jeune sœur, et qui ajoutait une nouvelle souffrance à celle de son âme froissée. Il vit les efforts surhumains que faisait la pauvre enfant pour étouffer ses sanglots et surmonter sa confusion. Il sentit que ce n'était pas le moment de l'humilier davantage en provoquant une explication.

Il feignit donc de ne rien voir, et, se promettant de la

raisonner lorsqu'elle serait plus maîtresse d'elle-même, il sortit de la chambre où elle travaillait.

Mais il était si agité lui-même qu'il ne put tenir dans la sienne. Il se livra à une dernière et inutile perquisition, et, renonçant à mettre la main sur le talisman disparu, espérant le voir reparaître au moment où il y songerait le moins, comme il arrive souvent des objets perdus, il résolut d'aller trouver Magnani pour se réconcilier avec lui; car ils s'étaient séparés avec humeur, et Michel ne pouvant plus se défendre du secret orgueil d'être follement aimé de la princesse, éprouvait un redoublement de sollicitude généreuse pour son infortuné rival.

Il traversa la cour et entra au rez-de-chaussée, dans l'atelier du père de Magnani. Mais il chercha en vain Antonio jusque dans sa chambre. Sa vieille mère lui dit qu'il venait de sortir un instant auparavant, et ne put lui apprendre quelle direction il avait prise. Michel sortit alors dans la campagne, moitié songeant à le rejoindre, moitié plongé dans ses propres rêveries.

De son côté, Magnani, poussé par le même sentiment de sympathie et de loyauté, avait résolu d'aller trouver Michel. Son modeste logis avait une seconde issue, et celle qu'il avait prise conduisait moins directement, par un passage étroit et sombre, situé sur les derrières des deux maisons mitoyennes, à la maison pauvre et antique qu'habitait Pier-Angelo avec ses enfants.

Les deux jeunes gens ne pouvaient donc pas se rencontrer. Magnani monta et regarda dans une grande pièce nue et délabrée, où il vit Pier-Angelo étendu sur son grabat, et se livrant à un repos que ne troublaient plus les émotions de l'amour et de la jeunesse.

Magnani prit alors l'escalier, ou plutôt l'échelle de bois qui conduisait aux mansardes, et pénétra dans la chambre de Michel, contiguë à celle de Mila.

La porte de Michel était restée ouverte; Magnani entra, et, ne trouvant personne, il allait sortir, lorsque le cyclamen, que Michel avait mis précieusement dans un vieux verre de Venise bizarrement travaillé, frappa ses regards. Certes, Magnani était la probité en personne, l'honneur scrupuleux incarné; pourtant il n'est pas certain que, s'il eût présumé que cette fleur s'était détachée du bouquet de la princesse, il ne l'eût pas dérobée.

Mais il ne le devina pas, et se borna à remarquer que Michel aussi rendait un culte au cyclamen.

Tout à coup Magnani fut tiré de sa contemplation par un bruit qui le fit tressaillir. On pleurait dans la chambre voisine. Des sanglots étouffés, mais poignants, retentissaient derrière la cloison, non loin de la porte qui séparait les chambres des deux enfants de Pier-Angelo. Magnani savait bien que Mila demeurait à cet étage. Il l'avait bien saluée, en souriant, de sa galerie, lorsqu'il la voyait, brillante de jeunesse et de beauté, à sa fenêtre. Mais, comme elle n'avait fait aucune impression sur son cœur, et qu'il ne lui avait jamais parlé que comme à un enfant, il ne se rendit pas compte, en cet instant, de la situation de sa mansarde, et même il ne pensa point à elle. Sa manière de pleurer n'avait rien de mâle, à coup sûr, mais Michel avait dans la voix des accents si jeunes et si doux, que ce pouvait bien être lui qui gémissait ainsi. Magnani ne songea qu'à son jeune camarade, et, plein de sollicitude, il poussa vivement la porte et entra dans la chambre de Mila.

A son apparition, la jeune fille jeta un grand cri et s'enfuit au fond de sa chambre en cachant son visage.

« Mila, chère petite voisine, s'écria le bon Magnani en restant respectueusement près de la porte, pardonnez-moi, n'ayez aucune peur de moi. Je me suis trompé, j'ai entendu pleurer à fendre le cœur, j'ai cru que c'était votre frère... Je n'ai pas réfléchi, je suis entré plein d'inquiétude... mais, mon Dieu, pourquoi pleurez-vous ainsi, chère enfant?

— Je ne pleure pas, répondit Mila en essuyant ses yeux à la dérobée et en feignant de chercher quelque chose dans un vieux meuble accolé à la muraille; vous vous êtes tout à fait trompé. Je vous remercie, monsieur Magnani; mais, laissez-moi, vous ne devez pas entrer ainsi dans ma chambre.

— Oui, oui, je le sais, je m'en vais, Mila ; mais pourtant, je n'ose pas vous laisser ainsi, vous êtes trop affectée, je le vois bien. Je crains que vous ne soyez malade. Permettez-moi d'aller réveiller votre père pour qu'il vienne vous consoler.

— Non, non ! gardez-vous-en bien ! Je ne veux pas qu'on l'éveille !

— Mais, ma chère...

— Non, vous dis-je, Magnani ; vous me feriez beaucoup plus de mal si vous causiez ce chagrin à mon père.

— Mais qu'y a-t-il donc, Mila ? Votre père ne vous a pas grondée ? Vous ne méritez jamais de reproches, vous ! Et lui, il est si bon, si doux, il vous aime tant !

— Oh ! bien certainement, il ne m'a jamais dit un mot qui ne fût pas une parole d'amour et de bonté. Vous voyez bien que vous rêvez, Magnani ; je n'ai pas de chagrin, je ne pleure pas.

— Eh ! je vois d'ici que vous avez la figure enflée et les yeux rouges, ma chère petite. Quel chagrin si profond peut-on donc avoir à votre âge, belle, et chérie de tous, comme vous l'êtes ?

— Ne vous moquez pas de moi, je vous en prie, dit Mila avec fierté. » Mais elle devint pâle, et, voulant s'asseoir avec calme, elle tomba suffoquée sur sa chaise.

Magnani croyait si peu qu'il pût être à ses yeux autre chose qu'un ami, et le sentiment qu'il éprouvait pour elle était si calme, qu'il ne songea plus à la quitter. Il s'approcha sans autre émotion que celle d'un tendre intérêt, s'assit à ses pieds sur un coussin de paille tressée, et, prenant ses mains dans les siennes, il l'interrogea avec une sorte d'autorité paternelle.

La pauvre Mila fut si troublée qu'elle n'eut pas la force de le repousser. C'était la première fois qu'il lui parlait d'aussi près et avec une affection si marquée. Oh ! qu'elle eût été heureuse sans les fatales paroles que Michel lui avait dites !

Mais ces paroles retentissaient encore à ses oreilles, et Mila était trop fière pour laisser soupçonner son secret. Elle fit un grand effort sur elle-même, et répondit en souriant que son chagrin avait peu d'importance et ne venait que d'une petite querelle qu'elle venait d'avoir avec son frère.

« Une querelle avec vous, mon pauvre ange ? lui dit Magnani en l'examinant avec attention, est-ce possible ? Oh non ! vous me trompez. Michel vous aime plus que tout au monde, et il a bien raison. Si vous vous étiez querellés, il serait là, comme moi, à vos pieds, et plus éloquent que moi pour vous consoler ; car il est votre frère, et je ne suis que votre ami. Mais, quoi qu'il en soit, je vais chercher Michel ; je lui ferai de grands reproches s'il a quelque tort... Mais il suffit qu'il vous voie abattue et changée comme vous l'êtes, pour qu'il en ait plus de douleur que vous-même.

— Magnani, répondit Mila en le retenant comme il se levait, je vous défends d'aller chercher Michel. Ce serait donner trop d'importance à un enfantillage. N'y faites plus attention, et n'en parlez ni à lui, ni à mon père. Je vous assure que je n'y pense déjà plus, et que, ce soir, mon frère et moi serons parfaitement réconciliés.

— Si ce n'est qu'un enfantillage, dit Magnani en s'asseyant auprès d'elle, vous avez une sensibilité trop vive, ma bonne Mila. J'ai des sœurs aussi, et quand j'étais moins raisonnable, quand j'avais l'âge de Michel, je les taquinais un peu. Mais elles ne pleuraient pas ; elles me rendaient mes malices avec usure, et j'avais toujours le dessous.

— C'est qu'elles ont de l'esprit, et qu'apparemment je n'en ai point assez pour me défendre, répondit tristement Mila.

— Vous avez beaucoup d'esprit, Mila, je l'ai fort bien remarqué ; vous n'êtes pas pour rien la fille de Pier-Angelo et la sœur de Michel, et vous êtes mieux élevée que toutes les jeunes personnes de votre classe. Mais vous avez encore plus de cœur que d'esprit, puisque vous ne savez vous défendre qu'avec vos larmes ! »

Les éloges de Magnani faisaient à la fois du bien et du mal à la jeune fille. Elle était flattée de voir qu'en n'ayant point l'air de s'occuper d'elle, il l'avait assez observée pour savoir lui rendre justice. Mais le calme bienveillant de ses manières lui disait assez que Michel ne l'avait pas trompée.

XX.

BEL PASSO ET MAL PASSO.

Tout à coup Mila prit une résolution prompte et ferme ; car Magnani l'avait dit sans flatterie, elle était supérieure à la plupart des jeunes filles de sa classe par l'éducation, et Pier-Angelo avait su lui donner des idées aussi nobles que les siennes. Elle joignait à cela une certaine dose d'exaltation juvénile, mêlée à des habitudes de courage et de dévouement, que, par bon goût et simplicité de cœur, elle voilait sous une apparente insouciance. C'est le comble du stoïcisme que de savoir se sacrifier en riant et en ayant l'air de ne pas souffrir.

« Mon bon Magnani, lui dit-elle en se levant et en reprenant la sérénité de son regard, je vous remercie de l'amitié que vous me témoignez ; vous m'avez fait du bien, je me sens calme. Laissez-moi travailler, maintenant, car je n'ai pas fait comme vous ma *journée* pendant la nuit : il faut que je remplisse ma tâche et que je gagne mon salaire. Allez-vous-en, pour qu'on ne dise pas que je suis une paresseuse, et que je perds mon temps à babiller avec les voisins.

— Adieu, Mila, répondit le jeune homme. Je demande à Dieu qu'il vous rende le calme aujourd'hui, et qu'il vous comble de bonheur tous les jours de votre vie.

— Merci, Magnani, dit Mila en lui tendant la main ; je compte, dès ce jour, sur votre amitié. »

L'air de noble résolution avec lequel cette jeune fille, tout à l'heure brisée, tendait sa main, et la manière dont elle prononçait le mot d'amitié, comme un adieu héroïque à toutes ses illusions, ne fut pas compris de Magnani ; et pourtant il y avait dans le geste et dans cet accent quelque chose qui l'émut sans qu'il pût y deviner la cause. Mila se transformait devant lui en un clin d'œil : elle n'avait plus l'air d'un enfant gracieux, elle était sérieuse et belle comme une femme.

Il reçut cette petite main dans sa main rude et forte, qui n'hésitait pas à se consacrer, par une fraternelle étreinte, ce pacte d'amitié, mais qui trembla tout à coup au contact d'une main aussi souple et aussi mignonne que celle d'une princesse ; car Mila était fort soigneuse de sa beauté, et savait être à la fois laborieuse et recherchée dans ses occupations.

Magnani crut sentir la main d'Agathe, qu'il avait touchée une seule fois dans sa vie, par une fortune singulière. Il s'approcha soudainement et attira contre son cœur la fille de Pier-Angelo, comme pour lui donner un baiser fraternel. Pourtant il n'osait point ; mais elle lui tendit son front avec ingénuité, en se disant à elle-même que ce serait le premier et le dernier, et qu'elle voulait garder ce souvenir comme la consécration d'un éternel adieu à toutes ses espérances.

Magnani vivait, depuis cinq ans, sous la loi d'une chasteté exemplaire. Il semblait qu'il eût fait serment d'imiter l'austérité exceptionnelle d'Agathe, et qu'absorbé par une idée fixe, il eût résolu de se consumer lentement, sans connaître l'amour et l'hyménée. Il n'avait jamais donné un baiser à une femme, pas même à ses sœurs, depuis qu'il portait en lui cette chimère de passion sans espoir. Peut-être en avait-il prononcé le vœu dans quelque moment d'exaltation douloureuse. Mais il l'oublia, ce vœu formidable, en sentant la belle tête brune de la jeune Mila s'appuyer avec confiance sur sa poitrine. Il la contempla un instant, et la limpidité de ces yeux noirs, qui lui exprimaient une douleur et un courage incompréhensibles, le jeta dans je ne sais quelle extase de surprise et de volupté. Ses lèvres ne rencontrèrent pas le front de Mila ; elles s'éloignèrent en frémissant de sa bouche vermeille, et s'arrêtèrent sur son cou brun et velouté, peut-être une ou deux secondes de plus qu'il n'était nécessaire pour cimenter un lien de fraternité.

Mila pâlit, ses yeux se fermèrent, et un soupir douloureux s'exhala de son cœur brisé. Magnani, épouvanté, la déposa sur sa chaise, et s'enfuit plein d'effroi, d'étonnement, et peut-être de remords.

Mila, restée seule, faillit s'évanouir; puis elle alla, en chancelant, fermer sa porte au verrou; elle s'agenouilla par terre contre son lit, cacha sa figure dans ses mains, et resta absorbée.

Mais elle ne pleura plus, et la douleur fit place en elle à une agitation pleine d'énergie et d'aspirations brûlantes. Là encore l'optimisme de Pier-Angelo, cette foi au destin qui est comme une superstition des âmes fortes et des esprits actifs, se révéla en elle. Elle se releva, rajusta ses cheveux, regarda son miroir, et dit tout haut, en prenant son ouvrage :

« Je ne sais pas pourquoi, ni quand, ni comment, mais il m'aimera; je dois le vouloir, je le veux, Dieu m'assistera! »

Lorsque Michel rentra, il la trouva calme et belle, absorbée dans la contemplation d'une copie de la *Vierge à la Chaise*, qu'il avait faite avec soin pour elle, et qu'elle avait placée, non dans son alcôve, mais au-dessus de son miroir. Il s'applaudit de l'avoir laissée s'abandonner à un premier mouvement de douleur, et de voir qu'elle avait retrouvé des forces dans sa méditation solitaire. Il arriva jusque auprès d'elle sans qu'elle l'entendît venir; mais elle vit son visage dans la glace, au moment où il se penchait vers elle pour lui donner un baiser sur le cou :

« Embrassez-moi là, lui dit-elle en lui offrant sa joue; mais sur mon cou jamais!

— Et pourquoi cette interdiction à ton frère, petite fantasque?

— C'est mon idée, répondit-elle. Vous commencez à avoir de la barbe, et je ne veux pas que vous flétrissiez ma peau.

— Ah! tu me flattes beaucoup! dit Michel en riant, et cette crainte fait trop d'honneur à ma moustache naissante! je ne croyais pas qu'elle pût encore faire peur à personne! Mais tu tiens donc moins à la fraîcheur de ta joue qu'à celle de ton joli cou, petite Mila? Est-ce parce que tu viens d'admirer celui de cette belle Madone?

— Peut-être! dit-elle. Il est bien beau, en effet, et je voudrais ressembler, de tous points, à cette figure-là.

— Il me semble que tu t'y essayais devant ton miroir? Ce sont là des idées bien profanes devant cette sainte image!

— Non, Michel, répondit Mila d'un air sérieux. Il n'y a rien de profane dans l'idée que je me fais de sa beauté. Je ne l'avais pas encore comprise comme aujourd'hui, et je me figurais que personne n'avait pu créer une aussi belle figure que celle de la princesse Agathe. Mais maintenant je vois que Raphaël a été plus loin. Il a donné à sa madone plus de force, sinon plus de tranquillité. Elle est très-vivante, cette figure divine; elle a beaucoup de volonté; elle est sûre d'elle-même... C'est la plus chaste, mais aussi la plus aimante des femmes; elle a l'air de dire : Aimez-moi, parce que je vous aime.

— Vraiment, Mila, où prends-tu ce que tu dis là? s'écria Michel en regardant sa sœur avec surprise. Je crois rêver en t'écoutant parler! »

L'entretien de ces deux enfants fut interrompu par l'arrivée de leur père. Il venait proposer à Michel de procéder à la démolition de la salle de bal. Tous les ouvriers qui y avaient travaillé s'étaient donné rendez-vous à trois heures de l'après-midi, pour débarrasser le palais de cette construction volante.

« Je sais, dit Pier-Angelo, que la princesse tient à conserver tes fresques sur toile, et je désire que tu m'aides à les rouler et à les transporter sans dommage dans une des galeries du palais. »

Michel suivit son père; mais, ils furent à peine sortis de la ville, que celui-ci s'arrêtant :

« Mon ami, dit-il, je vais me rendre seul à la villa, où je veux avoir un mot d'entretien avec la princesse, relativement à cet abbé maudit qui se déguise en moine pour venir espionner je ne sais quoi et je ne sais qui dans sa maison. Toi, tu vas marcher pendant deux milles

vers le nord-ouest, en suivant toujours le sentier qui s'ouvre ici, sans te détourner ni à droite, ni à gauche. Tu arriveras dans une heure au couvent des Capucins de Bel Passo, où ton oncle Fra-Angelo m'a dit qu'il t'attendrait jusqu'au coucher du soleil. Il s'est assuré que le confrère suspect que nous lui avions désigné n'était autre que le Ninfo, et, sans vouloir s'expliquer avec moi sur les vues qu'il lui suppose, il m'a déclaré vouloir s'entretenir avec toi sérieusement. Je doute que ton oncle en sache plus long que nous sur l'état du cardinal et les desseins de l'abbé; mais il est homme de sens et de prévoyance. Il a dû s'enquérir dans la matinée, et je serai bien aise d'avoir son avis. »

Michel prit le sentier, et, au bout d'une heure de marche à travers les plus admirables sites que l'imagination puisse se représenter, il arriva à la porte du couvent de son oncle.

Ce couvent était situé au-dessus d'un village dans la région cultivée et fleurie semée de maisons de campagne, qui occupe la base de l'Etna. De grandes masses d'arbres séculaires protégeaient l'édifice, et le jardin, tourné vers le soleil d'Afrique, dominait une vue magnifique terminée par la mer.

Ce lieu romantique, tout sillonné de laves formidables, portait deux noms qui lui avaient été donnés tour à tour, et que, dans le doute de celui qu'on devait lui conserver, on lui conférait indifféremment à cette époque. Le site étant superbe, le sol fertile, et le climat agréable, on l'avait nommé, dans le principe, *Bel passo*. Puis, étaient venues les terribles éruptions de l'Etna et du Monte-Rosso, qui l'avaient ruiné et bouleversé. Alors, on l'avait nommé *Mal passo*. Puis, le temps avait marché, on avait rebâti le village et le couvent, brisé les laves, repris la culture, et on était revenu peu à peu au doux nom primitif. Mais ces deux qualifications opposées se confondaient encore dans les habitudes et les souvenirs des habitants. Les vieillards, qui avaient vu leur pays dans sa splendeur primitive, disaient Bel passo, ainsi que les enfants, qui ne l'avaient vu que sorti du chaos et ressuscité. Mais les hommes que le spectacle et les malheurs de la catastrophe avaient frappés dans leurs premières années, ceux-là qui n'avaient eu que le travail et l'effroi pour berceau, et qui commençaient à peine à retirer quelque fruit de leurs peines, disaient plus souvent encore *Mal passo* que *Bel passo*.

Il y avait peut-être bien longtemps que, deux ou trois fois par siècle, cette gorge changeait ainsi de nom, suivant la circonstance; exemple de la courageuse insouciance de l'espèce humaine, qui rebâtit son nid à côté de la branche brisée, et se remet à aimer, à caresser et à vanter son domaine à peine reconquis sur les orages de la veille.

Cette contrée justifiait également, du reste, les deux noms qu'elle se disputait. C'était le résumé de toutes les horreurs et de toutes les beautés de la nature. Là où le fleuve de feu avait établi ses courants destructeurs, les arêtes de laves, les scories livides, les ruines de l'ancien sol creusé, inondé ou brûlé, rappelaient les jours néfastes, la population réduite à la mendicité, les mères et les épouses en deuil; Niobé changée en pierre à la vue de ses enfants foudroyés. Mais tout à côté, à une ligne de lisière, de vieux figuiers, réchauffés par le passage de la flamme, avaient poussé des branches nouvelles, et semaient de leurs fruits succulents les frais gazons et l'antique sol imbibé des sucs les plus généreux.

Tout ce qui ne s'était pas trouvé sur le passage de la lave en fusion, tout ce qui avait été préservé par un accident de terrain, avait profité de la destruction voisine. Il en est ainsi dans l'espèce humaine, et partout la mort fait place à la vie. Michel remarqua qu'en certains endroits, de deux arbres jumeaux, l'un avait disparu comme emporté par un boulet de canon, et présentait sa souche calcinée, à côté de la tige superbe qui semblait triompher sur ses ruines.

Il trouva son oncle occupé à tailler le roc pour élargir une plate-bande de légumes splendides. Le jardin du couvent avait été creusé en pleine lave. Ses allées étaient recouvertes de mosaïques en faïence émaillée, et les carrés de légumes et de fleurs, taillés dans le sein même du roc, et remplis de terres rapportées, offraient le spectacle de caisses gigantesques enfouies jusqu'aux bords. Pour rendre l'identité plus frappante, entre la terre cultivée et l'allée de faïence, on avait laissé dépasser le rebord de lave noire, en guise de bordure de buis ou de thym, et à chaque coin des carrés, on avait taillé cette lave en boule, comme l'ornement classique de nos caisses d'oranger.

Il n'y avait donc rien de plus propre et de plus laid, de plus symétrique et de plus triste, de plus monastique en somme, que ce jardin, sujet d'orgueil et objet d'amour des bons moines. Mais la beauté des fleurs, l'éclat des grappes de raisin qui s'étalaient en berceau sur de lourds piliers de lave, le doux murmure de la fontaine qui se distribuait en mille filets argentés, pour aller rafraîchir chaque plante dans sa prison de roches, et surtout la vue qu'on découvrait de cette terrasse ouverte au midi, offraient une compensation à la mélancolie d'un si rude et si patient labeur.

Fra-Angelo, armé d'une massue de fer, avait ôté son froc pour être plus libre dans ses mouvements. Vêtu d'un court sayon brun, il déployait au soleil les muscles formidables de ses bras velus, et, à chaque coup qui faisait voler la lave en éclats, il poussait une sorte de rugissement sauvage. Mais lorsqu'il aperçut le jeune artiste, il se releva et lui montra une physionomie douce et sereine.

« Tu viens à point, jeune homme, lui dit-il. Je pensais à toi, et j'ai beaucoup de questions à te faire.

— Je pensais, au contraire, mon oncle, que vous aviez beaucoup de choses à m'apprendre.

— Oui, sans doute, j'en aurais, si je savais qui tu es; mais, sans le lien de parenté qui nous unit, tu serais un étranger pour moi; et, quoi qu'en dise ton père, aveuglé peut-être par sa tendresse, j'ignore si tu es un homme sérieux. Réponds-moi donc. Que penses-tu de la situation où tu te trouves?

— Pour éviter que je sois forcé de répondre à vos questions par d'autres questions, vous devriez peut-être, mon cher oncle, les poser tout de suite clairement. Quand je connaîtrai ma situation, je pourrai vous dire ce que j'en pense.

— Alors, dit le capucin, examinant Michel avec une attention un peu sévère, tu ne sais rien des secrets qui te concernent, et tu ne les pressens même pas? Tu n'as jamais rien deviné? On ne t'a jamais rien confié?

— Je sais que mon père a été compromis autrefois, à l'époque de ma naissance, je crois, dans une conspiration politique. Mais il m'était bien permis alors d'ignorer s'il était accusé à tort ou à raison. Depuis, mon père ne s'est jamais expliqué avec moi à cet égard.

— Il manque donc de confiance en toi, ou tu ne t'intéresses guère à son sort?

— Je l'ai interrogé quelquefois; il m'a toujours répondu d'une manière évasive. Je n'en ai pas tiré comme vous, mon oncle, la conséquence qu'il se défiait de moi; cela m'eût paru impossible; mais j'ai toujours pensé qu'ayant réellement trempé dans cette affaire, il était lié par des serments, ainsi qu'il arrive dans toutes les sociétés secrètes. J'aurais donc cru manquer au respect que je lui dois si j'avais insisté davantage.

— C'est bien parlé; mais cela ne cache-t-il pas une profonde insouciance des affaires de ton pays, et un égoïste abandon de la sainte cause de sa liberté? »

Michel fut un peu embarrassé de cette question si nettement posée, cette fois.

« Allons, reprit Fra-Angelo, réponds sans crainte, je ne te demande que la vérité.

— Eh bien! je vais vous répondre, mon oncle, dit Michel, bravant les regards froids du moine, qui l'attristaient malgré lui, car il eût voulu plaire à cet homme, dont la figure, la voix et l'attitude lui commandaient le respect et la sympathie. Je vous dirai ce que je pense, puisque vous voulez le savoir, et ce que je suis, au risque de perdre votre bienveillance. Faites que la cause de la liberté soit vraiment, pour l'Italie et la Sicile, la cause des hommes privés de liberté, et vous me verrez m'y jeter, je ne dis pas avec enthousiasme, mais avec fureur. Mais hélas! jusqu'ici, j'ai toujours vu que les hommes se sacrifiaient pour changer d'esclavage, et que les classes riches et nobles les exploitaient à leur profit, au nom de telle ou telle idée. Voilà pourquoi, sans rester froid au spectacle des misères et de l'oppression de mes compatriotes, je n'ai jamais désiré de conspirer sous les auspices et pour les intérêts des patriciens qui nous y pousseraient volontiers.

— O hommes! ô hommes! *chacun pour soi* sera donc toujours votre devise! s'écria le capucin, en se levant, comme transporté d'indignation; puis, se rasseyant avec un rire étrange et plein d'amertume : Seigneur prince, *eccelenza*, dit-il en regardant Michel avec ironie, vous vous moquez de nous, je pense! »

XXI.

FRA-ANGELO.

La bizarre sortie du capucin jeta Michel dans une confusion pénible; mais, résolu de garder l'indépendance et la sincérité de son caractère, il affecta une tranquillité qu'il n'éprouvait point.

« Pourquoi me traitez-vous de *prince* et d'*excellence*, mon cher oncle? dit-il en s'efforçant de sourire; est-ce que je viens de parler comme un patricien?

— Précisément, chacun pour soi! te dis-je, répondit Fra-Angelo reprenant son sérieux mélancolique. Si c'est là l'esprit du siècle que tu as été étudier à Rome, si c'est la philosophie nouvelle dont les jeunes gens du dehors sont nourris, nous ne sommes pas au bout de nos malheurs, et nous pouvons bien encore égrener nos chapelets en silence. Hélas! hélas! voilà de belles choses! les enfants de notre peuple ne voudront point remuer, de peur de sauver leurs anciens maîtres avec eux, et les patriciens n'oseront pas bouger non plus, dans la crainte d'être dévorés par leurs anciens esclaves! A la bonne heure! Pendant ce temps, la tyrannie étrangère s'engraisse et rit sur nos dépouilles; nos mères et nos sœurs demandent l'aumône ou se prostituent; nos frères et nos amis meurent sur un fumier ou sur la potence. C'est un beau spectacle, et je suis étonné, Michel-Angelo, que vous soyez venu tout exprès de Rome, où vous n'aviez sous les yeux que les pompes du saint-siége ou les chefs-d'œuvre de l'art, pour contempler cette pauvre Sicile, avec son peuple de mendiants, ses nobles ruinés, ses moines fainéants et abrutis! Que n'alliez-vous faire un voyage d'agrément à Naples? vous y auriez vu des seigneurs plus riches et un gouvernement plus opulent, grâce aux impôts qui nous font mourir de faim; un peuple fort tranquille qui se soucie fort peu du sort de ses voisins : « Que nous importe la Sicile? c'est notre conquête, et ses habitants ne sont point nos frères. » Voilà ce qu'on dit à Naples. Allez à Palerme, on vous y dira que Catane n'est point à plaindre et peut se sauver toute seule avec ses vers à soie. Allez à Messine, on vous y dira que Palerme ne fait point partie de la Sicile, et qu'on n'a que faire de ses mauvais conseils et de son mauvais esprit. Allez en France, on y imprime tous les jours que les peuples dévots et lâches comme nous ont bien mérité leur sort. Allez en Irlande, on vous dira qu'on ne veut pas du concours des hérétiques de France. Allez partout, et vous serez partout à la hauteur des idées de votre temps, car on vous dira partout ce que vous venez de dire « Chacun pour soi! »

Les paroles, l'accent et la physionomie de Fra-Angelo firent sur Michel une impression profonde, et il eut la bonne foi d'en convenir tout de suite avec lui-même. Il se sentit pris par la fibre artiste, et ce qui lui eût paru, de la part de tout autre, sophisme et déclamation, se montra à lui simple et grand dans la bouche de ce moine.

« Mon père, dit-il avec un abandon naïf, il se peut que vous ayez raison de me gourmander comme vous le faites. Je n'en sais rien, et j'aurais à vous fournir, pour la défense de mon scepticisme, beaucoup d'arguments qui sortent de ma mémoire pendant que je vous écoute. Il ne me semble pas que je sois aussi mauvais et aussi méprisable que vous le pensez. Mais, avec vous, je me sens plus pressé de m'améliorer que de me défendre. Parlez toujours.

— Oui, oui, j'entends, dit Fra-Angelo avec fierté, vous êtes peintre et vous m'étudiez, voilà tout. Ce langage vous paraît nouveau dans la bouche d'un moine, et vous ne pensez qu'au premier tableau que vous ferez de saint-Jean prêchant... dans le désert?

— Ne me raillez pas, je vous en supplie, mon oncle; cela est inutile pour me faire savoir que vous avez plus de finesse et d'esprit que moi. Vous avez voulu me questionner; je vous ai dit sincèrement ma pensée. Je hais l'oppression, qu'elle se présente sous la forme du passé ou sous celle du présent. Je n'aimerais pas à être l'instrument des passions d'autrui et à sacrifier mon avenir d'artiste au rétablissement des honneurs et de la fortune de quelques grandes familles, naturellement ingrates et instinctivement despotiques. Je crois qu'une révolution, dans un pays comme le nôtre, n'aurait pas d'autre résultat. Je me sens de force à prendre un fusil pour défendre la vie de mon père et l'honneur de ma sœur. Mais, s'il est question de s'affilier à quelque société mystérieuse, dont les adeptes agissent les yeux fermés, et sans voir la main qui les pousse ni le but où ils marchent..., à moins que vous ne me prouviez éloquemment et victorieusement que c'est mon devoir, je ne le ferai point, dussiez-vous me maudire, mon cher oncle, ou vous moquer de moi, ce qui est encore pis.

— Et où prenez-vous que je veuille vous affilier à quoi que ce soit de ce genre? dit Fra-Angelo levant les épaules. J'admire vos méfiances, et que le premier sentiment qui vous vienne envers le frère de votre père, soit la crainte d'être joué par lui. J'ai voulu vous connaître, jeune homme, et me voilà fort triste de ce que je sais de vous.

— Que savez-vous donc de moi? s'écria Michel impatienté; voyons, faites-moi mon procès en règle, et que je connaisse enfin mes torts.

— Tout votre tort est de n'être pas l'homme que vous devriez être, répondit Fra-Angelo, et cela est fâcheux pour nous.

— Je ne comprends pas mieux.

— Je sais que vous ne pouvez pas comprendre ce que je pense en ce moment-ci! autrement vous n'auriez pas parlé ainsi devant moi.

— Au nom du ciel, expliquez-vous, dit Michel, incapable de supporter plus longtemps ces attaques. Il me semble que nous nous battons en duel dans les ténèbres. Je ne puis parer vos coups, et je vous frappe apparemment quand je crois me défendre. Que me reprochez-vous, ou que me demandez-vous? Si je suis l'homme de mon temps et de ma caste, est-ce ma faute? J'arrive pour la première fois sur cette terre vouée au culte du passé. Je ne suis pas athée, mais je ne suis pas dévot. Je ne crois pas à l'excellence de certaines races, ni à l'infériorité nécessaire de la mienne. Je ne me sens point le serviteur-né des vieux patriciens, des vieux préjugés et des vieilles institutions de mon pays. Je me sers au niveau des têtes les plus orgueilleuses et les plus révérées pour les juger, afin de savoir si je dois m'incliner devant un vrai mérite ou me préserver d'un vain prestige. Voilà tout, mon oncle; je vous le jure. Maintenant, vous me connaissez. J'admire ce qui est beau, grand et sincère devant Dieu. Mon cœur est sensible à l'affection et mon esprit prosterné devant la vertu. J'aime l'art, et j'ambitionne la gloire, j'en conviens; mais je veux l'art sérieux et la gloire pure. Je n'y sacrifierai aucun de mes devoirs, mais je n'accepterai pas de faux devoirs et je repousserai les faux principes. Suis-je donc un misérable? et faut-il que, pour avoir l'honneur d'être un vrai Sicilien, je me fasse moine dans votre couvent ou bandit sur la montagne?

L'accès de vivacité auquel Michel venait de s'abandonner, n'avait pas déplu au capucin. Il l'avait écouté avec intérêt, et sa figure s'était adoucie. Mais, les dernières paroles du jeune homme firent sur lui l'effet d'une

décharge électrique. Il bondit sur son banc, et, saisissant le bras de Michel, avec cette force herculéenne dont il lui avait déjà donné un échantillon le matin : « Quelle est cette métaphore? s'écria-t-il, et de qui voulez-vous parler? »

Mais, voyant l'air stupéfait de Michel à cette nouvelle sortie, il se prit à rire : « Eh bien! quand tu le saurais, quand ton père le l'aurait dit, ajouta-t-il, que m'importe? D'autres le savent, et je n'en suis pas plus malheureux. Eh bien! enfant, vous avez dit, sans y songer, une parole bien forte; c'est ce qu'on pourrait appeler la moelle de la vérité. Tous les hommes ne sont pas faits pour s'en nourrir, il y a des vérités plus faciles et plus douces qui suffisent au grand nombre. Mais, pour ceux qui ont soif de la logique absolue dans leurs sentiments et dans leurs actions, ce qui vous paraît un paradoxe n'est ici qu'un lieu commun. Vous me regardez avec étonnement? Je vous dis que vous avez, sans le savoir, parlé comme un oracle, en disant que, pour avoir l'honneur d'être un vrai Sicilien, il faudrait être moine dans mon couvent, ou bandit sur la montagne. J'aimerais mieux que vous fussiez l'un ou l'autre, qu'artiste cosmopolite comme vous aspirez à l'être. Écoutez une histoire, et tâchez de la comprendre :

« Il y avait en Sicile un homme, un pauvre diable, mais doué d'une imagination vive et d'un certain courage, qui ne pouvant supporter les malheurs dont son pays était la proie, prit, un beau matin, son fusil et s'en fut dans la montagne, résolu à se faire tuer, ou à détruire en détail le plus d'ennemis possible, en attendant le jour où il pourrait tomber dessus en masse, avec les partisans auxquels il se joignait. La bande était nombreuse et choisie. Elle était commandée par un noble, le dernier rejeton d'une des plus grandes familles du pays, le prince César de Castro-Reale. Souvenez-vous de ce nom-là : si vous ne l'avez jamais entendu prononcer, un temps viendra où il vous intéressera davantage.

« Dans les bois et la montagne, le prince avait pris le nom de Destatore [1], sous lequel on l'a connu, aimé et redouté dix ans, sans se douter qu'il fût le jeune et brillant seigneur qu'on avait vu à Palerme manger follement sa fortune et mener la plus joyeuse vie avec ses amis et ses maîtresses.

« Avant de vous parler du pauvre diable qui se fit brigand par désespoir patriotique, il faut que je vous parle du noble patricien qui s'était fait chef de brigands par la même raison. Ceci vous aidera à connaître votre pays et vos compatriotes. Il Destatore était un homme de trente ans, beau, instruit, aimable, brave et généreux, une nature de héros; mais persécuté et accablé de vexations par le gouvernement napolitain, qui le haïssait particulièrement à cause de l'influence qu'il exerçait sur les gens du pays. Il résolut d'en finir avec la vie qu'il menait, de manger le reste de sa fortune que l'impôt réduisait chaque jour au profit de l'ennemi; enfin, de s'étourdir sur sa douleur, et de se tuer ou de s'abrutir dans la débauche.

« Il ne réussit qu'à se ruiner. Sa robuste santé résista à tous les excès, sa douleur survécut à ses égarements, et, quand il vit qu'au lieu de s'endormir, il s'exaltait dans l'ivresse, qu'une rage profonde s'emparait de lui, et qu'il lui fallait se passer une épée au travers du corps, ou, comme il disait, manger du Napolitain, il disparut et se fit bandit. On le crut noyé, et sa succession ne donna pas de grands embarras à ses neveux, ni de grands profits aux gens de loi.

« Ce fut alors un tigre, un lion terrible qui portait la terreur dans les campagnes et qui vengeait son pays d'une sanglante manière. Le pauvre diable que j'ai montré au commencement de mon histoire s'attacha passionnément à lui et le servit avec fanatisme. Il ne s'inquiéta pas de savoir si c'était rendre un culte au passé, plier le genou devant un homme qui se croyait plus que lui et qui n'était devant Dieu que son égal et son semblable; s'il se battait et s'exposait au profit d'un maître qui pourrait bien devenir ingrat et despotique; enfin, si,

1. Celui qui éveille.

après avoir détruit la tyrannie étrangère, comme on s'en flattait, on retomberait sous le joug des *vieux préjugés*, des *vieux abus*, des nobles et des moines. Non, toutes ces méfiances étaient trop subtiles pour un esprit droit et simple comme était le sien. Mendier lui eût paru une bassesse dans ce temps-là ; travailler !... il n'avait fait que cela toute sa vie et avec ardeur, car il aimait le travail et ne redoutait point la peine. Mais je ne sais pas si vous vous êtes déjà aperçu qu'en Sicile on ne travaille pas qui veut. Sur le sol le plus riche et le plus généreux de l'univers, les impôts exorbitants ont détruit le commerce, l'agriculture, toutes les industries et tous les arts. L'homme dont je vous parle avait cherché les travaux les plus ingrats et les plus rudes dans les salines, dans les mines, et jusque dans les entrailles de cette terre désolée et délaissée à la surface. L'ouvrage manquait partout, et toutes les entreprises successivement abandonnées, il lui fallait demander l'aumône à ses compatriotes aussi malheureux que lui, ou voler furtivement. Il aima mieux *prendre* ouvertement.

« Mais on prenait avec discernement et justice dans la bande du *Destatore*. On ne maltraitait ou on ne rançonnait que les ennemis du pays ou les traîtres. On liait des intelligences avec tout ce qui était brave ou malheureux. On espérait former un parti assez considérable pour tenter un coup de main sur quelqu'une des trois villes principales, Palerme, Catane ou Messine.

« Mais Palerme voulait, pour prendre confiance en nous, que nous fussions commandés par un noble, et le *Destatore*, passant pour un aventurier de bas étage, fut rejeté. S'il eût dit son véritable nom, c'eût été pis. Il était décrié dans son pays pour ses déportements, et là était le mal qu'on lui pouvait reprocher qu'à lui-même.

« A Messine, on repoussa nos offres sous prétexte que le gouvernement napolitain avait fait de grandes choses en faveur du commerce de cette ville, et que, tout bien considéré, la paix à tout prix valait mieux, avec l'industrie et l'espoir de s'enrichir, que la guerre patriotique avec le désordre et l'anarchie. A Catane, on nous répondit qu'on ne pouvait rien faire sans le concours de Messine, et qu'on ne voulait rien faire avec celui de Palerme. Que sais-je ? on nous refusa définitivement toute assistance ; et, après nous avoir remis d'année en année, on en vint à nous dire que le métier de bandit était passé de mode, et qu'il était de mauvais goût de s'y obstiner quand on pouvait se laisser acheter par le gouvernement et faire fortune à son service.

« On oubliait d'ajouter, il est vrai, que, pour reprendre sa place dans la société, il eût fallu que le prince de Castro-Reale devînt l'ennemi de son pays et acceptât quelque fonction militaire ou civile, consistant à disperser les émeutes à coups de canon ou à poursuivre, dénoncer et faire pendre ses anciens camarades.

« Le *Destatore*, voyant que sa mission était finie, et, que, pour vivre de son espingole, il faudrait désormais s'attaquer à ses propres compatriotes, tomba dans une profonde mélancolie. Errant dans les gorges les plus sauvages de l'intérieur de l'île, et poussant de hardies expéditions jusqu'aux portes des cités, il vécut quelque temps sur les voyageurs étrangers qui venaient imprudemment visiter le pays. Ce métier n'était pas digne de lui, car ces étrangers étaient, pour la plupart, innocents de nos maux, et si peu capables de se défendre que c'était pitié de les détrousser. Les braves qui le secondaient se dégoûtèrent d'un si pauvre métier, et chaque jour amena une désertion. Il est vrai que ces hommes scrupuleux firent encore pis en le quittant ; car les uns, repoussés de partout, tombèrent dans la paresse et dans la misère ; les autres furent forcés de se rallier au gouvernement, qui voyait en eux de bons soldats et en fit des gendarmes et des espions.

« Il ne resta donc auprès du *Destatore* que des malfaiteurs déterminés, qui tuaient et pillaient, sans examen, tout ce qui se rencontrait devant eux. Un seul était encore honnête et ne voulait pas tremper dans ce métier de voleur de grands chemins. C'était le pauvre diable dont je vous raconte l'histoire. Il ne voulait pourtant pas

non plus quitter son malheureux capitaine ; il l'aimait, et son cœur se brisait à l'idée de l'abandonner à des traîtres qui l'assassineraient un beau matin, n'ayant plus personne à voler, ou qui l'entraîneraient dans des crimes gratuits pour leur propre compte.

« *Il Destatore* rendait justice au dévoûment de son pauvre ami. Il l'avait nommé son lieutenant, titre dérisoire dans une troupe qui ne se composait plus que d'une poignée de misérables. Il lui permettait quelquefois encore de lui dire la vérité et de lui donner de bons conseils ; mais, le plus souvent, il le repoussait avec humeur, car le caractère de ce chef s'aigrissait de jour en jour, et les sauvages vertus qu'il avait acquises dans sa vie d'enthousiasme et de bravoure faisaient place aux vices du passé, enfants du désespoir, hôtes funestes qui revenaient prendre possession de son âme battue.

« L'ivrognerie et le libertinage s'emparèrent de lui, comme aux jours de son oisiveté et de son découragement. Il retomba au dessous de lui-même, et un jour... un jour maudit qui ne sortira jamais de ma mémoire, il commit un grand crime, un crime lâche, odieux ! Si j'en avais été témoin..., je l'aurais tué sur l'heure... Mais le dernier ami du *Destatore* ne l'apprit que le lendemain, et le lendemain, il le quitta après lui avoir durement reproché son infamie.

« Alors ce pauvre diable, n'ayant plus personne à aimer, et ne pouvant plus rien pour son malheureux pays, se demanda ce qu'il allait devenir. Son cœur, toujours ardent et jeune, se tourna vers la piété, et, s'étant avisé qu'un bon moine, pénétré des idées de l'Évangile, pouvait encore faire du bien, prêcher la vertu aux puissants, donner de l'instruction et des secours aux ignorants et aux pauvres, il prit l'habit de capucin, reçut les ordres mineurs, et se retira dans le couvent que voici. Il accepta la mendicité imposée à son ordre, comme une expiation de ses fautes, et il la trouva meilleure que le pillage, en ce qu'elle s'adressait désormais aux riches en faveur des pauvres, sans violence et sans ruse. Elle est inférieure, dans un sens ; elle est moins sûre et moins expéditive. Mais, tout bien considéré, pour un homme qui veut faire le plus de bien possible, il fallait être bandit, dans ma jeunesse ; et, pour celui qui ne veut plus que faire le moins de mal possible, il faut être moine à présent : c'est toi qui l'as dit.

« Voilà mon histoire, la comprends-tu ?
— Très-bien, mon oncle ; elle m'intéresse beaucoup, et le principal héros de ce roman, ce n'est pas pour moi le prince de Castro-Reale, c'est le moine qui me parle. »

XXII.

LE PREMIER PAS SUR LA MONTAGNE.

Fra-Angelo et son neveu gardèrent quelques instants le silence. Le capucin était plongé dans un amer et glorieux souvenir de ses jours passés. Michel le contemplait avec plaisir, et, ne s'étonnant plus de cet air martial et de cette force d'athlète ensevelie sous le froc, il admirait en artiste l'étrange poésie de cette existence de dévoûment absolu à une seule idée. S'il y avait quelque chose de monstrueux et de quasi divertissant dans le fait de ce capucin, qui vantait et regrettait encore sérieusement sa vie de bandit, il y avait quelque chose de vraiment beau dans la manière dont l'ex-brigand conservait sa dignité personnelle socialement compromise dans des aventures si excentriques. Le poignard ou le crucifix à la main, assommant les traîtres dans la forêt, ou mendiant pour les pauvres à la porte des palais, c'était toujours le même homme, fier, naïf et inflexible dans ses idées, voulant le bien par les moyens les plus énergiques, haïssant les actions lâches jusqu'à être encore capable de les châtier de sa propre main, ne pouvant rien comprendre aux questions d'intérêt personnel qui gouvernent le monde, et ne concevant pas qu'on ne fût pas toujours prêt à tenter l'impossible, plutôt que de transiger avec les calculs d'une froide prudence.

« Pourquoi admires-tu le héros secondaire de l'histoire que je viens de te raconter ? dit-il à son neveu, lorsqu'il

Seigneur prince, *eccellenza*, dit-il... (Page 53.)

sortit de sa rêverie. Le dévoûment et le patriotisme sont donc quelque chose, car cet homme n'avait pas d'autre mobile, et n'eût été, dans le monde actuel, qu'une pauvre tête, et peut-être un esprit dérangé?

— Oui, mon oncle, le dévoûment sincère et le sacrifice de toute personnalité en présence d'une idée, sont de grandes choses, et, si je vous avais connu dans ce temps-là, si j'avais eu âge d'homme, il est probable que je vous aurais suivi sur la montagne. J'aurais peut-être été moins attaché que vous au prince de Castro-Reale, mais j'espère que j'aurais eu les mêmes illusions et le même amour pour la cause du pays.

— Vrai, jeune homme? dit Fra-Angelo en attachant ses yeux pénétrants sur Michel.

— Vrai, mon oncle, répondit le jeune homme en levant fièrement la tête, et en soutenant ce regard avec l'assurance de la conviction.

— Eh bien! mon pauvre enfant, reprit Fra-Angelo avec un soupir, il est donc trop tard désormais pour tenter quelque chose? Le temps de croire au triomphe de la vérité est donc passé, et le monde nouveau, que du fond de mon cloître, comme du fond de ma caverne de

brigands, je n'ai pas pu bien connaître, est donc déterminé sans retour à se laisser écraser?

— J'espère que non, mon oncle. Si je le croyais, il me semble que je n'aurais plus de sang dans les veines, de feu dans le cerveau, d'amour dans le sein, et que je ne serais plus capable d'être artiste. Mais il faut bien reconnaître, hélas! que le monde n'est plus ce qu'il pouvait être encore dans ce pays, au début de vos entreprises. S'il a fait un pas vers les découvertes de l'intelligence, il est certain que l'élan du cœur s'est refroidi en lui.

— Et vous appelez cela un progrès? s'écria le capucin avec douleur.

— Non, tant s'en faut, répondit Michel; mais ceux qui sont nés dans cette phase, et qui sont destinés à la remplir peuvent-ils respirer un autre air que celui qui les a fait éclore, et nourrir d'autres idées que celles dont on les a imbus? Ne faut-il pas se rendre à l'évidence et plier sous le joug de la réalité? Vous-même, mon digne oncle, lorsque, de la condition fougueuse de libre aventurier, vous êtes passé à la règle inflexible du cloître, n'avez-vous pas reconnu que le monde n'était pas ce que vous pensiez, et qu'il n'y avait plus rien de possible par la violence?

Tiens, la voilà, cette croix!... (Page 60.)

— Hélas! il est vrai! répondit le moine. Pendant ces dix années que j'avais passées dans les montagnes, je n'avais pas vu quelles révolutions s'opéraient dans les mœurs des hommes civilisés. Lorsque le *Destatore* m'envoya dans les villes, avec ses députés, pour tâcher d'établir des intelligences avec les seigneurs qu'il avait connus bons patriotes, et les bourgeois riches et instruits qu'il avait vus ardents libéraux, je fus bien forcé de constater que ces gens-là n'étaient plus les mêmes, qu'ils avaient élevé leurs enfants dans d'autres idées, qu'ils ne voulaient plus risquer leur fortune et leur vie dans ces entreprises hasardeuses où la foi et l'enthousiasme peuvent seuls accomplir des miracles.

« Oui, oui, le monde avait bien marché... en arrière, selon moi. On ne parlait plus que d'entreprises d'argent, de monopole à combattre, de concurrence à établir, d'industries à créer. Tous se croyaient déjà riches, tant ils avaient hâte de le devenir, et, pour le moindre privilége à garantir, le gouvernement achetait qui bon lui semblait. Il suffisait de promettre, de faire espérer des moyens de fortune, et les plus ardents patriotes se jetaient sur cette espérance, disant : l'industrie nous rendra la liberté.

« Le peuple aussi croyait à cela, et chaque patron pouvait amener ses clients aux pieds des nouveaux maîtres, ces pauvres gens s'imaginant que leurs bras allaient leur rapporter des millions. C'était une fièvre, une démence générale. Je cherchais des hommes, je ne trouvai que des machines. Je parlai d'honneur et de patrie, on me répondit soufre et filature de soie. Je m'en allai triste, mais incertain, n'osant pas trop fronder ce que je venais de voir, et me disant que ce n'était pas à moi, ignorant et sauvage, de juger les ressources nouvelles que ces mystérieuses découvertes allaient créer pour mon pays.

« Mais depuis, mon Dieu! j'ai vu le résultat de ces belles promesses pour le peuple! J'ai vu quelques praticiens relever leur fortune, en ruinant leurs amis et faisant la cour au pouvoir. J'ai vu plusieurs familles de minces bourgeois arriver à l'opulence; mais j'ai vu les honnêtes gens de plus en plus vexés et persécutés; j'ai vu surtout, et je vois tous les jours plus de mendiants et plus de misérables sans pain, sans aveu, sans éducation, sans avenir. Et je me demande ce que vous avez fait de bon avec vos idées nouvelles, votre progrès, vos théories d'égalité! Vous méprisez le passé, vous crachez sur les vieux abus, et vous avez tué l'avenir en créant des abus nouveaux plus monstrueux que les anciens. Les meilleurs parmi vous, jeunes gens, sont à l'affût des principes révolutionnaires des nations plus avancées que la nôtre. Vous vous croyez bien éclairés, bien forts, quand vous pouvez dire : « Plus de nobles, plus de prêtres, « plus de couvents, plus rien du passé! » Et vous ne vous apercevez pas que vous n'avez plus la poésie, la foi et l'orgueil qui ranimaient encore le passé.

« Voyons! ajouta le capucin, en croisant ses bras sur sa poitrine ardente, et en toisant Michel d'un air moitié père, moitié spadassin : vous êtes un tout jeune homme, un enfant! Vous vous croyez bien habile, parce que vous savez ce qu'on dit et ce qu'on pense dans le monde, à l'heure qu'il est. Vous regardez ce moine abruti qui passe la journée à briser le roc pour faire pousser, l'année prochaine, une rangée de piments ou de tomates sur la lave, et vous dites :

« Voilà une existence d'homme singulièrement employée! Pourtant cet homme n'était ni paresseux ni stupide. Il eût pu être avocat ou marchand, et gagner de l'argent tout comme un autre. Il eût pu se marier, avoir des enfants, et leur enseigner à se tirer d'affaire dans la société. Il a préféré s'ensevelir vivant dans une chartreuse et tendre la main aux aumônes! C'est qu'il est sous l'empire du passé, et qu'il a été dupe des vieilles chimères et des vieilles idolâtries de son pays!

« Eh bien! moi, savez-vous ce que je pense en vous regardant? Je me dis : « Voilà un jeune homme qui s'est beaucoup frotté à l'esprit des autres, qui s'est émancipé bien vite de sa classe, qui ne veut point partager les misères de son pays et les labeurs de ses parents. Il en viendra à bout; c'est un beau jeune homme, plus raisonneur et plus subtil dans ses idées et ses paroles, à dix-huit ans, que je ne l'étais à trente. Il sait une foule de choses qui m'eussent paru inutiles, et dont je ne me doutais seulement pas avant que les loisirs du cloître m'eussent permis de m'instruire un peu. Il est là, qui sourit de mon enthousiasme, et qui, à cheval sur sa raison, sur son expérience anticipée, sur sa connaissance des hommes, et sur sa grande science de l'intérêt personnel, me traite intérieurement comme un pédagogue traiterait un écolier. C'est lui qui est l'homme mûr; et moi, vieux bandit, vieux moine, je suis l'adolescent intrépide, l'enfant aveugle et naïf! Singulier contre-sens! Il représente le siècle nouveau, tout d'or et de gloire, et moi, la poussière des ruines, le silence des tombeaux!

« Eh bien! cependant, que le tocsin sonne, que le volcan gronde, que le peuple rugisse, que ce point noir que l'on voit d'ici dans la rade et qui est le vaisseau de l'État se hérisse de canons pour foudroyer la ville au premier soupir exhalé vers la liberté; que les brigands descendent de la montagne, que l'incendie s'élève dans les nues : et, dans cette dernière convulsion de la patrie expirante, le jeune artiste prendra ses pinceaux; il ira s'asseoir à l'écart, sur la colline, à l'abri de tout danger, et il composera un tableau, en se disant : Quel pauvre peuple et quel beau spectacle! Hâtons-nous de peindre! dans un instant, ce peuple n'existera plus, et voici sa dernière heure qui sonne! »

« Au lieu que le vieux moine prendra son fusil... qui, n'est pas encore rouillé;... il retroussera ses manches jusqu'à l'épaule, et, sans se demander ce qui va résulter de tout cela, il se jettera dans la mêlée, et il se battra pour son peuple, jusqu'à ce que son corps broyé sous les pieds n'ait plus figure humaine. Eh bien! enfant, j'aimerais mieux mourir ainsi que de survivre comme toi à la destruction de ma race!

— Mon père! mon père! ne le croyez pas, s'écria Michel, entraîné et vaincu par l'exaltation du capucin. Je ne suis point un lâche! et si mon sang sicilien s'est engourdi dans la terre étrangère, il peut se ranimer au souffle de feu que votre poitrine exhale. Ne m'écrasez pas sous cette malédiction terrible! Prenez-moi dans vos bras et embrasez-moi de votre flamme. Je me sens vivre auprès de vous, et cette vie nouvelle m'enivre et me transporte!

— A la bonne heure! voici enfin un bon mouvement, dit le moine en le pressant dans ses bras. J'aime mieux cela que les belles théories sur l'art, que tu as persuadé à ton père de respecter aveuglément.

— Pardon, mon oncle, je ne me rends point à ceci, reprit Michel en souriant. Je défendrai jusqu'à mon dernier soupir la dignité et l'importance des arts. Vous disiez tout à l'heure qu'au milieu de la guerre civile j'irais froidement m'asseoir dans un coin pour recueillir des épisodes au lieu de me battre. Je me battrais, je vous prie de le croire, et je me battrais fort bien, si c'était tout le bon pour chasser l'ennemi. Je me ferais tuer de grand cœur; la gloire me viendrait plus vite ainsi que je ne l'atteindrai en étudiant la peinture, et j'aime la gloire : là-dessus, je crains d'être incorrigible. Mais si, en effet, j'étais condamné à survivre à la destruction de mon peuple après avoir combattu en vain pour son salut, il est probable que, recueillant mes cruels souvenirs, je ferais beaucoup de tableaux pour retracer et immortaliser la mémoire de ses sanglants désastres. Plus je serais ému et désespéré, meilleure et plus frappante serait mon œuvre. Elle parlerait au cœur des hommes ; elle exciterait l'admiration pour notre héroïsme, la pitié pour nos malheurs, et je vous assure que j'aurais peut-être mieux servi notre cause avec mes pinceaux que je ne l'aurais fait avec mon fusil.

— Fort bien! fort bien! reprit le moine avec un élan de sympathie naïve. C'est bien dit et bien pensé. Nous avons ici un frère qui fait de la sculpture, et j'estime que son travail n'est pas moins utile à la piété que le mien ne l'est au couvent quand je brise cette lave. Mais ce moine a la foi, et il peut créer les traits de la céleste madone sans avilir l'idée que nous nous en faisons. Tu feras de beaux tableaux, Michel; mais ce sera à la condition d'avoir eu le cœur et la main au combat, et d'avoir été acteur passionné, et non pas froid spectateur de ces événements.

— Nous voici d'accord tout à fait, mon père; sans conviction et sans émotion, point de génie dans les arts : mais, puisque nous n'avons plus rien à discuter, si vous êtes enfin content de moi, dites-moi donc ce qui se prépare et ce que vous attendez de mon concours. Nous sommes donc à la veille de quelque tentative importante? »

Fra-Angelo s'était animé au point de perdre la notion de la réalité. Tout à coup ses yeux étincelants se remplirent de larmes, sa poitrine gonflée s'abaissa sous un profond soupir, ses mains, qui frémissaient comme si elles cherchaient des pistolets à sa ceinture, retombèrent sur sa corde de moine et rencontrèrent son chapelet.

« Hélas! non, dit-il en promenant des regards effarés autour de lui comme un homme qui s'éveille en sursaut, nous ne sommes à la veille de rien, et peut-être mourrai-je dans ma cellule sans avoir renouvelé l'amorce de mon fusil. Tout cela était un rêve que tu as partagé avec moi un instant; mais ne le regrette pas, jeune homme, ce rêve était beau, et cet instant qui m'a fait du bien t'a peut-être rendu meilleur. Il m'a servi à te connaître et à t'estimer. Maintenant, c'est entre nous à la vie et à la mort. Ne désespérons pourtant de rien. Regarde l'Etna! il est paisible, radieux; il fume à peine, il ne gronde pas. Demain, peut-être, il vomira encore ses laves ardentes et détruira de fond en comble le sol où nous marchons. Il est l'emblème et l'image du peuple sicilien, et l'heure des *Vêpres* peut sonner au milieu des danses ou du sommeil.

« Mais voici le soleil qui baisse, et je n'ai plus de temps à perdre pour t'informer de ce qui te concerne. C'est une affaire toute personnelle à toi dont je voulais t'entretenir, et cette affaire est grave. Tu n'en peux sortir qu'avec mon aide et celle d'autres personnes qui vont risquer, ainsi que moi, leur liberté, leur honneur et leur vie pour te sauver.

— Est-il possible, mon oncle? s'écria Michel; ne puis-je m'exposer seul, et faut-il que vous soyez enveloppé dans les périls mystérieux qui m'environnent à mon insu? N'est-ce pas mon père seul qui est menacé, et ne puis-je le sauver, moi?

— Ton père est menacé aussi, mais tu l'es davantage. Ne m'interroge pas, crois-moi. Je te l'ai dit, je hais les violences inutiles, mais je ne recule devant rien qui soit bon et nécessaire. Il faut que je t'aide et je t'aiderai. Ton père et toi ne pouvez rien sans le capucin de l'Etna et les restes de la bande du *Destatore*. Tout cela est prêt. Tu me pardonneras si, avant de risquer des choses graves, j'ai voulu savoir à quel point tu méritais le dévoûment dont tu vas recueillir les fruits. Si tu n'avais été qu'un égoïste, je t'aurais aidé à fuir; mais si tu es digne du titre de Sicilien, nous allons t'aider à triompher de la destinée.

— Et vous ne m'expliquerez pas...

— Je ne t'expliquerai que ce que tu dois savoir. Il ne m'est point permis de faire autrement; et souviens-toi d'une chose, c'est qu'en essayant d'en savoir plus long qu'on ne peut t'en apprendre, tu augmenterais nos périls en compliquant les embarras de la propre situation. Allons, fais-moi le plaisir de t'en rapporter à ton oncle et de surmonter l'inquiète et vaine curiosité de l'enfance. Tâche de te faire homme, d'ici à ce soir, car ce soir, peut-être, il te faudra agir.

— Je ne vous demanderai qu'une chose, mon oncle, c'est de veiller à la sûreté de mon père et de ma sœur, avant de songer à moi.

— C'est fait, mon enfant; au premier signal, ton père trouverait un asile dans la montagne, et ta sœur chez la dame qui a donné un bal cette nuit. Allons, voici l'office qui sonne. Je vais demander au supérieur la permission de sortir avec mon neveu pour une affaire de famille. Il ne me la refusera pas. Attends-moi à la porte de notre chapelle.

— Et s'il vous la refusait, pourtant?

— Il me forcerait à lui désobéir, ce qui me serait pénible, je l'avoue, non à cause de la pénitence de demain, mais parce que je n'aime pas à manquer à mon devoir. Le vieux soldat se fait une loi de sa consigne. »

Au bout de cinq minutes, Fra-Angelo vint rejoindre Michel à l'entrée de l'église.

« Accordé, lui dit-il; mais il m'est enjoint, pour payer ma dette à Dieu, de faire, devant l'autel de la Vierge, un acte de foi et une courte prière. Puisque je me fais dispenser des offices du soir, c'est bien le moins que j'en demande excuse à mon premier supérieur. Viens prier avec moi, jeune homme, cela ne peut te faire de mal et te donnera des forces. »

Michel suivit son oncle au pied de l'autel. Le soleil couchant embrasait les vitraux coloriés et semait de rubis et de saphirs le pavé où s'agenouilla le capucin. Michel s'agenouilla aussi, et le regarda prier avec ferveur et simplicité. Une vitre couleur de feu, dont le reflet frappait précisément sa tête tondue, la faisait paraître lumineuse et comme enflammée. Le jeune peintre fut saisi de respect et d'enthousiasme en contemplant cette noble figure, énergique et naïve, qui s'humiliait de bonne foi dans la prière; et lui aussi, touché jusqu'au fond du cœur, il se mit à prier pour son pays, pour sa famille et pour lui-même, avec une foi et une candeur qu'il n'avait pas connues depuis les jours de son enfance.

XXIII.

IL DESTATORE.

« M'est-il permis, mon bon oncle, de vous demander où nous allons? dit Michel lorsqu'ils se furent engagés dans un sentier étroit et sombre, qui s'enfonçait sous les vieux oliviers de la montagne.

— Parfaitement, répondit Fra-Angelo; nous allons trouver les derniers bandits sérieux de la Sicile.

— Il en existe donc encore?

— Quelques-uns, quoique bien dégénérés; ils seraient encore prêts à se battre pour le pays, et ils nourrissent la dernière étincelle du feu sacré. Cependant, je ne dois pas te cacher que c'est une espèce mixte entre les braves d'autrefois, qui se fussent fait conscience d'ôter un cheveu

de la tête d'un bon patriote, et les assassins d'à présent, qui tuent et dépouillent tout ce qu'ils rencontrent. Ceux-ci choisissent quand ils peuvent; mais, comme le métier est devenu bien mauvais, et que la police est plus redoutable que de mon temps, ils ne peuvent pas toujours choisir; si bien que je ne te les donne pas pour irréprochables: mais, tels qu'ils sont, ils ont encore certaines vertus qu'on chercherait en vain ailleurs: la religion du serment, le souvenir des services rendus, l'esprit révolutionnaire, l'amour du pays; enfin, tout ce qui reste de l'esprit chevaleresque de nos anciennes bandes jette encore une petite clarté dans l'âme de quelques-uns, qui font société à part et qui vivent moitié sédentaires, moitié errants. C'est-à-dire qu'ils sont tous établis dans les villages ou dans les campagnes, qu'ils y ont leurs familles, et qu'ils passent même quelquefois pour de tranquilles cultivateurs, soumis à la loi, et n'ayant rien à démêler avec les *campieri* [1]. S'il y en a de soupçonnés et même de compromis, ils s'observent davantage, ne viennent voir leurs femmes et leurs enfants que la nuit, ou bien ils établissent leurs demeures dans des sites presque inaccessibles. Mais celui que nous allons chercher est encore vierge de toute poursuite directe. Il habite, à visage découvert, un bourg voisin, et peut se montrer partout. Tu ne seras pas fâché d'avoir fait connaissance avec lui, et je t'autorise à étudier son caractère, car c'est une nature intéressante et remarquable.

— Serai-je trop curieux si je vous prie de me renseigner un peu à l'avance?

— Certes, tu dois être renseigné, et je vais le faire. Mais c'est un grave secret à te confier, Michel, et encore une histoire à te raconter. Sais-tu que je vais mettre dans tes mains le sort d'un homme que la police poursuit avec autant d'acharnement et d'habileté qu'elle en est capable, sans avoir pu, depuis six ou sept ans que cet homme a commencé à reprendre l'œuvre du *Destatore*, réussir à connaître ses traits et son nom véritable? Voyons, ami, n'as-tu pas encore entendu parler, depuis que tu es en Sicile, du *Piccinino* et de sa bande?

— Il me semble que si... Oui, oui, mon oncle, ma sœur Mila a dit des histoires fantastiques sur le Piccinino, qui défraie toutes les causeries des jeunes fileuses de Catane. C'est, disent-elles, un brigand redoutable, qui enlève les femmes et tue les hommes jusqu'à l'entrée du faubourg. Je ne croyais point à ces contes.

— Il y a du vrai au fond de tous les contes populaires, reprit le moine: le Piccinino existe et agit. Il y a en lui deux hommes, celui que les *campieri* poursuivent en vain, et celui que personne ne s'avise de soupçonner. Celui qui dirige des expéditions périlleuses et qui rassemble, à un signal mystérieux, tous les *nottoloni* [2] un peu importants, épars sur tous les points de l'île, pour les employer à des entreprises plus ou moins bonnes; et celui qui demeure non loin d'ici, dans une jolie maison de campagne, à l'abri de toute recherche et avec la réputation d'un homme intelligent, mais tranquille, ennemi des luttes sanglantes et des opinions hardies. Eh bien! dans une heure, tu seras en présence de cet homme, tu sauras son vrai nom, tu connaîtras sa figure, et tu seras le seul, avec deux autres personnes, en dehors de l'affiliation qu'il commande, qui porteras la responsabilité de son secret. Tu vois que je te traite comme un homme, mon enfant; mais on ne découvre pas le danger d'autrui sans s'y trouver exposé soi-même. Il te faudrait désormais payer de ta vie la plus légère indiscrétion, et en outre, commettre plus qu'une lâcheté, un crime affreux, dont tu sauras bientôt la portée.

— Tous ces avertissements sont inutiles, mon oncle; il me suffit de savoir que ce serait un abus de confiance.

— Je le crois, et pourtant je ne connais pas assez ta prudence pour ne pas te dire tout ce qui doit t'aider. Ton père, la princesse Agathe, ta sœur peut-être, et moi-même, à coup sûr, payerions pour toi de la vie et de l'honneur, si tu manquais au serment que j'exige. Engage-toi donc sur ce qu'il y a de plus sacré, sur l'évangile, à ne

---

[1.] Ce sont les gendarmes, les sbires du pays.

[2.] Les gens qui vont de nuit à leurs affaires.

jamais trahir, même sur l'échafaud, le vrai nom du Piccinino.

— Je m'y engage, mon oncle. Êtes-vous content?

— Oui.

— Et le Piccinino aura-t-il dans mon serment la même
confiance que vous?

— Oui, quoique la confiance ne soit pas son défaut.
Mais, en t'annonçant à lui, je lui ai donné des garanties
dont il ne saurait douter.

— Eh bien! dites-moi donc quelles relations vont s'établir entre cet homme et moi?

— Patience, enfant! je t'ai promis encore une histoire,
et la voici:

« *Il Destatore* s'étant adonné au vin, dans ses dernières années...

— Le *Destatore* est donc mort, mon oncle? Vous ne
m'avez pas parlé de sa fin?

— Je te la dirai, quoi qu'il m'en coûte! Je dois te
la dire! Je t'ai parlé d'un crime exécrable qu'il avait commis. Il avait surpris et enlevé une jeune fille, une enfant,
qui se promenait avec une femme de service dans les
parages où nous nous trouvons, et qu'il rendit à la liberté
au bout de deux heures... Mais, hélas! deux heures trop
tard! Personne ne fut témoin de son infamie, mais le soir
même il s'en vanta à moi et railla mon indignation. Je
fus alors transporté d'horreur et de colère, au point de
le maudire, de le dévouer aux furies, et de l'abandonner
pour entrer dans le couvent où, bientôt, je prononçai
mes vœux. J'aimais cet homme, j'avais subi longtemps
son influence: je craignais, en le voyant se perdre et
s'avilir, de me laisser entraîner par son exemple. Je
voulais mettre entre lui et moi une barrière insurmontable, je me fis moine; ce fut là un des plus puissants
motifs de cette détermination.

« Ma désertion lui fut plus sensible que je ne m'y étais
attendu. Il vint secrètement à Bel-Passo, et mit tout en
usage, prières et menaces, pour me ramener. Il était éloquent, parce qu'il avait une âme ardente et sincère, en
dépit de ses égarements. Je fus pourtant inexorable, et
je m'attachai à le convertir. Je ne suis pas éloquent,
moi; je l'étais encore moins alors; mais j'étais si pénétré
de ce que je lui disais, et la foi s'était si bien emparée
de mon cœur, que mes remontrances lui firent une grande
impression. J'obtins qu'il réparerait son crime autant que
possible, en épousant l'innocente victime de sa violence.
J'allai la chercher de nuit, et je fis consentir à revoir
les traits de ce brigand abhorré. Ils furent mariés cette
nuit-là, en secret, mais bien légitimement, dans la chapelle et devant l'autel où tu viens de prier tout à l'heure
avec moi.... Et, en voyant cette jeune fille si belle, si
pâle, si effrayée, le prince de Castro-Reale eut des remords
et se mit à aimer celle qui devait toujours le haïr!

« Il la supplia de fuir avec lui, et, irrité de sa résistance, il songea à l'enlever. Mais j'avais donné ma parole à cette enfant, et l'enfant déploya un caractère de
force et de fierté bien au-dessus de son âge. Elle lui dit
qu'elle ne le reverrait jamais, et s'attachant à ma robe et
à celle de notre prieur... (un digne homme qui a emporté
tous ses secrets dans la tombe!) «Vous m'avez juré de ne
pas me laisser seule une minute avec cet homme», s'écria-
t-elle, et de me reconduire à la porte de ma demeure,
aussitôt que la cérémonie de ce mariage serait terminée;
ne m'abandonnez pas, ou je me brise la tête sur les marches de votre église. »

« Elle l'aurait fait comme elle le disait, la noble fille!
D'ailleurs, j'avais juré! Je la reconduisis chez elle, et jamais elle n'a revu le *Destatore*.

« Quant à lui, sa douleur fut inouïe. La résistance en-
flamma sa passion, et, pour la première fois de sa vie,
peut-être, lui qui avait séduit et abandonné tant de
femmes, il connut l'amour.

« Mais il connut en même temps le remords, et, dès ce
jour-là, son esprit tomba malade. J'espérais qu'il arriverait à une véritable conversion. Je n'avais pas la pensée
d'en faire un moine comme moi, je voulais qu'il reprît
son œuvre, qu'il renonçât aux crimes inutiles, à la débauche et à la folie. J'essayai de lui persuader que, s'il

redevenait le vengeur de sa patrie et l'espoir de notre
délivrance, sa jeune épouse lui pardonnerait et consen-
tirait à partager sa destinée pénible et glorieuse. Moi-
même, j'aurais jeté sans doute le froc aux orties pour le
suivre.

« Mais, hélas! il serait trop facile de s'amender si le
crime et le vice lâchaient leur proie aussitôt que nous
en éprouvons le désir. Le *Destatore* n'était plus lui-
même, ou plutôt il était trop redevenu l'homme du passé.
Les remords que j'excitais en lui troublaient sa raison
sans corriger ses instincts farouches. Tantôt fou furieux,
tantôt craintif et superstitieux, un jour il priait, noyé
dans ses larmes, au fond de notre humble chapelle; le
lendemain, il retournait, comme dit l'Écriture, à son
vomissement. Il voulait tuer tous ses compagnons, il
voulait me tuer moi-même. Il commit encore beaucoup
d'excès, et, un matin... J'ai peine à mener ce récit jusqu'au bout, Michel, il me fait tant de mal!.... Un matin
on le trouva mort au pied d'une croix, non loin de notre
couvent: il s'était fait sauter la tête d'un coup de pistolet!...

— Voilà une affreuse destinée, dit Michel, et je ne
sais, mon oncle, si c'est l'accent de votre voix, ou l'horreur du lieu où nous sommes, mais j'éprouve une émotion
des plus pénibles. Peut-être ai-je entendu raconter cette
histoire à mon père, dans mon enfance, et c'est peut-être
le souvenir de l'effroi qu'elle m'a causé alors, qui se réveille en moi!

— Je ne crois pas que ton père t'en ait jamais parlé,
dit le capucin après un intervalle de lugubre silence. Si
je t'en parle, c'est parce qu'il le faut, mon enfant; car
ce souvenir m'est plus pénible qu'à qui que ce soit, et
le lieu où nous sommes n'est pas propre, en effet, à me
donner des idées riantes. Tiens, le voilà, cette croix dont
la base fut inondée de son sang, et où je le trouvai étendu
et défiguré. C'est moi qui ai creusé sa tombe de mes
propres mains, sous ce rocher qui est là, au fond du ravin; c'est moi qui ai dit les prières que tout autre lui eût
refusées.

— Pauvre Castro-Reale, pauvre chef, pauvre ami! continua le capucin en se découvrant et en étendant le bras
vers une grande roche noire qui gisait au bord du torrent,
à cinquante pieds au-dessous du chemin. Que Dieu, qui
est l'inépuisable bonté et l'infinie mansuétude, te pardonne les erreurs de ta vie, comme je te pardonne les
chagrins que tu m'as causés! Je ne me souviens plus que
de tes années de vertu, de tes grandes actions, de tes
nobles sentiments, et des émotions ardentes que nous
avons partagées. Dieu ne sera pas plus rigoureux qu'un
pauvre homme comme moi, n'est-ce pas, Michel?

— Je ne crois pas aux ressentiments éternels de l'Être
suprême et parfait qui nous gouverne, répondit le jeune
homme; mais, passons, mon oncle! j'ai froid ici, et j'aime
mieux vous confesser l'étrange faiblesse que j'éprouve,
que de rester un instant de plus au pied de cette croix...
J'ai peur!

— J'aime mieux te voir trembler que rire ici! répondit le moine. Viens, donne-moi la main, et passons. »

Ils marchèrent quelque temps en silence; puis Fra-
Angelo, comme s'il eût voulu distraire Michel, reprit
ainsi son propos: « Après la mort du *Destatore*, beaucoup de gens, des femmes surtout, car il en avait séduit
plus d'une, coururent à sa retraite, espérant s'emparer
de l'argent qu'il pouvait avoir laissé pour les enfants dont
il était, ou dont il passait pour être le père: mais il avait
porté, le matin même de son suicide, le butin de ses dernières prises à celle de ses maîtresses qu'il aimait le
mieux, ou, pour mieux dire, à celle qu'il détestait le
moins; car, s'il avait beaucoup de fantaisies, il en inspirait encore davantage, et toutes ces femmes, qui lui for-
maient une sorte de sérail ambulant, l'importunaient et
l'irritaient au dernier point. Toutes voulaient se faire
épouser, elles ne savaient point qu'il était marié. La seule
Mélina de Nicolosi ne l'accabla jamais ni de ses reproches
ni de ses exigences.

« Elle l'avait aimé sincèrement; elle s'était abandonnée
à lui sans résistance et sans arrière-pensée; elle lui avait

donné un fils qu'il préférait aux douze ou quinze bâtards qu'on élevait sous son nom dans la montagne. La plupart de ces bâtards existent, et, à tort ou à raison, se vantent de lui appartenir. Tous sont plus ou moins bandits. Mais celui que le *Destatore* n'a jamais renié, celui qui lui ressemble trait pour trait, quoique ce soit une empreinte très-réduite et un peu effacée de sa beauté mâle et vivace; celui qui a grandi avec la pensée d'être l'héritier de son œuvre, avec des soins et des ressources auxquels les autres ne pouvaient prétendre, c'est le fils de la Mélina; c'est le jeune homme que nous allons voir tout à l'heure; c'est le chef des bandits dont je t'ai parlé, et dont quelques-uns sont peut-être effectivement ses frères; c'est enfin celui que tu dois connaître sous son vrai nom: c'est Carmelo Tonfabene, que l'on nomme ailleurs le *Piccinino*.

— Et celle que Castro-Reale avait enlevée, celle que vous avez mariée avec lui, ne me direz-vous pas son nom, mon oncle?

— Son nom et son histoire sont un secret que trois personnes seulement connaissent aujourd'hui, elle, moi et un autre. Halte-là, Michel, plus de questions sur ce sujet. Revenons au Piccinino, fils du prince de Castro-Reale et de la paysanne de Nicolosi.

« Cette aventure du *Destatore* était antérieure de plusieurs années à son crime et à son mariage. Le trésor qu'il lui laissa n'était pas bien considérable; mais, comme tout est relatif, ce fut une fortune pour la Mélina. Elle fit élever son fils comme si elle l'eût destiné à sortir de sa condition; elle désirait, au fond du cœur, en faire un prêtre, et, pendant quelques années, j'ai été son instituteur et son guide: mais, à peine eut-il quinze ans, qu'ayant perdu sa mère, il quitta notre couvent et mena une vie errante jusqu'à sa majorité. Il avait toujours nourri l'idée de retrouver les anciens compagnons de son père et d'organiser avec leur aide une bande nouvelle; mais, par respect pour la volonté de sa mère, s'il aimait réellement, je dois le dire, il avait travaillé à s'instruire comme s'il eût dû, en effet, se consacrer à l'état ecclésiastique. Lorsqu'il eut recouvré sa liberté, il s'en servit, sans me faire connaître son dessein. Il avait toujours pensé que je le blâmerais. Plus tard, il a été forcé de me confier son secret et de me demander mes conseils.

« Je ne fus pas fâché, je l'avoue, d'être délivré de la tutelle de ce jeune loup, car c'était bien la nature la plus indomptable que j'aie jamais rencontrée. Aussi brave et encore plus intelligent que son père, il a de tels instincts de prudence, de moquerie et de ruse, que je ne savais parfois si j'avais affaire au plus pervers des hypocrites, ou au plus grand des diplomates qui aient jamais embrouillé le sort des empires. C'est un étrange composé de perfidie et de loyauté, de magnanimité et de ressentiment. Il y a en lui une partie des vertus et des qualités de son père. Les travers et les défauts sont autres. Il a, comme son père, la fidélité du cœur dans l'amitié et la religion du serment: mais, tandis que son père, emporté par des passions fougueuses, restait croyant et même dévot au fond du cœur, il est, lui, si je ne me suis pas trompé, et s'il n'a pas changé, l'athée le plus calme et le plus froid qui ait jamais existé. S'il a des passions, il les satisfait si secrètement qu'on ne peut les pressentir. Je ne lui en connais qu'une, et, celle-là, je n'ai pas travaillé à la vaincre, c'est la haine de l'étranger et l'amour du pays. Cet amour est si vif en lui, qu'il le pousse jusqu'à l'amour de la localité. Loin d'être prodigue comme son père, il est économe et rangé, et possède à Nicolosi une jolie habitation, des terres et un jardin où il vit presque toujours seul, en apparence, lorsqu'il n'est pas en excursion secrète dans la montagne. Mais il opère ses sorties avec tant de prudence, ou il reçoit ses compagnons avec tant de mystère, qu'on ne sait jamais s'il est absent de sa maison, ou occupé dans son jardin à lire ou à fumer. Pour conserver cette indépendance habilement ménagée, il affecte, quand on frappe chez lui, de ne pas répondre et de se laisser apercevoir. De sorte que, lorsqu'il est à dix lieues de là, on ne peut dire s'il est un caprice sauvage ne le retient pas dans sa forteresse.

« Il a conservé l'habit et les mœurs apparentes d'un paysan riche, et, quoiqu'il soit fort instruit et très-éloquent au besoin, quoiqu'il soit propre à toutes les carrières et capable de se distinguer dans quelques-unes, il a une telle aversion pour la société et les lois qui la régissent chez nous, qu'il aime mieux rester bandit. Ne rien être qu'un *villano* aisé, ne lui suffirait point. Il a de l'ambition, de l'activité, le génie des ruses de guerre et la passion des aventures. Quoiqu'il entre dans ses desseins de cacher son habileté et son instruction, ces qualités percent malgré lui, et il a une grande influence dans son bourg. Il y passe pour un caractère original, mais on fait cas de ses conseils, et on le consulte sur toutes choses. Il s'est fait un devoir d'obliger tout le monde, parce qu'il s'est fait une politique de n'avoir point d'ennemis. Il explique ses fréquentes absences et les nombreuses visites qu'il reçoit, par un petit commerce de denrées agricoles qui nécessite des voyages dans l'intérieur des terres et des relations un peu étendues. Il cache son patriotisme avec soin, mais il sonde et connaît celui des autres, et, au premier mouvement sérieux, il n'aurait guère qu'un signe à faire pour ébranler toute la population de la montagne, et la montagne marcherait avec lui.

— Eh bien! mon oncle, je comprends que cet homme-là soit un héros à vos yeux, tandis que vous avez peine à estimer un être aussi faiblement dessiné par moi.

— Ce n'est pas le nombre, mais la qualité des paroles que j'estime, répondit le capucin. Tu m'en as dit deux ou trois qui me suffisent, et, quant à mon héros, comme tu l'appelles, il en est si peu prodigue, que j'ai dû le juger sur les faits plus que sur les discours. Moi-même je parle rarement de ce que je sens fortement, et, si tu me trouves prolixe aujourd'hui, c'est qu'il faut que je te dise en deux heures ce que je n'ai pu te dire depuis dix-huit ans que tu es au monde, sans que je te connaisse. D'ailleurs, la réserve ne me déplaît point. J'ai aimé Castro-Reale comme je n'aimerai plus jamais personne, et nous passions ensemble des journées entières, tête à tête, sans nous dire un mot. Il était méfiant comme tout vrai Sicilien doit l'être, et, tant qu'il s'est méfié de lui-même et des autres, il a été un grand cœur et un grand esprit.

— Le jeune homme que nous allons voir a donc conservé pour vous un grand attachement, mon oncle, puisque vous êtes sûr de le trouver prêt à m'accueillir?

— S'il aime quelqu'un au monde, c'est moi, quoique je l'aie bien grondé et bien tourmenté lorsqu'il était mon élève. Pourtant, je ne suis pas bien certain qu'il nous accorde ce que j'ai à lui demander pour toi. Il aura quelque répugnance à vaincre; mais, j'espère.

— Et, sans doute, il sait de mes affaires et de ma destinée tout ce que vous ne me permettez pas d'en savoir moi-même?

— Lui? il ne sait rien du tout, et il ne doit rien savoir avant toi. Le peu que vous devez savoir jusqu'à présent l'un et l'autre, je le dirai à vous deux. Après cela, le Piccinino devinera peut-être plus qu'il ne faudrait. Sa pénétration est grande; mais ce qu'il devinera, il ne te le dira pas, et, ce qu'il voudra découvrir, il ne te le demandera jamais; je suis fort tranquille là-dessus. Maintenant, silence, nous quittons les bois pour rentrer dans le versant de la montagne cultivée et habitée. Nous devons pénétrer inaperçus, autant que possible, dans la retraite où notre homme nous attend. »

Le moine et Michel marchèrent en silence et avec précaution le long des haies et des massifs d'arbres, cherchant l'ombre et fuyant les routes tracées; et bientôt ils arrivèrent, à la faveur du crépuscule, à la demeure du Piccinino.

XXIV.

LE PICCININO.

Au flanc de la montagne que Fra-Angelo et Michel n'avaient cessé de gravir pendant deux heures, le grand bourg de Nicolosi, dont la population est considérable, est la dernière étape civilisée où le voyageur qui veut visiter l'Etna s'arrête, avant de s'engager dans la région austère et grandiose des forêts. Cette seconde région s'appelle *Silvosa* ou *Nemorosa*, et le froid s'y fait vivement sentir. La végétation y prend un grand caractère d'horreur et d'abandon, jusqu'à ce qu'elle disparaisse sous les lichens et les graviers arides, après lesquels il n'y a plus que de la neige, du soufre et de la fumée.

Nicolosi et le magnifique paysage qui l'entoure étaient déjà perdus dans la vapeur du soir, lorsque Michel essaya de se rendre compte du lieu où il se trouvait. La masse imposante de l'Etna ne présentait plus qu'une teinte uniforme, et c'est tout au plus s'il pouvait distinguer à un mille au-dessus de lui le sinistre mamelon de *Monte-Rosso*, ce volcan inférieur, un des vingt ou trente fils de l'Etna, fournaises éteintes ou récemment ouvertes, qui se dressent en batterie à ses pieds. C'est le Monte-Rosso qui ouvrit sa bouche noire, il n'y a pas deux siècles, pour vomir cette affreuse lave dont la mer de Catane est encore sillonnée. Aujourd'hui, les paysans y cultivent la vigne et l'olivier sur des débris qui ont l'air de brûler encore.

L'habitation du Piccinino, isolée dans la montagne, à un demi-mille du bourg, dont un ravin assez escarpé la séparait, marquait la limite d'un terrain fertile, baigné d'une atmosphère tiède et suave. A quelques centaines de pas plus haut, il faisait froid déjà, et déjà l'horreur du désert s'annonçait par l'absence de culture, et des courants de laves si nombreux et si larges, que la montagne de ce côté ne semblait plus accessible. Michel observa que cette situation favorisait parfaitement les vues d'un homme qui s'était fait moitié citoyen, moitié sauvage. Chez lui, il pouvait goûter toutes les aises de la vie; au sortir de chez lui, il pouvait échapper à la présence de l'homme et aux exigences de la loi.

La colline, escarpée d'un côté, adoucie et fertile sur son autre face, était couverte, à son sommet, d'une magnifique végétation, dont une main laborieuse et intelligente entretenait à dessein la splendeur mystérieuse. Le jardin de Carmelo Tomabene était renommé pour sa beauté et l'abondance de ses fruits et de ses fleurs. Mais il en défendait l'entrée avec jalousie, et de grandes palissades couvertes de verdure le fermaient de tous côtés. La maison, assez vaste et bien bâtie, quoique sans luxe apparent, avait été élevée sur les ruines d'un petit fort abandonné. Quelques restes de murailles épaisses, et la base d'une tour carrée, dont on avait tiré parti pour étayer et augmenter la nouvelle construction, et qui portaient les traces de réparations bien entendues, donnaient au modeste édifice un caractère de solidité et un certain air d'importance demi-rustique, demi-seigneuriale. Ce n'était pourtant que la maison d'un cultivateur aisé, mais on sentait bien qu'un homme distingué dans ses habitudes et dans ses goûts pouvait y vivre sans déplaisir.

Fra-Angelo approcha de la porte ombragée, et prit, dans les chèvrefeuilles qui l'encadraient d'un riche berceau, une corde qui suivait une longue tonnelle de vigne, et qui répondait à une cloche placée dans l'intérieur de la maison; mais le bruit de cette cloche était si étouffé qu'on ne l'entendait pas du dehors. La corde, glissant dans la verdure, n'était point apparente, et il fallait être initié à l'existence de ce signal pour s'en servir. Le moine tira la corde à trois reprises différentes, avec attention et lenteur; puis il la tira cinq fois, puis deux, puis trois encore; après quoi il se croisa les bras pendant cinq minutes, et recommença les mêmes signaux dans le même ordre et avec la même circonspection. Un coup de plus ou de moins, et l'hôte mystérieux les eût fort bien laissés attendre toute la nuit sans ouvrir.

Enfin, la porte du jardin s'ouvrit. Un homme de petite taille, enveloppé d'un manteau, s'approcha, prit Fra-Angelo par la main, lui parla à l'oreille quelques instants, revint vers Michel, le fit entrer, et marcha devant eux après avoir refermé la porte avec soin. Ils suivirent la longue tonnelle, qui dessinait une croix dans toute l'étendue du jardin, et traversèrent une sorte de péristyle champêtre formé de piliers grossiers, tout couverts de vigne et de jasmin; après quoi leur hôte les introduisit dans une grande pièce propre et simple, où tout annon-

çait l'ordre et la sobriété. Là, il les fit asseoir, et, s'étendant sur un vaste canapé couvert d'indienne rouge, il alluma tranquillement son cigare; puis, sans regarder Michel, sans faire aucune démonstration d'amitié au moine, il attendit que celui-ci portât la parole. Il ne montrait aucune impatience, aucune curiosité. Il n'était occupé qu'à se débarrasser lentement de son manteau brun, doublé de rose, à en plier le collet avec soin, et à rajuster sa ceinture de soie, comme s'il eût eu besoin d'être parfaitement à son aise pour écouter ce qu'on avait à lui confier.

Mais quelle fut la surprise de Michel lorsqu'il reconnut, peu à peu, dans le jeune *villano* de Nicolosi, l'étrange cavalier qui avait fait sensation un instant au bal de la princesse, et avec lequel il avait échangé, sur le perron du palais, des paroles fort peu amicales!

Il se troubla en pensant que cet incident disposerait mal en sa faveur l'homme auquel il venait demander un service. Mais le Piccinino ne parut pas le reconnaître, et Michel pensa qu'il ferait aussi bien de ne pas réveiller le souvenir de cette fâcheuse aventure.

Il eut donc le loisir d'examiner ses traits et de chercher, dans sa physionomie, quelque révélation de son caractère. Mais il lui fut impossible, dans ces derniers moments, de constater une émotion quelconque, une volonté, un sentiment humain, sur cette figure terne et impassible. Il n'y avait pas même de l'impertinence, quoique son attitude et son silence pussent indiquer l'intention de se montrer dédaigneux.

Le Piccinino était un jeune homme de vingt-cinq ans environ. Sa petite taille et ses formes délicates justifiaient le surnom qu'on lui avait donné, et qu'il portait avec plus de coquetterie que de dépit [1]. Il était impossible de voir une organisation plus fine, plus délicate, et en même temps plus parfaite que celle de ce petit homme. Admirablement proportionné, et modelé comme un bronze antique, il rachetait le défaut de force musculaire par une souplesse extrême. Il passait pour n'avoir point d'égal dans tous les exercices du corps, quoiqu'il ne pût se servir que de son adresse, de son sang-froid, de son agilité et de la précision de son coup d'œil. Personne ne pouvait le fatiguer à la course, ni le suivre à la course. Il franchissait des précipices avec l'aplomb d'un chamois; il visait au fusil comme au pistolet ou à la fronde, et, dans tous les jeux de ce genre, il était tellement sûr de gagner tous les prix, qu'il ne se donnait plus la peine de concourir. Excellent cavalier, nageur intrépide, il n'y avait aucun moyen de locomotion ou de combat qui ne lui assurât une supériorité marquée sur quiconque oserait s'attaquer à lui. Connaissant bien les avantages de la force physique dans un pays de montagnes, et avec une destinée de partisan, il avait voulu acquérir de bonne heure, à cet égard, les facultés que la nature semblait lui avoir refusées. Il les avait exercées et développées en lui avec une âpreté et une persistance incroyables, et il était parvenu à faire de son organisation débile l'esclave fidèle et l'instrument docile de sa volonté.

Cependant, à le voir ainsi couché sur son lit de repos, on eût dit d'une femme maladive ou nonchalante. Michel ne savait point qu'après avoir fait vingt lieues à pied, dans la journée, il prenait un nombre d'heures de repos systématique, et qu'il savait exactement, tant il s'observait et s'étudiait en toutes choses, ce qu'il devait passer d'instants dans la position horizontale, pour échapper à l'inconvénient d'une courbature.

Sa figure était d'une beauté étrange : c'était le typo siculo-arabe dans toute sa pureté. Une netteté de lignes incroyable, un profil oriental un peu exagéré, de longs yeux noirs veloutés et pleins de langueur, un sourire fin et paresseux, un charme tout féminin, une grâce de chat dans les mouvements de tête, et je ne sais quoi de doux et de froid qu'il était impossible d'expliquer au premier examen.

1. Le Piccinino est un diminutif amical que les montagnards aventuriers avaient pu lui donner à cause de sa petite taille. Mais la locution *piccin-piccino* (*farsi*), signifie aussi l'action de se cacher afin de prouver son *alibi*.

Le Piccinino était vêtu avec une recherche extrême et une propreté scrupuleuse. Il portait le costume pittoresque des paysans montagnards, mais composé d'étoffes fines et légères. Ses braies, courtes et collantes, étaient en laine moelleuse rayée de soie, jaune sur brun ; il laissait voir sa jambe nue, blanche comme l'albâtre, et chaussée de spadrilles écarlates. Sa chemise était en batiste brodée garnie de dentelle, et laissait voir une chaîne de cheveux enroulée à une grosse chaîne d'or sur sa poitrine. Sa ceinture était de soie verte brochée d'argent. De la tête aux pieds il était couvert de contrebande, ou de quelque chose de pis ; car, si on eût examiné la marque de son linge, on eût pu se convaincre qu'il sortait de la dernière valise qu'il avait pillée.

Tandis que Michel admirait avec un peu d'ironie intérieure l'aisance avec laquelle ce beau garçon roulait dans ses doigts, effilés comme ceux d'un bédouin, sa cigarette de tabac d'Alger, Fra-Angelo, qui ne paraissait ni surpris ni choqué de son accueil, fit le tour de la chambre, ferma la porte au verrou, et, lui ayant demandé s'ils étaient bien seuls dans la maison, ce à quoi le Piccinino répondit par un signe de tête affirmatif, il commença ainsi :

« Je te remercie, mon fils, de ne m'avoir point fait attendre ce rendez-vous ; je viens te demander un service : As-tu le pouvoir et la volonté d'y consacrer quelques jours ?

— Quelques jours ? dit le Piccinino d'un son de voix si doux que Michel eut besoin de regarder le muscle d'acier de sa jambe pour ne point croire encore une fois qu'il entendait parler une femme ; mais l'inflexion de cette parole signifiait, à ne pas s'y méprendre : « Vous vous moquez ! »

— J'ai dit quelques jours, reprit le moine avec tranquillité ; il faut descendre de la montagne, suivre à Catane le jeune homme que voici, et qui est mon neveu, et demeurer près de lui jusqu'à ce que tu aies réussi à le délivrer d'un ennemi qui l'obsède. »

Le Piccinino se retourna lentement vers Michel et le regarda comme s'il ne l'eût pas encore aperçu ; puis, tirant de sa ceinture un stylet richement monté, il le lui présenta avec un imperceptible sourire d'ironie et de dédain, comme pour lui dire : « Vous êtes d'âge et de force à vous défendre vous-même. »

Michel, blessé de la situation où son oncle le plaçait sans son aveu, allait répondre avec vivacité, lorsque Fra-Angelo lui coupa la parole en lui mettant sa main de fer sur l'épaule.

— Tais-toi, mon enfant, dit-il ; tu ne sais pas de quoi il s'agit, et tu n'as rien à dire ici. Ami, ajouta-t-il en s'adressant à l'aventurier, si mon neveu n'était pas un homme et un Sicilien, je ne te l'aurais pas présenté. Je vais te dire ce que nous attendons de toi, à moins que tu ne me dises d'avance que tu ne veux pas ou que tu ne peux pas nous servir.

— Père Angelo, répondit le bandit en prenant la main du moine et en la portant à ses lèvres avec une grâce caressante qui changèrent entièrement sa physionomie, quelque chose que ce soit, pour vous je veux toujours. Mais aucun homme ne peut faire tout ce qu'il veut. Il faut donc que je sache ce que c'est.

— Un homme nous gêne...

— J'entends bien.

— Nous ne voulons pas le tuer.

— Vous avez tort.

— En le tuant nous nous perdons ; en l'éloignant nous sommes sauvés.

— Il faut donc l'enlever ?

— Oui, mais nous ne savons comment nous y prendre.

— Vous ne le savez pas, vous, père Angelo ! dit le Piccinino en souriant.

— Je l'aurais su autrefois, répondit le capucin. J'avais des amis, des lieux de refuge. A présent, je suis moine.

— Vous avez tort, répéta le bandit avec la même tranquillité. Donc, il faut que j'enlève un homme. Est-il bien gros, bien lourd ?

— Il est fort léger, répondit le moine, qui parut com-

prendre cette métaphore, et personne ne te donnera un ducat de sa peau.

— En ce cas, bonsoir père ; je ne peux pas le prendre seul et le mettre dans ma poche comme un mouchoir. Il me faut des hommes, et l'on n'en trouve plus pour rien comme de votre temps.

— Tu ne m'as pas compris, tu taxeras toi-même le salaire de tes hommes, et ils seront payés.

— Est-ce vous qui répondez de cela, mon père ?

— C'est moi.

— Vous seul ?

— Moi seul. Et, quant à ce qui te concerne, si l'affaire n'eût pas été magnifique, je ne t'aurais pas choisi.

— Eh bien, nous verrons cela la semaine prochaine, dit le bandit pour amener un plus ample exposé des produits de l'affaire.

— En ce cas, n'en parlons plus, dit le moine un peu blessé de sa méfiance ; il faut marcher sur l'heure, ou point.

— Marcher sur l'heure ? Et le temps de rassembler mes hommes, de les décider et de les instruire ?

— Tu le feras demain matin, et demain soir ils seront à leur poste.

— Je vois que vous n'êtes pas pressés, car vous m'auriez dit de partir cette nuit. Si vous pouvez attendre jusqu'à demain, vous pouvez attendre quinze jours.

— Non ; car je compte t'emmener tout de suite, t'envoyer dans une villa où tu parleras avec une des personnes intéressées au succès, et te donner jusqu'à demain soir pour visiter les environs, connaître tous les détails nécessaires, dresser tes batteries, avertir tes hommes, les distribuer, établir des intelligences dans la place... Bah ! c'est plus de temps qu'il ne t'en faut ! A ton âge, je n'en eusse pas demandé la moitié à ton père. »

Michel vit que le capucin avait enfin touché la corde sensible ; car, à ce titre de fils du prince de Castro-Reale, que tout le monde n'osait pas ou ne voulait pas lui accorder ouvertement, le Piccinino tressaillit, se redressa, et bondit sur ses pieds comme prêt à se mettre en route. Mais tout d'un coup, portant la main à sa jambe et se laissant retomber sur son sofa :

« C'est impossible, dit-il ; je souffre trop.

— Qu'y a-t-il donc ? dit Fra-Angelo. Es-tu blessé ? Est-ce donc toujours cette balle morte de l'année dernière ? Autrefois, nous marchions avec des balles dans la chair. Ton père a fait trente lieues sans songer à faire extraire celle qu'il reçut dans la cuisse à Léon-Forte, mais les jeunes gens d'aujourd'hui ont besoin d'un an pour guérir une contusion. »

Michel crut que son oncle avait été un peu trop loin, car le Piccinino se recoucha avec un mouvement de dépit concentré, s'étendit sur le dos, envoya au plafond plusieurs bouffées de cigare, et laissa malicieusement au bon père l'embarras de renouer la conversation.

Mais Fra-Angelo savait bien que l'idée des ducats avait remué l'esprit positif du jeune bandit, et il reprit sans la moindre hésitation :

« Mon fils, je te donne une demi-heure, s'il te la faut absolument ; une demi-heure, c'est beaucoup pour le sang qui coule dans tes veines ! après quoi nous partirons tous les trois.

— Qu'est-ce que c'est donc que ce garçon-là ? dit le Piccinino en désignant Michel du bout du doigt, sans déranger ses yeux et son visage tournés vers la muraille.

— C'est mon neveu ; je te l'ai dit : et le neveu de Fra-Angelo est bon pour agir. Mais il ne connaît pas le pays et n'a pas les relations nécessaires pour une affaire du genre de celle-ci.

— Craint-il de se compromettre, le *signorino* ?

— Non, Monsieur ! s'écria Michel impatienté et incapable de supporter plus longtemps l'insolence du bandit et la contrainte que lui imposait son oncle. Le bandit se retourna, le regarda en face avec ses longs yeux un peu relevés vers les tempes, et dont l'expression railleuse était parfois insupportable. Cependant, en voyant la figure animée et les lèvres pâles de Michel, il passa à

Michel observa que cette situation favorisait... (Page 62.)

une expression plus bienveillante, quoiqu'un peu suspecte, et, lui tendant la main :

« Soyons amis, lui dit-il ; en attendant que nous
n'ayons plus d'ennemis sur les bras; c'est ce que nous
avons de mieux à faire. »

Comme Michel était assis à quelque distance, il lui eût
fallu se lever pour prendre cette main royalement tendue
vers lui. Il sourit et ne se dérangea point, au risque de
mécontenter son oncle et de perdre le fruit de sa démarche.

Mais le moine ne fut pas fâché de voir Michel prendre
de suite cette attitude vis-à-vis du bandit. Ce dernier
comprit qu'il n'avait point affaire à une âme molle, et,
se levant avec effort, il alla lui prendre la main en
disant :

« Vous êtes cruel, mon jeune maître, de ne point vouloir faire deux pas vers un homme brisé de fatigue. Vous
n'avez pas fait vingt lieues dans votre journée, vous, et
vous voulez que je parte, quand j'ai pris à peine deux
heures de repos !

— A ton âge, dit le moine impitoyable, je faisais vingt
lieues le jour, et je ne prenais pas le temps de souper

pour recommencer. Voyons, es-tu décidé? partons-
nous?

— Vous y tenez donc beaucoup? l'affaire vous intéresse donc personnellement?

— J'y tiens comme à mon salut éternel, et l'affaire intéresse ce que j'ai de plus cher au monde, aujourd'hui
que ton père est dans la tombe. Mon frère est compromis
ainsi que ce brave jeune homme, pour lequel j'exige ton
amitié sincère et loyale.

— Ne lui ai-je pas serré la main ?

— Aussi je compte sur toi. Quand je te verrai prêt,
je te dirai ce qui doit t'allécher plus que l'or et la gloire.

— Je suis prêt. Est-ce un ennemi du pays qu'il faut
tuer?

— Je t'ai dit qu'il n'y avait personne à tuer; tu oublies
que je sers le Dieu de paix et de miséricorde. Mais il y a
quelqu'un à contrarier beaucoup et à faire échouer complètement dans ses desseins perfides; et, cet homme-là,
c'est un espion et un traître.

— Son nom?

— Viendras-tu?

— Ne suis-je pas debout?

Il se lança au milieu des rochers... (Page 67.)

— C'est l'abbé Ninfo. »

Le Piccinino se mit à rire d'une manière silencieuse qui avait quelque chose d'effrayant.

« Il me sera permis de le contrarier? dit-il.

— Moralement. Mais pas une goutte de sang répandu !

— Moralement! allons, j'aurai de l'esprit. Aussi bien le courage n'est pas de mise avec cet homme-là ; mais puisque nous voici d'accord ou à peu près, il est temps de m'expliquer pourquoi cet enlèvement.

— Je te l'expliquerai en route, et tu réfléchiras chemin faisant.

— Impossible. Je ne sais pas faire deux choses à la fois. Je ne réfléchis que quand j'ai le corps en repos.»

Et il se recoucha tranquillement après avoir rallumé sa cigarette.

Fra-Angelo vit bien qu'il ne se laisserait pas emmener les yeux fermés.

— Tu sais, dit-il sans laisser percer aucune impatience, que l'abbé Ninfo est le suppôt, l'espion, l'âme damnée d'un certain cardinal ?

— Ieromino de Palmarosa.

— Tu sais aussi qu'il y a dix-huit ans, mon frère aîné, Pier-Angelo, a été forcé de fuir...

— Je le sais. C'était bien sa faute! Mon père vivait encore. Il eût pu se joindre à lui au lieu d'abandonner son pays.

— Tu te trompes; ton père venait de périr. Tu étais enfant; j'étais moine! Il n'y avait plus rien à faire ici.

— Continuez.

— Mon frère est revenu, comme tu sais, il y a un an; et son fils, Michel-Angelo que voici, est revenu il y a huit jours.

— Pourquoi faire?

— Pour aider son père dans son métier, et son pays dans l'occasion. Mais une dénonciation pèse déjà sur sa tête ainsi que sur celle de son père. Le cardinal a encore de la mémoire et ne pardonne point. L'abbé Ninfo est prêt à agir en son nom.

— Qu'attendent-ils?

— J'ignore ce que le cardinal attend pour mourir; mais je puis dire que l'abbé Ninfo attend la mort du cardinal.

— Pourquoi?

— Pour s'emparer de ses papiers avant qu'on ait eu le temps de mettre les scellés et d'avertir l'héritière.

— Qui est l'héritière?

— La princesse Agathe de Palmarosa.

— Ah! oui! dit le bandit en changeant de position. Une belle femme, à ce qu'on dit!

— Cela ne fait rien à l'affaire. Mais, comprends-tu maintenant pourquoi il est nécessaire que l'abbé Ninfo disparaisse pendant les derniers moments du cardinal?

— Pour qu'il ne s'empare point des papiers, vous l'avez dit. Il peut frustrer la princesse Agathe de titres importants, soustraire un testament. L'affaire est grave pour elle. Elle est fort riche, cette dame? Grâce aux bons sentiments de son père et de son oncle, le gouvernement lui a laissé tous ses biens et ne l'écrase pas de contributions forcées.

— Elle est fort riche, donc c'est pour toi une grande affaire, car la princesse est aussi généreuse qu'opulente.

— J'entends. Et puis, c'est une très-belle femme! »

L'insistance de cette réflexion fit passer un frisson de colère dans les veines de Michel; l'impertinence du bandit lui paraissait intolérable; mais Fra-Angelo ne s'en inquiéta point. Il croyait savoir que c'était, chez le Piccinino, une manière de voiler sa cupidité sous un air de galanterie.

« Ainsi, reprit le bandit, c'est pour votre frère et votre neveu que je dois agir incidemment, tandis qu'en réalité j'ai à sauver la fortune à venir de madame de Palmarosa en m'emparant de la personne suspecte de l'abbé Ninfo? C'est bien cela?

— C'est bien cela, dit le moine. La signora doit veiller à ses intérêts et moi à ma famille. Voilà pourquoi je lui ai conseillé de te demander ton aide, et pourquoi j'ai voulu être porteur de sa requête. »

Le Piccinino parut rêver un instant; puis, tout à coup, se renversant sur ses coussins : « L'excellente histoire! dit-il d'une voix entrecoupée par de grands éclats de rire. C'est une des meilleures aventures où je me sois trouvé. »

XXV.

LA CROIX DU DESTATORE.

Cet accès de gaieté, qui parut passablement insolent à Michel, inquiéta enfin le moine; mais, sans lui donner le temps de l'interroger, le Piccinino reprit son sérieux aussi brusquement qu'il l'avait perdu.

« L'affaire s'éclaircit, dit-il. Un point reste obscur. Pourquoi ce Ninfo attend-il la mort de son patron pour dénoncer vos parents?

— Parce qu'il sait que la princesse les protège, répondit le capucin; qu'elle a de l'amitié et de l'estime pour le vieux et honnête artisan qui travaille, depuis un an, dans son palais, et que, pour les préserver de la persécution, elle se laisserait rançonner par cet infâme abbé. Il se dit aussi, lui, qu'alors il tiendra peut-être, de tous points, le sort de cette noble dame entre ses mains, et qu'il sera libre de la ruiner à son profit. Ne te semble-t-il pas qu'il vaut mieux que la princesse Agathe, qui est une bonne Sicilienne, hérite paisiblement des biens du cardinal, et qu'elle récompense les services d'un brave tel que toi, au lieu de dépenser son argent à endormir le venin d'une vipère comme Ninfo?

— C'est mon avis. Mais qui vous répond que le testament n'ait pas déjà été soustrait?

— Nous savons de bonne part qu'il n'a pu l'être encore.

— Il faut que j'en sois certain, moi! car je ne veux pas agir pour ne rien faire qui vaille.

— Que t'importe, si tu es récompensé de même?

— Ah çà, frère Angel, dit le Piccinino en se relevant sur son coude, et en prenant un air de fierté qui fit étinceler un instant ses yeux languissants, pour qui me prenez-vous? Il me semble que vous m'avez un peu oublié. Suis-je un bravo qu'on paie à la tâche ou à la journée? Je me flattais jusqu'ici d'être un ami fidèle, un homme d'honneur, un partisan dévoué; et voilà que, rougissant

apparemment de l'élève que vous avez formé, vous me traitez comme un mercenaire prêt à tout pour un peu d'or? Détrompez-vous, de grâce. Je suis un *justicier d'aventure*, comme était mon père; et, si j'opère autrement que lui, si, me conformant aux temps où nous vivons, j'use plus souvent de mon habileté que de mon courage, je n'en suis pas moins un talent fier et indépendant. Plus utile et plus recherché qu'un notaire, un avocat ou un médecin, si je mets un prix élevé à mes services, ou si je les donne *gratis*, selon la condition des gens qui les réclament, je n'en ai pas point l'amour de mon art et le respect de ma propre intelligence. Je ne perdrai jamais mon temps et ma peine à gagner de l'argent sans sauver les intérêts de mes clients; et, de même que l'avocat renommé refuse une cause qu'il sait ne pouvoir soulager son malade, de même, moi, mon père, je refuse vos offres, car elles ne satisfont point ma conscience.

— Tu n'avais pas besoin de me dire tout cela, dit Fra-Angelo toujours calme. Je sais qui tu es, et je croirais m'avilir moi-même en réclamant l'aide d'un homme que je n'estimerais pas.

— Alors, reprit le Piccinino avec une émotion croissante, pourquoi manquez-vous de confiance en moi? Pourquoi ne me dites-vous qu'une partie de la vérité?

— Tu veux que je te dise où est caché le testament du cardinal? Cela, je l'ignore, et n'ai pas seulement songé à le demander.

— C'est impossible.

— Je te jure devant Dieu, enfant, que je n'en sais rien. Je sais qu'il est hors des atteintes de Ninfo, jusqu'à présent, et qu'il ne pourrait s'en emparer du vivant du cardinal que par un acte de la volonté de ce prélat.

— Et qui vous dit que ce n'est pas fait?

— La princesse Agathe en est certaine; elle me l'a dit, et cela me suffit.

— Et si cela ne me suffit pas, à moi? Si je n'ai pas confiance dans la prévoyance et l'habileté de cette femme? Est-ce que les femmes ont le moindre génie dans ces sortes de choses? Est-ce qu'elles ont d'autres talents, dans l'art de deviner ou de feindre, que ceux qu'elles mettent au service de l'amour?

— Tu es devenu bien savant dans cette question, et moi je suis resté fort ignorant; au reste, ami, si tu veux savoir plus de détails, demande-les à la princesse elle-même, et probablement tu seras satisfait. Je comptais te mettre, ce soir, en rapport avec elle.

— Dès ce soir, en rapport direct? Je pourrai lui parler sans témoins?

— A coup sûr, si tu le crois utile au succès de nos desseins. »

Le Piccinino se tourna brusquement vers Michel et le regarda sans rien dire.

Le jeune artiste ne put soutenir cet examen sans un trouble mortel. La manière dont l'aventurier parlait d'Agathe l'avait déjà irrité profondément; et, pour se donner une contenance, il fut forcé de prendre une cigarette que le bandit lui offrit tout à coup d'un air ironique et quasi protecteur.

Car le Piccinino venait de se lever tout à fait, et, cette fois, avec la résolution arrêtée de partir. Il commença à défaire sa ceinture, tout en secouant et tiraillant ses jambes comme le chien de chasse qui s'éveille et se prépare à la course.

Il passa dans une autre pièce et en revint bientôt, habillé avec plus de soin et de décence. Il avait couvert ses jambes nues des longues guêtres de laine blanche drapée que portent les montagnards italiens. Mais tous les boutons de sa chaussure, de la cheville au genou, étaient d'or fin. Il avait endossé le double justaucorps, celui de dessous en velours vert brodé d'or, celui de dessous, plus court, plus étroit, et d'une coupe élégante, était de moire lilas, brodé d'argent. Une ceinture de peau blanche serrait sa taille souple; mais, au lieu de la boucle de cuivre, il portait une superbe agrafe de cornaline antique richement montée. On ne lui voyait point d'armes ; mais, à coup sûr, il était muni des meilleurs moyens de défense personnelle. Enfin, il avait échangé son manteau de fantaisie contre le manteau classique de laine noire en dessus, blanche en dessous, et il se couvrit la tête de ce capuchon pointu qui donne l'air de moines ou de spectres à toutes ces mystérieuses figures qu'on rencontre sur les chemins de la montagne.

« Allons, dit-il en se regardant à un large miroir penché sur la muraille, je puis me présenter devant une femme sans lui faire peur. Qu'en pensez-vous, Michel-Ange Lavoratori ? »

Et, sans s'inquiéter de l'impression que pourrait produire sur le jeune artiste ce ton de fatuité, il se mit à fermer sa maison avec un soin extrême. Après quoi, il passa galment son bras sous celui de Michel, et se prit à marcher si vite, que ses deux compagnons avaient peine à le suivre.

Lorsqu'ils eurent dépassé la hauteur de Nicolosi, Fra-Angelo, s'arrêtant à la bifurcation du sentier, prit congé des deux jeunes gens pour retourner à son monastère, et leur conseilla de ne pas perdre leur temps à le reconduire.

« La permission qui m'est accordée expire dans une demi-heure, dit-il ; j'aurai peut-être, d'ici à peu de temps, bien d'autres permissions à demander, et je ne dois point abuser de celle-ci. Voilà votre route directe pour gagner la villa Palmarosa sans passer par Bel-Passo. Vous n'avez aucun besoin de moi pour être introduits auprès de la princesse. Elle est prévenue, elle vous attend. Tiens, Michel, voici une clé du parc et celle du petit jardin qui touche au casino. Tu connais l'escalier dans le roc ; tu sonneras deux fois, trois fois, et une fois, à la petite grille dorée, tout en haut. Jusque-là, évitez d'être vus, et ne vous laissez suivre par personne. Pour mot de passe, vous direz à la cameriste qui vous ouvrira le parterre réservé : *Sainte madone de Bel-Passo*. Ne te dessaisis pas de ces clés, Michel. Depuis quelques jours, on a changé secrètement toutes les serrures, et on en a mis de si compliquées, qu'à moins de s'adresser à l'ouvrier qui les a livrées, et qui est incorruptible, il sera désormais impossible au Ninfo de s'introduire dans la villa à l'aide de fausses clés...

« Encore un mot, mes enfants. Si quelque événement imprévu vous rendait mon concours pressant, durant la nuit, le Piccinino connaît de reste ma cellule et le moyen de s'introduire dans le couvent.

— Je le crois bien ! dit le Piccinino, quand ils furent éloignés du capucin ; j'ai fait assez d'escapades, la nuit, je suis rentré assez souvent aux approches du jour, pour savoir comment on franchit les murs du monastère de Mal-Passo. Ah çà, mon camarade, nous n'avons plus à ménager les jambes du bon frère Angelo ; nous allons courir un peu sur ce versant, et vous aurez l'obligation de ne pas rester en arrière, car je ne suis pas d'avis de suivre les chemins tracés. Ce n'est pas mon habitude, et le vol d'oiseau est beaucoup plus sûr et plus expéditif. »

En parlant ainsi, il se lança au milieu des rochers qui descendaient si pic vers le lit du torrent, comme s'il eût voulu s'y précipiter. La nuit était fort claire, comme presque toutes les nuits de ce beau climat. Néanmoins la lune qui commençait à s'élever dans le ciel, et qui projetait de grandes ombres sur les profondeurs, rendait incertain et trompeur l'aspect de ces abîmes. Si Michel n'eût serré de près son guide, il n'eût su absolument comment se diriger à travers des masses de laves et des escarpements qui paraissaient impossibles à franchir. Quoique le Piccinino connût parfaitement les endroits praticables, il y eut quelques passages si dangereux et si difficiles, que, sans la crainte de passer pour un poltron et un maladroit, Michel eût refusé de s'y hasarder. Mais la rivalité d'amour-propre est un stimulant qui décuple les facultés humaines, et, au risque de se tuer vingt fois, le jeune artiste suivit le bandit sans broncher et sans faire la moindre réflexion qui trahît son malaise et sa méfiance.

Nous disons méfiance, parce qu'il crut bientôt s'apercevoir que toute cette peine et cette témérité ne servaient point à abréger le chemin. Ce pouvait être une malice de l'aventurier pour éprouver ses forces, son adresse et son courage, ou une tentative pour lui échapper. Il s'en convainquit presque, lorsque, après une demi-heure de cette course extravagante, et après avoir franchi trois fois les méandres du même torrent, ils se trouvèrent au fond d'un ravin que Michel crut reconnaître pour l'avoir côtoyé par en haut avec le capucin, en se rendant à Nicolosi. Il ne voulut pas en faire la remarque ; mais involontairement, il s'arrêta un instant pour regarder la croix de pierre au pied de laquelle *il Destatore* s'était brûlé la cervelle, et qui se dessinait au bord du ravin. Puis, cherchant des yeux autour de lui, il reconnut le bloc de lave noire que Fra-Angelo lui avait montré de loin et qui servait de monument funèbre au chef des bandits. Il n'en était qu'à trois pas, et le Piccinino, se dirigeant vers cette roche, venait de s'y arrêter, les bras croisés, dans l'attitude d'un homme qui reprend haleine.

Quelle pouvait être la pensée du Piccinino en faisant ce détour périlleux et inutile, pour passer sur le tombeau de son père? Pouvait-il ignorer que c'était là le lieu de sa sépulture, ou bien craignait-il moins de marcher sur sa dépouille qu'au pied de la croix, témoin de son suicide? Michel n'osa l'interroger sur un sujet si pénible et si délicat ; il s'arrêta aussi, garda le silence, et se demanda à lui-même pourquoi il avait éprouvé une si affreuse émotion, lorsque, deux heures auparavant, Fra-Angelo lui avait raconté, en ce lieu même, la fin tragique du *Destatore*. Il se connaissait assez pour savoir qu'il n'était ni pusillanime, ni superstitieux, et en ce moment, il se sentit calme et au-dessus de toute vaine frayeur. Il n'éprouvait qu'une sorte de dégoût et d'indignation, à l'aspect du jeune bandit, qui s'était appuyé contre le fatal rocher, et qui battait tranquillement le briquet pour allumer une nouvelle cigarette.

« Savez-vous ce que c'est que cette roche? lui dit tout à coup l'étrange jeune homme ; et ce qui s'est passé au pied de cette croix qui, d'ici, nous coupe la lune en quatre?

— Je le sais, répondit Michel froidement, et j'espérais pour vous que vous ne le saviez pas.

— Ah ! vous êtes comme le frère Angelo, vous? reprit le bandit d'un ton dégagé ; vous êtes étonné que, lorsque je passe par ici, je ne me mette point, les deux genoux en terre, à réciter quelque *oremus* pour l'âme de mon père? Pour accomplir cette formalité classique, il faudrait trois croyances que je n'ai point : la première, c'est qu'il y ait un Dieu ; la seconde, que l'homme ait une âme immortelle ; la troisième, que mes prières puissent lui faire le moindre bien, au cas où celle de mon père subirait un châtiment mérité. Vous me trouvez impie, n'est-ce pas? Je gage que vous l'êtes autant que moi, et que n'était le respect humain et une certaine convenance hypocrite à laquelle tout le monde, même les gens d'esprit, croient devoir se soumettre, vous diriez que j'ai parfaitement raison?

— Je ne me soumettrai jamais à aucune convenance hypocrite, répondit Michel. J'ai très-sincèrement et très-fermement les trois principes de croyance que vous vantez de n'point avoir.

— Ah ! en ce cas, vous avez horreur de mon athéisme?

— Non ; car je veux croire qu'il est involontaire et de bonne foi, et je n'ai pas le droit de me scandaliser d'une erreur, moi, qui, certes, à beaucoup d'autres égards, n'ai pas l'esprit ouvert à la vérité absolue. Je ne suis pas dévot, pour blâmer et damner ceux qui ne pensent pas comme moi. Pourtant, je vous dirai avec franchise qu'il y a une sorte d'athéisme qui m'épouvante et me repousse : c'est celui du cœur, et je crains que le vôtre ne prenne pas seulement sa source dans une disposition de l'esprit.

— Bien ! bien ! continuez ! dit le Piccinino en s'entourant de bouffées de tabac avec une vivacité insouciante un peu forcée. Vous pensez que je suis un cœur de roche, parce que je ne verse point, dans ce lieu où je repasse forcément tous les jours, et sur cette pierre où je me suis assis cent fois, des torrents de larmes au souvenir de mon père?

— Je sais que vous l'avez perdu dans un âge si tendre, que vous ne pouvez connaître le regret de son intimité. Je sais que vous devez être habitué, presque blasé, sur les souvenirs sinistres attachés à ce lieu. Je me dis tout ce qui peut excuser votre indifférence; mais cela ne justifie point à mes yeux l'espèce de bravade dont vous me donnez, à dessein je crois, le spectacle bizarre. Moi, qui n'ai point connu votre père, et qui n'ai aucun lien de parenté avec lui, il me suffit que mon oncle l'ait beaucoup aimé, et qu'une partie de la vie de ce chef de bandes ait été illustrée par des actes de patriotisme et de bravoure, pour qu'un certain respect s'empare de moi à côté de sa tombe, et pour que je me sente navré et révolté de l'attitude que vous avez en ce moment.

— Maître Michel, dit le Piccinino en jetant brusquement sa cigarette, et en se tournant vers lui avec un geste menaçant, je vous trouve singulier, dans la position où nous sommes vis-à-vis l'un de l'autre, d'oser me faire une pareille réprimande. Vous oubliez, je crois, que je sais vos secrets; que je suis libre d'être votre ami ou votre ennemi; enfin, qu'à cette heure, dans cette solitude, à cette place maudite où je ne suis peut-être pas dans mon sang-froid autant que vous le croyez, votre vie est entre mes mains?

— La seule chose que je puisse craindre ici, répondit Michel avec le plus grand calme, c'est de faire mal à propos le pédagogue. Ce rôle n'irait point à mon âge et à mes goûts. Je vous ferai donc observer que si vous n'aviez provoqué mes réponses avec une sorte d'insistance, je vous aurais dispensé de mes observations. Quant à vos menaces, je ne vous dirai pas que je me crois aussi fort et aussi calme pour me défendre que vous pouvez l'être pour m'attaquer. Je sais que, d'un coup de sifflet, vous pouvez faire sortir un homme armé de derrière chaque rocher qui nous avoisine. Je me suis fié à votre parole, et je ne me suis point armé pour marcher à côté d'un homme qui m'a tendu la main en me disant : Soyons amis. Mais, si mon oncle s'est trompé sur votre loyauté, et si vous m'avez attiré dans un piège, ou même (ce que j'aimerais mieux croire pour votre caractère) si l'effet du lieu où nous sommes trouble votre raison et vous rend furieux, je ne vous en dirai pas moins ma pensée et ne m'abaisserai point à flatter les travers dont vous semblez faire gloire en ma présence. »

Ayant ainsi parlé, Michel ouvrit son manteau pour montrer au bandit qu'il n'avait pas même un couteau sur lui, et s'assit en face du Piccinino en le regardant au visage avec le plus grand sang-froid. C'était la première fois qu'il se trouvait dans une situation à laquelle il n'avait, certes, pas eu le loisir de se préparer, et dont il n'était point sûr de se retirer sans encombre; car la lune, sortant de derrière la *Croce del Destatore*, et venant à donner en plein sur la figure du jeune bandit, l'expression féroce et perfide de sa physionomie ne resta plus douteuse pour Michel. Néanmoins, le fils de Pier-Angelo, le neveu du hardi capucin de Bel-Passo, sentit que son cœur était inaccessible à la crainte, et que le premier danger sérieux qui menaçait sa jeune existence le trouvait résolu et fier.

Le Piccinino, se voyant si près de lui et si bien éclairé par la lune, essaya un instant l'effet terrifiant de ses yeux de tigre; mais, n'ayant pu faire baisser ceux de Michel, et ne découvrant aucun indice de poltronnerie dans sa figure ou dans son attitude, il vint tout à coup s'asseoir à son côté et lui prit la main.

« Décidément, lui dit-il, quoique je m'efforce de te dédaigner et de te haïr, je n'en puis venir à bout; j'imagine que tu es assez pénétrant pour deviner que j'aimerais mieux te tuer que de te préserver, comme je me suis engagé à le faire. Tu me gênes dans certaines illusions que tu peux fort bien pressentir : tu me frustres dans certaines espérances que je nourrissais et auxquelles je ne suis nullement disposé à renoncer. Mais ce n'est pas seulement ma parole qui me lie, c'est une certaine sympathie dont je ne puis me défendre pour toi. Je men-

tirais si je te disais que je t'aime, et qu'il m'est agréable de défendre tes jours. Mais je t'estime, et c'est beaucoup. Tiens, tu as bien fait de me répondre ainsi; car, je puis te l'avouer maintenant, ce lieu m'inspire parfois des accès de frénésie, et j'y ai pris, en mainte occasion décisive, des résolutions terribles. Tu n'y étais pas en sûreté avec moi tout à l'heure, et je ne voudrais pas encore t'y entendre prononcer certain nom. N'y restons donc pas davantage, et prends ce stylet que je t'ai déjà offert. Un Sicilien doit toujours être prêt à s'en servir, et je te trouve bien insensé de marcher ainsi désarmé, dans la situation où tu es.

— Partons, dit Michel en prenant machinalement le poignard du bandit. Mon oncle dit que le temps presse et qu'on nous attend.

— On *nous* attend ! s'écria le bandit en bondissant sur ses pieds. Tu veux dire qu'on t'attend ! Malédiction ! Je voudrais que cette croix et ce rocher pussent rentrer sous terre tous les deux ! Jeune homme, tu peux croire que je suis athée, et que j'ai le cœur dur; mais si tu crois que ce cœur est de glace... Tiens, portes-y la main, et sache que le désir et la volonté ont là leur siège aussi bien que dans la tête. »

Il prit violemment la main de Michel et la plaça sur sa poitrine. Elle était soulevée tout entière par des palpitations si violentes, qu'on eût dit qu'elle allait se briser.

Mais, quand ils furent sortis du ravin, et qu'ils eurent laissé derrière eux la *Croce del Destatore*, le Piccinino se mit à fredonner, d'une voix suave et pure comme l'haleine de la nuit, une chanson en dialecte sicilien dont le refrain était :

« Le vin rend fou, l'amour rend sot, mon nectar c'est
« le sang des lâches, ma maîtresse c'est ma carabine. »

Après cette sorte de bravade contre lui-même et contre les oreilles des sbires napolitains, qui pouvaient bien se trouver à portée, le Piccinino se mit à parler avec Michel, sur un ton d'aisance et de désintéressement remarquable. Il l'entretint des beaux-arts, de la littérature, de la politique extérieure et des nouvelles du jour avec autant de liberté d'esprit, de politesse et d'élégance, que s'ils eussent été dans un salon ou sur une promenade, et comme s'ils n'eussent eu l'un et l'autre aucune affaire grave à éclaircir, aucune préoccupation émouvante à se communiquer.

Michel reconnut bientôt que le capucin ne lui avait pas exagéré les connaissances variées et les facultés heureuses de son élève. En fait de langues mortes et d'études classiques, Michel était incapable de lui tenir tête, car il n'avait eu, avant d'embrasser la carrière de l'art, ni le moyen ni le loisir d'aller au collége. Le Piccinino, voyant qu'il ne connaissait que les traductions dont il lui citait les textes avec une netteté de mémoire à toute épreuve, se rejeta sur l'histoire, sur la littérature moderne, sur la poésie italienne, sur les romans et sur le théâtre. Quoique Michel eût énormément lu pour son âge, et qu'il eût, comme il le disait lui-même, nettoyé et aiguisé son esprit, à la hâte, en s'assimilant tout ce qui lui était tombé sous la main, il reconnut encore que le paysan de Nicolosi, dans les intervalles de ses expéditions périlleuses, et dans la solitude de son jardin ombragé, avait mis encore mieux que lui le temps à profit. C'était merveille que de voir qu'un homme qui ne savait pas marcher avec des bottes et respirer avec une cravate, qui n'était pas descendu à Catane dix fois en sa vie, un homme enfin qui, retiré dans sa montagne, n'avait jamais vu le monde ni fréquenté les beaux esprits, eût acquis, par la lecture, le raisonnement, ou la divination d'un esprit subtil, la connaissance du monde moderne dans ses moindres détails, comme il avait acquis dans le cloître la science du monde ancien. Aucun sujet ne lui était étranger : il avait appris tout seul plusieurs langues vivantes, et il affectait de s'exprimer avec Michel en pur toscan, pour lui montrer que personne à Rome ne le prononçait et ne le parlait avec plus de correction et de mélodie.

Michel prit tant de plaisir à l'écouter et à lui répondre, qu'il oublia un instant la méfiance que lui inspirait à

juste titre un esprit si compliqué et un caractère si difficile à définir. Il fit le reste de la route sans en avoir conscience, car ils suivaient alors un chemin facile et sûr ;
et, lorsqu'ils arrivèrent au parc de Palmarosa, il tressaillit de surprise à l'idée de se trouver sitôt en présence
de la princesse Agathe.

Alors tout ce qui lui était arrivé pendant et après le
bal repassa dans sa mémoire comme une suite de rêves
étranges. Une émotion délicieuse le gagna, et il ne se sentit plus ni très-courroucé ni très-effrayé des prétentions
de son compagnon de voyage, en résumant celles qu'il
caressait lui-même.

XXVI.

AGATHE.

Michel ouvrit lui-même la petite porte à laquelle abou-
tissait le sentier qu'ils avaient suivi, et, après avoir traversé le parc en biais, il se trouva au pied de l'escalier
de laves qui gravissait le rocher. Le lecteur n'a pas oublié que le palais de Palmarosa était adossé à une colline
escarpée, et formait trois édifices distincts, qui montaient,
pour ainsi dire à reculons, sur cette montagne ; que l'é-
tage le plus élevé, appelé le Casino, offrant plus de solitude et de fraîcheur que les autres, était habité, suivant
l'usage de tout le pays, par la personne la plus distinguée de la maison ; c'est-à-dire que les appartements de
maître donnaient de plain-pied sur la cime du rocher,
formant là un jardin peu étendu, mais ravissant, à une
grande élévation, et sur la partie opposée au fronton de
la façade. C'est là que la princesse vivait retirée comme
dans un ermitage splendide, n'ayant pas besoin de descendre l'escalier de son palais, ni d'être vue de ses serviteurs pour se donner le plaisir de la promenade.

Michel avait déjà vu ce sanctuaire, mais très à la hâte,
comme on sait, et, lorsqu'il s'y était assis, durant le bal,
avec Magnani, il était si agité et parlait d'une manière si
animée, qu'il n'en avait pas observé la disposition et les
abords.

En s'y introduisant par l'escarpement du rocher avec
le Piccinino, il se rendit mieux compte de la situation
de ce belvédère, et remarqua qu'il était taillé dans un
style si hardi, que c'était, en fait, une petite forteresse :
l'escalier creusé dans le roc offrait un moyen de sortie
plus qu'une entrée ; car il était si serré entre deux murailles de laves, et si rapide, que la main d'une femme
eût suffi pour repousser et précipiter un visiteur indiscret
ou dangereux. En outre, il y avait, à la dernière marche
de cette échelle, sans transition de la moindre plate-
forme, une petite grille dorée d'une étroitesse et d'une
hauteur singulière, enchâssée entre deux légères colon-
nes de marbre, lisses comme des mâts. A droite et à
gauche, la partie extérieure de chaque pilier était le précipice à pic, couronné seulement de ces lourds enroule-
ments de fer dans le goût du dix-septième siècle, qui
ressemblent à des dragons fantastiques, hérissés de dards
sur toute leur circonférence ; ornement à deux fins qu'il
est malaisé de franchir quand on n'a aucun point d'appui et un précipice sous les pieds.

Cette espèce de fortification n'était pas inutile dans un
pays où les brigands de la montagne s'aventurent dans
la vallée et dans la plaine, jusqu'aux portes des cités.
Michel les examina avec la satisfaction d'un amant jaloux ; mais le Piccinino les regarda d'un air de mépris,
et se permit même de dire, en montant l'escalier, que
c'était une citadelle de bonbon, qui ferait grand effet
dans un dessert.

Michel sonna le nombre de coups convenu, et immédiatement la porte s'ouvrit. Une femme voilée était là
toute prête, attendant avec impatience. Elle saisit, dans
l'obscurité, la main de Michel, au moment où il entrait,
et, dans cette douce étreinte, le jeune artiste, reconnaissant la princesse Agathe, trembla et perdit la tête,
si bien que le Piccinino, qui ne la perdait point, retira
la clé que Michel, tout en sonnant pour avertir, avait
placée dans la serrure. Le bandit la mit dans sa ceinture,
en refermant la grille, et, lorsque Michel s'avisa de cet

oubli, il n'était plus temps de le réparer. Ils étaient entrés tous les trois dans le boudoir de la princesse, et ce
n'était point le moment de chercher querelle à un homme
aussi dépourvu de timidité que l'était le fils du *Destatore*.

Agathe était avertie et aussi bien renseignée que possible sur le caractère et les habitudes de l'homme avec
lequel il lui fallait entrer en relations ; elle était trop de
son pays pour avoir des préjugés sérieux contre la profession de bandit, et elle était résolue à faire les plus
grands sacrifices d'argent pour s'assurer les services du
Piccinino. Néanmoins elle éprouva en le voyant, une
émotion fâcheuse qu'elle eut bien de la peine à lui cacher ; et, lorsqu'il lui baisa la main en la regardant avec
ses yeux hardis et railleurs, elle fut saisie d'un malaise
douloureux, et sa figure s'altéra sensiblement, quoiqu'elle sût se maintenir avenante et polie.

Elle savait que la première précaution à observer, c'é-
tait de flatter la secrète vanité de l'aventurier, en lui témoignant beaucoup d'égards, et en lui donnant du *capitaine* à discrétion. Elle ne manqua donc pas de lui conférer ce titre, en le faisant asseoir à sa droite, tandis qu'elle
traita Michel avec une bienveillance plus familière en lui
désignant un siége quasi derrière elle, près du dossier
de son lit de repos. Là, penchée vers lui sans le regarder, et appuyant son coude tout près de son épaule,
comme pour être prête à l'avertir par des mouvements
fortuits en apparence, elle voulut entrer en matière.

Mais le Piccinino, remarquant cet essai de conni-
vence, et se trouvant apparemment trop loin d'elle,
quitta son fauteuil, et vint, sans façon, s'asseoir à ses
côtés sur le sofa.

En ce moment, le marquis de la Serra, qui attendait
probablement, dans une pièce voisine, que la conversation fût engagée, entra sans bruit, salua le bandit avec
une politesse silencieuse, et alla s'asseoir auprès de Michel, après lui avoir serré la main. Michel se sentit rassuré par la présence de celui qu'il ne pouvait s'empêcher
de considérer comme son rival. Il s'était déjà demandé
s'il ne serait pas tenté bientôt de jeter le Piccinino par
les fenêtres ; et, comme cette vivacité aurait bien pu
avoir quelque grave inconvénient, il espéra que le bandit, contenu par la figure grave et le personnage sérieux du marquis, n'oserait pas sortir des bornes de la
convenance.

Le Piccinino savait fort bien qu'il ne courait aucun risque d'être trahi par M. de la Serra ; même il lui plut de
voir ce noble seigneur lui donner des gages de l'alliance
qu'on faisait avec lui, et dans laquelle, nécessairement,
le marquis allait se trouver engagé.

« M. de la Serra est donc aussi mon ami et mon complice? dit-il à Agathe d'un ton de reproche.

— Signor Carmelo, répondit le marquis, vous n'ignorez pas, sans doute, que j'étais le proche parent du
prince de Castro-Reale, et que, par conséquent, je suis
le vôtre. J'étais bien jeune encore lorsque le vrai nom du
Destatore fut découvert enfin par la police de Catane, et
vous n'ignorez peut-être pas non plus que je rendis alors
au proscrit d'importants services.

— Je connais assez bien l'histoire de mon père, répondit le jeune bandit, et il me suffit de savoir que M. de
la Serra reporte sur moi la bienveillance qu'il lui accordait. »

Satisfait dans sa vanité, et bien résolu à ne pas jouer
un rôle ridicule, bien décidé aussi à faire plier autour
de lui toutes les volontés, le Piccinino voulut le faire
avec esprit et bon goût. Il s'arrangea donc bien vite, sur
le sofa, une attitude à la fois convenable et gracieuse,
et donna à son regard insolent et lascif une expression
d'intérêt bienveillant et presque respectueux.

La princesse rompit la glace la première, et lui exposa
l'affaire laconiquement, à peu près dans les mêmes termes dont Fra-Angelo s'était servi pour faire sortir le jeune
loup de sa tanière. Le Piccinino écouta cet exposé, et
rien ne trahit, sur sa figure, la profonde incrédulité qu'il
apportait dans son attention.

Mais, lorsque la princesse eut fini, il renouvela avec
aplomb sa question *sine qua non*, du testament, et dé-

clara que, dans un cas semblable, l'enlèvement de l'abbé Ninfo lui paraissait une précaution bien tardive, et sa propre intervention une peine et une *dépense* inutiles.

La princesse Agathe n'avait pas été pour rien horriblement malheureuse. Elle avait appris à connaître les ruses des passions cachées ; et l'habileté qu'elle n'eût point puisée dans son âme simple et droite, elle l'avait acquise à ses dépens dans ses relations avec des natures tout opposées à la sienne. Elle pressentit donc bien vite que les scrupules du *capitaine* étaient joués, et qu'il avait un motif secret qu'il fallait deviner.

« Monsieur le capitaine, lui dit-elle, si vous jugez ainsi ma position, nous devons en rester là ; car je vous ai fait demander de vous voir, beaucoup plus pour avoir vos conseils que pour vous faire part de mes idées. Cependant, veuillez écouter des éclaircissements qu'il n'était pas au pouvoir de Fra-Angelo de vous donner.

« Mon oncle le cardinal a fait un testament où il me constitue son héritière universelle, et il n'y a pas plus de dix jours que, se rendant de Catane à sa villa de Ficarazzi, où il est maintenant, il s'est détourné de son chemin pour me faire une visite à laquelle je ne m'attendais pas. J'ai trouvé mon oncle dans la même situation physique où je l'avais vu peu avant à Catane ; c'est-à-dire impotent, sourd, et ne pouvant parler assez distinctement pour se faire comprendre sans l'aide de l'abbé Ninfo, qui connaît ou devine ses intentions avec une rare sagacité... à moins qu'il ne les interprète ou ne les traduise avec une impudence sans bornes ! Néanmoins, dans cette occasion, l'abbé Ninfo me parut suivre, de tous points, les volontés de mon oncle ; car le but de cette visite était de me montrer le testament, et de me faire savoir où les affaires du cardinal étaient en règle.

— Qui vous montra ce testament, signora ? dit le Piccinino ; car Son Eminence ne peut faire le moindre mouvement du bras ni de la main ?

— Patience, capitaine, je n'omettrai aucun détail. Le docteur Recuperati, médecin du cardinal, était porteur du testament, et je compris suffisamment aux regards et à l'agitation de mon oncle, qu'il ne voulait point que cet acte sortît de ses mains. Deux ou trois fois, l'abbé Ninfo s'avança pour le prendre, sous prétexte de me le présenter, et mon oncle fit briller ses yeux terribles, en rugissant comme un lion mourant. Le docteur remit le testament dans son portefeuille, et me dit : « Que Votre Seigneurie ne partage point l'inquiétude de Son Eminence. Quelle que soit l'estime et la confiance que doit nous inspirer M. l'abbé Ninfo, ce papier étant confié à ma garde, nul autre que moi, fût-ce le pape ou le roi, ne touchera à cet acte si important pour vous. » Le docteur Recuperati est un homme d'honneur, incorruptible, et d'une fermeté rigide dans les grandes occasions.

— Oui, Madame, dit le bandit, mais il est stupide, et l'abbé Ninfo ne l'est point.

— Je sais fort bien que l'abbé Ninfo est assez audacieux pour inventer je ne sais quelle fable et faire tomber le bon docteur dans un piége grossier. Voilà pourquoi je vous ai prié, capitaine, d'éloigner pour un temps cet intrigant détestable.

— Je le ferai, s'il n'est pas trop tard ; car je ne voudrais pas risquer mes os pour rien, et surtout compromettre ma réputation de talent à laquelle je tiens plus qu'à ma vie. Mais, encore une fois, croyez-vous, Madame, qu'il soit encore temps de s'aviser d'un expédient semblable ?

— S'il n'est plus temps, capitaine, c'est depuis deux heures seulement, répondit Agathe en le regardant avec attention ; car, il y a deux heures, j'ai rendu visite à mon oncle, et le docteur, sur un signe de lui, m'a montré encore une fois cet acte, en présence de l'abbé Ninfo.

— Et c'était bien le même ?

— C'était parfaitement le même.

— Il n'y avait pas un codicille en faveur de l'abbé Ninfo ?

— Il n'y avait pas un mot d'ajouté ou de changé. L'abbé lui-même, qui affecte platement d'être dans mes intérêts, et dont chaque regard louche semble me dire :

« Vous aurez à me payer mon zèle, » a insisté pour que je relise l'acte avec attention.

— Et vous l'avez fait ?

— Je l'ai fait. »

Le Piccinino, voyant l'aplomb et la sécurité d'esprit de la princesse, commença à prendre une plus haute idée de son mérite ; car, jusque là, il n'avait vu en elle qu'une femme gracieuse et séduisante.

« Je suis fort satisfait de ces explications, dit-il ; mais, avant que j'agisse, il m'en faut encore quelques-unes. Etes-vous bien sûre, Madame, que, depuis les deux heures qui se sont écoulées, l'abbé Ninfo n'ait pas pris le docteur Recuperati à la gorge pour lui arracher ce papier ?

— Comment puis-je le savoir, capitaine ? vous seul pourrez me l'apprendre, quand vous aurez bien voulu commencer votre enquête secrète. Cependant le docteur est un homme robuste et courageux, et sa simplicité n'irait pas jusqu'à se laisser dépouiller par un homme frêle et lâche comme l'abbé Ninfo.

— Mais qui empêcherait le Ninfo, qui est un roué de premier ordre, et qui a des accointances avec ce qu'il y a de plus pervers dans la contrée, d'avoir été chercher un *bravo*, qui, pour une récompense *honnête*, aurait guetté et assassiné le docteur.... ou bien qui serait tout prêt à le faire ? »

La manière dont le Piccinino présenta cette objection fit tressaillir les trois personnes qui l'écoutaient. « Malheureux docteur ! s'écria la princesse en pâlissant, ce crime aurait donc été résolu ou consommé ? Au nom du ciel, expliquez-vous, monsieur le capitaine !

— Rassurez-vous, Madame, ce crime n'a pas été commis ; mais il aurait déjà pu l'être, car il a été résolu.

— En ce cas, Monsieur, dit la princesse en saisissant les deux mains du bandit dans ses mains suppliantes, partez à l'instant même. Préservez les jours d'un honnête homme, et assurez-vous de la personne d'un scélérat, capable de tous les crimes.

— Et si, dans ce conflit, le testament tombe entre mes mains ? dit le bandit en se levant, sans quitter les mains de la princesse, dont il s'était emparé avec force dès qu'elles avaient touché les siennes.

— Le testament, monsieur le capitaine ? répondit-elle avec énergie, et que m'importe une moitié de ma fortune, quand il s'agit de sauver des victimes du poignard des assassins ? Le testament deviendra ce qu'il pourra. Emparez-vous du monstre qui le convoite. Ah ! si je croyais apaiser ses ressentiments en le lui laissant, il y a longtemps qu'il pourrait s'en regarder comme le tranquille possesseur !

— Mais si j'en deviens possesseur, moi ! dit l'aventurier en attachant ses yeux de lynx sur ceux d'Agathe, cela ne ferait pas le compte de l'abbé Ninfo, qui sait fort bien que Son Eminence est hors d'état d'en faire, ou seulement d'en dicter un autre. Mais vous, Madame, qui avez eu l'imprudence de m'apprendre ce que j'ignorais, vous qui venez de me faire savoir à quel grotesque gardien une pièce si importante est confiée, serez-vous bien tranquille ? »

Il y avait déjà longtemps que la princesse avait compris que le bandit n'agirait point sans voir la possibilité de s'emparer du testament à son profit. Elle avait des raisons majeures pour être prête à lui en faire le sacrifice et à transiger sans regret avec lui pour des sommes immenses, lorsqu'il en viendrait à lui vendre la restitution de son titre ; car tout le monde savait, et le bandit n'ignorait probablement pas, lui qui semblait avoir si bien étudié l'affaire d'avance, qu'il existait dans les mains d'un notaire un acte antérieur qui déshéritait Agathe au profit d'une parente éloignée. Dans une phase de haine et de ressentiment contre sa nièce, le cardinal avait fait ce premier testament et l'avait dit très-haut. Il est vrai que, se voyant malade, et recevant d'elle des marques de déférence sincères, il avait changé ses dispositions. Mais il avait toujours voulu laisser subsister l'acte antérieur, au cas où il lui plairait d'anéantir le nouveau. Quand les méchants ont un bon mouvement, ils laissent toujours une porte ouverte au retour de leur mauvais génie.

A l'égard des ambitions du Piccinino, Agathe avait donc déjà pris son parti; mais, à la manière dont il les faisait pressentir, elle comprit qu'il entrait une bonne dose de vanité dans son avarice, et elle eut l'heureuse inspiration de satisfaire l'une et l'autre passion du bandit, à l'heure même.

« Monsieur de Castro-Reale, lui dit-elle en faisant un effort pour prononcer un nom détesté, et pour le conférer comme un titre acquis au bâtard du *Destatore*, le testament sera si bien dans vos mains, que je voudrais pouvoir l'y mettre moi-même. »

Agathe avait vaincu. La tête tourna au bandit, et une autre passion, qui luttait en lui contre la cupidité, prit le dessus en un clin d'œil. Il porta à ses lèvres les deux mains tremblantes de la signora et les couvrit d'un baiser si long et si voluptueux, que Michel et M. de la Serra lui-même en frémirent. Une autre espérance que celle de la fortune s'empara de la cervelle du Piccinino. Un violent désir s'était insinué en lui, la nuit du bal, lorsqu'il avait vu Agathe admirée et convoitée par tant d'hommes qu'elle n'avait pas seulement remarqués, lui compris; car elle croyait le voir pour la première fois en cet instant, bien qu'il espérât qu'elle feignait de ne point reconnaître ses traits.

Il avait été enflammé surtout par l'impossibilité apparente d'une semblable conquête. Dédaigneux et chaste en apparence avec les femmes de sa classe, le Piccinino avait les appétits d'une bête fauve; mais la vanité se mêlait trop à tous ses instincts pour qu'il eût souvent l'occasion de les assouvir. Cette fois, l'occasion était douteuse encore, mais enivrante pour son esprit entreprenant, obstiné, fécond en ressources, et amoureux des choses difficiles, réputées impossibles.

— Eh bien, Madame, s'écria enfin le Piccinino avec un accent chevaleresque, votre confiance en moi est d'une belle âme, et je saurai la justifier. Rassurez-vous sur le compte du docteur Recuperati : il ne court aucun danger. Il est bien vrai qu'aujourd'hui même l'abbé Ninfo s'est entendu avec un homme qui a promis de l'assassiner; mais, outre que l'abbé veut attendre pour cela que le cardinal soit sur son lit de mort, et que le cardinal n'en est pas encore là, le poignard qui doit frapper votre ami ne sortira point du fourreau sans ma permission. Il n'y a donc pas lieu de nous tant presser, et je puis retourner dans ma montagne pour quelques jours encore. L'abbé Ninfo doit venir en personne avertir du moment favorable pour frapper dans le vaste gilet du gros docteur, et c'est à ce moment-là, qu'au lieu de remplir cet agréable office, nous nous emparerons de la personne de l'abbé, en le priant de prendre l'air de la montagne avec nous, jusqu'à ce qu'il plaise à Votre Seigneurie de lui rendre la liberté. »

La princesse, qui avait été jusque-là parfaitement maîtresse d'elle-même, se troubla et répondit d'une voix émue :

« Je croyais, capitaine, que vous connaissiez une autre circonstance qui nous rend tous très-impatients de savoir l'abbé Ninfo dans la montagne. Le docteur Recuperati n'est pas le seul de mes amis qui soit menacé, et j'avais chargé Fra-Angelo de vous dire les autres motifs qui nous font désirer d'être immédiatement délivrés de sa présence. »

Le chat Piccinino n'avait pas fini de jouer avec la proie qu'il convoitait. Il feignait de ne pas comprendre ou de ne pas se souvenir que Michel et son père fussent principalement intéressés à l'enlèvement de l'abbé.

« Je pense, dit-il, que Votre Altesse s'exagère les dangers du docteur Recuperati. Le Ninfo auprès du cardinal. Elle doit bien savoir que Son Eminence a le plus profond mépris pour ce subalterne; qu'elle le supporte avec peine, tout en ayant pris pour agréable le secours d'un truchement si actif et si pénétrant; enfin que le cardinal, tout en ayant besoin de lui, ne lui permettra jamais de mettre la main à ses affaires. Votre Excellence sait bien qu'il y a, dans le testament, un petit legs pour ce pauvre abbé, et je ne pense pas qu'elle daigne le lui contester.

— Non certes ! répondit la princesse, surprise de voir que le Piccinino connaissait si bien le testament; mais ce n'est pas la misérable crainte de voir l'abbé obtenir de mon oncle plus ou moins d'argent qui m'occupe en ce moment, je vous assure. Je vous ai déjà dit, capitaine, et Fra-Angelo a dû vous dire que son frère et son neveu couraient de grands dangers, tant que l'abbé Ninfo serait à portée de leur nuire auprès de mon oncle et de la police napolitaine.

— Ah ! dit le malin Piccinino en se frappant le front, j'avais oublié cela, et pourtant ce n'est pas sans importance pour vous, princesse, j'en conviens... J'ai même plusieurs choses à vous apprendre là-dessus, que vous ne savez point; mais le sujet est fort délicat, ajouta-t-il en feignant un peu d'irrésolution, et il me serait difficile de m'expliquer en présence des deux personnes qui m'honorent ici de leur attention.

— Vous pouvez tout dire devant M. le marquis de la Serra et devant Michel-Ange Lavoratori, répondit la princesse un peu effrayée.

— Non, Madame, je connais trop mon devoir pour le faire, et le respect que je vous porte est trop grand pour que j'oublie à ce point les convenances. Si Votre Altesse est disposée à m'écouter sans témoin, je l'instruirai de ce qui a été comploté et résolu. Sinon, ajouta-t-il en feignant de se disposer à partir, j'irai attendre à Nicolosi qu'elle veuille bien me faire avertir du jour et de l'heure où elle aura pour agréable de m'entendre.

— Tout de suite, Monsieur, tout de suite, dit la princesse avec vivacité. L'existence de mes amis compromise à cause de moi m'intéresse et m'alarme beaucoup plus que ma fortune. Venez, dit-elle en se levant, et en passant résolument son bras sous celui du bandit, nous causerons dans mon parterre, et ces messieurs nous attendront ici. Restez, restez, mes amis, dit-elle au marquis et à Michel, qui voulaient se retirer, bien qu'ils ne vissent pas ce tête-à-tête sans une sorte de terreur indéfinissable; j'ai vraiment besoin de prendre l'air, et M. de Castro-Reale veut bien me donner le bras.

Michel et M. de la Serra, dès qu'ils se virent seuls, se regardèrent comme frappés de la même pensée, et, courant chacun à une fenêtre, ils se tinrent à portée, non d'entendre une conversation dont la princesse elle-même semblait vouloir les exclure, mais de ne pas la perdre un seul instant de vue.

XXVII.

DIPLOMATIE.

« Comment se fait-il, chère princesse, dit le bandit d'un ton dégagé, dès qu'il se vit bras dessus bras dessous avec Agathe, que vous commettiez l'imprudence de vouloir me faire parler de Michel en présence d'un sigisbée aussi précieux que le marquis de la Serra? Votre Altesse oublie donc une chose : c'est que si je sais les secrets de la villa Ficarazzi, je sais apparemment aussi ceux du palais Palmarosa, puisque l'abbé Ninfo exerce une surveillance assidue sur ces deux résidences?

— Ainsi, capitaine, dit la princesse en essayant de prendre aussi un ton dégagé, l'abbé Ninfo vous a vu avant moi, et, pour tâcher de vous mettre dans ses intérêts, il vous a fait toutes ses confidences? »

Agathe savait fort bien à quoi s'en tenir à cet égard. Certes, si elle n'eût pas découvert que l'abbé avait déjà recherché l'appui du Piccinino pour faire enlever ou peut-être assassiner Michel, elle n'eût pas cru nécessaire de recourir au Piccinino pour faire enlever l'abbé. Mais elle se garda bien de laisser pressentir son véritable motif. Elle voulut que l'amour-propre du bandit fût flatté de ce qu'il pouvait regarder comme un premier mouvement de sa part.

— De quelque part que me viennent mes renseignements, dit le Piccinino en souriant, je vous fais juge de leur exactitude. La dernière fois que le cardinal est venu voir Votre Altesse, il y avait à la grille de votre parc un jeune homme, dont les traits distingués et l'air fier con-

Il se trouva bientôt dans la campagne et distingua deux hommes sur un sentier. (Page 77.)

trastaient avec des vêtements poudreux et usés par un long voyage. Par quel caprice le cardinal s'attacha-t-il à examiner ce jeune homme et à vouloir s'enquérir de lui? c'est ce que l'abbé Ninfo lui-même ne sait point et m'a chargé de pénétrer, s'il est possible. Il y a une chose certaine : c'est que la manie qui, depuis longtemps, possède le cardinal de s'enquérir du nom et de l'âge de tous les gens du peuple dont la figure le frappe, a survécu à la perte de son activité et de sa mémoire. C'est comme une inquiétude vague qui lui reste de ses fonctions de haute police, et, par ses regards impérieux, il fait comprendre à l'abbé Ninfo qu'il ait à interroger et à lui rendre compte. Il est vrai que lorsque l'abbé lui montra ensuite le résumé écrit de ses interrogations, il parut n'y prendre aucun intérêt : de même que, toutes les fois que l'abbé l'importune de ses demandes indiscrètes ou de ses questions insidieuses, Son Eminence, après avoir lu les premiers mots, ferme les yeux d'un air courroucé, pour montrer qu'elle ne veut pas être fatiguée davantage. Peut-être Votre Altesse ne savait-elle pas ces détails, dont le docteur Recuperati n'est jamais témoin; car, pendant le peu d'heures de sommeil qu'il est permis à ce bon doc-

teur de goûter, la surveillance des serviteurs dévoués, dont Votre Altesse a su entourer le cardinal, n'est pas telle que le Ninfo ne s'introduise auprès de lui, pour le réveiller sans façon et lui placer devant les yeux certaines phrases écrites dont il espère un heureux effet. Le cardinal, ainsi éveillé, a, grâce à la souffrance et à la colère, un instant de lucidité plus grande que de coutume ; il lit, paraît comprendre et essaie de murmurer des mots dont quelques syllabes sont intelligibles pour son persécuteur; mais aussitôt après il retombe dans un nouvel accablement, et la faible lumière de sa vie est usée et amoindrie d'autant plus.

« Ainsi, s'écria la princesse indignée, de flatteur et d'espion, ce scélérat s'est fait le bourreau et l'assassin de mon malheureux oncle! Vous voyez bien, monsieur le capitaine, qu'il faut l'en délivrer au plus vite, et qu'il n'est pas besoin d'autre motif pour me faire désirer qu'il soit éloigné de nous.

— Pardon, Madame, répondit l'obstiné bandit. Si je ne vous avais pas informée de ces choses, vous auriez des motifs plus personnels encore, que vous ne voulez pas me dire, mais que je me suis fait dire par le Ninfo. Je

DELAVILLE   M SAND

Mais elle eut à peine fait trois pas. (Page 79.)

ne m'engage jamais dans une affaire sans la connaître à fond, et il m'arrive parfois, comme vous voyez, d'interroger les deux parties. Permettez donc que je poursuive mes révélations, et j'espère qu'elles amèneront les vôtres.

« L'abbé Ninfo n'avait pas beaucoup examiné ni beaucoup interrogé le quidam qui se trouvait à la grille du parc de Votre Altesse. Au bout d'un instant, voyant le cardinal conserver de cette rencontre une sorte d'agitation, comme si cette figure eût réveillé en lui des souvenirs qu'il ne venait point à bout de rassembler et d'éclaircir (car Son Éminence s'épuise souvent, à ce qu'il paraît, à ce douloureux travail d'esprit), l'abbé revint sur ses pas, et examina le jeune homme avec soin. Le jeune homme avait des raisons pour se préserver, car il se moqua de l'abbé, qui le prit définitivement pour un pauvre diable et lui fit même l'aumône. Mais, deux jours après, l'abbé, espionnant chez vous, sous le déguisement d'un ouvrier employé aux préparatifs de votre bal, découvrit aisément que son quidam était un brillant artiste, très-choyé et très-employé par Votre Altesse, et nullement en position d'accepter un *tarin* à la porte d'un palais, puisqu'il est le fils d'un artisan aisé, Pier-Angelo Lavoratori.

« L'abbé ne manqua pas, la nuit qui suivit cette découverte, de placer devant les yeux de monsignor Ieronimo une bande de papier qui contenait cette dénonciation en grosses lettres. Mais, à force de vouloir stimuler les dernières cordes de l'instrument, l'abbé les a brisées. Le cardinal n'a pas compris. Les noms de Pier-Angelo et de Michel-Angelo Lavoratori ne lui ont offert aucun sens. Il murmura un jurement énergique contre le Ninfo qui troublait son sommeil... — Ainsi, ajouta le Piccinino avec une malice insinuante, les craintes que Votre Altesse éprouve, ou feint d'éprouver à l'égard de Pier-Angelo, sont tout à fait dénuées de fondement. Si le cardinal a autrefois poursuivi ce brave homme comme conspirateur, il l'a si bien oublié que l'abbé Ninfo lui-même ne songe pas à réveiller le souvenir d'une affaire qu'il ignore, et qu'aucune dénonciation de sa part ne menace, quant à présent, votre protégé...

— Je respire, dit la princesse en laissant le bandit prendre sa main dans la sienne, et même en répondant à la pression de cette main avec une préoccupation généreuse. Vos paroles me font du bien, capitaine, et je vous bénis de la confiance que vous me témoignez en me révélant la vérité. Toute ma crainte était là, en effet; mais, puisque le cardinal ne se souvient de rien, et que l'abbé ignore tout, je m'en remets à votre sagesse pour le reste. Tenez, capitaine, je crois que voici ce qui reste à faire. Trouvez, dans votre génie, un moyen de vous emparer du testament, et faites-le savoir à l'abbé, afin qu'il ne songe plus à persécuter le digne docteur, et occupez l'abbé de manière à ce qu'il laisse mourir en paix mon malheureux oncle. Ce sera terminer diplomatiquement une affaire où j'ai tremblé qu'il n'y ait du sang répandu pour de misérables intérêts d'argent.

— Votre Excellence va bien vite ! reprit le Piccinino. L'abbé n'est pas si facile à endormir sur un autre point, qu'il m'est impossible, malgré mon respect, ma crainte et mon embarras, de passer sous silence.

— Parlez ! parlez ! dit Agathe vivement.

— Eh bien, puisque Votre Altesse m'y autorise et ne veut pas comprendre à demi-mot, je lui dirai que l'abbé Ninfo, tout en cherchant des intrigues politiques qu'il n'a pu découvrir, a mis la main sur une affaire d'amour dont il a fait son profit.

— Je ne comprends pas, dit la princesse avec un accent de candeur qui fit tressaillir l'aventurier. « Le Ninfo m'aurait-il joué, pensa-t-il, ou bien cette femme est-elle de force à lutter contre moi ? Nous verrons bien. »

— Madame, dit-il d'un ton mielleux, en attirant et en retenant contre sa poitrine la belle main d'Agathe, vous allez me haïr.... Mais il faut bien que je vous serve malgré vous en vous éclairant. L'abbé a découvert que Michel-Ange Lavoratori était introduit tous les jours, à certaines heures, dans les appartements réservés de votre casino; qu'il ne mangeait point avec vos gens ni avec les autres ouvriers, mais avec vous, en secret; enfin, que s'il faisait sa sieste, c'était entre les bras de la plus belle et de la plus aimable des femmes qu'il se reposait de ses travaux d'artiste.

— C'est faux ! s'écria la princesse; c'est une infâme calomnie. J'ai traité ce jeune homme avec la distinction que je croyais devoir à son talent et à ses idées. Il a mangé avec son père dans une pièce voisine, et il a fait la sieste dans ma galerie de peinture. L'abbé Ninfo n'a pas bien observé, car il aurait pu vous dire que Michel, accablé de fatigue, a passé deux ou trois nuits dans un coin de ma maison...

— Il me l'a dit aussi, répondit le Piccinino, qui ne voulait jamais avoir l'air d'ignorer ce qu'on lui apprenait.

— Eh bien, monsieur de Castro-Reale, reprit Agathe d'une voix ferme et en le regardant en face, le fait est certain; mais je puis vous jurer sur l'âme de ma mère et sur celle de la vôtre, et Michel pourrait vous faire le même serment, que ce jeune homme ne m'avait encore jamais vue avant le jour du bal où son père me l'a présenté pour la première fois, en présence de deux cents ouvriers. Je lui ai parlé durant le bal, sur l'escalier du palais, au milieu de la foule, et M. de la Serra, qui me donnait le bras, lui a fait, ainsi que moi, compliment de ses peintures. Depuis ce moment-là, jusqu'à celui où nous sommes, Michel ne m'avait pas revue; demandez-le-lui à lui-même ! Capitaine, vous n'êtes pas un homme qu'on puisse tromper; faites usage de votre clairvoyance, et je m'en rapporte à elle. »

En présence d'une déclaration si nette, et faite avec l'assurance que peut seule donner la vérité, le Piccinino frémit de plaisir, et pressa si fort contre son sein la main d'Agathe, qu'elle pressentit enfin les sentiments du bandit. Elle eut un moment de terreur, auquel vint se joindre un souvenir affreux. Mais elle comprit, d'un seul coup d'œil, toute l'étendue du péril qui avait menacé Michel, et, remettant à un moment plus favorable d'aviser à sa propre sûreté, elle se promit de ménager l'orgueil de Carmelo Tomabene.

« Quel intérêt, s'écria celui-ci, l'abbé Ninfo avait-il donc à nous débiter cette étrange histoire ? »

Agathe crut comprendre que l'abbé avait deviné l'extravagante passion dont elle voyait enfin le bandit possédé pour elle, et qu'il avait voulu stimuler sa vengeance par cette délation. « S'il en est ainsi, pensait-elle, je me servirai des mêmes armes que toi, misérable Ninfo, puisque aussi bien tu me les avais fournies d'avance.

« Écoutez, capitaine, reprit-elle; vous qui connaissez si bien les hommes, et qui plongez si aisément dans les replis de la conscience, n'avez-vous point découvert qu'à tous ses vices apparents l'abbé joignait un dévergondage effréné d'imagination ? Croyez-vous qu'il se soit borné à convoiter mon héritage ? et ne vous a-t-il pas laissé entrevoir que ce n'est pas seulement à prix d'argent qu'il tenterait de m'en revendre une partie, s'il parvenait à s'en emparer ?

— Oui ! s'écria le Piccinino avec un accent très-sincère cette fois; j'ai cru m'apercevoir des désirs et des espérances révoltantes de ce monstre de laideur et de concupiscence. L'incrédulité qu'il affecte pour la résistance possible d'une femme, en pareil cas, est la consolation qu'il cherche à se donner quand il songe à sa laideur physique et morale. Oui, oui, je l'avais pressenti, malgré son hypocrisie. Je ne dirai pas qu'il vous aime, lui; ce serait profaner le mot d'amour; mais il vous veut, et il est jaloux. Jaloux, lui ! Ah ! c'est encore un mot trop relevé ! La jalousie est la passion des âmes jeunes, et la sienne est décrépite. Il soupçonne et déteste tout ce qui vous entoure. Enfin, il a rêvé un moyen infernal de vous vaincre : pensant bien que le désir de racheter votre héritage ne suffirait pas, et supposant que vous aimiez ce jeune artiste, il a résolu de s'en faire un otage pour vous contraindre à lui racheter à tout prix la vie et la liberté de Michel-Angelo.

— J'aurais dû m'attendre à cela, répondit la princesse baignée d'une sueur froide, mais affectant un calme dédaigneux. C'est donc vous, capitaine, qu'il a voulu associer à une entreprise digne de ces hommes qui se consacrent aux plus hideux de tous les métiers, et dont le nom est si honteux qu'une femme ne saurait le prononcer dans aucune langue. Il me semble que vous devez à cette marque de confiance de M. l'abbé Ninfo un châtiment un peu sévère ! »

Agathe avait touché fort juste. Les vues infâmes de l'abbé, qui jusque-là n'avaient excité que le mépris ironique du jeune bandit, se présentèrent à ses yeux comme un outrage personnel et allumèrent en lui la soif de la vengeance. Tant il est vrai que l'amour, même dans une âme sauvage et sans frein, réveille le sentiment de la dignité humaine.

« Un châtiment sévère ! dit-il d'une voix profonde avec des dents contractées, il l'aura ! — Mais, ajouta le bandit, ne vous inquiétez plus de rien, Signora, et daignez remettre votre sort entre mes mains, sans arrière-pensée.

— Mon sort est tout entier dans vos mains, capitaine, répondit Agathe; ma fortune, ma réputation et la vie de mes amis : trouvez-vous que j'aie l'air inquiet ? »

Et elle le pénétra d'un regard où la prudence supérieure de la femme forte l'inspira si bien, que le Piccinino subit le prestige et s'aperçut que le respect et la crainte se mêlaient à son enthousiasme. « Ah ! femme romanesque, pensa-t-il, tu en es encore à croire qu'un chef de brigands doit être un héros de théâtre ou un chevalier du moyen âge ! Et me voilà forcé de jouer ce rôle vis-à-vis de toi pour te plaire ! Eh bien, je le jouerai. Rien n'est difficile à celui qui a beaucoup lu et beaucoup deviné.

« Et pourquoi ne serais-je pas réellement un héros ? se disait-il encore, tout en marchant silencieusement auprès d'elle, en pressant de son bras tremblant le bras de cette femme qu'il croyait si confiante. Si je n'ai pas daigné l'être jusqu'à présent, c'est que l'occasion ne s'en offrait point et que ma grandeur eût été ridicule. Avec une femme comme celle-ci, le but est digne de l'œuvre, et je ne vois pas qu'il soit si difficile d'être sublime quand la récompense doit être si douce. C'est un calcul d'intérêt personnel plus élevé, mais non pas moins positif et moins logique que les autres. »

Avant de se poser complétement en chevalier de la princesse, il voulut en finir un reste de méfiance, et cette fois il fut presque naïf en cherchant à s'en guérir.

« La seule faiblesse que je me connaisse, dit-il, c'est la crainte de jouer un rôle ridicule. Le Ninfo voulait me faire jouer un rôle infâme, il en sera puni; mais si si Votre Altesse aimait réellement ce jeune homme.... ce jeune homme aurait aussi à se repentir de m'avoir trompé!

— Comment l'entendez-vous? répondit Agathe en l'amenant dans le rayon de lumière que projetait sur le jardin le lustre de son boudoir; j'aime réellement Michel-Angelo, Pier-Angelo, Fra-Angelo, comme des amis dévoués et des hommes estimables. Pour les soustraire à l'inimitié d'un scélérat, je donnerais tout l'argent qu'on me demanderait. Mais regardez-moi, capitaine, et regardez ce jeune homme qui rêve derrière cette fenêtre. Trouvez-vous qu'il y ait un rapport possible d'affection impure entre nos âges et nos situations dans la vie? Vous ne connaissez pas mon caractère. Il n'a jamais été compris de personne. Sera-ce vous enfin qui lui rendrez justice? Je le souhaite, car je tiens beaucoup à votre estime, et je croirais la mériter fort peu, si j'avais pour cet enfant des sentiments que je craindrais de vous laisser deviner. »

En parlant ainsi, Agathe qui avait quitté le bras du Piccinino, le reprit pour rentrer dans le boudoir; et le bandit lui sut un tel gré de cette marque d'intimité confiante, dont elle voulait rendre Michel et le marquis témoins jusqu'au bout, qu'il se sentit enivré et comme hors de lui.

XXVIII.

JALOUSIE.

Ni le marquis ni Michel n'avaient entendu un mot de la conversation que nous venons de rapporter. Mais le premier était tranquille et l'autre ne l'était point. Il avait suffi à M. de la Serra de s'assurer que la princesse paraissait calme, pour ne point craindre qu'elle courût un danger immédiat avec le brigand; tandis que Michel, ne connaissant point le caractère de la signora, souffrait mortellement à l'idée que le Piccinino avait pu sortir, dans ses discours, des bornes du respect. Sa souffrance empira lorsqu'il vit la figure du Piccinino au moment où celui-ci rentra dans le boudoir.

Cette figure, si nonchalante ou si composée à l'ordinaire, était comme illuminée par la confiance et le bonheur. Le petit homme semblait avoir grandi d'une coudée, et ses yeux noirs lançaient des flammes qu'on n'eût jamais cru pouvoir couver dans une tête si froide et si calculatrice.

A peine la princesse, un peu fatiguée d'avoir marché longtemps dans un petit espace, se fut-elle assise sur le divan, où il la reconduisit avec des manières de courtoisie élégante, qu'il se laissa tomber, plutôt qu'il ne s'assit, sur une chaise, à l'autre paroi de l'étroit boudoir, mais en face d'elle, comme s'il se fût installé là pour la contempler à son aise sous le reflet du lustre. En effet, le Piccinino, après avoir savouré, dans le jardin, la suavité de sa voix, le sens flatteur de ses paroles et la souplesse de sa main, voulait, pour compléter les voluptés délicates qu'il goûtait pour la première fois de sa vie, la regarder à loisir, sans effort de langage et sans préoccupation d'esprit. Il tomba donc dans une méditation muette, plus éloquente que Michel ne l'eût souhaité. Il rassasiait ses regards audacieux de la vue de cette femme exquise et charmante qu'il croyait posséder déjà, comme d'un trésor qu'il aurait dérobé et qu'il se donnerait le plaisir de voir briller devant lui.

Ce qui acheva de désespérer le jeune peintre, c'est que, sous l'influence mystérieuse de cette passion envahissante, qui ne faisait que de naître et qui se développait déjà avec la rapidité d'un incendie, le bandit acquérait une séduction étrange. Son exquise beauté se manifestait enfin comme le feu d'une étoile sortant des vapeurs de l'horizon. Ce qu'il y avait d'un peu singulier dans la forme de ses traits, et d'inquiétant dans leur expression voilée, faisait place à un charme subtil, à une expansion dévorante, bien que muette et comme accablée de sa propre ardeur. Il était affaissé sur lui-même et ne posait plus l'indifférence et la distraction. Ses bras pendants, sa poitrine pliée, ses yeux fixes, humides et ravis laissaient voir qu'il était comme brisé par l'explosion d'une force inconnue à lui-même, et comme noyé dans les délices anticipées de son triomphe. Michel eut peur de lui pour la première fois. Il l'eût encore affronté sans crainte dans la sinistre solitude de la *Croce del Destatore;* mais là, rayonnant d'une extase inconnue, il semblait trop puissant pour qu'aucune femme pût échapper à la fascination de ce basilic.

Pourtant Agathe ne paraissait point s'en apercevoir, et chaque fois que Michel porta ses regards d'elle au bandit et réciproquement, il la vit brave et franche, ne songeant ni à attaquer ni à se défendre.

« Mes amis, dit-elle après avoir respiré un instant, nous pouvons nous dire bonsoir et nous séparer tranquilles. Je place toute ma confiance dans ce nouvel ami que la Providence, agissant par le génie de Fra-Angelo, vient de nous envoyer. Vous la partagerez, cette confiance, quand vous saurez qu'il connaissait d'avance, et mieux que nous, ce que nous avions à craindre et à espérer.

— Il est vrai que l'aventure est assez piquante, dit le Piccinino, faisant un effort pour sortir de ses rêves; et il est temps que ce jeune homme sache pourquoi j'ai été pris d'un grand accès de rire lorsqu'il est venu me trouver. Vous en rirez aussi, j'espère, maître Michel-Ange, quand vous apprendrez que vous êtes venu confier votre sort à l'homme qu'on avait prié, une heure auparavant, de vous faire un mauvais parti; et, si je n'étais prudent et calme dans ces sortes d'affaires, si je m'en rapportais aveuglément aux paroles de ceux qui viennent me consulter, tandis que vous m'engagiez à enlever l'abbé Ninfo de la part de Son Altesse, je me serais emparé de vous et vous aurais jeté dans ma cave, garrotté et bâillonné, de la part de l'abbé Ninfo. Je vois à votre air que vous seriez bien défendu. Oh! je sais que vous êtes brave, et je pense que vous êtes plus fort que moi. Vous avez un oncle qui s'est exercé à casser des pierres avec tant de zèle, depuis une vingtaine d'années, qu'il n'a dû rien perdre de la vigueur qui le fit surnommer jadis *Bras-de-fer,* lorsqu'il faisait un autre métier sur la montagne; mais, quand il s'agit de *haute politique,* on prend ses précautions, et je n'avais qu'à remuer une petite cloche pour que ma maison fût cernée par dix hommes déterminés, qui ne vous eussent pas seulement laissé le plaisir de la résistance.»

Après avoir parlé ainsi, en regardant Michel d'un air enjoué, le Piccinino se retourna vers la princesse. Elle avait dissimulé sa pâleur derrière son éventail, et, lorsque le bandit rencontra ses yeux, ils étaient armés d'une tranquillité qui fit tomber les derniers accès de son ironie. Le secret plaisir qu'il éprouvait toujours à effrayer ceux qui se risquaient avec lui disparut devant ce regard de femme, qui semblait lui dire : « Tu ne le feras pas, c'est moi qui te le défends. »

Aussi, donna-t-il à sa physionomie une expression de loyale bienveillance, en disant à Michel :

« Vous voyez bien, mon jeune ami, que j'avais mes raisons pour me faire expliquer l'affaire et ne pas me trop presser. A présent que je vois l'honneur et la vérité d'un côté, l'infamie et le mensonge de l'autre, mon choix est fait, et vous pouvez dormir sur les deux oreilles. Je vais, ajouta-t-il en s'adressant à Michel à demi-voix, vous accompagner jusqu'à Catane, où il faut que je concerte pour demain le départ de monsieur l'abbé. Mais j'ai absolument besoin de deux heures de repos. Pouvez-vous m'assurer un coin dans votre maison où je puisse m'abandonner au sommeil le plus profond sans craindre d'être vu? Car mes traits sont fort peu connus à la ville, et je veux les faire connaître le plus tard possible. Voyons, puis-je entrer chez vous sans craindre les curieux et surtout les curieuses?

— J'ai une jeune sœur qui l'est passablement, répondit Michel en souriant ; mais elle sera couchée à cette heure-ci. D'ailleurs, fiez-vous à moi, comme je me suis fié à vous ; je vous donnerai mon propre lit, et je veillerai dans la chambre si vous le désirez.

— J'accepte, dit le bandit, » qui, tout en causant avec Michel, essayait d'entendre les paroles sans importance directe que, pour ne pas gêner l'entretien des deux jeunes gens, la princesse échangeait avec le marquis. Michel remarqua que, malgré la prétention du Piccinino à ne pouvoir faire deux choses à la fois, tandis qu'il lui parlait, il ne perdait pas un geste, un mot, un mouvement d'Agathe.

Quand il se fut assuré, auprès de Michel, des deux heures de repos absolu qui lui étaient, disait-il, indispensables pour le rendre capable d'agir ensuite, le Piccinino se leva et se disposa à la retraite. Mais la lenteur coquette avec laquelle il drapait son manteau sur sa taille souple, la grâce languissante de son air distrait durant cette opération importante, et l'imperceptible frémissement de sa moustache noire et soyeuse, annonçaient assez qu'il s'en allait à regret, et un peu comme un homme qui s'efforce de chasser les fumées de l'ivresse pour retourner au travail.

« Vous voulez n'être pas vu ? lui dit Agathe ; montez avec Michel dans la voiture du marquis, il vous conduira jusqu'à l'entrée du faubourg, et vous pourrez vous glisser par les petites rues...

— Grand merci, Signora ! répondit le bandit. Je n'ai pas envie de mettre vos gens et ceux de M. le marquis dans la confidence. Demain matin, l'abbé Ninfo, qui est plus pénétrant qu'ils ne sont discrets, saurait qu'un montagnard est sorti de vos appartements sans qu'on l'y ait vu entrer ; et M. l'abbé, trouvant à cela un air de *bravo*, me ferait l'affront de me retirer la confiance dont il m'honore. Il faut que je sois son fidèle Achates et son excellent ami pendant douze heures encore. Je m'en irai avec Michel par où je suis venu.

— Et quand vous reverrai-je ? lui dit Agathe en lui tendant courageusement la main, malgré le feu lascif de ses yeux obstinés.

— Vous ne me reverrez, dit-il en pliant un genou et en baisant sa main avec une sorte de fureur qui contrastait avec l'humilité de son attitude, que lorsque vos ordres seront exécutés. J'ignore le jour et l'heure, mais je vous réponds de tous vos amis, même du gros docteur, sur ma vie ! Je sais le chemin de votre casino. Quand je sonnerai *un, trois* et *sept* à la grille du parterre, Votre Seigneurie daignera-t-elle me faire admettre en sa présence ?

— Vous pouvez y compter, capitaine, répondit-elle sans laisser rien paraître de l'effroi que lui causait cette demande. »

Le marquis de la Serra se hâta de partir en même temps que les deux jeunes gens, qui sortaient du boudoir. Son respect pour la princesse était si ombrageux, qu'il n'eût voulu pour rien au monde se donner l'attitude d'un amant favorisé. Mais il descendit lentement l'escalier du palais, toujours inquiet, et prêt à remonter au moindre bruit.

En sortant du parterre, le Piccinino referma lui-même la grille, et rendit la clé à Michel en lui reprochant son étourderie.

« Sans moi, dit-il, cette clé importante, cette clé inimitable serait restée dans la serrure. »

Un instant de sang-froid, avant son entrée dans le boudoir, avait suffi au bandit pour prendre l'empreinte de cette clé sur une boule de cire qu'il portait toujours avec lui à tout événement.

À peine étaient-ils sur l'escalier, qu'une cameriste dévouée vint dire à Agathe :

« Le jeune homme que Votre Altesse a fait demander l'attend dans la galerie de peinture. »

Agathe plaça son doigt sur ses lèvres, pour que la cameriste eût à parler encore plus bas dans ces sortes d'occasions, et elle descendit un étage pour rejoindre Magnani qui l'attendait, en effet, dans la galerie, depuis plus d'une demi-heure.

Le pauvre Magnani, depuis qu'il avait reçu le message mystérieux de la princesse, était plus mort que vif. Bien différent du Piccinino, il était si loin de concevoir la moindre espérance, qu'il imaginait tout ce qu'il y a de pire. « J'aurai commis une énorme faute, se disait-il, en confiant à Michel le secret de ma folie. Il en aura parlé avec sa sœur ; Mila aura vu la princesse, qui la traite en enfant gâté. Le babillage de cet enfant, qui ne peut comprendre la gravité d'une semblable révélation, aura effrayé et révolté la princesse. Mais pourquoi ne pas me bannir sans explication ? Que pourra-t-elle me dire qui ne soit mortellement douloureux et inutilement cruel ? »

Cette heure d'attente lui parut un siècle. Il avait froid, il se sentait mourir, quand la porte secrète de la galerie s'ouvrit sans bruit, et qu'il vit approcher la blanche Agathe, pâle des émotions qu'elle venait d'affronter, et diaphane dans sa mante de dentelle blanche. L'immense galerie n'était éclairée que par une petite lampe ; il lui sembla que la princesse ne marchait pas, et qu'elle glissait vers lui à la manière des ombres.

Elle s'approcha sans hésitation, et lui tendit la main comme à un ami intime. Et, comme il hésitait à avancer la sienne, croyant rêver ou craignant de se méprendre sur l'intention de ce geste, elle lui dit d'une voix douce, mais ferme :

« Donne-moi ta main, mon enfant, et dis-moi si tu as conservé pour moi l'amitié que tu m'as témoignée une fois, lorsque tu as cru me devoir une vive reconnaissance pour la guérison de ta mère. T'en souviens-tu ? Moi, je ne l'ai jamais oublié, cet élan de ton généreux cœur pour moi ! »

Magnani ne put répondre. Il n'osa porter à ses lèvres la main d'Agathe. Il la serra doucement dans la sienne en se courbant. Elle sentit qu'il tremblait.

« Tu es fort timide, lui dit-elle ; j'espère que, si tu as peur de moi, il n'entre aucune méfiance dans ton embarras. Il faut que je te parle vite ; réponds-moi de même. Es-tu disposé à me rendre un grand service, au péril de ta vie ? Je te le demande au nom de ta mère ! »

Magnani se jeta à genoux. Ses yeux remplis de larmes purent seuls répondre de son enthousiasme ou de son dévoûment. Agathe le comprit.

« Tu vas retourner à Catane, lui dit-elle, et courir jusqu'à ce que tu rencontres deux hommes qui sortent d'ici, et qui n'auront pas cinq minutes d'avance sur toi.

« L'un est Michel-Ange Lavoratori ; tu le reconnaîtras facilement au clair de la lune. L'autre est un montagnard roulé dans son manteau ; tu les suivras sans paraître les observer ; mais tu ne les perdras pas de vue. Tu seras prêt, au moindre geste suspect de cet homme, à te jeter sur lui et à le terrasser. Tu es fort, ajouta-t-elle en touchant le bras robuste du jeune artisan ; mais il est agile et perfide. Méfie-toi ! Tiens, voici un poignard, ne t'en sers que pour ta défense. Cet homme est mon ennemi ou mon sauveur, je l'ignore. Ménage ses jours. Fuis avec Michel, si tu peux éviter une lutte sanglante... Tu demeures dans la même maison que Michel, n'est-ce pas ?

— À peu près, Signora.

— Tiens-toi à portée de le secourir à la moindre alarme. Ne te couche pas ; passe cette nuit à veiller aussi près de sa chambre que tu le pourras. Cet homme sortira avant le jour ; ne sors de ta maison et ne laisse Michel s'en éloigner que vous ne soyez ensemble, toujours ensemble, entends-tu ? Et prêt à tout événement, jusqu'à ce que je fasse lever ta consigne. Demain, je t'expliquerai tout. Je te verrai. Compte que tu auras en moi, dès ce jour, une seconde mère. Viens, mon enfant, suis-moi ; je vais te mettre sur les traces de Michel et de son compagnon. »

Elle le prit par le bras, et l'emmena vivement dans le casino, qu'elle traversa lui sans ajouter un mot. Elle lui ouvrit la grille du parterre, et lui montrant l'escalier de laves, « Va, dit-elle, promptitude, précaution, et ton grand cœur d'homme du peuple pour boucler à ton ami ! »

Magnani descendit l'escalier avec autant de rapidité et

aussi peu de bruit que le vol d'une flèche. Il ne perdit point de temps à réfléchir, et il n'usa pas, à se tourmenter, l'élan de sa volonté. Il ne se demanda pas seulement si Michel était son heureux rival, et s'il ne serait pas tenté de lui percer le cœur. Poussé par la force magique que lui avait imprimée la main et le souffle d'Agathe, il était tout prêt à se faire tuer pour cet enfant privilégié, et il n'éprouvait pas plus de tristesse que d'hésitation à se sacrifier ainsi. Il y a plus, il se sentit heureux et fier d'obéir à celle qu'il aimait, et ses paroles vibraient en lui comme une voix du ciel.

Il se trouva bientôt dans la campagne, et distingua deux hommes sur un sentier. C'était bien Michel, c'était bien le manteau du montagnard. Il eut soin de ne pas se montrer; mais il mesura d'un regard la distance et les obstacles qu'il aurait à franchir pour les rejoindre en cas d'alarme. Un instant, le montagnard s'arrêta, en causant. Magnani, d'un élan vigoureux et souple, qui, en toute autre circonstance, eût été au-dessus des forces humaines, se trouva assez près d'eux pour entendre que l'inconnu parlait d'amour et de poésie.

Il leur laissa gagner encore du terrain, et, se glissant par un passage étroit dans les laves qui s'amoncellent à l'entrée du faubourg, il se trouva avant eux dans la cour des maisons contiguës qu'habitaient la famille et celle de Michel. Il vit passer son jeune ami et l'hôte suspect qu'il introduisait dans sa demeure. Alors Magnani fit un détour et chercha une retraite où il pût passer la nuit, inaperçu et attentif au moindre bruit, au moindre mouvement de l'intérieur.

XXIX.

APPARITION.

Pier-Angelo avait reçu avis de la princesse, et de la part du moine de Mal-Passo, qu'il n'eût point à s'inquiéter de l'absence de son fils, et qu'en cas de danger, ce jeune homme passerait la nuit, soit dans le couvent de Fra-Angelo, soit dans le palais du marquis de la Serra. C'est ce que la princesse eût souhaité; mais la nécessité de montrer une entière confiance au brigand, sur les susceptibilités duquel Fra-Angelo l'avait amplement renseignée, avait dû l'emporter sur ses inquiétudes. Dans sa prévoyance, elle avait fait venir Magnani, et l'on a vu qu'elle pouvait bien compter sur le dévoûment de ce généreux jeune homme.

Pier-Angelo, naturellement optimiste, et rassuré par l'avis qu'on lui avait donné, s'était mis au lit, et se dommageait de la fatigue du bal, en homme qui sait mettre les heures à profit. Mila aussi s'était retirée dans sa chambre; mais elle ne dormait pas. Elle avait passé l'après-midi avec la princesse, et, interrogée par elle sur ses relations d'amitié, elle avait parlé entre autres d'Antonio Magnani avec une effusion qui eût trahi le secret de son cœur quand même Agathe n'eût pas été attentive et pénétrante. C'est le bien qu'elle avait dit de son jeune voisin qui avait achevé de décider la princesse à le faire intervenir dans les embarras de sa situation. Elle s'était dit que Magnani pourrait bien devenir un jour l'époux de Mila, et que, dès lors, il n'y avait rien de plus naturel que de l'associer aux destinées de Michel-Angelo. C'est Mila qu'elle avait chargée de lui envoyer Magnani à la nuit, et le pauvre Magnani, en recevant cet avis, avait failli s'évanouir.

N'est-ce pas plutôt *pauvre Mila* qu'il faudrait dire? Eh bien! Mila n'avait attribué le trouble du jeune homme qu'à sa timidité. Agathe était la dernière qu'elle eût soupçonnée d'être sa rivale, non qu'elle ne fût à ses yeux la plus belle des femmes; mais parce que, dans un cœur pur, il n'y a pas de place pour la jalousie envers les êtres qu'on aime. Elle était heureuse, au contraire, la noble enfant, de la marque d'estime et de confiance dont sa chère Agathe avait honoré Magnani. Elle en était fière pour lui et eût voulu pouvoir lui porter tous les jours des messages semblables.

Mais la princesse n'avait pas cru devoir cacher à Mila que Michel était forcément engagé dans une aventure où il pouvait courir quelque danger, dont Magnani l'aiderait pourtant à se préserver.

Mila était donc inquiète: elle n'avait rien dit à son père de ses craintes; mais elle avait été plus de dix fois sur le chemin de la villa, prêtant l'oreille aux bruits lointains, épiant la démarche de tous les passants, et rentrant chaque fois, plus triste et plus effrayée. Enfin, quand onze heures sonnèrent, elle n'osa plus sortir et se tint dans sa chambre, tantôt près de la fenêtre, où elle fatiguait ses yeux à regarder en vain, tantôt près de son lit, où elle tombait, brisée de découragement, la tête sur son chevet. Par moments, les battements de ses artères étaient si élevés, qu'elle les prenait pour un bruit de pas auprès d'elle. Elle tressaillait, levait la tête, et, n'entendant plus rien, elle essayait de prier Dieu.

Enfin, vers minuit, elle crut saisir distinctement dans la cour un léger bruit de pas irréguliers. Elle regarda, et crut voir une ombre se glisser le long des murs et se perdre dans l'obscurité. C'était Magnani; mais elle ne put distinguer aucune forme, et ne fut pas sûre de n'avoir pas été dupe de sa propre imagination.

Peu d'instants après, deux hommes entrèrent sans bruit, et montèrent l'escalier extérieur de la maison. Mila s'était remise à prier, elle ne les entendit que lorsqu'ils furent sous sa fenêtre. Elle y courut, et, ne voyant que leurs têtes, sur lesquelles son regard plongeait perpendiculairement, elle ne douta point que ce ne fussent son frère et Magnani qui rentraient ensemble. Elle rajusta à la hâte sa belle chevelure dénouée, et courut à leur rencontre. Mais, comme elle passait dans la chambre de Michel, la porte de cette chambre s'ouvrit, et elle se trouva face à face avec lui et un homme plus petit de toute la tête qu'Antonio Magnani.

Le Piccinino, dont la figure était cachée par le capuchon de son manteau, se retira vivement, et, refermant la porte: « Michel, dit-il, vous n'attendez probablement pas votre maîtresse cette nuit. En toute autre circonstance, j'aurais du plaisir à la voir, car elle m'a semblé belle comme la madone; mais, en ce moment, vous m'obligerez beaucoup si vous pouvez l'éloigner sans qu'elle me voie.

— Soyez sans crainte, répondit le jeune peintre. Cette femme est ma sœur, et je vais la renvoyer dans sa chambre. Restez là, un instant, derrière la porte.

— Mila, dit-il en entrant et en plaçant le battant de la porte entre lui et son compagnon, vous avez donc pris la manie de veiller comme un oiseau de nuit? Rentrez chez vous, ma chère âme, je ne suis pas seul. Un des apprentis de mon père m'a demandé l'hospitalité, et je partage ma couche avec lui. Vous pensez bien que vous ne devez pas rester un instant de plus, à moins que vous ne vouliez être vue mal coiffée et mal agrafée.

— Je m'en vais, dit Mila; mais auparavant, dites-moi, Michel, si Magnani est revenu avec vous!

— Que vous importe? répondit Michel avec humeur. »

Mila soupira profondément et rentra dans sa chambre, où, toute découragée, elle se jeta sur son lit, résolue à faire semblant de dormir, mais à écouter ce qui se disait dans la chambre voisine. Peut-être était-il arrivé malheur à Magnani, et la brusquerie de son frère lui paraissait de mauvais augure.

Dès que le Piccinino se vit seul avec Michel, il le pria de tirer les verrous et de placer un matelas du lit sur la porte mince et déjetée de la chambre voisine, qui laissait passer la lumière et le son de la voix. Et quand ce fut fait, il le pria encore d'aller s'assurer que son père dormait, ou, s'il veillait encore, de lui souhaiter le bonsoir, afin qu'il ne prît point fantaisie au vieillard de monter. En parlant ainsi, le bandit se jeta sans façon sur le lit de Michel après avoir ôté son riche pourpoint, et se couvrant la tête de son manteau, il parut ne pas vouloir perdre un instant pour se livrer au sommeil.

Michel descendit, en effet; mais à peine était-il sur l'escalier, que le jeune bandit, avec la promptitude et la légèreté d'un oiseau, sauta au milieu de la chambre, jeta de côté le matelas, tira le verrou, ouvrit la porte, et s'approcha du lit de Mila, auprès duquel brûlait encore sa petite lampe.

Mila l'entendit bien entrer; mais elle crut que c'était Michel qui venait s'assurer qu'elle était couchée. La pensée ne lui vint pas qu'un autre homme pût avoir l'audace de pénétrer ainsi chez elle, et, comme un enfant qui craint d'être grondé, elle ferma les yeux et resta immobile.

Le Piccinino n'avait jamais entrevu une belle femme sans être inquiet et agité, jusqu'à ce qu'il l'eût bien regardée, afin de n'y plus penser si sa beauté était incomplète, ou de jeter son dévolu sur elle si son genre de beauté parvenait à réveiller son âme dédaigneuse, étrange composé d'ardeur et de paresse, de puissance et de torpeur. Peu d'hommes de vingt-cinq ans ont une jeunesse aussi chaste et aussi retenue que l'était celle du bandit de l'Etna; mais peu d'imaginations sont aussi fécondes en rêves de plaisirs et en appétits sans bornes. Il semblait qu'il cherchât toujours à exciter ses passions pour en éprouver l'intensité, mais que, la plupart du temps, il s'abstînt de les satisfaire, de crainte de trouver sa jouissance au-dessous de l'idée qu'il s'en était faite. Il est certain que toutes les fois, ou pour mieux dire, le peu de fois qu'il y avait cédé, il avait éprouvé une profonde tristesse et s'était reproché d'avoir dépensé tant de volonté pour une ivresse si vite épuisée.

Il avait peut-être d'autres raisons pour vouloir connaître les traits de la sœur de Michel, à l'insu de Michel lui-même. Quoi qu'il en soit, il la regarda attentivement pendant une minute, et, ravi de sa beauté, de sa jeunesse et de son air d'innocence, il se demanda s'il ne ferait pas mieux d'aimer cette charmante enfant, qu'une femme plus âgée que lui et plus difficile sans doute à persuader.

En ce moment, Mila, fatiguée de feindre le sommeil, et plus avide de nouvelles de Magnani que honteuse des reproches de son frère, ouvrit les yeux et vit l'inconnu penché vers elle. Elle vit briller ses yeux à travers la fente de son capuchon, et, saisie de terreur, elle allait crier lorsqu'il lui mit la main sur la bouche.

« Enfant, lui dit-il à voix basse, si tu dis un mot, tu es morte. Tais-toi et je m'en vais. Allons, mon bel ange, ajouta-t-il d'un ton caressant, n'ayez pas peur de l'ami de votre famille; bientôt peut-être, vous le remercierez d'avoir troublé votre sommeil. »

Et, ne pouvant résister à un de ces accès de coquetterie insensée qui le faisaient manquer tout d'un coup à ses résolutions et à ses instincts de prudence, il se découvrit et lui montra ses traits charmants, embellis encore par un sourire tendre et fin. L'innocente Mila crut avoir une vision. Les diamants qui scintillaient sur la poitrine de ce beau jeune homme ajoutèrent tellement au prestige, qu'elle ne sut si c'était un ange ou un prince déguisé qui lui apparaissait. Éblouie, incertaine, elle lui sourit aussi, moitié charmée, moitié terrifiée. Il prit alors une lourde tresse de ses cheveux noirs, qui était retombée sur son épaule, et la porta à ses lèvres. La peur prit le dessus. Mila voulut crier encore. L'inconnu lui lança un regard si terrible que la voix lui manqua. Il éteignit la lampe, rentra dans la chambre de Michel, replaça le verrou et le matelas sur la porte; puis, s'élançant sur le lit et cachant sa tête, il paraissait profondément endormi quand Michel rentra. Tout cela s'était passé en moins de temps qu'il n'en a fallu pour le raconter.

Mais, pour la première fois de sa vie peut-être, le Piccinino ne put forcer le sommeil à engourdir l'activité de ses pensées. Son imagination était un coursier sauvage avec lequel il avait tant lutté, qu'il croyait lui avoir imposé pour toujours un frein. C'en était fait; le frein était brisé, et cette volonté puissante, usée en des combats puérils, ne suffisait plus à dominer les instincts farouches trop longtemps comprimés. Il était là, entre deux tentations violentes, qui lui apparaissaient sous la forme de deux femmes presque également désirables, et dont l'infâme Ninfo lui avait presque offert de partager la possession avec lui. Michel était l'otage qu'il tenait dans ses mains, et pour la rançon duquel il pouvait tout exiger et peut-être tout obtenir.

Il est vrai qu'il ne croyait plus à l'amour d'Agathe pour ce jeune homme; mais il voyait son désintéressement à l'endroit de la fortune, lorsqu'il s'agissait de sauver ses amis menacés. Cela suffisait-il pour qu'elle crût devoir sacrifier plus que sa fortune pour le rachat de cet artiste protégé? Probablement non, et alors il fallait que le bandit comptât sur ses moyens personnels de séduction et ne vît dans Michel que l'occasion de les exercer en approchant d'elle.

Quant à la jeune sœur, il lui paraissait plus facile de vaincre un enfant si naïf, non-seulement à cause de l'amour plus direct qu'elle devait porter à son frère, mais encore à cause de son inexpérience et de la fraîcheur de son imagination que, d'un regard, il avait déjà éprouvées.

Comme jeunesse et comme beauté matérielle, Mila effaçait Agathe; mais Agathe était princesse, et il y avait de grands instincts de vanité chez le bâtard de Castro-Reale. Elle passait pour n'avoir jamais eu d'amant, elle paraissait forte et prudente. Elle avait eu vingt ans peut-être pour s'exercer à la défense et soutenir l'assaut des passions qu'elle avait inspirées : car elle avait au moins trente ans, et, en Sicile, sous un climat de feu, qui mûrit les plantes en moins de temps qu'il n'en faut chez nous pour les faire éclore, une petite fille de dix ans est presque une femme.

C'était donc la plus glorieuse conquête à rêver, et, par cela même, la plus enivrante. Mais il s'y mêlait la crainte d'échouer, et Carmelo pensait qu'il en mourrait de honte et de rage. Il n'avait jamais connu la douleur; c'était presque un mot vide de sens pour lui jusqu'à ce moment.

Il commençait à deviner qu'on peut souffrir autrement encore que de colère ou d'ennui. Comme il ne dormait point, il observait Michel à l'insu de ce dernier. Il vit ce jeune homme, assis devant sa table, prendre son front à deux mains dans l'attitude de l'abattement le plus complet.

Michel était profondément triste. Tous ses rêves s'étaient évanouis comme une vaine fumée. Sa situation lui paraissait suffisamment expliquée par l'entretien qu'il avait eu avec le bandit en revenant de la villa. Pour l'éprouver, le Piccinino lui avait rapporté les calomnies de l'abbé Ninfo, en feignant d'y ajouter foi et d'en prendre généreusement son parti. L'âme droite et noble du jeune peintre s'était révoltée contre un soupçon qui attentait à la dignité de la princesse : ses dénégations et sa manière de raconter sa première entrevue avec elle dans la salle de bal s'étaient trouvées si conformes à la manière dont elle-même avait présenté les faits au bandit, que ce dernier, après un interrogatoire plus subtil et plus insidieux que celui d'un inquisiteur, avait fini par ne plus pouvoir incriminer les relations de la princesse et de l'artiste.

Alors le Piccinino, voyant qu'au fond de cette modestie et de cette loyauté il y avait de la douleur chez Michel, en avait conclu que, s'il n'était point aimé, du moins il eût souhaité de l'être, et qu'à partir du moment où il avait vu la princesse il en était tombé amoureux. Il se souvenait de la sèche réponse et de l'ironique apostrophe de Michel durant ce bal, et il goûta un cruel plaisir à lui faire sentir qu'il ne pouvait pas être aimé d'une telle femme. Il en vint même à lui avouer qu'il l'interrogeait que pour éprouver la délicatesse de son caractère, et il finit par lui rapporter, mot pour mot, les paroles d'Agathe, au moment où, se plaçant devant la fenêtre du boudoir et lui montrant Michel, elle lui avait dit : « Regardez ce jeune homme, et dites-moi s'il peut s'établir des rapports suspects entre nos âges et notre mutuelle position dans la vie. » Puis, il avait ajouté, en entrant dans le faubourg avec Michel, et en lui serrant la main : « Mon enfant, je suis content de vous; car tout autre que vous, à votre âge, se fût fait volontiers passer pour le héros d'une aventure mystérieuse avec cette femme adorable. A présent, je vous vois déjà un homme sérieux et puis vous confier qu'elle m'a fait une impression ineffaçable, et que je serai comme une pierre dans la bouche du volcan jusqu'à ce que je l'aie revue. »

Le ton dont le Piccinino proclama, pour ainsi dire, cet

aveu , joint au souvenir de sa figure enivrée et de son attitude triomphante lorsqu'il était rentré dans le boudoir avec Agathe, jetèrent Michel dans une véritable consternation. Il ne s'était pas cru obligé en conscience de lui dire ce qu'il avait nourri d'illusions, ce qu'il avait cru lire dans certains regards, encore moins ce qu'il avait cru ne pas rêver tout à fait dans la grotte de la Naïade. Il se serait fait même un devoir religieux de le nier de toutes ses forces, si son rival eût pu le soupçonner. Mais tous ses fantômes d'orgueil et de bonheur s'envolaient devant les paroles froides d'Agathe, rapportées d'un ton sec et tranchant par le Piccinino. Il ne restait un point obscur dans sa destinée. C'était l'amitié particulière que la princesse portait à son père et à sa sœur. Mais en quoi pouvait-il s'en attribuer l'honneur? Il y avait au fond de tout cela une ancienne liaison politique, ou la reconnaissance de quelque service rendu par Pier-Angelo. Son fils en subissait les dangers, en même temps qu'il en partageait les bienfaits. Cette dette de cœur payée, Michel ne pouvait intéresser d'aucune façon particulière la généreuse patronne de sa famille. Les mystères qui l'avaient charmé tombaient dans le domaine de la réalité, et au lieu du doux travail de combattre des illusions charmantes, il lui restait la mortification de les avoir mal combattues et la douleur de ne pouvoir plus les faire renaître.

« Pourquoi serais-je donc jaloux de la joie insolente qui brillait dans les yeux de ce bandit? se disait-il avec angoisse. Dois-je seulement songer à l'émotion agréable ou pénible que son étrange manière d'être peut causer à la princesse? Qu'y a-t-il de commun entre elle et moi? Que suis-je pour elle? Le fils de Pier-Angelo! Et lui, cet aventurier audacieux, il s'est son appui et son sauveur. Il aura bientôt des droits à sa reconnaissance, peut-être à son estime et à son affection; car il ne tient qu'à lui de les acquérir : il l'aime, et, s'il n'est pas fou, il saura se faire aimer d'une manière quelconque. Et moi, en quoi puis-je mériter qu'elle me distingue? Que sont les productions novices de mon art, en comparaison des secours énergiques qu'elle réclame? Il semble qu'elle me regarde comme un enfant, puisqu'au lieu de m'appeler à son aide et de me confier quelque mission importante pour ses intérêts et sa défense personnelle, elle ne m'a même pas cru capable de défendre ma propre vie. Elle m'a jugé si faible ou si timide qu'elle a fait intervenir dans nos dangers communs un étranger, un allié peut-être plus dangereux qu'utile. O mon Dieu! pourquoi, en effet, de me regarder comme un homme! Pourquoi ne m'a-t-elle pas dit tout simplement : « Ton père et moi sommes menacés par un ennemi; prends un poignard, laisse là tes pinceaux; défends ton père ou venge-moi! » Fra-Angelo me reprochait mon indifférence; mais, au lieu de m'en corriger, ne me traite-t-on pas comme un enfant dont on a pitié, et dont on sauve les jours sans se soucier plus longtemps de son âme? »

En s'abandonnant à ces tristes réflexions, Michel-Angelo se sentit navré de douleur , et , trouvant devant lui la fleur de cyclamen qui vivait encore dans son verre de Venise, il y laissa tomber une larme brûlante.

XXX.

LE FAUX MOINE.

Mila était restée si étonnée et si alarmée de l'apparition du Piccinino, qu'elle ne pouvait pas dormir non plus. Ce qui l'effrayait, c'était de ne pas entendre parler d'elle, et de ne pouvoir s'assurer que son frère était là. Elle ne voulut point se coucher et, au bout de peu d'instants, ses réflexions ne servant qu'à redoubler sa terreur, elle se leva et alla ouvrir une autre porte de sa chambre qui donnait sur une galerie couverte, ou plutôt sur un couloir délabré, abrité d'un auvent, et terminé par un escalier qui servait de communication entre son logement et celui des autres habitants de la maison. Jamais Mila n'ouvrait cette porte la nuit; mais, cette fois, elle sortit sur la galerie, bien décidée à se réfugier auprès de son père et à attendre le jour sur une chaise, dans la chambre de Pier-Angelo.

Mais elle eut à peine fait trois pas, qu'une nouvelle frayeur l'arrêta. Un homme était appuyé contre le mur de la galerie, immobile comme un voleur aux aguets.

Elle allait fuir, lorsqu'une voix lui dit avec précaution: « Mila, est-ce vous? » Et cet homme faisant un pas vers elle, elle reconnut Magnani.

« N'ayez pas peur, lui dit-il, je veille ici par l'ordre d'une personne qui vous est chère. Sans doute vous savez pourquoi, vous qui m'avez transmis son message?

— Je sais que mon frère a couru ce soir des dangers, répondit la jeune fille; mais il paraît que vous n'êtes pas le seul que notre chère princesse ait placé auprès de lui pour sa défense. Il y a dans sa chambre un autre jeune homme que je ne connais pas.

— Je le sais, Mila; ce jeune homme est précisément celui dont on se méfie, et je dois veiller, aussi près que possible, du lieu où il repose, jusqu'à ce qu'il soit sorti.

— Vous êtes cependant bien loin ! dit Mila épouvantée, et mon frère pourrait être assassiné sans que vous pussiez l'entendre d'ici.

— Et que faire? reprit Magnani. Je n'ai pu me glisser plus près de sa chambre. Il a fermé avec soin l'entrée de l'autre escalier, je suis là; j'ai l'oreille ouverte et l'œil aussi, je vous en réponds!

— Je veillerai aussi, dit la jeune fille avec résolution, et vous veillerez près de moi, Magnani. Venez dans ma chambre. Dût-on en médire, si l'on s'en aperçoit, dussent mon père et mon frère me blâmer sévèrement, peu m'importe! je n'ai peur que de l'homme qui est enfermé avec Michel, ou seul...; car ils ont mis un matelas devant ma porte, et je ne peux pas savoir si Michel est réellement avec lui. J'ai peur pour Michel, j'ai peur pour moi-même. »

Et elle raconta comment le bandit était entré dans sa chambre, sans que Michel fût à portée apparemment de s'y opposer.

Magnani, ne pouvant s'expliquer des faits si étranges, accepta sans hésiter l'offre de Mila. Il entra chez elle, laissant la porte de la galerie entr'ouverte, afin de se retirer au besoin sans être vu, mais tout prêt à enfoncer la porte de Michel au moindre bruit alarmant.

Quand il eut écouté avec sang-froid et précaution, l'œil et l'oreille collés contre la cloison :

« Soyez tranquille, dit-il à Mila en lui parlant très-bas au fond de sa chambre, ils ne sont pas si bien barricadés que je n'aie pu apercevoir Michel assis devant sa table et paraissant réfléchir. Je n'ai pu distinguer l'autre, mais je vous assure qu'ils ne pourront faire un mouvement que je ne l'entende d'ici, et que leur verrou ne tiendra pas une seconde contre mon poignet. Je suis armé; n'ayez donc plus peur, ma chère Mila.

— Non, non, je n'ai plus peur, dit-elle; depuis que vous êtes là, j'ai retrouvé l'usage de ma raison. Avant, j'étais comme folle; je ne voyais ni n'entendais rien qu'à travers un voile. Vous n'avez donc éprouvé aucun accident, Magnani, couru aucun danger pour vous-même, ce soir?

— Aucun; mais que cherchez-vous, Mila? Vous allez faire du bruit en touchant à ce meuble.

— Non, non, dit-elle. Je prends une arme, moi aussi; car je me sens devenir brave auprès de vous. »

Et elle lui montra un fuseau de bois d'ébène sculpté et monté en argent, dont la pointe forte et acérée pouvait, au besoin, faire l'office d'un stylet.

« En me le donnant aujourd'hui, ajouta-t-elle, cette bonne princesse ne se doutait pas qu'il servirait peut-être à la défense de mon frère. Mais, dites-moi donc, Magnani, comment la princesse vous a-t-elle reçu, et comment vous a-t-elle expliqué ces mystères qui se passent autour de nous, et auxquels je ne comprends rien? Nous pouvons bien causer là, tout bas, sur cette porte; personne ne nous entendra, et cela nous aidera à trouver le temps moins triste et moins long.

Elle s'assit sur la marche extérieure de la porte qui donnait sur la galerie. Magnani s'assit auprès d'elle, prêt à fuir si quelque indiscret s'approchait d'eux, prêt à se

Il s'était placé au-dessous... (Page 84.)

montrer si l'hôte de Michel devenait hostile. Le jeune couple parla tout bas, et le faible chuchotement de leurs paroles se perdait dans cette galerie ouverte à l'air extérieur, sans leur ôter à l'un ou à l'autre la présence d'esprit de s'interrompre et d'écouter attentivement le plus léger souffle de la nuit.

Quand Magnani eut raconté à Mila le peu qu'il savait, elle se perdit en conjectures pour deviner quel pouvait être ce jeune homme si beau, dont l'air était à la fois doucereux et terrible, qui s'intitulait auprès d'elle l'ami de sa famille, et dont la princesse avait dit, en parlant à Magnani : « C'est notre sauveur ou notre ennemi. » Et, comme Magnani l'engageait à ne pas chercher à pénétrer un secret que la princesse et sa famille jugeaient apparemment nécessaire de lui cacher, elle reprit : « Ne croyez pas que je sois tourmentée d'une sotte curiosité d'enfant ! Non, je n'ai pas ce vilain défaut. Mais j'ai eu peur toute la journée, et pourtant je ne suis pas peureuse, non plus. Il se passe autour de moi quelque chose d'incompréhensible, et moi aussi, je crois être menacée par ces ennemis que je ne connais pas. Je n'ose en parler à mon père, ni à la princesse ; je crains qu'en s'embarras-

sant de moi, ils ne négligent une partie des soins que réclame leur propre sûreté. Mais enfin, il faut que moi aussi je songe à ma défense ; demain, quand vous irez à l'ouvrage, et que mon frère et mon père seront sortis, je recommencerai à trembler pour eux, pour vous et pour moi-même.

— Mila, je n'irai point travailler demain, dit Magnani. La princesse m'a ordonné de ne pas quitter votre frère, soit qu'il sorte, soit qu'il reste à la maison. Elle ne m'a point parlé de vous, ce qui me fait être presque certain que vous n'êtes pas comprise dans la secrète persécution dont elle s'alarme. Mais, quoi qu'il arrive, je ne bougerai pas d'ici, sans m'être assuré que personne ne peut venir vous y effrayer.

— Écoutez, dit-elle, je veux vous raconter, à vous, ce qui m'est arrivé aujourd'hui. Vous savez qu'il vient souvent, dans notre cour, des frères quêteurs, qui tourmentent tout le monde, même les pauvres gens, et dont on ne peut se débarrasser qu'en leur donnant quelque chose. Il en est venu un, aussitôt après que mon père et Michel ont été sortis, et jamais je n'avais encore vu un moine si obstiné, si hardi et si indiscret. Imaginez que

M.FAVD								H.DELAVILLE.

Retourner à la fontaine..... (Page 85.)

me voyant travailler à ma fenêtre, il s'était placé au-dessous et se tenait là, me regardant avec des yeux qui m'embarrassaient, quoique je ne voulusse pas les rencontrer. Je lui avais jeté une aumône afin de m'en délivrer. Il n'avait pas daigné la ramasser. « Jeune fille, me disait-« il, ce n'est pas ainsi qu'on présente l'offrande à un « frère de mon ordre. On se donne la peine de descendre, « de venir à lui, et de se recommander à ses prières, au « lieu de lui jeter un morceau de pain comme à un chien. « Vous n'êtes point une fille pieuse, et vos parents vous « ont mal élevée. Je gage que vous n'êtes pas du pays? »

« J'eus le tort de lui répondre. Il m'avait mise de mauvaise humeur, avec ses sermons, et il était si laid, si malpropre, si insolent, que je ne pouvais m'empêcher de lui témoigner mon dégoût. Il me semblait le reconnaître pour l'avoir vu, le matin, au palais Palmarosa. Mon frère s'était inquiété alors de sa figure, et avait questionné mon oncle Fra-Angelo. Il nous avait fait partir, en nous promettant de découvrir qui ce pouvait être, car il ne le reconnaissait point pour un capucin, et mon père disait qu'il ressemblait à un certain abbé Ninfo, qui nous en veut, à ce qu'il paraît.

« Pourtant, soit que ce ne fût pas le même, soit qu'il eût changé son déguisement, il avait l'habit d'un carme déchaussé lorsqu'il vint ici; et, au lieu d'une grosse barbe noire et frisée, il avait une barbe rouge, courte et raide comme le poil d'un sanglier. Il était encore plus affreux de cette façon-là, et, si ce n'est pas le même homme, je puis bien dire que j'ai vu aujourd'hui les deux plus vilains moines qu'il y ait dans Valdemona.

— Vous avez donc eu l'imprudence de causer avec lui? dit Magnani.

— Causer n'est pas le mot; je l'ai prié d'aller prêcher plus loin, en lui disant que je n'avais ni le temps de descendre, ni celui d'écouter ses réprimandes; que, s'il ne trouvait pas mon aumône digne de lui, il la ramassât pour le premier pauvre qu'il rencontrerait, et qu'enfin, s'il était né orgueilleux, il avait eu grand tort de se faire moine mendiant.

— Sans doute, il fut irrité de vos réponses?

— Non, car si je l'avais vu mortifié ou en colère, j'aurais eu la charité ou la prudence de n'en pas tant dire. Mais, au lieu de continuer à me gronder, il se mit à sourire, d'un sourire affreux, il est vrai, mais où il n'entrait point trop de ressentiment.

« Vous êtes une plaisante petite fille ; me dit-il, et je vous pardonne votre inconvenance à cause de votre esprit et de vos yeux noirs. »

« Je vous demande si ce n'était pas fort vilain pour un moine, de faire attention à la couleur de mes yeux? Je lui répondis qu'il pourrait bien rester un an sous ma fenêtre, sans que je voulusse regarder la couleur des siens. Il me traita de coquette, singulière expression, n'est-ce pas, dans la bouche d'un homme qui ne devrait pas seulement connaître ce mot-là? Je fermai ma fenêtre, mais quand je la rouvris, au bout d'un quart d'heure, ne pouvant tenir à l'étouffante chaleur qu'il fait dans cette chambre quand le soleil est un peu haut, il me regardait toujours.

« Je ne voulais plus lui parler. Il me dit qu'il resterait là jusqu'à ce que je lui eusse donné quelque chose de mieux que du pain ; qu'il savait bien que je n'étais point une pauvre fille ; que j'avais une belle épingle d'or ciselé dans les cheveux, et qu'il accepterait de bon cœur cette épingle, à moins que je n'aimasse mieux donner, à la place, une mèche de mes cheveux. Et, de là, des compliments si ridicules et si exagérés, que je les pris et les prends encore pour des moqueries, et pour une méchante et inconvenante manière de me témoigner son dépit.

« Comme il y avait du monde dans la maison, et notamment votre père et un de vos frères, que je voyais travailler chez eux à portée de ma voix, je n'étais pas inquiète des singulières paroles et des regards impertinents de ce vilain moine ; je ne lui répondis qu'en me moquant de lui, et, pour m'en débarrasser, je lui promis de lui donner quelque chose, à condition qu'il s'en irait tout de suite après. Il prétendit qu'il avait le droit d'accepter ou de refuser mon offrande, et que si je voulais le laisser choisir, il serait très-modeste et ne me ruinerait pas. — Que voulez-vous donc? lui dis-je ; un écheveau de soie pour raccommoder votre froc en guenilles ? — Non, me dit-il, elle est trop mal filée. — Voulez-vous mes ciseaux pour couper votre barbe qui pousse tout de travers ? — Non, je m'en servirais peut-être pour couper le bout rose de cette petite langue impertinente. — Alors une aiguille pour coudre votre bouche qui ne sait ce qu'elle dit? — Non, car je crains que votre aiguille ne pique pas mieux que vos épigrammes.

« Nous badinâmes quelque temps ainsi ! tout en m'impatientant, il me faisait rire, car il me semblait qu'il était devenu plus paternel qu'inquiétant, que c'était bien un vrai moine, un de ces facétieux importuns comme il y en a, qui obtiennent par la taquinerie ce qu'ils n'ont pu arracher par la prière ; enfin, je remarquai qu'il avait de l'esprit, et je ne fis pas cesser cet enfantillage de ma part aussi vite que je l'aurais dû. Je décrochai un petit miroir de nulle valeur, grand comme la main, qu'il voyait briller près de ma fenêtre, et à propos duquel il me demandait combien d'heures par jour je passais à le consulter. Je le lui descendis au bout d'un fil de soie, en lui disant qu'il aurait certainement beaucoup plus de plaisir à s'y contempler que je n'en avais, pour mon compte, à avoir sa figure si longtemps sous les yeux.

« Il le prit avidement et le baisa en s'écriant d'un ton qui m'épouvanta : « A-t-il conservé un reflet de « ta beauté, ô jeune fille dangereuse? Rien qu'un reflet, « c'est bien peu ; mais encore, si je pouvais l'y fixer, je « n'en détacherais plus jamais ma bouche. »

— Fi! lui dis-je en me retirant, voilà des paroles qui déshonorent l'habit que vous portez, et ces plaisanteries-là ne vont point à un religieux.

« Je fermai encore ma fenêtre et me retirai vers cette porte où nous voici, et que j'ouvris afin de pouvoir respirer en travaillant. Mais je n'y étais pas depuis cinq minutes que je vis le capucin devant moi. Il avait osé entrer, je ne sais par où ; car j'avais fermé la porte de notre maison, et il faut qu'il ait rôdé dans les habitations voisines, ou qu'il connaisse toutes les issues de celle-ci. — Allez-vous-en, lui dis-je ; on ne pénètre pas ainsi dans les maisons, et si vous approchez de ma porte, j'appelle mon frère et mon père, qui sont dans la chambre à côté.

— Je sais bien qu'ils n'y sont point, répondit-il avec un rire odieux, et, quant aux voisins, rien ne servirait de les appeler, je serai loin d'ici avant qu'ils en approchent. Que crains-tu de moi, jeune fille? Je n'ai voulu que voir de près tes doux yeux et ta bouche de rose ; la madone de Raphaël n'est qu'une servante auprès de toi. Tiens, n'aie pas peur de moi (et, en me parlant ainsi, il retenait fortement la porte que je voulais lui pousser au visage). Je donnerais ma vie pour un baiser de toi ; mais, si tu me le refuses, donne-moi du moins la rose qui parfume ton sein, je mourrai de plaisir en rêvant que...

« Je n'en entendis pas davantage, car il venait de lâcher le battant de la porte pour me prendre dans ses bras. J'eus plus de présence d'esprit, malgré ma peur, qu'il ne s'y attendait ; car je fis un rapide mouvement de côté, je lui frappai le visage avec cette porte, et profitant de ce qu'il était étourdi du choc, je m'enfuis par la chambre de Michel. Je descendis en courant de toutes mes forces et ne me ralentis que quand j'eus gagné la rue, car il ne se trouvait aucun voisin assez à portée pour me rassurer. Quand je me vis au milieu des passants, je ne craignais plus le moine, mais, pour rien au monde, je ne serais rentrée chez moi. Je marchai jusqu'à la villa Palmarosa, et je ne me sentis à l'aise que quand la princesse m'eut fait entrer dans sa chambre. J'y ai passé le reste de la journée, et n'en suis revenue qu'avec mon père. Mais je n'ai osé rien dire de tout cela, par la raison que je vous ai donnée... et s'il faut être tout à fait franche, parce que je sentais que j'avais été imprudente de plaisanter avec ce vilain quêteur, et que je méritais un peu de blâme. Un reproche de mon père me ferait une peine mortelle ; mais un reproche de la princesse Agatha... j'aimerais autant être damnée tout de suite pour l'éternité! »

— Chère enfant, puisque vous craignez tant les reproches, répondit Magnani, je garderai votre secret, et ne me permettrai pas de vous faire la moindre observation.

— Au contraire, je vous prie de m'en adresser de très-sévères, Magnani. De votre part, cela ne m'humiliera point. Je n'ai pas la prétention de vous plaire, moi, et je sais que mes défauts de petite fille ne vous causeront pas le plus petit chagrin. C'est parce que je sais combien je suis aimée de mon père et de la princesse Agatha, que je redoute tant de les affliger. Mais vous, qui ne serez que rire de mon étourderie, vous pouvez bien me dire tout ce que vous voudrez.

— Vous croyez donc m'être bien indifférente? repartit Magnani, que cette histoire du moine avait troublé et agité singulièrement. »

Puis, s'étonnant de cette parole qui venait de lui échapper, il se leva pour aller, sur la pointe du pied, écouter à la porte de Michel. Il crut entendre la respiration égale d'une personne endormie. Le Piccinino avait fini, en effet, par dominer le tumulte de ses pensées, et Michel, vaincu par la fatigue, s'était assoupi, le front dans ses mains.

Magnani revint auprès de Mila ; mais il n'osa plus s'asseoir à ses côtés. « Et moi aussi, se disait-il honteux et comme effrayé de lui-même, je suis un moine que dévore l'imagination et que la continence exalte. Cette enfant est trop belle, trop pure, trop confiante, pour vivre ainsi de la vie libre et abandonnée des filles de notre classe ; nul ne peut la voir sans émotion, qu'il soit moine condamné au célibat, ou amoureux sans espoir d'une autre femme. Je voudrais tenir là ce moine impur pour lui briser la tête ; et pourtant je me sens frémir aussi à l'idée que cette jeune fille sans méfiance est là, seule avec moi, dans le silence de la nuit, prête à chercher un refuge dans mes bras à la moindre alarme ! »

XXXI.

SORCELLERIE.

Magnani essaya de se distraire de ses pensées en parlant de la princesse avec Mila. La naïve jeune fille l'y provoquait, et il accepta ce sujet de conversation comme un préservatif. On voit que, depuis deux jours, il s'était opéré une singulière révolution dans le moral de ce jeune homme, puisqu'il en était déjà à regarder son amour pour Agathe comme un devoir, ou comme ce que les médecins appelleraient un dérivatif.

S'il eût été certain que la princesse aimait Michel, comme par moments il se le persuadait avec stupeur, il se fût senti presque entièrement guéri de cette folle passion. Car il l'avait pris si haut dans sa pensée, qu'il en était venu, à force de ne rien espérer, à ne quasi plus rien désirer. Cette passion était passée à une sorte d'habitude religieuse tellement exaltée, qu'elle ne touchait plus à la terre, et qu'en la partageant Agathe l'eût peut-être détruite subitement. Qu'elle eût aimé un homme quelconque, celui-là même qui nourrissait une adoration si exaltée pour elle, et elle n'était plus pour lui qu'une femme dont il pouvait combattre le prestige. C'était là le résultat de cinq ans de souffrance sans la moindre présomption et sans distraction aucune. Dans une âme de cette force et de cette pureté, l'ordre le plus rigide s'était maintenu au sein même d'un amour qui ressemblait à un point de démence; et c'était précisément là ce qui pouvait sauver Magnani. Ses efforts pour s'étourdir n'eussent servi qu'à l'exalter davantage, et, après de vulgaires enivrements, il serait retombé dans sa chimère avec plus de douleur et de faiblesse; au lieu qu'en se livrant tout entier, sans résistance, sans désir de repos et sans effroi, à un martyre qui pouvait être éternel, il avait laissé la flamme se concentrer et brûler sourdement, privée d'excitation extérieure et d'aliments nouveaux.

Magnani était donc arrivé à ce moment de crise imminente où il fallait mourir ou guérir sans transition aucune. Il ne s'en rendait point compte, mais il en était là certainement, puisque ses sens se réveillaient d'un long assoupissement, et qu'Agathe, bien loin d'y contribuer, était la seule femme qu'il eût rougi d'associer dans sa pensée au trouble qu'il ressentait.

Peu à peu il se pencha vers la jeune fille pour ne pas perdre une seule de ses paroles, et il finit par se rasseoir auprès d'elle, en lui demandant pourquoi elle avait eu l'idée de parler de lui à la princesse Agathe.

« Mais c'est tout simple, répondit Mila ; elle m'y provoquait, elle venait de me demander avec lequel des jeunes artisans de ma connaissance Michel s'était le plus lié depuis son arrivée dans le pays; et comme j'hésitais entre vous et quelques-uns des apprentis de mon père qui ont aidé Michel et dont il s'est montré content, la princesse m'a dit d'elle-même :

« Tiens, Mila, tu n'en es peut-être pas sûre; mais moi, « je parierais que c'est un certain Magnani qui travaille « souvent chez moi, et dont je pense beaucoup de bien. « Pendant le bal, ils étaient assis ensemble dans mon « parterre, et j'étais tout auprès d'eux, derrière le buis-« son de myrte que tu vois ici. J'étais venue me réfugier « là et je m'y cachais presque, pour échapper un instant « au supplice d'une si longue représentation. J'ai entendu « leur conversation, qui m'a intéressée et touchée au « dernier point. Ton frère est un noble esprit, Mila, mais « ton voisin Magnani est un grand cœur. Ils parlaient « d'art et de travail, d'ambition et de devoir, de bon-« heur et de vertu. J'admirais les idées de l'artiste, mais « j'aimais les sentiments de l'artisan. Je souhaite pour « ton jeune frère que Magnani soit toujours son meilleur « ami, le confident de toutes ses pensées et son conseil « dans les occasions délicates de sa vie. Tu peux bien le « lui conseiller de ma part, s'il vient à te parler de moi ; « et si tu confies à l'un ou à l'autre que j'ai écouté leurs « honnêtes épanchements, tu ne manqueras pas de leur « dire que j'ai été discrète; car il y a eu un moment où « Magnani allait révéler à Michel-Ange quelque chose de « personnel que je n'ai pas voulu surprendre. » Je me suis « retirée précipitamment dès le premier mot. » Tout cela est-il exact, Magnani? et vous souvenez-vous du sujet de votre conversation avec Michel dans le parterre du Casino?

— Oui, oui, dit Magnani en soupirant, tout cela est exact, et je me suis aperçu même de la retraite de la princesse, quoique je n'eusse jamais pensé que ce fût elle qui nous écoutât.

— Eh bien, Magnani, vous devez en être fier et content, puisqu'elle a pris tant d'amitié et d'estime pour vous d'après vos discours. J'ai cru même voir qu'elle préférait votre manière de penser à celle de mon frère, et qu'elle vous regardait comme le plus sage et le meilleur des deux, quoiqu'elle dise avoir pris, dès ce moment-là, un intérêt maternel au bonheur de l'un comme de l'autre. Est-ce que vous ne pourriez pas me redire toutes ces belles paroles que la princesse a entendues avec tant de plaisir? J'aimerais bien à en faire mon profit, car je suis une pauvre petite fille avec laquelle Michel lui-même daigne à peine parler raison.

— Ma chère Mila, dit Magnani en lui prenant la main, honneur à celui que vous croirez digne de former votre cœur et votre esprit! Mais, quand même je me rappellerais tout ce que nous nous sommes dit dans ce parterre, Michel et moi, je n'aurais pas la prétention que vous pussiez y gagner quelque chose. N'êtes-vous pas meilleure que nous deux? Et quant à l'esprit, quelqu'un peut-il en avoir plus que vous?

— Oh! pour cela, vous vous moquez! madame Agathe en a plus que nous trois réunis, et c'est même pas que mon père en ait plus qu'elle. Ah! si vous la connaissiez comme moi, Magnani! Quelle femme de tête et de cœur! quelle grâce! quelle bonté! Je passerais ma vie à l'entendre, et si mon père et elle voulaient le permettre, j'ambitionnerais d'être sa servante, bien que l'obéissance ne soit pas ma qualité dominante. »

Magnani garda quelques instants le silence. Il ne pouvait réussir à voir clair dans son émotion. Jusque-là Agathe lui avait paru tellement au-dessus de tout éloge, qu'il s'indignait et souffrait lorsque quelqu'un s'avisait de dire qu'elle était belle, secourable et douce. Il aimait presque mieux écouter ceux qui la disaient laide et folle, sans la connaître, sans l'avoir jamais vue. Du moins, ceux-ci ne disaient rien d'elle qui eût le moindre sens, tandis que les autres la louaient trop faiblement et impatientaient Magnani par leur impuissance à la comprendre. Mais, dans la bouche de Mila, Agathe ne perdait rien de l'idée qu'il s'en était faite. Mila seule lui semblait assez pure pour prononcer son nom sans le profaner et, en partageant le culte qu'il lui rendait, elle s'égalait presque à son idole.

« Bonne Mila, lui dit-il enfin sans quitter sa main qu'il avait oublié de lui rendre, aimer et comprendre comme vous le faites est aussi d'un grand esprit. Mais qu'avez-vous dit de moi à la princesse, vous? Est-ce une indiscrétion de vous le demander? »

Mila rendit grâce à l'obscurité qui cachait sa rougeur, et elle s'enhardit comme une femme craintive qui s'enivre peu à peu de l'impunité du bal masqué.

« Je crains justement d'être indiscrète en vous le répétant, dit-elle, et je n'oserais!

— Vous avez donc dit du mal de moi, méchante Mila?

— Non pas. Puisque madame Agathe avait dit tant de bien de vous, il m'eût été impossible d'en penser du mal. Je ne puis plus voir que par ses yeux. Mais j'ai trahi une confidence que Michel m'avait faite.

— En vérité? Je ne sais ce que vous voulez dire. »

Mila remarqua que la main de Magnani tremblait. Elle se hasarda à frapper un grand coup.

« Eh bien, dit-elle d'un ton franc et presque dégagé, j'ai répondu à madame Agathe que vous étiez effectivement très-bon, très-aimable et très-instruit. Mais qu'il fallait vous bien connaître ou vous deviner pour s'en apercevoir!...

— Parce que?...

— Parce que vous étiez amoureux, et que cela vous rendait si triste, que vous viviez presque toujours seul, plongé dans vos réflexions. »

Magnani tressaillit.

« C'est Michel qui vous a confié cela? dit-il d'une voix altérée qui fit saigner le cœur de Mila. Et sans doute, ajouta-t-il, il a trahi ma confiance jusqu'au bout; il vous a dit le nom...

— Oh! Michel est incapable de trahir la confiance de personne, répondit-elle, soutenant son courage à la hauteur de la crise qu'elle provoquait; et moi, Magnani, je suis incapable d'exciter mon frère à une si mauvaise action. D'ailleurs, en quoi cela eût-il pu m'intéresser, je vous le demande?

— Il est certain que cela ne peut que vous être fort indifférent, répondit Magnani abattu.

— Indifférent n'est pas le mot, reprit-elle; j'ai pour vous beaucoup d'estime et d'amitié, Magnani, et je fais des vœux pour votre bonheur. Mais moi, je suis occupée du mien aussi, ce qui ne me permet pas trop d'être oisive et curieuse des secrets d'autrui.

— Votre bonheur! A votre âge, Mila, le bonheur, c'est l'amour; vous aimez donc aussi?

— Aussi? et pourquoi pas? Me trouvez-vous trop jeune pour songer à cela?

— Ah! chère enfant, c'est à ton âge qu'il y faut songer, car au mien, l'amour, c'est le désespoir.

— Vous n'êtes donc point aimé? Je ne m'étais pas trompée en pensant que vous étiez malheureux?

— Non, je ne suis point aimé, répondit-il avec abandon, et je ne le serai jamais; je n'ai même jamais songé à l'être.

Une femme plus romanesque et plus cultivée que Mila eût pu regarder cet aveu comme l'obstacle formel à toute espérance; mais elle prenait la vie plus simplement et avec une logique plus vraie: S'il n'a point d'espoir, il guérira, pensa-t-elle.

« Je vous plains bien, dit-elle à Magnani, car c'est un si grand bonheur que de se sentir aimé, et il doit être si affreux d'aimer seul!

— Vous ne connaîtrez jamais une pareille infortune, répondit Magnani; et celui que vous aimez doit être le plus reconnaissant, le plus fier des hommes!

— Je ne suis pas trop mécontente de lui, reprit-elle, satisfaite du mouvement de jalousie qu'elle sentait s'élever dans le cœur troublé et irrésolu de ce jeune homme; mais écoutez, Magnani, on a fait du bruit dans la chambre de mon frère! »

Magnani courut vers l'autre porte; mais, tandis qu'il faisait de vains efforts pour distinguer la nature du bruit qui avait frappé l'oreille de Mila, elle entendit un frôlement dans la cour. Elle regarda à travers la jalousie, et, faisant signe à Magnani, elle lui montra l'hôte mystérieux de Michel, qui gagnait la rue avec tant d'adresse et de légèreté, qu'à moins d'avoir l'oreille fine, l'œil sûr, et d'être aux aguets avec connaissance de cause, il eût été impossible de s'apercevoir de sa retraite.

Michel lui-même n'avait pas été tiré du faible assoupissement où il était tombé.

Mila était encore inquiète, bien que Magnani la pressât de prendre du repos, lui promettant qu'il veillerait encore dans la cour ou sur la galerie, et que Michel ne sortirait pas sans lui. Dès que Magnani l'eut quittée, elle fit tomber une chaise et tira bruyamment sa table sur le plancher pour entendre Michel s'éveiller et remuer à son tour.

Le jeune homme ne tarda pas à entrer chez elle, après avoir regardé avec étonnement son propre lit, où le corps léger du Piccinino n'avait guère laissé plus de traces que s'il eût été un spectre. Il trouva Mila encore debout et lui reprocha son insomnie volontaire. Mais elle lui expliqua ses inquiétudes; et, sans parler de Magnani, car la princesse lui avait bien recommandé de ne pas informer Michel de son assistance, elle lui raconta l'impertinente et bizarre visite du Piccinino. Elle lui dit aussi quelques mots du moine, et lui fit promettre qu'il ne quitterait pas de la matinée, et qu'ensuite, s'il était mandé auprès de la princesse, il ne sortirait pas sans la prévenir, parce qu'elle était résolue à chercher un asile chez quelque amie et à ne pas rester seule dans la maison.

Michel s'y engagea sans peine. Il ne comprenait rien à la conduite du bandit en cette circonstance. Mais on pense bien qu'une telle audace jointe à l'impudence du prétendu moine ne lui laissaient guère l'esprit en repos.

Lorsqu'il retourna dans sa chambre, après avoir barricadé lui-même la porte de la galerie, pour mettre sa sœur à l'abri de quelque nouvelle tentative, il chercha des yeux le cyclamen qu'il avait contemplé si douloureusement en s'assoupissant devant sa table. Mais le cyclamen avait disparu. Le Piccinino avait remarqué que la princesse avait, comme le jour du bal, un bouquet de ces fleurs à la main ou sous sa main, et qu'elle paraissait même avoir contracté l'habitude de jouer avec ce bouquet plus qu'avec l'éventail, inséparable compagnon de toutes les femmes du midi. Il avait remarqué aussi que Michel conservait bien précieusement une de ces fleurs, et qu'il l'avait attirée plusieurs près de son visage, puis éloignée avec vivacité, durant les premières agitations de sa veillée. Il avait deviné le charme mystérieux attaché à cette plante, et il n'était pas sorti sans l'ôter malicieusement du verre que Michel tenait encore dans sa main engourdie. Il avait jeté la petite fleur au fond de la gaîne de son poignard, en se disant: Si je frappe quelqu'un aujourd'hui, ce stigmate de la dame de mes pensées restera peut-être dans la blessure.

Michel essaya de faire comme le Piccinino, c'est-à-dire de retrouver la lucidité de ses pensées, en s'abandonnant à une ou deux heures de sommeil véritable. Il avait exigé que Mila aussi se couchât réellement, et, pour être plus sûr de la bien garder, il avait laissé ouverte la porte qui séparait leurs chambres. Il eut un sommeil lourd, comme on l'a dans la première jeunesse, mais agité de rêves pénibles et confus, comme cela était inévitable dans une situation telle que la sienne. Lorsqu'il s'éveilla, peu après le jour, il essaya de rassembler ses pensées, et une des premières qui lui vint fut de regarder s'il n'avait pas rêvé la soustraction du précieux cyclamen.

Sa surprise fut grande lorsqu'en jetant les yeux sur le verre qu'il avait laissé vide en s'endormant, il le trouva rempli de cyclamens éclatants de fraîcheur.

« Mila, dit-il en apercevoir sa sœur déjà relevée et rhabillée, vous avez donc encore, malgré nos inquiétudes et nos dangers, des idées riantes et poétiques? Voilà des fleurs presque aussi belles que toi; mais elles ne remplaceront jamais celle que j'ai perdue.

— Tu te figurais, répondit-elle, que je l'avais prise ou renversée après le départ de ton singulier acolyte; tu me grondais presque, et tu ne voulais pas te souvenir que je n'avais seulement pas songé à remettre le pied dans ta chambre mystérieuse! A présent, tu m'accuses d'avoir remplacé cette fleur par d'autres, ce qui n'est pas moins extravagant; car, où les aurais-je prises? Ne suis-je pas enfermée du côté de la galerie? N'as-tu pas ma clef sous ton chevet? A moins qu'il ne pousse de ces jolies fleurettes sur le mien, ce qui est possible... en rêve.

— Mila, tu es persifleuse à tout propos et en toute saison. Tu pouvais avoir ce bouquet hier soir. N'avais-tu pas été à la villa Palmarosa dans l'après-midi?

— Ces fleurs ne poussent donc que dans le boudoir de madame Agathe? Je comprends maintenant pourquoi tu les aimes tant. Et où donc avais-tu cueilli celle que tu as cherchée si longtemps ce matin, au lieu de te coucher bien vite?

— Je l'avais cueillie dans mes cheveux, petite, et je crois que mon esprit était sorti de ma tête avec elle.

— Ah! c'est très-bien; je comprends pourquoi tu déraisonnes ce matin.»

Michel n'en put savoir davantage. Mila était aussi calme et aussi rieuse en s'éveillant qu'elle s'était endormie troublée et poltronne. Il n'en obtint pas autre chose que des quolibets comme elle savait les dire, empreints toujours d'un sens métaphorique et d'une sorte de poésie enfantine.

Elle lui redemanda la clef de sa chambre, et, tandis qu'il s'habillait en rêvant, elle se mit à vaquer, avec sa promptitude et son enjouement accoutumés, aux soins du ménage. Elle franchissait les escaliers et les corridors en chantant comme l'alouette matinale. Michel, triste comme un soleil d'hiver sur les glaces du pôle, l'entendait faire crier les planches sous ses pieds bondissants, rire d'une voix fraîche en recevant le premier baiser de son père, à l'étage au-dessous, remonter, comme une balle bien lancée, les marches de sa chambre, retourner à la fontaine pour remplir ces belles amphores de grès que l'on fabrique à Siacca, d'après les traditions du goût mauresque, et qui servent usuellement aux habitants de ces contrées; saluer les voisines par des agaceries caressantes, et lutiner les enfants demi-nus qui commençaient à se rouler sur les dalles de la cour.

Pier-Angelo s'habillait aussi, plus vite et plus gaiement que Michel. Il chantait comme Mila, mais d'une voix plus forte et plus martiale, en secouant sa casaque brune doublée de rouge. Il était quelquefois interrompu par un reste de sommeil, et bégayait en bâillant les paroles de sa chanson, pour achever ensuite victorieusement la ritournelle. C'était sa manière de s'éveiller, et il ne tonnait jamais mieux à ses propres oreilles que lorsque la voix venait de lui manquer.

« Heureuse insouciance des véritables organisations populaires ! se disait Michel à demi-vêtu, en s'accoudant sur sa fenêtre. On dirait qu'il ne se passe rien d'étrange dans ma famille, que nous ne sommes pas environnés d'ennemis et de piéges; que, cette nuit, ma sœur a dormi comme de coutume, qu'elle ne connaît point l'amour sans espoir, le danger d'être belle et pauvre devant les entreprises des âmes vicieuses, et celui d'être privée, d'un moment à l'autre, de ses appuis naturels. Mon père, qui doit tout savoir, a l'air de ne se douter de rien. Tout s'oublie ou se transforme en un clin d'œil dans ce malheureux climat. Le volcan, la tyrannie, la persécution, rien ne peut interrompre leurs chants et leurs rires..... A midi, accablés par le soleil, ils dormiront tous et paraîtront comme morts. La fraîcheur du soir les fera revivre comme des plantes vivaces. L'effroi et la témérité, la douleur et la joie se succèdent en eux comme les vagues sur la plage. Qu'une des cordes de leur âme se détende, vingt autres se réveillent, comme dans un verre d'eau une fleur enlevée a fait place à un bouquet tout entier ! Moi seul, au milieu de ces fantastiques transformations, je porte une vie toujours intense, mais toujours sérieuse, des pensées toujours lucides, mais toujours sombres. Ah ! que ne suis-je resté l'enfant de ma race et l'homme de mon pays ! »

XXXII.

L'ESCALADE.

Le groupe de maisons dont celle de Michel faisait partie était pauvre et laid en réalité, mais infiniment pittoresque. Bâties sur des blocs de laves et en partie taillées dans la lave même, ces constructions grossières portaient la trace des derniers tremblements de terre qui les avaient bouleversées. Les parties basses assises sur le roc conservaient leur caractère d'antiquité irrécusable, et les étages supérieurs, bâtis à la hâte après le désastre, ou déjà ébranlés par des secousses nouvelles, avaient déjà un air caduc, de grandes lézardes, des toits d'une inclinaison menaçante et de hardis escaliers dont les rampes s'en allaient à la renverse. De folles vignes s'enlaçant de tous côtés aux saillies ébréchées des corniches et des auvents, des aloès épineux, brisant leurs vieux vases de terre cuite et promenant leurs rudes arêtes sur les petites terrasses qui s'avançaient d'une manière insensée aux plus hauts points de ces misérables édifices, des linges blancs ou des vêtements de couleurs tranchantes accrochés à toutes les lucarnes, ou voltigeant comme des bannières sur les cordes tendues d'une maison à l'autre, tout cela formait un tableau hardi et bizarre. On voyait des enfants bondir et des femmes travailler près des nuages, sur d'étroites plates-formes assaillies par les pigeons et les hirondelles, et à peine soutenues dans le vide du ciel brillant par quelques pieux noirs et vermoulus que le premier coup de vent semblait devoir emporter. La moindre déviation dans ce sol volcanique, la moindre convulsion dans cette nature splendide et funeste, et cette population apathique et insou-

ciante allait être engloutie dans un enfer ou balayée comme des feuilles par la tempête.

Mais le danger n'agit sur le cerveau des hommes qu'en proportion de son éloignement. Au sein d'une sécurité réelle, l'idée d'une catastrophe se présente sous des couleurs terribles. Quand on naît, qu'on respire et qu'on existe au sein du péril même, sous une incessante menace, l'imagination s'éteint, la crainte s'émousse, et il se fait un étrange repos de l'âme qui tient plus de la torpeur que du courage.

Quoique ce tableau eût, dans sa pauvreté et dans son désordre, une poésie réelle, Michel ne l'avait pas encore apprécié, et se sentait moins disposé que jamais à en goûter le caractère. Il avait passé son enfance à Rome, dans des demeures sinon plus riches, du moins mieux établies et de plus correcte apparence, et ses rêves se portaient toujours vers le luxe des palais. La maison paternelle, cette masure que le bon Pierre avait habitée dès son enfance, et où il était revenu s'installer avec tant d'amour, ne paraissait au jeune Michel qu'un bouge infect qu'il eût souhaité voir rentrer dans les laves d'où il était sorti. C'est en vain que Mila, par contraste avec ses voisines, tenait leur petit logis avec une propreté presque élégante. C'est en vain que les plus belles fleurs ornaient leur escalier et que le soleil radieux du matin tranchait de grandes lignes d'or sur les ombres des laves noirâtres et sur les lourdes arcades des plans enfoncés; Michel ne songeait qu'à la grotte de la naïade, aux fontaines de marbre du palais Palmarosa, et au portique où Agathe lui était apparue comme une déesse sur le seuil de son temple.

Enfin, après avoir donné un dernier regret à sa récente chimère, il eut honte de son découragement. « Je suis venu dans ce pays où mon père ne m'appelait pas, se dit-il ; et mon oncle le moine me l'a fait sentir, il faut que je subisse les inconvénients de ma position et que j'en accepte les devoirs. Je me suis soumis à une rude épreuve lorsque je quittai Rome et l'espérance de la gloire pour me faire ouvrier obscur en Sicile. L'épreuve eût été trop douce et trop courte, si, dès la première vue, dès le premier essai, aimé ou admiré d'une grande et noble dame, je n'avais eu qu'à me baisser pour ramasser les lauriers et les piastres. Au lieu de cela, il faut que je sois un bon fils et un bon frère, et, de plus, un solide compagnon pour défendre au besoin la vie et l'honneur de ma famille. Je sens bien que l'estime réelle de la signora, et la mienne propre, peut-être, seront à ce prix. Eh bien, acceptons gaiement ma destinée, et sachons souffrir sans regret ce que mes proches supportent avec tant de vaillance. Soyons homme avant l'âge, et dépouillons la personnalité trop caressée de mon adolescence. Si je dois rougir de quelque chose, c'est d'avoir été longtemps un enfant gâté, et d'avoir ignoré qu'il faudrait bientôt secourir et protéger ceux qui se dévouaient à moi si généreusement. »

Cette résolution ramena la paix dans son cœur. Les chants de son père et de la petite Mila devinrent pour lui une douce mélodie.

« Oui, oui, chantez, pensait-il, heureux oiseaux du Midi, purs comme le ciel qui vous a vus naître ! Cette gaieté est chez vous l'indice d'un grand contentement de la conscience, et le rire vous sied, à vous qui n'avez jamais eu l'idée du mal ! Saintes chansons de mon vieux père, qui avez bercé les soucis de son existence et adouci les fatigues de son travail, je dois vous écouter avec respect, au lieu de sourire de vos naïvetés. Rires mutins de ma jeune sœur, je dois vous accueillir avec tendresse, comme des preuves de courage et d'innocence ! Allons, arrière mes égoïstes rêveries et ma froide curiosité ! Je traverserai l'orage avec vous, et je jouirai comme vous d'un rayon de soleil entre deux nuages. Mon front soucieux est une insulte à votre candeur, une noire ingratitude envers votre bonté. Je veux être votre soutien dans la détresse, votre compagnon dans le travail, et votre convive dans la joie !

« Douces et tristes fleurs, ajouta-t-il en se penchant avec amour sur le bouquet de cyclamens, quelle que soit la main qui vous a cueillies, quel que soit le sentiment dont vous êtes un gage; mon souffle, embrasé de mauvais désirs, ne vous ternira plus. Si parfois je me replie sur moi-même comme vous, je veux que mon cœur soit aussi pur que vos calices de pourpre ; et s'il saigne, comme vous semblez saigner, je veux que la vertu s'exhale de ma blessure comme le parfum de votre sein.»

Aussitôt après avoir pris ces bonnes résolutions, que vint charmer un rayon de poésie, le jeune Michel acheva sa toilette sans vaine complaisance ; et courut rejoindre son père, qui déjà travaillait à broyer des couleurs pour aller faire des *raccords* de peinture à divers endroits de la villa Palmarosa, endommagés par les lustres et les guirlandes du bal.

« Tiens, lui dit le bonhomme en lui présentant une grosse bourse de soie de Tunis toute pleine d'or, voici le salaire de ton beau plafond.

— C'est là moitié trop, dit Michel en regardant la bourse ingénieusement brodée et nuancée, avec plus d'intérêt que les onces qu'elle contenait. Notre dette envers la princesse ne serait pas acquittée, et je veux qu'elle le soit aujourd'hui même.

— Elle l'est, mon enfant.

— C'est donc sur votre salaire et non sur le mien ? Car, si je sais évaluer le contenu d'une bourse, il y a là plus que je n'entends accepter. Mon père, je ne veux pas que vous ayez travaillé pour moi. Non, je le jure sur vos cheveux blancs, jamais plus vous ne travaillerez pour votre fils; car c'est à son tour de travailler pour vous. Je n'entends pas non plus accepter l'aumône de madame Agathe; c'est bien assez de protection et de bonté comme cela !

— Tu me connais assez, répondit Pier-Angelo en souriant, pour penser que, loin d'empêcher ta fierté et tes pieux sentiments, je les encouragerai toujours. Crois-moi donc; accepte cet or. Il est bien à toi; il ne me coûte rien, et celle qui te le donne est libre d'évaluer comme elle l'entend le mérite de ton travail. C'est la différence qu'il y aura toujours entre ton père et toi, Michel. Il n'y a point de prix fait pour les artistes. Un jour d'inspiration leur suffit pour être riches. Beaucoup de peine ne nous suffit pas, à nous autres ouvriers, pour sortir de la pauvreté. Mais Dieu, qui est bon, a établi des compensations. L'artiste conçoit et enfante ses œuvres dans la douleur. L'artisan exécute sa tâche au milieu des chansons et des rires. Moi, qui suis habitué à cela, je n'échangerais pas ma profession contre la tienne.

— Laissez-moi du moins retirer de la mienne le bonheur qu'elle peut me donner, répondit Michel. Prenez cette bourse, mon père, et qu'il n'en soit jamais rien distrait pour mon usage. C'est la dot de ma sœur, c'est l'intérêt de l'argent qu'elle m'a prêté lorsque j'étais à Rome ; et si je ne gagne jamais de quoi la faire plus riche, que, du moins, elle profite de mon jour de succès. O mon père ! s'écria-t-il avec des yeux pleins de larmes, en voyant que Pier-Angelo ne voulait point accepter son sacrifice; ne me refusez pas; vous me briseriez le cœur ! Votre tendresse aveugle a failli corrompre mon caractère. Aidez-moi à sortir de la condition d'égoïste que vous vouliez me faire accepter. Encouragez mes bons mouvements, au lieu de m'en ôter le fruit. Celui-ci n'est que trop tardif.

— C'est vrai, enfant, je le devrais, dit Pier-Angelo attendri ; mais songe qu'ici ce n'est point un vulgaire sacrifice d'argent que tu veux faire. S'il s'agissait de te retrancher quelques plaisirs, ce serait peu de chose et je n'hésiterais pas. Mais c'est ton avenir d'artiste, c'est la culture de ton intelligence, c'est la flamme même de ta vie qui sont là, contenus dans ce petit réseau de soie ! C'est un an d'études à Rome ! Et qui sait quand tu pourras en gagner autant ? La princesse ne donnera plus de bals, peut-être. Les autres nobles ne sont ni si riches, ni si généreux. De telles occasions se ne rencontrent pas souvent, et peuvent même ne pas se rencontrer deux fois. Je me fais vieux, je peux tomber demain de mon échelle et m'estropier; avec quoi reprendrais-tu ta vie d'artiste ? Tu n'es donc pas effrayé à l'idée que, pour le

plaisir de donner une dot à ta sœur, tu t'exposes à redevenir artisan et à rester artisan toute ta vie ?

— Soit ! s'écria Michel ; cela ne me fait plus peur, mon père. J'ai réfléchi; je trouve autant d'honneur et de plaisir à être ouvrier qu'à être riche et fier. J'aime la Sicile, moi ! n'est-ce pas ma patrie ? Je ne veux plus quitter ma sœur. Elle a besoin d'un protecteur jusqu'à ce qu'elle se marie, et je veux qu'elle puisse choisir sans se hâter. Vous êtes vieux, dites-vous ! vous pouvez être estropié demain ? Eh bien donc ! qui vous soignerait, qui vous nourrirait, qui vous consolerait si j'étais absent ? Est-ce que ma sœur pourra y suffire, lorsqu'elle sera mère de famille ? Un gendre ? mais pourquoi laisserais-je à un autre le soin de remplir mes devoirs ? Pourquoi me volerait-il mon bonheur et ma gloire ? car c'est là que je les veux placer désormais, et mes chimères ont fait place à la vérité. Vois, bon père, ne suis-je pas gai aussi ce matin ? Veux-tu que je fasse la seconde partie de la chanson que tu disais tout à l'heure ? Me trouves-tu l'air désespéré d'un homme qui se sacrifie ? Tu ne m'aimes donc pas, que tu refuses d'être mon patron ?

— Eh bien, répondit Pier-Angelo en le regardant avec des yeux clairs et avec un tremblotement de mains qui trahissait une émotion particulière : vous êtes un homme de cœur, vous ! et je ne regretterai jamais ce que j'ai fait pour vous ! »

En parlant ainsi, Pier-Angelo ôta son bonnet et découvrit sa tête chauve en se tenant droit, dans l'attitude à la fois respectueuse et fière d'un vieux soldat devant son jeune officier. C'était la première fois de sa vie qu'il disait *vous* à Michel, et cette locution, qui eût paru froideur et mécontentement dans la bouche d'un autre père, prit dans la sienne une étrange expression de tendresse et de majesté. Il sembla au jeune peintre qu'il venait enfin d'être salué homme par son père, et que ce *vous*, cette tête découverte et ces trois paroles calmes et graves, le récompensaient et l'honoraient plus que l'éloquence d'un éloge académique.

Pendant qu'ils se mettaient au travail ensemble, Mila s'occupait à préparer leur déjeuner. Elle allait et venait toujours, mais elle passait plus souvent que de besoin par la galerie dont nous avons déjà parlé. Il y avait à cela une raison secrète. La chambre de Magnani, qui n'était, à vrai dire, qu'une pauvre soupente avec une fenêtre sans vitres (la chaleur du climat ne rendant pas ce luxe nécessaire aux gens bien portants), se trouvait enfoncée sous l'angle de la maison qu'avoisinait cette galerie, et, de la balustrade, en se penchant un peu, on pouvait causer avec la personne qui se serait placée à la lucarne de cette demeure modeste. Magnani n'était pas dans sa chambre; il n'y passait que la nuit, et, dès le jour, il allait travailler dehors ou sur la galerie qui faisait face à celle où Mila s'asseyait souvent pour travailler aussi. C'est de là qu'elle le voyait sans le regarder, durant des heures entières, et n'en perdait pas un seul de ses mouvements, bien qu'elle n'eût pas l'air de quitter des yeux son ouvrage.

Mais, ce matin-là, elle passa et repassa en vain; il n'était point sur la galerie, bien qu'il lui eût promis, ainsi qu'à la princesse, de ne pas sortir. S'était-il laissé vaincre par le sommeil, après deux nuits blanches ? Cela n'était point conforme à ses habitudes de volonté stoïque et de vigueur à toute épreuve. Sans doute il déjeunait avec ses parents. Pourtant Mila, qui s'était arrêtée plus d'une fois pour écouter les voix bruyantes de la famille Magnani, n'avait pas distingué le timbre grave et mâle qu'elle connaissait si bien.

Elle regarda la fenêtre de sa soupente. La chambre était vide et obscure comme de coutume. Magnani n'avait pas, comme Michel, des habitudes de bien-être, et il s'était à jamais interdit tout besoin d'élégance. Tandis que, dans la prévision de la mort du cardinal et de l'arrivée du jeune peintre, Pier-Angelo et sa fille avaient préparé à l'avance, pour cet enfant bien-aimé, une mansarde propre, blanche, aérée, et garnie des meilleurs meubles qu'ils avaient pu retrancher de leur propre ameublement, Magnani dormait sur une natte jetée à terre, auprès de sa fenêtre, pour profiter du peu d'air que cette lucarne, enfoncée entre deux pans de mur, pouvait recevoir. Le seul embellissement qu'il se fût permis d'y introduire, c'était une caisse étroite qu'il avait placée sur le rebord extérieur de cette croisée étroite et béante, et dans laquelle il avait semé de beaux liserons blancs qui l'encadraient d'une fraîche guirlande.

Il les arrosait tous les jours; mais, depuis quarante-huit heures, il avait été si occupé qu'il les avait oubliés; les jolies clochettes blanches s'étaient fermées et retombaient languissamment sur leur feuillage demi-flétri.

Mila, en portant légèrement une de ses amphores de grès sur sa tête, à laquelle une énorme natte de cheveux trois fois roulée en couronne servait de coussinet, observa que les liserons de son voisin mouraient de soif; c'eût été un prétexte pour lui parler s'il eût été quelque part aux alentours; mais il n'y avait personne dans ce coin retiré et abrité. Mila essaya d'allonger le bras par-dessus la balustrade pour donner quelques gouttes d'eau à ces pauvres plantes. Mais son bras fut trop court, et l'aiguière n'atteignait pas la caisse. Les enfants n'aiment point l'impossible, et ce qu'ils ont entrepris ils le poursuivent au péril de la vie. Combien de fois n'avons-nous pas grimpé sur une fenêtre pour atteindre un nid, le prendre, et compter, du bout des doigts, les petits œufs tièdes sur leur couche de duvet?

La petite Mila avisa une grosse branche de vigne qui faisait cordon le long de la muraille et venait s'accrocher à la balustrade de la galerie. Enjamber la balustrade et marcher sur la branche ne lui parut pas bien difficile. Elle atteignit ainsi à la lucarne. Mais, comme elle levait son beau bras nu pour arroser le liseron, une forte main saisit son poignet délicat, et une figure brune, où le sourire faisait briller de larges dents blanches, se pencha vers la sienne.

Magnani ne voulant ni dormir, ni paraître observer ce qui se passait dans la maison, conformément aux ordres d'Agathe, s'était couché sur sa natte pour reposer ses membres fatigués. Mais il avait l'esprit et les yeux bien ouverts, et, à tout hasard, il s'était emparé de ce bras furtif, dont l'ombre avait passé sur son visage.

« Laissez, Magnani, dit la jeune fille, plus émue de cette rencontre que du danger qu'elle pouvait courir; vous allez me faire tomber! cette vigne plie sous moi.

— Vous faire tomber, chère enfant! répondit le jeune homme en passant un bras vigoureux autour de sa taille. A moins qu'on ne coupe ce bras, et l'autre ensuite, vous ne tomberez jamais!

— Jamais, c'est beaucoup dire, car j'aime à grimper, et vous ne serez pas partout avec moi.

— Heureux celui qui sera toujours et partout avec toi, belle petite Mila!.... Mais que venez-vous faire ici avec les oiseaux?

— Je voyais de ma fenêtre que cette belle plante avait soif. Tenez, elle penche sa jolie tête, et les feuilles languissent. Je ne vous croyais pas ici, et je venais donner à boire à ces pauvres racines. Voici l'aiguière. Vous me la rapporterez tantôt. Je retourne à mon ouvrage.

— Déjà! Mila?

— D'autant plus que je suis fort mal à l'aise ainsi perchée. J'en ai assez. Lâchez-moi, que je m'en retourne par où je suis venue.

— Non, non, c'est trop dangereux. La vigne plie toujours, et mes bras ne sont pas assez longs pour vous soutenir jusqu'à la galerie. Laissez-moi vous attirer jusqu'ici, Mila, et vous passerez par ma chambre pour vous en aller.

— Cela ne se peut pas, Magnani; les voisins diraient du mal de moi s'ils me voyaient entrer dans votre chambre par la fenêtre ou par la porte.

— Eh bien, restez là, tenez-vous bien; je vais sauter par la fenêtre pour vous aider ensuite à descendre. »

Mais il était trop tard! la vigne plia brusquement; Mila fit un cri, et si Magnani ne l'eût saisie dans ses deux bras et assise sur le bord de sa croisée, en brisant

un peu ses chers liserons, elle serait tombée de dix pieds de haut.

« Maintenant, lui dit-il, petite imprudente, vous ne pouvez plus vous en retourner que par ma chambre. Entrez-y bien vite, car j'entends marcher sous la galerie, et personne encore ne vous a vue. »

Il l'attira vivement dans sa pauvre demeure, et elle se dirigeait aussi vite vers la porte qu'elle était entrée par la fenêtre, lorsqu'en jetant un regard par cette porte entr'ouverte, elle vit que celle du voisin, le cordonnier, qui demeurait sur le même palier, était ouverte toute grande, et que le cordonnier en personne, le plus médisant de tous les voisins, était là, travaillant et chantant, si bien qu'il était impossible de passer devant lui sans s'exposer à ses quolibets désagréables.

XXXIII.

LA BAGUE.

« Voilà! dit la jeune fille en refermant la porte avec un peu de dépit, le malin esprit m'en veut! C'est assez que j'aie eu la fantaisie d'arroser une pauvre fleur, pour que je risque d'être déchirée par les mauvaises langues et grondée par mon père!... et surtout par Michel, qui est si jaloux avec moi!

— Cher enfant, dit Magnani; on n'oserait parler de vous comme on parle des autres; vous êtes si différente de toutes les jeunes filles du faubourg! On vous aime et on vous respecte comme aucune d'elles ne le sera jamais. D'ailleurs, puisque c'est à cause de moi.... ou plutôt seulement à cause de mes fleurs, que vous courez ce risque... soyez tranquille... Malheur à qui oserait en médire!

— N'importe, je n'oserai jamais passer devant ce maudit cordonnier.

— Et vous ferez bien. L'heure de son repas est venue. Sa femme l'a déjà appelé deux fois. Il va s'en aller. Attendez ici quelques instants, une minute peut-être... D'autant plus que je voudrais bien vous dire un mot, Mila.

— Et qu'avez-vous à me dire? » répondit-elle en s'asseyant sur une chaise qu'il lui offrait, et qui était la seule de l'appartement. Elle tremblait d'une violente émotion intérieure, mais elle affectait un air dégagé que semblait lui imposer la circonstance. Ce n'est pas qu'elle eût peur de Magnani; elle le connaissait trop pour craindre qu'il prît avantage du tête-à-tête; mais elle craignait, plus que jamais, qu'il ne devinât le secret de son cœur.

« Je ne sais pas trop ce que j'ai à vous dire, reprit Magnani un peu troublé. Il me semblait que ce serait à vous de me dire quelque chose?

— Moi! s'écria la fière Mila en se levant: je n'ai rien à vous dire, je vous jure, signor Magnani! »

Et elle allait sortir, préférant les propos du voisinage au danger d'être devinée par celui qu'elle aimait, lorsque Magnani, surpris de son mouvement, et remarquant sa rougeur subite, commença à pressentir la vérité.

« Chère Mila, lui dit-il en se plaçant devant la porte, un moment de patience, je vous en supplie; ne vous exposez pas aux regards et ne vous fâchez pas contre moi, si je vous retiens un instant. Les conséquences d'un pur hasard peuvent être bien graves pour un homme résolu à tuer ou être tué pour défendre l'honneur d'une femme.

— En ce cas, ne parlez pas si haut, dit Mila, frappée de l'expression de Magnani; car ce cordonnier de malheur pourrait nous entendre. Je sais bien, dit-elle en se laissant ramener à sa chaise, que vous êtes brave et généreux, et que vous feriez pour moi ce que vous feriez pour une de vos sœurs. Mais, moi, je ne me soucie pas que cela arrive, car vous n'êtes pas mon frère, et vous ne me justifieriez pas en prenant mon parti. On n'en dirait que plus de mal de moi, ou bien nous serions forcés de nous marier ensemble; ce qui ne ferait plaisir ni à vous ni à moi. »

Magnani examina les yeux noirs de Mila, et les voyant

Le cordonnier qui demeurait sur le même palier.... (Page 87.)

si fiers, il renonça vite à l'éclair de présomption qui venait de lui faire à la fois peur et plaisir.

« Je comprends fort bien que vous ne m'aimiez pas, ma bonne Mila, lui dit-il avec un sourire mélancolique; je ne suis pas aimable; et ce qu'il y aurait de plus triste au monde, après avoir été compromise par moi, ce serait de passer votre vie avec un être aussi maussade.

— Ce n'est pas là ce que j'ai voulu dire, reprit l'adroite petite fille; j'ai beaucoup d'estime et d'amitié pour vous, je n'ai pas de raisons pour vous le cacher; mais j'ai une inclination pour un autre. Voilà pourquoi je souffre et je tremble de me trouver ici enfermée avec vous.

— S'il en est ainsi, Mila, dit Magnani en poussant le verrou de sa porte et en allant fermer le contrevent de sa fenêtre, avec tant de vivacité qu'il faillit briser le reste de son liseron, prenons toutes les précautions possibles pour que personne ne sache que vous êtes ici; je vous jure que vous en sortirez sans que personne s'en doute, dussé-je écarter de force tous les voisins, dussé-je faire le guet jusqu'à ce soir. »

Magnani essayait d'être enjoué, et se croyait fort sou-

lagé de n'avoir pas à se défendre de l'amour de Mila; mais il venait d'être frappé d'une tristesse subite en entendant cette jeune fille déclarer son affection pour un autre, et sa figure candide exprimait malgré lui un désappointement assez pénible. Ne le lui avait-elle pas avoué déjà durant leur veillée, et, par cette confidence, ne l'avait-elle pas investi, en quelque sorte, des devoirs d'un frère? Il était résolu à remplir dignement cette mission sacrée; mais, d'où vient qu'un instant auparavant il venait de tressaillir en la voyant courroucée; et pourquoi son cœur, nourri d'une amère et folle passion, s'était-il senti vivifié et rajeuni par la présence inattendue de cette enfant qui était entrée par sa fenêtre comme un rayon du soleil?

Mila l'observait à la dérobée. Elle vit qu'elle avait touché juste. « O cœur sauvage! se dit-elle avec une joie muette et forte, je te tiens; tu ne m'échapperas point.

« Mon cher voisin, lui dit cette petite rusée, ne soyez pas offensé de ce que je viens de vous confier, et n'y voyez pas une insulte à votre mérite. Je sais que toute autre que moi serait flattée d'être compromise par vous,

Elle lui présenta son aiguière. (Page 91.)

avec l'espoir d'être votre femme, mais je ne suis ni menteuse, ni coquette. J'aime, et comme j'ai confiance en vous, je vous le dis. Je sais que cela ne peut vous faire aucune peine, puisque vous avez renoncé au mariage, et que vous détestez toutes les femmes, hormis une seule qui n'est pas moi. »

Magnani ne répondit rien. Le cordonnier chantait toujours. « Il est dans ma destinée, pensait Magnani, de n'être aimé d'aucune femme et de ne pouvoir guérir. »

Mila, inspirée par l'espèce de divination que l'amour donne aux femmes, même sans expérience et sans lecture, se disait avec raison que Magnani, étant stimulé dans sa passion par la souffrance et le manque d'espoir, serait effrayé et révolté à l'idée d'une affection qui s'offrirait à lui, facile et provoquante ; en conséquence, elle lui montrait son cœur comme invulnérable et préservé de lui par une autre inclination. C'était le prendre par la douleur, et c'était là la seule manière de le prendre, en effet. En le faisant changer de supplice, elle préparait sa guérison.

« Mila, lui dit-il enfin, en lui montrant une grosse bague d'or ciselé qu'il avait au doigt et qu'elle avait déjà

remarquée, pouvez-vous m'apprendre d'où me vient ce riche présent?

— Cela? dit-elle en regardant la bague avec un feint étonnement. Il m'est impossible de vous en rien dire.... Mais, je n'entends plus votre voisin, adieu. Tenez, Magnani, vous avez l'air bien fatigué. Vous reposiez quand je suis entrée, vous feriez bien de reposer encore un peu. Il n'y a de danger pour aucun de nous dans ce moment-ci. Il n'y en a pas pour moi, puisque mon père et mon frère sont debout. Il n'y en a pas pour eux, puisqu'il fait grand jour et que la maison est pleine de monde. Dormez, mon brave voisin. Ne fût-ce qu'une heure, cela vous rendra la force de recommencer votre rôle de gardien de la famille.

— Non, non, Mila. Je ne dormirai pas, et je n'en aurai même plus envie ; car, quoi que vous en disiez, il se passe encore dans cette maison des choses bizarres, inexplicables. J'avoue que, lorsque le jour commençait à poindre, j'ai eu un instant d'engourdissement. Vous reposiez, vous étiez enfermée, l'homme au manteau était parti. J'étais assis sous votre galerie, me disant que le premier pas qui l'ébranlerait me réveillerait vite si je me laissais vaincre par le sommeil. Et alors, en effet, le sommeil m'a vaincu. Cinq minutes peut-être, pas davantage, car le jour n'avait fait qu'un progrès insensible pendant ce temps-là. Eh bien! quand j'ai ouvert les yeux, j'ai cru voir un pan de robe ou de voile noir, qui passait près de moi et disparaissait comme un éclair. Ma main entr'ouverte à mon côté et pendante sur le banc fit un mouvement vague et fort inutile pour saisir cette vision. Mais il y avait dans ma main, ou à côté, je ne sais lequel, un objet que je fis tomber à mes pieds, et que je ramassai aussitôt : c'était cette bague; savez-vous à qui elle peut appartenir?

— Une si belle bague ne peut appartenir à personne de la maison, répondit Mila; mais je crois pourtant la connaître.

— Et moi aussi, je la connais, dit Magnani : elle appartient à la princesse Agathe. Il y a cinq ans que je la vois à son doigt, et elle y était déjà le jour où elle entra chez ma mère.

— C'est une bague qui lui vient de la sienne; elle me l'a dit, à moi! Mais comment se trouve-t-elle à votre main aujourd'hui?

— Je comptais précisément sur vous pour m'expliquer ce prodige, Mila; c'est là ce que j'avais à vous demander.

— Sur moi? Et pourquoi donc sur moi?

— Vous seule ici êtes assez protégée par la princesse pour avoir reçu ce riche présent.

— Et si je l'avais reçu, dit-elle d'un ton moqueur et superbe, vous pensez que je m'en serais dessaisie en votre faveur, maître Magnani?

— Non, certes, vous n'auriez pas dû le faire, vous ne l'eussiez pas fait; mais vous auriez pu passer sur la galerie et le laisser tomber, puisque j'étais précisément au dessous de la balustrade.

— Cela n'est point! Et, d'ailleurs, n'avez-vous pas vu flotter une robe noire à côté de vous? Est-ce que je suis habillée de noir?

— J'ai pensé pourtant aussi que vous étiez sortie dans la cour pendant cet instant de sommeil qui m'avait surpris, et que, pour m'en punir ou m'en railler, vous m'aviez fait cette plaisanterie. S'il en est ainsi, Mila, convenez-en, la punition était trop douce, et vous eussiez dû m'arroser le visage, au lieu de réserver l'eau de votre aiguière pour mes liserons. Mais reprenez votre bague, je ne veux pas la garder plus longtemps; il ne me conviendrait pas de la porter, et je craindrais de la perdre.

— Je vous jure que cette bague ne m'a pas été donnée, que je ne suis pas sortie dans la cour pendant que vous dormiez, et je ne prendrai pas ce qui vous appartient.

— Comme il est impossible que la princesse Agathe soit venue ici ce matin...

— Oh! certes, cela est impossible! dit Mila avec un sérieux plein de malice.

— Et pourtant elle y est venue! dit Magnani, qui crut lire la vérité dans ses yeux brillants. Oui, oui, Mila, elle est venue ici ce matin! Je sens que vous êtes imprégnée du parfum que ses vêtements exhalent; ou vous avez touché à sa mantille, ou elle vous a embrassée, il n'y a pas plus d'une heure. »

« Mon Dieu! pensa la jeune fille, comme il connaît tout ce qui tient à la princesse! comme il devine, quand il s'agit d'elle! Si c'était d'elle qu'il est si amoureux? Eh, bien! veuille le ciel que cela soit, car elle m'aiderait à le guérir : elle m'aime tant! »

« Vous ne répondez plus, Mila? reprit Magnani. Puisque vous êtes devinée, avouez donc.

— Je ne sais pas seulement ce que vous avez dit, répondit-elle; je pensais à autre chose... à m'en aller!

— Je vais vous y aider; mais auparavant, je vous prierai de mettre cette bague à votre doigt pour la rendre à madame Agathe, car, à coup sûr, elle l'a perdue en passant près de moi.

— En supposant qu'elle fût venue ici en effet, ce qui est absurde, mon cher voisin, pourquoi ne vous aurait-elle pas fait ce présent?

— C'est qu'elle doit me connaître assez pour être certaine que je ne l'accepterais pas.

— Vous êtes fier!

— Très-fier, vous l'avez dit, ma chère Mila! Il n'est au pouvoir de personne de mettre un prix matériel au dévouement que mon âme donne avec joie. Je conçois qu'un grand seigneur présente une chaîne d'or, ou un diamant, à l'artiste qui l'a charmé une heure par son génie, mais je ne comprendrais jamais qu'il entendît payer à prix d'or l'homme du peuple auquel il a cru pouvoir demander une preuve d'affection. D'ailleurs, ce ne serait pas ici le cas. En m'avertissant que votre frère était en danger, madame Agathe ne faisait que m'indiquer un devoir que j'aurais rempli avec le même zèle, si tout autre m'eût donné le même avis. Il me semble que je suis assez son ami, celui de votre père, et j'oserai dire aussi le vôtre, pour être prêt à veiller, à me battre, et à me faire mettre en prison pour l'un de vous, sans savoir même par qui que ce soit. Vous ne le croyez pas, Mila?

— Je le crois, mon ami, répondit-elle; mais je crois aussi que vous interprétez très-mal ce cadeau, si cadeau il y a. Madame Agathe est femme à savoir encore mieux que vous et moi qu'on ne paie pas l'amitié avec de l'argent et des bijoux. Mais elle doit sentir, comme vous et moi, que quand des cœurs amis se réunissent pour s'entr'aider, l'estime et la sympathie augmentent en raison du zèle que chacun y porte. Dans bien des cas, une bague est un gage d'amitié et non le paiement d'un service, car vous avez rendu service à la princesse en nous protégeant, cela est certain : quoique je ne sache pas comment cela se fait, sa cause est liée à la nôtre, et notre ennemi est le sien. Si vous pensiez à ce que je vous ai dit, vous reconnaîtriez bien que cette bague est moralement précieuse à la princesse, et non pas matériellement, comme vous le dites; car c'est un joyau qui n'a pas de valeur par lui-même.

— Vous m'avez dit qu'il lui venait de sa mère? dit Magnani ému.

— Et vous avez remarqué vous-même qu'elle la portait toujours! A votre place, si j'étais sûr que cette bague m'eût été donnée, je ne m'en séparerais jamais. Je ne la porterais pas à mon doigt, où elle fixerait trop l'attention des envieux, mais sur mon cœur, où elle se fait comme une relique.

— En ce cas, ma chère Mila, dit Magnani, attendri des soins délicats que prenait cette jeune fille pour adoucir l'amertume de son âme, et pour lui faire accepter avec bonheur le don de sa rivale, reportez-lui cette bague, et, si elle a voulu me la donner en effet, si elle insiste pour que je la garde, je la garderai.

— Et vous la porterez sur votre cœur comme je vous l'ai dit? demanda Mila en le pénétrant d'un regard plein de courage et d'anxiété. Songez, ajouta-t-elle avec énergie, que c'est le gage d'une sainte patronne; que la femme dont vous êtes épris, quelle qu'elle soit, ne peut pas mériter que vous lui en fassiez le sacrifice, et qu'il vaudrait mieux jeter ce gage dans la mer que de le profaner par une ingratitude! »

Magnani fut ébloui du feu qui jaillissait des grands yeux noirs de Mila. Devinait-elle la vérité? Peut-être! mais si elle se bornait à pressentir la vénération de Magnani pour celle qui avait sauvé sa mère, elle n'en était pas moins belle et grande, en voulant lui procurer la douceur de croire à l'amitié de cette bonne fée. Il commençait à se sentir gagné par l'ardeur chaste et profonde qu'elle portait cachée dans son cœur, et ce cœur fier et passionné se révélait malgré lui, au milieu de ses efforts pour se vaincre ou se taire.

Un élan de reconnaissance et de tendresse fit plier les genoux de Magnani auprès de la jeune fille.

« Mila, lui dit-il, je sais que la princesse Agathe est une sainte, et j'ignore si mon cœur serait digne de recéler une relique d'elle. Mais je sais qu'il n'existe au monde qu'un seul autre cœur auquel je voudrais la confier; ainsi, soyez tranquille, aucune femme, si ce n'est vous, ne me paraîtra jamais assez pure pour porter cette bague. Mettez-la à votre doigt maintenant, afin de la rendre à la princesse ou de me la conserver. »

Mila, rentrée dans sa demeure, eut un instant d'éblouissement, comme si elle allait s'évanouir. Un mélange de consternation et d'ivresse, de terreur et de joie enthousiaste faisait bondir sa poitrine. Elle entendit enfin la voix de son père, qui s'impatientait pour son déjeuner : « Eh bien, petite ! criait-il, nous avons faim ; et soif surtout ! car il fait déjà chaud, et les couleurs nous prennent à la gorge. »

Mila courut les servir ; mais, quand elle posa son aiguière sur le banc où ils déjeunaient, elle s'aperçut qu'elle était vide. Michel voulut aller la remplir, après avoir raillé sa sœur de ses distractions. Sensible au reproche, et se faisant un point d'honneur d'être l'unique servante de son vieux père, Mila lui arracha l'amphore et se dirigea légère et bondissante vers la fontaine.

Cette fontaine était une belle source qui jaillissait du sein même de la lave, dans une sorte de précipice situé derrière la maison. Ces phénomènes de sources envahies par les matières volcaniques et retrouvées au bout de quelques années, se produisent au milieu des laves. Les habitants creusent et cherchent l'ancien lit. Parfois, il n'est que couvert ; d'autres fois, il s'est détourné à peu de distance. L'eau s'est frayé un passage sous les feux refroidis du volcan, et, dès qu'on lui ouvre une issue, elle s'élance à la surface, aussi pure, aussi saine qu'auparavant. Celle qui baignait le pied de la maison de Pier-Angelo était située au fond d'une excavation profonde que l'on avait pratiquée dans le roc, et où l'on descendait par un escalier pittoresque. Elle formait un petit bassin pour les laveuses, et une quantité de linge blanc suspendu à toutes les parois de la grotte y entretenait l'ombre et la fraîcheur. La belle Mila, descendant et remontant dix fois le jour cet escalier difficile, avec son amphore sur la tête, était le plus parfait modèle pour ces figures classiques que les peintres du siècle dernier plaçaient inévitablement dans tous leurs paysages d'Italie ; et au fait, quel accessoire plus naturel et quelle plus gracieuse *couleur locale* pourrait-on donner à ces tableaux, que la figure, le costume, l'attitude à la fois majestueuse et leste de ces nymphes brunes et fières?

XXXIV.

A LA FONTAINE.

Lorsque Mila descendit l'escalier entaillé dans le roc, elle vit un homme assis au bord de la source, et ne s'en inquiéta point. Elle avait la tête toute remplie d'amour et d'espérance, et le souvenir de ses dangers ne pouvait plus l'atteindre. Lorsqu'elle fut au bord de l'eau, cet homme, qui lui tournait le dos, et qui avait la tête et le corps couverts de la longue veste à capuchon que portent les gens du peuple [1], ne l'inquiéta pas encore ; mais, lorsqu'il se retourna pour lui demander, d'une voix douce, si elle voulait bien lui permettre de boire à son aiguière, elle tressaillit ; car il lui sembla reconnaître cette voix, et elle remarqua qu'il n'y avait personne, ni en haut ni en bas de la fontaine ; que pas un enfant ne jouait comme à l'ordinaire sur l'escalier ; enfin, qu'elle était seule avec cet inconnu, dont l'organe lui faisait peur.

Elle feignit de ne l'avoir pas entendu, remplit sa cruche à la hâte, et se disposa à remonter. Mais l'étranger, se couchant sur les dalles, comme pour lui barrer le passage, ou comme pour se reposer nonchalamment, lui dit, avec la même douceur caressante :

« Rebecca, refuseras-tu une goutte d'eau à Jacob, l'ami et le serviteur de la famille ?

— Je ne vous connais pas, répondit Mila en tâchant de prendre un ton calme et indifférent. Ne pouvez-vous approcher vos lèvres de la cascade ? Vous y boirez beaucoup mieux que dans une aiguière. »

---

[1]. C'est un surtout de laine drapée double, tissue de couleurs différentes sur chaque face de l'étoffe. On le porte pour se préserver de l'ardeur du soleil aussi bien que pour se garantir du froid.

L'inconnu passa tranquillement son bras autour des jambes de Mila, et la força, pour ne pas tomber, de s'appuyer sur son épaule.

« Laissez-moi, dit-elle, effrayée et courroucée., ou j'appelle au secours. Je n'ai ce le temps de plaisanter avec vous, et je ne suis pas de celles qui folâtrent avec le premier venu. Laissez-moi, vous dis-je, ou je crie.

— Mila, dit l'étranger en rabattant son capuchon, je ne suis pas le premier venu pour vous, quoiqu'il n'y ait pas longtemps que nous avons fait connaissance. Nous avons ensemble des relations qu'il n'est pas en votre pouvoir de rompre et qu'il n'est pas de votre devoir de méconnaître. La vie, la fortune et l'honneur de ce que vous avez de plus cher au monde reposent sur mon zèle et sur ma loyauté. J'ai à vous parler ; présentez-moi votre aiguière, afin que, si quelqu'un nous observe, il trouve naturel que vous vous arrêtiez ici un instant avec moi.

En reconnaissant l'hôte mystérieux de la nuit, Mila fut comme subjuguée par une sorte de crainte qui n'était pas sans mélange de respect. Car il faut tout dire : Mila était femme, et la beauté, la jeunesse, le regard et l'organe suave du Piccinino n'étaient pas sans une secrète influence sur ses instincts délicats et un peu romanesques.

« Seigneur, lui dit-elle, car il lui était impossible de ne pas le prendre pour un noble personnage affublé d'un déguisement, je vous obéirai ; mais ne me retenez pas de force, et parlez plus vite, car ceci n'est pas sans danger pour vous et pour moi. » Elle lui présenta son aiguière à laquelle le bandit but sans se hâter ; car, pendant ce temps, il tenait dans sa main le bras nu de la jeune fille et en contemplait la beauté, tout en le pressant, pour la forcer à incliner le vase par degrés, à mesure qu'il étanchait sa soif feinte ou réelle.

« Maintenant, Mila, lui dit-il en couvrant sa tête qu'il lui avait laissé le loisir d'admirer, écoutez! Le moine qui vous a effrayée hier viendra aussitôt que votre père et votre frère seront sortis : ils doivent dîner aujourd'hui chez le marquis de la Serra. Ne cherchez pas à les retenir, au contraire ; s'ils restaient, s'ils voyaient le moine, s'ils cherchaient à le chasser, ce serait le signal de quelque malheur auquel je ne pourrais m'opposer. Si vous êtes prudente, et dévouée à votre famille, vous éviterez même au moine le danger de se montrer dans votre maison. Vous viendrez ici comme pour laver ; je sais qu'avant d'entrer chez vous, il rôdera de ce côté, et cherchera à vous surprendre hors de la cour, où il craint vos voisins. N'ayez pas peur de lui ; il n'est pas lâche, et jamais en plein jour, jamais au risque d'être découvert, il ne cherchera à vous faire violence. Il vous parlera encore de ses ignobles désirs. Coupez court à tout entretien ; mais faites semblant de vous être ravisée. Dites-lui de s'éloigner, parce qu'on vous surveille ; mais donnez-lui un rendez-vous pour vingt heures [1] dans un lieu que je vais vous désigner, et où il faudra vous rendre seule, une heure d'avance. J'y serai. Vous n'y courrez donc aucun danger. Je m'emparerai alors du moine, et vous n'entendrez plus jamais parler de lui. Vous serez délivrée d'un persécuteur infâme ; la princesse Agathe ne courra plus le risque d'être déshonorée par d'atroces calomnies ; votre père ne sera plus sous la menace incessante de la prison, et votre frère Michel sous celle du poignard d'un assassin.

— Mon Dieu, mon Dieu ! dit Mila haletante de peur et de surprise, cet homme nous veut tant de mal, et il le peut ! C'est donc l'abbé Ninfo ?

— Parlez plus bas, jeune fille, et que ce nom maudit ne frappe pas d'aujourd'hui les oreilles qui vous entourent. Soyez calme, paraissez ne rien savoir et ne pas agir. Si vous dites un mot de tout ceci à qui que ce soit, on vous empêchera de sauver ceux que vous aimez. On vous dira de vous méfier de moi-même, parce qu'on se méfiera de votre prudence et de votre volonté. Qui sait si on ne me prendra pas pour votre ennemi ? Je ne crains

---

[1]. C'est-à-dire quatre heures avant la chute du jour.

personne, moi, mais je crains que mes amis ne se perdent eux-mêmes par leur indécision. Vous seule, Mila, pouvez les sauver : le voulez-vous?

— Oui, je le veux, dit-elle; mais que deviendrai-je si vous me trompez? si vous n'êtes pas au rendez-vous?

— Ne sais-tu donc pas qui je suis?

— Non, je ne le sais pas; personne ne me l'a voulu dire.

— Alors, regarde-moi encore; ose me bien regarder, et tu me connaîtras mieux à mon visage que tous ceux qui te parleraient de moi. »

Il entr'ouvrit son capuchon, et sut donner à son beau visage une expression si rassurante, si affectueuse et si douce, que l'innocente Mila en subit le dangereux prestige.

— Il me semble, dit-elle en rougissant, que vous êtes bon et juste; car si le diable était en vous, il aurait pris le masque d'un ange.

Le Piccinino referma son capuchon pour cacher la voluptueuse satisfaction que lui causait cet aveu naïf sortant de la plus belle bouche du monde.

— Eh bien, reprit-il, suis ton instinct. N'obéis qu'à l'inspiration de ton cœur; sache d'ailleurs que ton oncle de Bel-Passo m'a élevé comme son fils, que ta chère princesse Agathe a remis sa fortune et son honneur entre mes amis, et que, si elle n'était femme, c'est-à-dire un peu prude, elle aurait donné à l'abbé Ninfo ce rendez-vous nécessaire.

— Mais je suis femme aussi, dit Mila, et j'ai peur. Pourquoi ce rendez-vous est-il si nécessaire?

— Ne sais-tu pas que je dois enlever l'abbé Ninfo? Comment puis-je m'en emparer au milieu de Catane, ou aux portes de la Villa-Ficarazzi? Ne faut-il pas que je le fasse sortir de son antre, que je l'attire dans un piége? Son mauvais destin a voulu qu'il se prît pour toi d'un amour insensé...

— Ah! ne dites pas ce mot d'amour à propos d'un tel homme, cela me fait horreur. Et vous voulez que j'aie l'air de l'encourager! J'en mourrai de honte et de dégoût.

— Adieu Mila, dit le bandit, en feignant de vouloir se relever. Je vois que tu es, en effet, une femme comme les autres, un être faible et vain, qui ne songe qu'à se préserver, sans se soucier de laisser flétrir et frapper autour de soi les têtes les plus sacrées!

— Eh bien, non, je ne suis pas ainsi! reprit-elle avec fierté. Je sacrifierai ma vie à cette épreuve; car, quant à mon honneur, je saurai mourir avant qu'on y attente.

— A la bonne heure, ma brave fille! c'est parler comme il convient à la nièce de Fra-Angelo. Au reste, tu me vois fort tranquille sur ton compte, parce que je sais qu'il n'y a point de danger pour toi.

— Il y en a donc pour vous, Seigneur? Si vous y succombez, qui me protégera contre le mien?

— Un coup de poignard..., non pas dans ton beau sein, pauvre ange, comme tu nous en menaces, mais dans la gorge d'un animal immonde, qui n'est pas digne de périr de la main d'une femme, et qui ne s'y exposera même pas.

— Et où faut-il lui donner ce rendez-vous?

— A Nicolosi, dans la maison de Carmelo Tomabene, cultivateur, que tu diras être ton parent et ton ami. Tu ajouteras qu'il est absent, que tu as les clefs de sa maison, un grand jardin couvert où l'on entre sans être vu, en descendant par la gorge de *Croce del Destator*. Tu te souviendras de tout cela?

— Parfaitement; et il y ira?

— Il y viendra, sans nul doute, et sans se douter que ce Tomabene est fort lié avec un certain Piccinino qu'on dit chef de bandes, et auquel il a offert hier la fortune d'un prince, à la condition d'enlever ton frère et de l'assassiner au besoin.

— Sainte Madone, protégez-moi! Le Piccinino! J'ai entendu parler de lui; c'est un homme terrible. Est-ce qu'il viendra avec vous? Je mourrais de peur si je le voyais!

— Et pourtant, dit le bandit, charmé de découvrir que Mila était si peu au courant de l'aventure, je gage que, comme toutes les jeunes filles du pays, tu meurs d'envie de le voir.

— J'en serais curieuse parce qu'on le dit si laid! Mais je voudrais être sûre qu'il ne me vît point.

— Sois tranquille, il n'y aura que moi, moi tout seul, chez le paysan de Nicolosi. As-tu peur de moi aussi, voyons, enfant que tu es? Ai-je l'air bien redoutable? bien méchant?

— Non, en vérité! Mais pourquoi faut-il donc que j'aille à ce rendez-vous? Ne suffit-il pas que j'y envoie l'abbé... je veux dire le moine?

— Il est méfiant comme le sont tous les criminels; il n'entrera jamais dans le jardin de Carmelo Tomabene s'il ne t'y voit promener seule. En venant une heure d'avance, tu ne risques point de le rencontrer en chemin; d'ailleurs, viens par la route de Bel-Passo que tu connais sans doute mieux que l'autre. As-tu jamais été à Nicolosi?

— Jamais, Seigneur; y a-t-il bien loin?

— Trop loin pour tes petits pieds, Mila; mais tu sais bien te tenir sur une mule?

— Oh! oui, je le crois.

— Tu en trouveras une parfaitement sûre et douce, derrière le palais de Palmarosa; un enfant te la présentera avec une rose blanche pour mot de passe; mets la bride sur le cou de cette bonne servante, et laisse-la sans crainte marcher vite; en moins d'une heure elle t'amènera à ma porte sans se tromper, et sans faire un faux pas, quelque effrayant que te paraisse le chemin qu'il lui plaira de choisir. Tu n'auras pas peur, Mila?

— Et, si je rencontre l'abbé?

— Fouette ta monture, et ne crains pas qu'on l'atteigne.

— Mais, puisque c'est du côté de Bel-Passo, vous me permettrez de me faire conduire par mon oncle?

— Non! ton oncle a affaire ailleurs pour la même cause; mais, si tu l'avertis, il voudra t'accompagner; s'il le voit, il te suivra, et tout ce que nous aurons tenté deviendra inutile; je n'ai pas le temps de t'en dire davantage; il me semble qu'on t'appelle; tu hésites, donc tu refuses?

— Je n'hésite pas, j'irai! Seigneur, vous croyez en Dieu? »

Cette question ingénue et brusque fit pâlir et sourire en même temps le Piccinino.

« Pourquoi me demandes-tu cela? dit-il en croisant son capuchon sur sa figure.

— Ah! vous comprenez bien, dit-elle, Dieu entend tout et voit tout; il punit le mensonge et assiste l'innocence! »

La voix de Pier-Angelo, qui appelait sa fille, retentit pour la seconde fois.

« Va-t'en, dit le Piccinino en la soutenant dans ses bras pour l'aider à remonter vite l'escalier; seulement, si un seul mot t'échappe, nous sommes perdus.

— Vous aussi?

— Moi aussi!

— Ce serait dommage, pensait Mila en se retournant du haut de l'escalier pour jeter un dernier regard sur le bel étranger, dont il lui était impossible de ne pas faire de lui un héros et un ami d'un rang supérieur, qu'elle plaçait, dans sa riante imagination, à côté d'Agathe. Il avait une si douce voix et un si doux sourire! son accent était si noble, son air d'autorité si convaincant! « J'aurai de la discrétion et du courage, se dit-elle; je ne suis qu'une petite fille, et pourtant c'est moi qui sauverai tout le monde! » De tout temps, hélas, le passereau s'est laissé fasciner par le vautour.

Dans tout cela, le Piccinino cédait à un besoin inné de compliquer son profit, ou seulement pour son amusement, les difficultés d'une aventure. Il est vrai qu'il n'y avait pas de meilleur moyen d'attirer chez lui l'abbé Ninfo, que de l'y faire entraîner par un appât de libertinage. Mais il eût pu choisir toute autre femme que la candide Mila pour jouer, à l'aide d'une certaine ressemblance, ou d'un costume analogue, le rôle de la personne qui devait se montrer dans son jardin. L'abbé était parfois d'une méfiance outrageante, parce qu'il était horriblement poltron ; mais, aveuglé par une sotte présomption et troublé par une grossière impatience, il se fût laissé prendre au piège. Un peu de violence, un homme aposté derrière la porte, eût suffi pour le faire tomber dans les mains du bandit. Il y avait encore bien d'autres ruses avec lesquelles le Piccinino était habitué à le jouer, et qui eussent aussi bien réussi ; car l'abbé, avec toutes ses intrigues, sa curiosité, son espionnage perpétuel, ses mensonges effrontés et sa persévérance sans pudeur, était un misérable du dernier ordre, et l'homme le plus borné et le moins habile qu'il y eût au monde. On craint trop les scélérats, en général ; on ne sait point que la plupart sont des imbéciles. Il n'eût pas fallu à l'abbé Ninfo la moitié des peines qu'il se donnait, pour faire le double de mal, s'il eût eu tant soit peu d'intelligence et de véritable pénétration.

Ainsi, l'on a vu qu'il était toujours à côté de la vérité dans ses découvertes ; il avait pris mille déguisements et inventé mille arcanes classiques pour observer ce qui se passait à la villa Palmarosa, et il se croyait certain que Michel était l'amant de la princesse. Il était à cent lieues de soupçonner la nature du lien qui pouvait les rapprocher. Il eût pu aisément surprendre la religion du docteur Recuperati, dont l'honnêteté rigide manquait de prévoyance et de lumière ; et pourtant, pour lui dérober le testament, il avait remis de jour en jour, et n'avait jamais réussi à lui inspirer la moindre confiance. Il lui était impossible, tant sa figure portait le cachet d'une bassesse sans mélange et sans bornes, de jouer pendant cinq minutes le rôle d'un homme de bien.

Ses vices le gênaient, comme il l'avouait et se proclamait lui-même quand il était ivre. Débauché, cupide, et intempérant au point de perdre la tête dans les moments où il avait le plus besoin de lucidité, il n'avait jamais mené à bien aucune intrigue difficile. Le cardinal s'était servi de lui longtemps comme d'un agent de police auquel rien ne répugnait, et il ne lui avait jamais attribué plus de valeur qu'à un instrument du dernier ordre. Dans ses jours d'esprit et de cynisme, le prélat l'avait flétri d'une épithète dont il ne pouvait se relever, et que nous ne saurions traduire.

Aussi n'avait-il jamais été pour rien dans les secrets de famille ou les affaires d'État qui avaient occupé la vie de monsignor Ieronimo. Le mépris qu'il lui inspirait avait survécu à la perte de sa mémoire, et le prélat paralytique, et presque en enfance, n'en avait même pas peur, et ne retrouvait la parole avec lui que pour lui appliquer l'infâme surnom dont il l'avait gratifié.

Une autre preuve de l'idiotisme de l'abbé, c'était la confiance qu'il nourrissait de pouvoir séduire toutes les femmes qui lui faisaient envie.

« Avec un peu d'or et beaucoup de mensonges, disait-il, avec des menaces, des promesses et des compliments, on s'empare de la plus fière comme de la plus humble. »

En conséquence, il se flattait d'avoir part à la fortune d'Agathe dès qu'il en faisant enlever celui qu'il présumait être son amant. Il n'était capable que d'une chose, c'était de placer Michel sous la carabine d'un bandit, et de crier *feu* dans un moment de vanité et de cupidité déçues ; il n'eût osé le tuer lui-même, de même qu'il n'eût osé faire outrage à Mila, si elle eût levé seulement une paire de ciseaux pour la menacer.

Mais quelque abject que fût cet homme, il avait une certaine puissance pour le mal ; elle ne venait pas de lui, la méchanceté des autres hommes l'en avait investi. La police napolitaine lui prêtait son lâche et odieux secours, quand il le réclamait. Il avait fait exiler, ruiner ou languir dans les cachots bien des victimes innocentes, et il eût fort bien pu s'emparer de Michel, sans aller chercher le secours des bandits de la montagne.

Mais il voulait pouvoir le rendre au besoin, pour une rançon considérable, et il voulait faire discuter l'affaire par des brigands avoués qui auraient intérêt à ne pas le trahir. Tout son rôle, en ceci, consistait donc à aller chercher des *bravi* et à leur dire : J'ai découvert une intrigue d'amour qui vaut de l'or. Faites le coup, et nous partagerons les produits. »

Mais en cela encore, il avait été dupe. Un *bravo* adroit, qui *travaillait* à la ville, sous la direction du Piccinino, et qui ne se fût point permis de rien faire sans le consulter, avait trompé l'abbé en l'attirant à un rendez-vous, où il n'avait pas vu le véritable Piccinino, mais auquel le Piccinino avait assisté derrière une cloison. Le Piccinino avait menacé ensuite de casser la tête au premier des deux complices qui parlerait ou qui agirait sans son ordre, et on le savait homme à tenir parole. D'ailleurs, ce jeune aventurier gouvernait sa bande avec une habileté si grande, un mélange de douceur et de despotisme si bien combinés, que jamais, sur une plus grande échelle, il est vrai, et dans des entreprises plus vastes, son père n'avait été à la fois aimé et redouté comme lui. Il pouvait donc être tranquille ; ses secrets n'eussent pas été révélés à la torture, et il pouvait, cette fois, satisfaire le caprice qu'il avait souvent de terminer tout seul, sans confident et sans aide, une entreprise où il n'était pas besoin de force majeure, mais seulement de finesse et de ruse.

Voilà pourquoi le Piccinino, sûr de son plan, qui était des plus simples, voulait y mêler, pour son propre compte, des incidents poétiques, singuliers et romanesques, ou des enivrements réels, à son choix. Sa vive imagination et son caractère froid le lançaient sans cesse dans des essais contradictoires, d'où il savait sortir toujours, grâce à sa grande intelligence et à l'empire qu'il exerçait sur lui-même. Il avait toujours mené si bien sa barque que, hormis ses complices et le nombre très-restreint de ses amis intimes, personne n'aurait pu prouver que le fameux capitaine Piccinino, bâtard *del Destatore*, et le tranquille villageois Carmelo Tomabene, étaient le même homme. Ce dernier aussi passait bien pour un fils de Castro-Reale ; mais il y en avait tant d'autres, dans la montagne, qui se vantaient de cette périlleuse origine !

XXXV.

LE BLASON.

L'ennemi vraiment redoutable, s'il eût voulu l'être, de la famille Lavoratori était donc le Piccinino ; mais Mila ne s'en doutait point, et Fra-Angelo comptait sur cet élément d'héroïsme qui faisait, si l'on peut ainsi dire, la moitié de l'âme de cette enfance. Le bon religieux n'était pourtant pas sans inquiétude ; il avait espéré qu'il le reverrait bientôt et qu'il pourrait s'assurer de ses dispositions ; mais il l'avait attendu et cherché en vain. Il commençait à se demander s'il n'avait pas enfermé le loup dans la bergerie, et si ce n'était pas une grande faute que de s'associer aux gens capables de faire ce qu'on ne voudrait pas faire soi-même.

Il se rendit à la villa Palmarosa, à l'heure de la sieste, et trouva Agathe disposée à goûter les douceurs de ce moment d'apathie si nécessaire aux peuples du Midi.

« Soyez tranquille, mon bon père, lui dit-elle, mon inquiétude s'est dissipée avec la nuit. Au point du jour j'étais si peu rassurée sur les intentions de votre élève, que j'ai été moi-même m'assurer qu'il n'avait point égorgé Michel cette nuit. Mais l'enfant dormait paisiblement, et le Piccinino était sorti avant l'aube.

— Vous avez été vous informer vous-même, Madame ? Quelle imprudence ! Et que dira-t-on dans le faubourg d'une telle démarche ?

— On n'en saura jamais rien, je l'espère. J'ai été seule et à pied, bien enveloppée du *mazzaro* classique [1] ; et si j'ai été rencontrée par quelqu'un de ma connaissance, à coup sûr je n'ai pas été reconnue. D'ailleurs, mon bon père, je n'ai plus de craintes sérieuses. L'abbé ne sait rien.

— Vous en êtes sûre ?

— J'en suis très-sûre, et le cardinal est aussi incapa-

1. Manteau de soie noire qui enveloppe la taille et couvre la tête.

ble de se rien rappeler que le docteur me l'affirmait. L'abbé n'en a pas moins de mauvais desseins. Croiriez-vous qu'il suppose que Michel est mon amant?

— Et le Piccinino le croyait? dit le moine effrayé.

— Il ne le croit plus, répondit Agathe. J'ai reçu ce matin un billet de lui, où il me donne sa parole que je puis me tenir tranquille; que, dans la journée, l'abbé sera en son pouvoir, et que, jusque-là, il saura l'occuper si bien qu'aucun de nous n'en entendra parler. Je respire donc, et n'ai plus qu'un embarras, c'est de savoir comment je me délivrerai ensuite de l'intimité du capitaine Piccinino, qui menace de devenir trop assidu. Mais nous y aviserons plus tard : à chaque jour suffit son mal; et si, après tout, il me fallait en venir à lui dire la vérité... Vous ne le croyez pas homme à en abuser, n'est-ce pas?

— Je le suis homme à faire semblant de vouloir profiter et abuser de tout; mais ayez le courage de le traiter toujours comme un héros de franchise et de générosité, vous verrez qu'il voudra l'être et qu'il le sera en dépit du diable. »

La princesse et le capucin causèrent encore longtemps et se mirent mutuellement au courant de tout ce qu'ils savaient. Après quoi, Fra-Angelo se rendit au faubourg pour lever la consigne de Magnani, lui donner un nouveau rendez-vous de la part d'Agathe, et le remplacer pour escorter Michel-Ange et son père au palais de la Serra; car, malgré tout, Fra-Angelo n'aimait point l'idée qu'ils eussent à se trouver seuls dans la campagne, tant qu'il n'aurait pas vu lui-même le fils du *Destatore*.

Nous suivrons ces trois membres de la famille Lavoratori chez le marquis, et nous laisserons Mila attendre avec anxiété la visite du moine, tandis que Magnani, travaillant sur la galerie en face d'elle, était loin de se douter qu'après lui avoir demandé son assistance, elle guettait l'occasion de se dérober à ses regards. Elle avait promis à son père d'aller dîner chez son amie Nenna aussitôt qu'elle aurait lavé et repassé un voile qu'elle disait lui être indispensable pour sortir. Tout se passa comme son ami inconnu le lui avait annoncé. Elle vit le moine à la fontaine et n'eut pas besoin de feindre une grande terreur d'être surprise, car elle se demandait avec angoisse ce que Magnani penserait d'elle si, après ce qu'elle lui avait raconté, il l'apercevait causant de bonne volonté avec ce misérable.

Pour se dispenser de lui parler de le regarder son affreux visage, elle lui jeta un papier écrit qu'il lut avec transport, et il s'éloigna en lui envoyant des baisers qui la firent frémir de dégoût et d'indignation.

A ce moment même son père, son frère et son oncle, bien loin de soupçonner les périls auxquels la pauvre enfant allait s'exposer pour eux, entraient dans le palais de la Serra. Cette riche demeure, plus moderne que celle de Palmarosa, dont elle n'était séparée que par leurs grands parcs respectifs et un étroit vallon couvert de jardins et de prairies, était remplie d'objets d'art, de statues, de vases et de magnifiques peintures, que M. de la Serra y avait rassemblés avec un intérêt de connaisseur sérieux et éclairé. Il vint lui-même au-devant des Angelo, leur serra la main affectueusement, et, en attendant que le repas fût servi, il les promena dans sa noble résidence, leur montrant et leur expliquant, avec courtoisie et avec autant d'esprit que de sens, les chefs-d'œuvre dont elle était ornée. Pier-Angelo, quoique simple ouvrier ornateur (*adornatore*), avait le goût et l'intelligence du beau dans les arts. Il était sensible à toutes ces merveilles qu'il connaissait déjà, et ses réflexions naïves et profondes animaient la conversation la plus sérieuse au lieu de la faire déroger. Michel fut d'abord un peu gêné devant le marquis; mais, remarquant bientôt combien le naturel et l'abandon de son père étaient de bon goût et avaient de mérite aux yeux d'un homme de sens comme le marquis, il se sentit plus à l'aise; enfin, lorsqu'il se trouva devant une table couverte de vermeil, parée et fleurie avec autant de soin que s'il se fût agi de traiter d'illustres convives, il oublia ses préventions, et causa avec autant de charme et d'ai-

sance que s'il eût été le propre fils ou le neveu de la maison.

Une seule chose le tourmenta étrangement pendant ce dîner : c'était la figure et l'attitude qu'il supposait aux valets du marquis; je dis qu'il supposait, parce qu'il n'osait point lever les yeux sur eux. Il avait mainte fois dîné à la table des riches, lorsqu'il était à Rome, surtout depuis que, son père résidant à Catane, il n'y avait plus eu pour lui de vie de famille qui le retînt dans son intérieur et qui le détournât de rechercher la société des jeunes élégants de la ville. Il ne redoutait donc aucun affront pour lui-même; mais, comme c'était la première fois qu'il voyait son père invité avec lui, chez un patricien, il souffrait mortellement de l'idée que les laquais pouvaient hausser les épaules et passer brutalement les assiettes à cet honnête vieillard.

Au fait, il pouvait y avoir un sentiment de colère et de dédain chez ces laquais, qui avaient vu tant de fois Pier-Angelo sur son échelle dans ce même palais, et qui l'avaient traité de pair à compagnon.

Néanmoins, soit que le marquis les eût prévenus par quelques mots de bienveillance et honorable explication propre à flatter et à consoler l'amour-propre chatouilleux de cette classe d'hommes, soit que Pier-Angelo fût tellement sympathique à tous ceux qui le connaissaient, que des valets même dérogeassent en sa faveur à leur morgue habituelle, ils le servirent avec beaucoup de déférence. Michel s'en aperçut enfin lorsque son père, se retournant vers un vieux valet de chambre qui remplissait son verre, lui dit avec bonhomie :

«Grand merci, mon vieux camarade, tu me sers en ami. Allons, je te rendrai cela dans l'occasion! »

Michel rougit et regarda le marquis, qui souriait d'un air satisfait et attendri. Le vieux serviteur souriait aussi à Pier-Angelo d'un air d'intelligence et d'amitié.

Après que le dessert fut enlevé, le marquis fut averti que messire Barbagallo, le majordome de la princesse, l'attendait dans une des salles du palais pour lui montrer un tableau. Ils le trouvèrent en conférence avec Fra-Angelo, dont la sobriété et l'activité ne s'arrangeaient point d'une longue séance à table, et qui leur avait demandé de pouvoir faire un tour de promenade aussitôt après le premier service.

Le marquis s'approcha d'abord seul de Barbagallo pour s'informer s'il n'avait rien de particulier à lui dire de la part de la princesse; et, quand ils eurent échangé à voix basse quelques paroles qui ne parurent avoir aucune importance, à en juger par leurs physionomies, le marquis revint vers Michel, et, passant son bras sous le sien :

« Vous aurez peut-être quelque plaisir, lui dit-il, à voir mes portraits de famille, qui sont dans une galerie séparée, et que je n'ai pas songé à vous montrer. Ne soyez pas effrayé de cette quantité d'aïeux qui se trouvent rassemblés chez moi. Vous les parcourrez d'un coup d'œil, et je vous arrêterai seulement devant ceux qui sont dus au pinceau de quelque maître. Au reste, c'est une intéressante collection de costumes, bonne à consulter pour un peintre d'histoire. Mais, avant d'y entrer, donnons un regard à celui que maître Barbagallo nous présente, et qu'il vient de déterrer dans les greniers de la villa Palmarosa. Mon cher enfant, ajouta-t-il à voix basse, accordez un salut à ce pauvre majordome, qui se confond en révérences devant vous, honteux, sans doute, de sa conduite envers vous au bal de la princesse. »

Michel remarqua enfin les avances du majordome et y répondit sans rancune. Depuis qu'il était réconcilié avec sa condition et avec lui-même, il se sentait revenu de sa susceptibilité et pensait, comme son père, qu'aucune impertinence ne peut atteindre l'homme qui possède sa propre estime.

« Ce que je présente à Votre Excellence, dit ensuite le majordome au marquis, est un Palmarosa fort endommagé; mais, quoique l'inscription eût presque entièrement disparu, j'ai réussi à la rétablir, et la voici sur un morceau de parchemin.

— Quoi! dit le marquis en souriant, vous avez pu lire ici que ce matamore était capitaine sous le règne du roi Manfred, et qu'il avait accompagné Jean de Procida à Constantinople? C'est admirable! Quant à moi, je lis l'inscription originale avec les yeux de la foi!

— Vous pouvez être assuré que je ne me trompe pas, reprit Barbagallo. Je connaissais parfaitement ce brave capitaine, et il y a longtemps que je cherchais à retrouver son portrait. »

Pier-Angelo éclata de rire.

« Ah! vous avez vécu de ce temps-là! dit-il : je vous savais plus vieux que moi, maître Barbagallo, mais je ne vous croyais pas capable d'avoir vu nos Vêpres siciliennes.

— Que ne les ai-je vues, moi! dit Fra-Angelo en soupirant.

— Il faut que je vous explique l'érudition de messire Barbagallo et l'intérêt qu'il prend à ma galerie de famille, dit le marquis à Michel. Il a passé sa vie à ce travail de patience, et personne ne connaît comme lui les généalogies de la Sicile. Ma famille est alliée dans le passé à celle de la princesse de Palmarosa, et encore plus à celle des Castro-Reale de Palerme, dont vous avez sans doute entendu parler.

— J'en ai entendu parler beaucoup hier, répondit Michel en souriant.

— Eh bien! me trouvant le dernier héritier naturel de cette famille, après la mort du célèbre prince surnommé *il Destatore*, tout ce qui fut recueilli pour moi de cette succession, dont je m'occupai fort peu, je vous assure, fut une collection d'ancêtres que je ne voulais même pas déballer, mais que messire Barbagallo, amoureux de ces sortes de curiosités, prit le soin de débarbouiller, de classer lui-même et de suspendre en bon ordre dans la galerie que vous allez voir. Déjà, dans cette galerie, outre mes aïeux directs, je possédais bon nombre des aïeux de la ligne de Palmarosa, et la princesse Agathe, qui ne prise pas ce genre de collections, m'envoya tous les siens, pensant qu'il valait mieux les réunir dans un seul local. Ça a été pour maître Barbagallo l'occasion d'un long et minutieux travail, dont il s'est tiré avec honneur. Allons, venez tous, car j'ai bien des personnages à présenter à Michel, et il aura besoin, peut-être, de l'assistance de son père et de son oncle pour tenir tête à tant de morts.

— Je me retire pour ne pas importuner vos Seigneuries, dit maître Barbagallo après les avoir accompagnés jusqu'à la galerie pour y déposer son capitaine sicilien; je reviendrai une autre fois pour mettre mon tableau en place; à moins pourtant que M. le marquis ne souhaite que je fasse à maître Michel-Ange Lavoratori, dont je suis le très-humble serviteur, aujourd'hui et toujours, l'histoire des originaux des portraits qui sont ici.

— Comment, monsieur le majordome, dit Michel en riant, vous connaissez l'histoire de tous ces personnages? Il y en a plus de trois cents!

— Il y en a cinq cent trente, Seigneurie, et non-seulement je connais leurs noms et tous les événements de leur vie, avec la date précise, mais encore je sais les noms, le sexe et l'âge de tous les enfants qui sont morts avant que la peinture ait retracé leurs traits pour les transmettre à la postérité. Il y en a cent vingt-sept, y compris les morts-nés. Je n'ai négligé que ceux qui n'ont pas pu recevoir le baptême.

— Cela est merveilleux! reprit Michel; et, puisque vous avez tant de mémoire, à votre place, j'aurais mieux aimé apprendre l'histoire du genre humain que celle d'une seule famille.

— Le genre humain ne me regarde pas, répondit gravement le majordome. Son Excellence le prince Dionigi de Palmarosa, père de la princesse actuelle, ne m'avait pas investi de la fonction d'enseigner l'histoire à ses enfants. Mais, comme j'aimais à m'occuper, et que j'avais beaucoup de temps de reste, dans une maison où l'on n'a jamais donné ni festins ni fêtes depuis deux générations, il me conseilla, pour m'amuser, de résumer l'histoire de sa famille éparse dans une foule de volumes in-folio ma-

nuscrits, que vous pourrez voir dans la bibliothèque de Palmarosa, et que j'ai tous examinés, compulsés et commentés jusqu'à un *iota*.

— Et cela vous a-t-il amusé, en effet?

— Beaucoup, maître Pier-Angelo, répondit gravement le majordome au vieux peintre qui le raillait.

— Je vois, reprit Michel ironiquement, que vous n'êtes pas un économe ordinaire, Seigneurie, et que vous êtes plus cultivé que vos fonctions ne l'exigeaient.

— Mes fonctions sans être brillantes ont toujours été fort douces, répondit le majordome, même du temps du prince Dionigi, qui n'était doux pour nul autre que pour moi. Il m'avait pris en considération et presque en amitié, parce que j'étais un livre ouvert où il pouvait consulter à toute heure sur ses ascendants. Quant à la princesse sa fille, comme elle est bonne pour tout le monde, je ne puis qu'être heureux auprès d'elle. Je fais à peu près tout ce que je veux, et il n'y a qu'une chose qui me chagrine de sa part : c'est qu'elle ait renoncé à sa galerie de famille, qu'elle ne consulte jamais son arbre généalogique, et qu'elle ne daigne rien connaître à la science du blason. Le blason est pourtant une science charmante et que les dames cultivaient autrefois avec succès.

— Maintenant, cela rentre dans les attributions des peintres en décor et des doreurs sur bois, dit Michel en riant de nouveau. Ce sont des ornements heureux dont les vives couleurs et le caractère chevaleresque plaisent aux yeux et à l'imagination : voilà tout.

— Voilà tout? reprit l'intendant scandalisé; pardon, Seigneurie, ce n'est pas là tout. Le blason, c'est l'histoire écrite en hiéroglyphes *ad hoc*. Hélas! un temps viendra bientôt, peut-être, où l'on ne saura pas mieux lire cette écriture mystérieuse que les caractères sacramentels qui couvrent les tombes et les monuments de l'Égypte! Pourtant, que de choses profondes et ingénieusement exprimées dans ce langage figuré! Porter sur un cachet, sur un simple chaton de bague toute l'histoire de sa propre race, n'est-ce pas le résultat d'un art vraiment merveilleux? Et de quels signes plus concis et plus frappants les peuples civilisés se sont-ils jamais servis?

— Ce qu'il dit n'est pas sans un fond de raison et de bon sens, dit le marquis à demi-voix en s'adressant à Michel. Mais tu l'écoutes avec un dédain qui me frappe, jeune homme. Eh bien! dis tout ce que tu penses; j'aimerais à le savoir, à comprendre si tu es bien fondé à railler de la noblesse avec un peu d'amertume, comme tu m'as semblé porté. Ne te gêne point; je t'écouterai avec autant de calme et de désintéressement que ces morts qui nous contemplent avec des yeux ternes, du fond de leurs cadres noircis par le temps.

XXXVI.

LES PORTRAITS DE FAMILLE.

« Eh bien, répondit Michel enhardi par la haute raison et la sincère bonté de son hôte, je dirai toute ma pensée; et que maître Barbagallo me permette de la dire devant lui; dût-elle le choquer dans ses croyances. Si l'étude de la science héraldique était un enseignement utile et moralisateur, maître Barbagallo, nourrisson privilégié de cette science, tiendrait tous les hommes pour égaux devant Dieu, et n'établirait de différence sur la terre qu'entre les hommes bornés ou méchants et les hommes intelligents ou vertueux. Il connaîtrait à fond la vanité des titres et la valeur suspecte des généalogies. Il aurait, sur l'histoire du genre humain, comme nous disions tout à l'heure, des données plus larges; et il jetterait sur cette grande histoire un coup d'œil aussi ferme que désintéressé. Au lieu que, si je ne me trompe, il la voit avec une certaine étroitesse que je ne puis accepter. Il estime la noblesse une race excellente, parce qu'elle est privilégiée; il méprise la plèbe, parce qu'elle est privée d'histoire et de souvenirs. Je parie qu'il se dédaigne lui-même à force d'admirer la grandeur d'autrui; à moins qu'il n'ait découvert, dans la poussière des bi

Grand merci, mon vieux camarade. (Page 94.)

bliothèques, quelque document qui lui procure l'honneur de se croire apparenté au quatorzième degré avec quelque illustre famille.

— Je n'ai point cet honneur-là, dit le majordome un peu décontenancé; cependant, j'ai eu la satisfaction de m'assurer que je n'étais point issu d'une race vile : j'ai eu des ascendants mâles assez honorables dans le clergé et l'industrie.

— Je vous en fais mon compliment sincère, dit Michel avec ironie; quant à moi, je n'ai jamais songé à demander à mon père si nous avions eu des ascendants peintres d'enseignes, sacristains ou majordomes; j'avoue même que cela m'est parfaitement indifférent, et que je n'ai jamais eu qu'une préoccupation à cet égard, c'est de devoir mon illustration à moi-même et de me créer mes armoiries avec une palette et des pinceaux.

— A la bonne heure, répondit le marquis, c'est une noble ambition; tu voudrais être la souche d'une race illustre dans les arts, et acquérir ta noblesse au lieu de la laisser perdre, comme font tant de pauvres sires indignes d'un grand nom. Mais trouverais-tu mauvais d'avance que tes descendants fussent fiers de porter le tien?

— Oui, monsieur le marquis, je trouverais cela mauvais, si mes descendants étaient des ignorants et des sots.

— Mon ami, reprit le marquis avec un grand calme, je sais fort bien que la noblesse est dégénérée en tous pays, et je n'ai pas besoin de te dire qu'elle est d'autant moins pardonnable qu'elle avait plus d'illustration à porter et de grandeur à soutenir. Mais en sommes-nous à faire le procès à telle ou telle caste de la société, et avons-nous à nous occuper ici du plus ou moins de mérite des individus qui la composent? Ce qui pouvait être intéressant, et même utile pour nous tous, dans une discussion de ce genre, c'était l'examen de l'institution en elle-même. Veux-tu me dire tes idées, Michel, et si tu blâmes ou si tu approuves les distinctions établies entre les hommes?

— Je les approuve, dit Michel sans hésiter, car j'aspire moi-même à me distinguer; mais je désavoue tout principe d'hérédité dans ces distinctions.

— Tout principe d'hérédité? reprit le marquis. En tant que fortune et pouvoir, je le conçois. C'est une idée française, une idée hardie.....; elles me plaisent, ces

Il l'éleva au niveau de la tête du premier portrait. (Page 98.)

idées-là ! Mais, en tant que gloire désintéressée, en tant que pur honneur..., veux-tu me permettre de te faire quelques questions, mon enfant ?

« Supposons que Michel-Ange Lavoratori ici présent soit né il y a seulement deux ou trois cents ans. Supposons qu'il ait été l'émule de Raphaël ou de Titien, et qu'il ait laissé un nom digne de rivaliser avec ces noms magnifiques. Je suppose encore que ce palais où nous voici lui ait appartenu, et qu'il soit resté l'héritage de ses descendants. Supposons enfin que tu sois le dernier rejeton de cette famille et que tu ne cultives point l'art de la peinture. Tes inclinations t'ont poussé vers une autre profession, peut-être même n'as-tu aucune profession ; car tu es riche, les nobles travaux de ton illustre aïeul t'ont constitué une fortune que ses descendants t'ont transmise fidèlement. Tu es ici chez toi, dans la galerie de peinture où tes ancêtres sont venus succcessivement prendre place. De plus, tu connais leur histoire à tous. Elle a été consignée dans des manuscrits qui se sont conservés et continués avec soin dans ta famille.

« J'entre ici, moi, enfant ramassé sur les marches d'un hospice, supposons cela encore. J'ignore le nom de mon père et jusqu'à celui de l'infortunée qui m'a donné le jour. Je ne tiens à rien sur la terre dans le passé, et, né d'hier, je contemple avec surprise cette succession d'aïeux qui te fait vivre depuis bientôt trois siècles. Je t'interroge avec stupeur, et même je me sens porté à te railler un peu de vivre ainsi avec les morts et par les morts, et je doute que cette postérité brillante ne se soit pas un peu détériorée en route.

« Tu me réponds en me montrant avec orgueil le chef de ta race, le célèbre Michel-Ange Lavoratori, qui, de rien, était devenu un grand homme, et dont le souvenir ne sera jamais perdu. Puis, tu m'apprends un fait dont je m'émerveille : c'est que les fils et les filles de ce Michel, pleins de vénération pour la mémoire de leur père, ont voulu être aussi des artistes. L'un a été musicien, l'autre graveur, un troisième peintre. S'ils n'ont pas reçu du ciel les mêmes dons que leur père, ils ont du moins conservé dans leur âme et transmis à leurs enfants le respect et l'amour de l'art. Ceux-ci, à leur tour, ont agi de même, et tous ces portraits, toutes ces devises, toutes ces biographies, que tu me montres et m'expliques, m'offrent le spectacle de plusieurs générations d'artistes jaloux de ne point déroger à leur profession héréditaire. Certes, parmi tous ces postulants à la gloire, quelques-uns seulement ont mérité grandement le nom qu'ils portaient. Le génie est une exception, et tu m'as bientôt montré le petit nombre d'artistes remarquables qui ont continué par eux-mêmes la gloire de ta race. Mais ce petit nombre a suffi pour retremper votre sang généreux et pour entretenir dans les idées des générations intermédiaires un certain feu, une certaine fierté, une certaine soif de grandeur qui pourra encore produire des sujets distingués.

« Pourtant, moi, bâtard, isolé dans l'abîme des temps (je continue mon apologue), contempteur naturel de toutes les illustrations de famille, je cherche à rabaisser ton orgueil. Je souris d'un air de triomphe quand tu m'avoues que tel ou tel aïeul, dont le portrait me frappe par son air candide, n'a jamais été qu'un pauvre génie, une cervelle étroite ; que tel autre, dont je n'aime point le costume débraillé et la moustache hérissée, fut un mauvais sujet, un fou ou un fanatique ; enfin, je te donne à entendre que tu es un artiste dégénéré, parce que tu n'as point hérité du feu sacré, et que tu t'es endormi dans un doux *far niente*, en contemplant la vie fructueuse de tes pères.

« Alors tu me réponds ; et permets que je place dans ta bouche quelques paroles qui ne me paraissent pas dénuées de sens :

« Je ne suis rien par moi-même ; mais je serais moins
« encore si je ne tenais à un passé respectable. Je me
« sens accablé par l'apathie naturelle aux âmes privées
« d'inspiration ; mais mon père m'a enseigné une chose
« qui de son sang a passé dans le mien : c'est que j'étais
« d'une race distinguée, et que si je ne pouvais rien
« faire pour raviver son éclat, je devais, du moins,
« m'abstenir des goûts et des idées qui pouvaient le ter-
« nir. A défaut de génie, j'ai le respect de la tradition
« de famille, et, ne pouvant m'enorgueillir de moi-même,
« je répare le tort que ma nullité pourrait faire à mes
« aïeux en leur rendant une sorte de culte. Je serais
« cent fois plus coupable si, me targuant de mon igno-
« rance, je brisais leurs images et profanais leur souve-
« nir par des airs de mépris. Renier son père parce qu'on
« ne peut l'égaler est le fait d'un sot ou d'un lâche. Il y
« a de la piété, au contraire, à invoquer son souvenir
« pour se faire pardonner de valoir moins que lui ; et les
« artistes que je fréquente et auxquels je ne puis mon-
« trer mes œuvres, m'écoutent, du moins, avec intérêt,
« quand je leur parle de celles de mes aïeux. »

« Voilà ce que tu me répondrais, Michel, et crois-tu que cela serait sans effet sur moi ? Il me semble que, si j'étais ce pauvre enfant abandonné que j'ai supposé, je tomberais dans une grande tristesse et que j'accuserais le sort de m'avoir jeté seul, et, pour ainsi dire, *irresponsable* sur la terre !

« Mais pour te conter un apologue moins lourd et plus conforme à ton imagination d'artiste, en voici un que tu interrompras, dès le premier mot, si tu le connais déjà... On a attribué le fait à plusieurs personnages taillés sur le type de *don Juan*, et, comme les vieilles histoires se rajeunissent en traversant les générations, on l'a attribué, dans ces derniers temps, à César de Castro-Reale, *Il Destatore*, ce fameux bandit, qui n'était un homme ordinaire ni dans le bien, ni dans le mal.

« A Palerme, dans le temps où il cherchait à s'étourdir dans de folles ivresses, incertain s'il parviendrait à s'abrutir, ou s'il se déciderait à lever l'étendard de la révolte, on raconte qu'il alla visiter, un soir, un antique palais qu'il venait de perdre au jeu, et qu'il voulait revoir une dernière fois avant d'en sortir pour n'y jamais rentrer. C'était le dernier débris de sa fortune, et le seul, peut-être, qui lui causât un regret ; car c'est là qu'il avait passé ses jeunes années, là que ses parents étaient, là, enfin, que les portraits de ses ancêtres étaient plongés dans la poussière d'un long oubli.

« Il y vint donc pour signifier à son intendant de recevoir, dès le lendemain, comme le possesseur de ce manoir, le seigneur qui l'avait gagné sur un coup de dé.

— Quoi ! dit cet intendant, qui avait, comme messire Barbagallo, le respect des traditions et des portraits de famille : vous avez tout joué, même la tombe de votre père, même les portraits de vos ancêtres ?

« Tout joué et tout perdu, répondit Castro-Reale avec insouciance. Pourtant, il est quelques objets que je suis en mesure de racheter, et que mon vainqueur au jeu ne me fera pas marchander. Voyons-les donc, ces portraits de famille ! Je ne me les rappelle plus. Je les ai admirés dans un temps où je ne m'y connaissais pas. S'il en est quelques-uns qui aient du mérite, je les marquerai pour m'en arranger ensuite avec leur nouveau possesseur. Prends un flambeau, et suis-moi.

« L'intendant, ému et tremblant, suivit son maître dans la galerie sombre et déserte. Castro-Reale marchait le premier avec une assurance hautaine ; mais on dit que, pour se donner du stoïcisme ou de l'insouciance jusqu'au bout, il avait bu d'une manière immodérée en arrivant dans son château. Il poussa lui-même la porte rouillée, et voyant que le vieux majordome tenait le flambeau d'une main vacillante, il le prit dans la sienne et l'éleva au niveau de la tête du premier portrait qui s'offrait à l'entrée de la galerie. C'était un fier guerrier armé de pied en cap, avec une large fraise de dentelle de Flandre sur sa cuirasse de fer. Tiens !..... le voici, Michel ! car ces mêmes tableaux, qui jouent un rôle dans mon récit, ils sont tous devant tes yeux ; ce sont les mêmes qu'on m'a envoyés de Palerme comme au dernier héritier de la famille. »

Michel regarda le vieux guerrier, et fut frappé de sa mâle figure, de sa rude moustache et de son air sévère.

« Eh bien, Excellence, dit-il, cette tête peu enjouée et peu bénigne fit rentrer le *dissoluto* en lui-même, sans doute ?

— D'autant plus, poursuivit le marquis, que cette tête s'anima, fit rouler ses yeux courroucés sous leurs sombres orbites, et prononça ces mots d'une voix sépulcrale : *Je ne suis pas content de vous !* » Castro-Reale frissonna et recula d'épouvante ; mais, se croyant la dupe de sa propre imagination, il passa au portrait suivant et le regarda au visage avec une insolence qui tenait un peu du délire. C'était une antique et vénérable abbesse des Ursulines de Palerme, une arrière grand'tante, morte en odeur de sainteté. Tu peux la regarder, Michel ; la voilà sur ta droite, avec son voile, sa croix d'or, sa figure jaune et ridée comme du parchemin, son œil pénétrant et plein d'autorité. Je ne pense pas qu'elle te dise rien ; mais, lorsque Castro-Reale éleva la bougie jusqu'à elle, elle cligna des yeux comme éblouie de cette clarté soudaine, et lui dit d'une voix stridente : *Je ne suis pas contente de vous !* »

« Cette fois le prince eut peur ; il se retourna vers l'intendant, dont les genoux se choquaient l'un contre l'autre. Mais, résolu de lutter encore contre les avertissements du monde surnaturel, il s'adressa brusquement à un troisième portrait, à celui du vieux magistrat que tu vois à côté de l'abbesse. Il posa la main sur le cadre, n'osant trop regarder son manteau d'hermine qui se confond avec une longue barbe blanche ; mais il essaya de le secouer en lui disant : « *Et vous ?* »

« *Ni moi non plus*, » répondit le magistrat du ton accablant d'un juge qui prononce une sentence de mort.

« Castro-Reale laissa, dit-on, tomber son flambeau, et, ne sachant ce qu'il faisait, trébuchant à chaque pas, il gagna le fond de la galerie, tandis que le pauvre majordome, transi de peur, se tenait éperdu à la porte par où ils venaient d'entrer, n'osant ni le suivre, ni l'abandonner. Il entendit son maître courir dans les ténèbres, d'un pas inégal et précipité, heurtant les meubles et murmurant des imprécations ; et il entendait aussi chaque portrait l'apostropher, au passage, de ces mots terribles et monotones : « *Ni moi non plus !... Ni moi non plus !.. Ni moi non plus !...* » Les voix s'affaiblissaient en se perdant une à une dans la profondeur de la galerie ; mais toutes répétaient clairement la sentence fatale, et Castro-Reale ne put échapper à cette longue malédiction dont aucun de ses ancêtres ne le dispensa. Il cemeura bien longtemps, à ce qu'il paraît, à gagner la porte du fond. Quand il l'eut franchie et refermée avec violence derrière lui, comme s'il se fût cru poursuivi par des spectres, tout rentra dans le silence ; et je ne sache pas que, depuis ce jour-là, les portraits qui sont ici aient jamais repris la parole. »

— Dites le reste, dites le reste, Excellence ! s'écria Fra-Angelo qui avait écouté cette histoire avec des yeux brillants et la bouche entr'ouverte ; car, malgré son intelligence et l'instruction qu'il avait acquise, l'ex-bandit de l'Etna était trop moine et trop Sicilien pour n'y pas ajouter foi jusqu'à un certain point ; dites que, depuis ce moment-là, ni l'intendant du palais de Castro-Reale, ni aucun habitant du pays de Palerme n'a jamais revu le prince de Castro-Reale. Il y avait, au bout de cette galerie, un pont-levis qu'on l'entendit franchir, et, comme on trouva son chapeau à plumes flottant sur l'eau, on présuma qu'il s'y était noyé, bien qu'on cherchât vainement son corps.

— Mais la leçon eut un effet plus salutaire, ajouta le marquis. Il s'enfuit dans la montagne, y organisa des partisans, et y combattit dix ans pour sauver ou du moins venger son pays. Fausse ou vraie, l'aventure eut cours assez longtemps, et le nouveau possesseur de Castro-Reale y crut, au point de ne vouloir pas garder ces terribles portraits de famille et de me les envoyer sur-le-champ.

— Je ne sais si l'histoire est bien certaine, reprit Fra-Angelo. Je n'ai jamais osé le demander au prince ; mais il est certain que la résolution qu'il prit de se faire partisan lui vint dans le manoir de ses ancêtres, la dernière fois qu'il alla le visiter. Il est certain aussi qu'il y éprouva de violentes émotions, et qu'il n'aimait point qu'on lui parlât de ses aïeux. Il est certain encore que sa raison n'a jamais été bien saine depuis ce moment-là, et que, souvent, je l'ai entendu qui disait dans ses jours de chagrin : « Ah ! j'aurais dû me brûler la cervelle en franchissant le pont-levis de mon château pour la dernière fois. »

— Voilà certainement, dit Michel, tout ce qu'il y a de vrai dans ce conte fantastique. N'importe ! Quoiqu'il n'y ait pas la moindre relation entre ces personnages illustres et mon humble naissance, je trouve que je ne sache pas avoir à me rien reprocher vis-à-vis d'eux, je serais un peu ému, ce me semble, s'il me fallait passer la nuit, seul, dans cette galerie.

— Moi, dit Pier-Angelo sans fausse honte, je ne crois pas un mot de l'histoire ; et pourtant monsieur le marquis me donnerait sa fortune, et son palais avec, que je n'en voudrais pas à la condition de rester seul une heure, après le soleil couché, avec madame l'abbesse, monseigneur le grand-justicier, et tous les illustres militaires et religieux qui sont ici. Les domestiques ont plus d'une fois essayé de m'y enfermer pour se divertir ; mais je ne m'y laissais pas prendre, car j'aurais plutôt sauté par les fenêtres.

— Et que conclurons-nous de la noblesse à propos de tout cela ? dit Michel en s'adressant au marquis.

— Nous en conclurons, mon enfant, répondit M. de la Serra, que la noblesse privilégiée est une injustice, mais que les traditions et les souvenirs de famille ont beaucoup de force, de poésie et d'utilité. En France, on a cédé à un beau mouvement en invitant la noblesse à brûler ses titres, et elle a accompli un devoir de savoir-vivre et de bon goût en consommant l'holocauste ; mais, ensuite, on a brisé des tombes, exhumé des cadavres, insulté jusqu'à l'image du Christ, comme si l'asile des morts n'était pas sacré, et comme si le fils de Marie était le patron des grands seigneurs et non celui des pauvres et des petits. Je pardonne à tous les délires de cette révolution, et je les comprends peut-être mieux que ceux qui vous en ont parlé, mon jeune ami ; mais je sais aussi qu'elle n'a pas été une philosophie bien complète et bien profonde, et que, par rapport à l'idée de noblesse, comme par rapport à toutes les autres idées, elle a su détruire plus qu'édifier, déraciner mieux que semer. Laissez-moi vous dire encore un mot à ce sujet, et nous irons prendre

des glaces au grand air, car je crains que tous ces trépassés ne vous ennuient et ne vous attristent.

XXXVII.

BIANCA.

— Tenez, Michel, poursuivit M. de la Serra en prenant la main de Pier-Angelo dans sa main droite et celle de Fra-Angelo dans sa main gauche : tous les hommes sont nobles ! Et je parierais ma tête que la famille Lavoratori vaut celle de Castro-Reale. Si l'on juge des morts d'après les vivants, voici, certes, deux hommes qui ont dû avoir pour ancêtres des gens de bien, des hommes de tête et de cœur, tandis que le Destatore, mélange de grandes qualités et de défauts déplorables, tour à tour prince et bandit, dévot repentant et suicidé désespéré, a, certes, donné bien des démentis formels à la noblesse des fiers personnages dont l'effigie nous entoure. Si vous êtes riche un jour, Michel, vous commencerez une galerie de famille sans vous en apercevoir, car vous peindrez ces deux belles têtes de votre père et de votre oncle, et vous ne les vendrez jamais.

— Et celle de sa sœur ! s'écria Pier-Angelo, il ne l'oubliera pas non plus, car elle servira de preuve, un jour, que notre génération n'était pas désagréable à voir.

— Eh bien, ne trouvez-vous pas, reprit le marquis en s'adressant toujours à Michel, qu'il y a pour vous une chose bien regrettable ? C'est que vous n'ayez pas le portrait et que vous ne sachiez pas l'histoire du père de votre père et de votre oncle ?

— C'était un brave homme ! s'écria Pier-Angelo : il avait servi comme soldat, il fut ensuite bon ouvrier, et je l'ai connu bon père.

— Et son frère était moine comme moi, dit Fra-Angelo. Il fut pieux et sage ; son souvenir m'a beaucoup influencé quand j'hésitais à prendre le froc.

— Voyez l'influence des souvenirs de famille ! dit le marquis. Mais votre grand-père et votre grand-oncle, mes amis, qu'étaient-ils ?

— Quant à mon grand-oncle, répondit Pier-Angelo, je ne sais s'il a jamais existé. Mais mon grand-père était paysan.

— Comment vécut-il ?

— On me l'a dit dans mon enfance probablement, mais je ne m'en souviens pas.

— Et votre bisaïeul ?

— Je n'en ai jamais entendu parler.

— Ni moi non plus, répondit Fra-Angelo ; j'ai quelque vague souvenir que nous avons eu un trisaïeul marin, et des plus braves. Mais son nom m'a échappé. Le nom de Lavoratori ne date pour nous que de deux générations. C'est un sobriquet comme la plupart des noms plébéiens. Il marque la transition du métier dans notre famille, lorsque, de paysan de la montagne, notre grand-père passa à l'emploi d'artisan de la ville. Notre grand-père s'appelait Montanari : c'était un sobriquet aussi ; son grand-père s'appelait autrement, sans doute. Mais là commence pour nous la nuit éternelle, et notre généalogie se plonge dans un oubli qui équivaut au néant.

— Eh bien, reprit M. de la Serra, vous venez de résumer toute l'histoire du peuple dans l'exemple de votre lignée. Deux ou trois générations sentent un lien entre elles ; mais toutes celles qui ont précédé et toutes celles qui suivront leur sont à jamais étrangères. Est-ce que vous trouvez cela juste et digne, mon cher Michel ? N'est-ce pas une sorte de barbarie, un état sauvage, un mépris révoltant de la race humaine, que cet oubli complet du passé, cette insouciance de l'avenir, et cette absence de solidarité pour les générations intermédiaires ?

— Vous avez raison, et je vous comprends, monsieur le marquis, répondit Michel. L'histoire de chaque famille est celle du genre humain, et quiconque sait l'une sait l'autre. Certes, l'homme qui connaît ses aïeux, et qui, dès l'enfance, puise dans l'examen de leurs existences successives une série d'exemples à suivre ou à éviter, porte, pour ainsi dire, la vie humaine plus intense et plus complète dans son sein que celui qui ne se rattache qu'à deux ou trois ombres vagues et insaisissables du passé. C'est donc un grand privilége social que la noblesse d'origine ; si elle impose de grands devoirs, elle fournit en principe de grandes lumières et de grands moyens. L'enfant qui épelle la connaissance du bien et du mal dans des livres écrits avec le propre sang qui coule dans ses veines, et dans les traits de ces visages peints qui lui retracent sa propre image comme des miroirs où il aime à se retrouver lui-même, devrait toujours être un grand homme, ou au moins, comme vous le disiez, un homme épris de la vraie grandeur, ce qui est une vertu acquise à défaut de vertu innée. Je comprends maintenant ce qu'il y a de vrai et de bon dans ce principe d'hérédité qui rend les générations solidaires les unes des autres. Ce qu'il y a de funeste, je ne vous le rappellerai pas, vous le savez mieux que moi.

— Ce qu'il y a de funeste, je vais le dire moi-même, reprit le marquis ; c'est que la noblesse soit une jouissance exclusive et que toutes les familles humaines n'y aient point part ; c'est que les distinctions établies reposent sur un faux principe, et que le paysan héros ne soit pas illustré et inscrit dans l'histoire comme le héros patricien ; c'est que les vertus domestiques de l'artisan ne soient pas enregistrées dans un livre toujours ouvert à sa postérité ; c'est que la vertueuse et pauvre mère de famille, belle et chaste en vain, ne laisse pas son nom et son image sur les murs de son pauvre réduit ; c'est que ce réduit du pauvre ne soit pas même un refuge assuré à ses descendants ; c'est que tous les hommes ne soient pas riches et libres, afin de pouvoir consacrer des monuments, des pensées et des œuvres d'art à la religion de leur passé ; c'est enfin que l'histoire de la race humaine n'existe pas, et ne se rattache qu'à quelques noms sauvés de l'oubli, qu'on appelle des noms illustres, sans songer qu'à de certaines époques des nations entières s'illustrèrent sous l'influence du même fait et de la même idée.

» Qui nous dira les noms de tous les enthousiastes et de tous les cœurs généreux qui jetèrent la bêche ou la houlette pour aller combattre les infidèles ? Tu as des ancêtres parmi ceux-là, sans doute, Pier-Angelo, et tu n'en sais rien ! Ceux de tous les moines sublimes qui prêchèrent la loi de Dieu à de barbares populations ? Tes oncles sont là aussi, Fra-Angelo, et tu n'en sais rien non plus ! Ah ! mes amis, que de grands cœurs éteints à jamais, que de nobles actions ensevelies sans profit pour les vivants d'aujourd'hui ! Que cette nuit impénétrable du passé est triste et fatale pour le peuple, et que je souffre de songer que vous êtes issus probablement du sang des martyrs et des braves sans que vous puissiez retrouver la moindre trace de leur passage sur vos sentiers ! Tandis que moi, qui ne vous vaux point, je puis apprendre de maître Barbagallo quel oncle me naquit et me mourut ce mois-ci, il y a cinq cents ans ! Voyez ! d'un côté l'abus extravagant de cette religion patricienne , de l'autre l'horreur d'une tombe immense, qui dévore pêle-mêle les os sacrés et les os impurs de la plèbe ! L'oubli est un châtiment qui ne devrait frapper que les hommes pervers, et pourtant, dans nos orgueilleuses familles, il ne frappe personne ; tandis que dans les vôtres il envahit les plus grandes vertus ! L'histoire est confisquée à notre profit, et vous autres, vous ne semblez pas tenir à l'histoire , qui est votre ouvrage plus que le nôtre, cependant !

— Eh bien, dit Michel ému des idées et des sentiments du marquis, vous m'avez fait concevoir, pour la première fois, l'idée de noblesse. Je la plaçais dans quelques personnalités glorieuses qu'il fallait isoler de leur lignée. Maintenant, je conçois des pensées généreuses et fières, se succédant pour les générations, se rattachant les unes aux autres, et tenant autant de compte des humbles vertus que des actions éclatantes. C'est juger comme Dieu pèse, monsieur le marquis, et, si j'avais l'honneur et le chagrin d'être noble (car c'est un lourd fardeau pour qui le comprend), je voudrais voir et penser comme vous !

— Je t'en remercie , répondit M. de la Serra en lui prenant la main et en l'emmenant sur la terrasse de son palais. » Fra-Angelo et Pier-Angelo se regardèrent avec attendrissement ; l'un et l'autre avaient compris toute la portée des idées du marquis, et ils se sentaient grandis et fortifiés par ce nouvel aspect qu'il venait de donner à la vie collective et à la vie individuelle. Quant à maître Barbagallo, il avait écouté cela avec un respect religieux, mais il n'y avait absolument rien compris ; et il s'en allait, se demandant à lui-même comment on pouvait être noble sans palais, sans parchemins, sans armoiries, et surtout sans portraits de famille. Il en conclut que la noblesse ne pouvait se passer de richesse : merveilleuse découverte qui le fatigua beaucoup.

A ce moment-là, tandis que le bec d'un grand pélican de bois doré qui servait d'aiguille à une horloge monumentale, dans la galerie du palais de la Serra, marquait quatre heures de l'après-midi, les cinq ou six montres à répétition du Piccinino lui semblaient en retard, tant il attendait impatiemment l'arrivée de Mila. Il allait de la montre anglaise à la montre de Genève, dédaignant la montre de Catane qu'il aurait pu se procurer avec son argent (car les Catanais sont horlogers comme les Genevois) , et de celle qui était entourée de brillants à celle qui était ornée de rubis. Amateur de bijoux, il ne prélevait sur le butin de ses hommes que les objets d'une qualité exquise. Personne ne savait donc mieux l'heure que lui , qui savait si bien la mettre à profit, et disposer avec méthode l'emploi du temps pour faire marcher ensemble la vie d'étude et de recueillement, la vie d'aventures, d'intrigues et de coups de main, enfin la vie de plaisir et de volupté qu'il ne pouvait et ne voulait savourer qu'en cachette.

Ardent jusqu'au despotisme dans l'impatience, autant il aimait à faire attendre les autres et à les inquiéter par d'habiles lenteurs , autant il était incapable d'attendre lui-même. Cette fois pourtant, il avait cédé à la nécessité de venir le premier au rendez-vous. Il ne pouvait compter que Mila aurait le courage de l'attendre, et même celui d'entrer chez lui, s'il n'allait pas lui-même à sa rencontre. Il y alla plus de dix fois, et revint sur ses pas avec humeur, n'osant se hasarder hors du chemin couvert qui bordait son jardin, et craignant, s'il rencontrait quelqu'un, d'avoir l'air d'être occupé d'un désir ou d'un projet quelconque. La principale science de l'arrangement de sa vie consistait à se montrer toujours calme et indifférent aux gens paisibles , toujours distrait et préoccupé aux gens affairés.

Enfin, lorsque Mila parut au haut du sentier vert qui descendait en précipice vers son verger, il était véritablement en colère contre elle, car elle était en retard d'un quart d'heure, et, parmi les belles filles de la montagne, grâce au discernement ou aux séductions du Piccinino, il n'en était pas une qui, dans une affaire d'amour, l'eût jamais laissé venir au rendez-vous le premier. Le cœur sauvage du bandit était donc agité d'une sombre fureur ; il oubliait qu'il n'avait point affaire à une maîtresse , et il s'avança vers Mila d'un air impérieux, prit la bride de sa monture, et, soulevant la jeune fille dans ses bras dès qu'elle fut devant la porte du jardin, il la fit glisser à terre en serrant son beau corps avec une sorte de violence.

Mais Mila, entr'ouvrant les plis de sa double mante de mousseline, et le regardant avec surprise : « Sommes-nous donc déjà en danger, seigneur ? lui dit-elle, ou croyez-vous donc que je me sois fait suivre par quelqu'un ? Non, non ! Voyez, je suis seule, je suis venue avec confiance, et vous n'avez pas sujet d'être mécontent de moi. »

Le Piccinino rentra en lui-même en regardant Mila. Elle avait mis ingénument sa parure du dimanche pour se présenter devant son protecteur. Son corsage de velours pourpre laissait voir un second corset bleu-pâle , brodé et lacé avec goût. Un léger réseau de fil d'or, à la mode du pays, retenait sa splendide chevelure, et, pour préserver sa figure et sa toilette de l'ardeur du soleil, elle s'était couverte de la *mantellina*, grand et léger voile blanc qui enveloppe la tête et toute la personne, quand elle est jetée avec art et portée avec aisance. La vigoureuse mule du Piccinino, sellée d'un siége plat en velours garni de clous dorés, sur lequel une femme pouvait facilement s'asseoir de côté, était haletante et enflammée, comme si elle eût été fière d'avoir porté et sauvé de tout péril une si belle amazone. On voyait bien, à son flanc baigné d'écume, que la petite Mila ne l'avait pas ménagée, ou qu'elle s'était confiée bravement à son ardeur. La course avait été périlleuse pourtant : des arêtes de laves à gravir, des torrents à traverser, des précipices à côtoyer ; la mule avait pris le plus court. Elle avait grimpé et sauté comme une chèvre. Mila, voyant sa force et son adresse, n'avait pu, malgré son anxiété, se défendre de ce plaisir mystérieux et violent que les femmes trouvent dans le danger. Elle était fière d'avoir senti le courage physique s'éveiller en elle avec le courage moral ; et, tandis que le Piccinino admirait l'éclat de ses yeux et de ses joues animées par la course, elle, ne songeait qu'aux mérites de la mule blanche, se retourna pour lui donner un baiser sur les naseaux, en lui disant : « Tu serais digne de porter le pape ! »

Le brigand ne put s'empêcher de sourire, et il oublia sa colère.

— Chère enfant, dit-il, je suis heureux que ma bonne Bianca vous plaise, et maintenant je crois qu'elle serait digne de manger dans une auge d'or, comme le cheval d'un empereur romain. Mais venez vite, je ne voudrais pas qu'on vous vît entrer ici. »

Mila doubla le pas avec docilité, et, quand le bandit lui eut fait traverser son jardin après en avoir fermé la porte à double tour, elle se laissa conduire dans sa maison, dont la fraîcheur et la propreté la charmèrent.

« Êtes-vous donc ici chez vous, seigneur? demanda-t-elle au Piccinino.

— Non, répondit-il. Nous sommes chez Carmelo Tomabene, comme je vous l'ai dit, mon fidèle et mon ami, et j'ai chez lui une chambre où je me retire quelquefois, quand j'ai besoin de repos et de solitude. »

Il lui fit traverser la maison qui était arrangée et meublée rustiquement, mais avec une apparence d'ordre, de solidité et de salubrité qu'on rencontre rarement dans les habitations des paysans enrichis. Au fond de la galerie de ventilation qui traversait l'étage supérieur, il ouvrit une double porte dont la seconde était garnie de lames de fer, et introduisit Mila dans cette tour tronquée qu'il avait incorporée pour ainsi dire à son habitation, et dans laquelle il s'était mystérieusement créé un boudoir délicieux.

Aucune princesse n'en avait un plus riche, plus parfumé et orné d'objets plus rares. Aucun ouvrier n'y avait pourtant mis la main. Le Piccinino avait lui-même caché les murailles dans des étoffes de soie d'Orient brochées d'or et d'argent. Le divan de satin jaune était couvert d'une grande peau de tigre royal dont la tête fit d'abord peur à la jeune fille ; mais elle se familiarisa bientôt jusqu'à toucher sa langue de velours écarlate, ses yeux d'émail, et à s'asseoir sur ses flancs rayés de noir. Puis elle promena ses regards éblouis sur les armes brillantes, sur les sabres turcs ornées de pierreries, sur les pipes à glands d'or, sur les brûle-parfums, sur les vases de Chine, sur ces mille objets d'un goût, d'un luxe, ou d'une étrangeté qui souriaient à son imagination, comme les descriptions de palais enchantés dont elle était remplie.

« C'est encore plus incompréhensible et plus beau que tout ce que j'ai vu au palais Palmarosa, se disait-elle, et certainement ce prince-ci est encore plus riche et plus illustre. C'est quelque prétendant à la couronne de Sicile, qui vient travailler en secret à la chute du gouvernement napolitain. » Qu'eût pensé la pauvre fille, si elle eût connu la source de ce luxe de pirate?

Tandis qu'elle regardait toutes choses avec l'admiration naïve d'un enfant, le Piccinino, qui avait fermé la porte au verrou et baissé le store chinois de la croisée, se mit à regarder Mila avec une surprise extrême. Il s'était

attendu à la nécessité de lui débiter les plus incroyables histoires, les plus audacieux mensonges, pour la décider à le suivre dans son repaire, et la facilité de son succès commençait déjà à l'en dégoûter. Mila était bien la plus belle créature qu'il eût encore jamais vue ; mais sa tranquillité était-elle de l'audace ou de la stupidité? Une fille si désirable pouvait-elle ignorer à ce point l'émotion que devaient produire ses charmes? Une fille si jeune pouvait-elle braver un tête-à-tête de ce genre, sans éprouver seulement un moment de crainte et d'embarras?

Le Piccinino, remarquant qu'elle avait au doigt une fort belle bague, et croyant suivre le fil de ses pensées en observant la direction de ses regards, lui dit en souriant : « Vous aimez les bijoux, ma chère Mila, et, comme toutes les jeunes filles, vous préférez encore la parure à toutes les choses de ce bas monde. Ma mère m'a laissé quelques joyaux de prix, qui sont là dans cette cassette de lapis, à côté de vous. Voulez-vous les regarder ?

— S'il n'y a pas d'indiscrétion, je le veux bien, répondit Mila. »

Carmelo prit la cassette, la plaça sur les genoux de la jeune fille, et, s'agenouillant lui-même devant elle sur le bord de la peau de tigre, il étala sous ses yeux une masse de colliers, de bagues, de chaînes, d'agrafes, entassés dans la cassette avec une sorte de mépris superbe pour tant d'objets précieux, dont les uns étaient des chefs-d'œuvre de ciselure ancienne, les autres des trésors pour la beauté des pierres et la grosseur des diamants.

« Seigneur, dit la jeune fille en promenant ses doigts curieux sur toutes ces richesses, tandis que le Piccinino attachait sur elle à bout portant ses yeux secs et enflammés, vous n'avez pas assez de respect pour les bijoux de madame votre mère. La mienne ne m'a laissé que quelques rubans et une paire de ciseaux à branches d'argent, que je conserve comme des reliques, et qui sont rangés et serrés dans mon armoire avec grand soin. Si nous en avions le temps, avant l'arrivée de ce maudit abbé, je vous mettrais cette cassette en ordre.

— Ne prenez pas cette peine, dit le Piccinino ; d'ailleurs le temps nous manquerait. Mais vous avez celui de puiser là tout ce qu'il vous plaira de garder.

— Moi ? dit Mila en riant et en replaçant la cassette sur la table de mosaïque ; qu'en ferais-je ? Outre que j'aurais honte, moi, pauvre fileuse de soie, de porter les bijoux d'une princesse, et que vous ne devez donner ceux-là votre mère qu'à la femme qui sera votre fiancée, je serais fort embarrassée de tous ces joujoux incommodes. J'aime les bijoux pour les voir, un peu aussi pour les toucher, comme les poules retournent, dit-on, avec leurs pattes, ce qui brille par terre. Mais j'aime mieux les voir au cou et aux bras d'une autre qu'aux miens. Je trouverais cela si gênant, que si j'en possédais, je ne m'en servirais jamais.

— Et le plaisir de posséder, vous le comptez donc pour rien? dit le bandit stupéfait du résultat de son épreuve.

— Posséder ce dont on n'a que faire me semble un grand embarras, dit-elle ; à moins que ce ne soit un dépôt, je ne comprends pas qu'on surcharge sa vie de ces niaiseries.

— Voici pourtant une belle bague ! dit le Piccinino en lui baisant la main.

— Oh ! monseigneur, dit la jeune fille en retirant sa main d'un air fâché, êtes-vous digne de baiser cette bague ?... Pardon, si je vous parle ainsi, mais c'est qu'elle n'est pas à moi, voyez-vous, et que je dois la rendre ce soir à la princesse Agathe, qui m'avait chargée de la reprendre chez le bijoutier.

— Je parie, dit le Piccinino en examinant toujours Mila avec défiance et suspicion, que la princesse Agathe vous comble de présents et que c'est à cause de cela que vous dédaignez les miens!

— Je ne dédaigne rien ni personne, répondit Mila ; et quand la princesse Agathe jette une aiguille à tapisserie ou un bout de soie, je les ramasse et les garde comme des reliques. Mais si elle voulait me combler de riches présents ; je la prierais de les garder pour ceux qui en ont besoin. Je dois pourtant dire la vérité : elle m'a donné un beau médaillon où j'ai mis des cheveux de mon frère. Mais je le cache ; car je n'aimerais pas à me parer autrement que ma condition ne le comporte.

— Dites-moi, Mila, reprit le Piccinino après un instant de silence, vous n'avez donc plus peur ?

— Non, seigneur, répondit-elle avec assurance ; depuis que je vous ai aperçu dans le chemin, auprès de cette maison, la peur m'a quittée. Jusque-là, je vous avoue que je tremblais fort, que je ne sais pas trop comment j'ai fait la route ; et que derrière chaque buisson je croyais voir la tête de cet affreux abbé. Quand j'ai vu que la bonne Bianca me conduisait si loin, quand j'ai enfin aperçu cette tour et ces arbres : Mon Dieu! me disais-je, si mon protecteur n'avait pu s'y rendre! si ce méchant abbé, qui est capable de tout, l'avait fait prendre par les *campieri*, ou assassiner en chemin, que deviendrais-je? Alors j'étais épouvantée, non pas seulement à cause de moi, mais parce que je vous regarde comme notre ange gardien, et qu'il me semble que votre vie est bien plus précieuse que la mienne. »

Le Piccinino, qui s'était senti très-froid, et quasi mécontent de Mila depuis son arrivée, éprouva une légère émotion et s'assit à ses côtés sur la peau de tigre.

XXXVIII.

COUP DE MAIN.

« Vous me portez donc un peu d'intérêt sincère, vous, mon enfant? lui dit-il en attachant sur elle ce dangereux regard dont il connaissait la puissance.

— Sincère? oui, sur mon âme, répondit la jeune fille, et je vous le dois bien, après celui que vous témoignez à ma famille.

— Et vous pensez que votre famille est dans les mêmes sentiments que vous?

— Mais... comment pourrait-il en être autrement?... Cependant, pour dire la vérité, personne ne m'a parlé de vous, et je ne sais point vos secrets : on m'a traitée comme une petite fille babillarde ; mais vous me rendez plus de justice, car vous voyez que je ne suis pas curieuse et que je ne vous demande pas seulement qui vous êtes.

— Et vous n'avez pas envie de le savoir? Ce n'est pas une manière de me le demander?

— Non, monseigneur ; je n'oserais vous faire de questions, et j'aime mieux ne pas savoir ce que mes parents ont jugé devoir me taire. C'est ma fierté, à moi, de travailler avec vous à leur salut, sans vouloir soulever le bandeau dont ils ont couvert mes yeux.

— C'est beau à vous, Mila, dit le Piccinino, qui commençait à se sentir piqué de la grande tranquillité de cette jeune fille ; c'est trop beau peut-être!

— Pourquoi et comment cela peut-il être beau?

— Parce que vous bravez de grands dangers avec une imprudence sans exemple.

— Quels dangers, seigneur? ne m'avez-vous pas promis devant Dieu que me préserveriez de tout danger?

— De la part du vilain moine, je vous en réponds sur ma vie. Mais vous n'avez donc pas soupçonné d'autres?

— Si fait, dit Mila après avoir réfléchi un instant. Vous avez prononcé à la fontaine un nom qui m'a fait grand'peur. Vous avez parlé comme vous étiez là avec le Piccinino. Mais vous m'avez dit encore une fois, ensuite : « Viens sans crainte; » et je suis venue. Non pas sans crainte, je le confesse, tant que j'ai été seule sur les chemins. Quand je sortirai d'ici, je crois bien que j'aurai peur encore ; mais, tant que je suis avec vous, je ne crains rien ; je me sens très-brave, et il me semble que si on nous attaquait, j'aiderais à notre mutuelle défense. »

— Même contre le Piccinino?

— Ah! cela, je n'en sais rien... Mais, mon Dieu! est-ce qu'il va venir?

— S'il venait ici, ce serait pour punir le moine et pour vous protéger. Pourquoi donc avez-vous si grand'-peur de lui?

— Après tout, je n'en sais rien ; mais chez nous, quand une jeune fille s'en va seule par la campagne, on se moque d'elle, et on lui dit : « Prends garde au Piccinino! »

— Vous pensez alors qu'il égorge les jeunes filles?

— Oui, seigneur, car on dit que là où il les mène, elles n'en reviennent jamais; ou que si elles en reviennent, il vaudrait mieux pour elles d'y être restées.

— Ainsi, vous le haïssez?

— Non, je ne le hais pas, parce qu'on dit qu'il fait beaucoup de mal aux Napolitains, et que si on avait le courage de l'aider, il ferait beaucoup de bien à son pays. Mais j'ai peur de lui, ce qui n'est pas la même chose.

— Et l'on vous a dit qu'il était fort laid?

— Oui, parce qu'il a une grande barbe, et que je pense qu'il doit ressembler au moine que je déteste. Mais ce moine, il ne vient donc pas? Quand il sera venu, je pourrai m'en aller, n'est-ce pas, seigneur?

— Vous avez hâte de partir, Mila? vous vous déplaisez donc beaucoup ici?

— Oh! nullement ; mais j'aurais peur de m'en aller la nuit.

— Je vous reconduirai, moi.

— Vous êtes bien bon, seigneur ; je ne demande pas mieux, pourvu qu'on ne vous voie pas. Mais cet abbé Ninfo, est-ce que vous allez lui faire du mal?

— Aucun mal: Je présume que vous n'auriez pas de plaisir à l'entendre crier?

— Dieu du ciel! je ne voudrais être ni le témoin ni la cause d'aucune cruauté ; mais si le Piccinino vient ici, je tremble qu'il n'y ait du sang répandu. Vous souriez, seigneur! dit Mila en pâlissant... Oh! j'ai peur maintenant! Faites-moi partir aussitôt que l'abbé aura mis le pied dans la maison.

— Mila, je vous jure que l'abbé ne sera l'objet d'aucune cruauté de ma part. Dès que je serai assuré de sa personne, le Piccinino viendra et l'emmènera prisonnier.

— Et c'est par l'ordre de madame Agathe que tout cela se fait?

— Vous devriez le savoir.

— En ce cas, je suis tranquille. Elle ne voudrait pas la mort du dernier des hommes.

— Mila, vous êtes bien miséricordieuse, et je vous aurais crue plus forte et plus fière. Ainsi, vous n'auriez pas le courage de tuer cet homme s'il venait ici vous insulter?

— Pardon, seigneur, dit Mila en tirant de son sein un poignard que la princesse avait donné la veille à Maghani, et dont elle avait trouvé moyen de s'emparer sans qu'il s'en aperçût : de sang-froid, je ne pourrais pas voir égorger un homme sans m'évanouir, je crois; mais offensée, je crois aussi que ma colère me mènerait loin.

— Ainsi, vous étiez armée en guerre, Mila? vous n'avez donc pas confiance en moi?

— Comme en Dieu, seigneur ; excepté que Dieu est partout, et qu'un malheur imprévu pouvait vous empêcher d'être ici.

— Savez-vous que c'est fort brave de votre part, Mila, d'être venue? et que si on le savait...

— Eh bien! seigneur?

— Au lieu d'admirer votre héroïsme, on blâmerait votre imprudence.

— Il y a une chose que je sais fort bien, reprit Mila, avec une sorte d'enjouement exalté ; c'est que, si on me savait enfermée ici, avec vous, je serais perdue.

— Sans doute! la médisance...

— La médisance et la calomnie! Il n'en faut pas la moitié pour qu'une jeune fille soit décriée et avilie à tout jamais.

— Et vous avez compté qu'un mystère impénétrable envelopperait à jamais votre démarche?

— J'ai compté sur votre discrétion ; et j'ai mis le reste entre les mains de Dieu. Je sais fort bien qu'il y a beaucoup de risques à courir; mais ne m'avez-vous pas dit qu'il s'agissait de sauver la vie de mon père et l'honneur de madame Agathe?

— Et vous avez poussé le dévouement jusqu'à compromettre le vôtre sans trop de regret?

— Compromettre dans l'opinion? j'aime encore mieux cela que de laisser tuer et déshonorer ceux que j'aime. Victime pour victime, ne vaut-il pas mieux que ce soit moi? Mais qu'est-ce à dire, seigneur? vous me parlez singulièrement; on dirait que vous me blâmez d'avoir cru en vous, et de faire ce que vous m'avez conseillé?

— Non, Mila, je t'interroge; pardonne-moi si je veux te comprendre et te connaître, afin de t'estimer autant que tu le mérites.

— A la bonne heure, je vous répondrai toujours franchement.

— Eh bien! mon enfant, dites-moi tout. La pensée ne vous est-elle pas venue que je pourrais, moi, vous tendre un piège, vous attirer ici pour vous outrager, ou du moins pour chercher à vous séduire? »

Mila regarda le Piccinino en face pour voir ce qui pouvait l'engager à lui présenter une semblable supposition. Si c'était une manière de l'éprouver, elle la trouvait offensante; si c'était une plaisanterie, elle la trouvait de mauvais goût de la part d'un homme qui lui paraissait un être supérieur et un personnage élevé. C'était le moment décisif pour elle. Et pour lui. Qu'elle eût éprouvé la moindre terreur (et elle n'était pas femme à le cacher, comme la princesse Agathe), le Piccinino s'enhardissait; car il savait que là peut-être le commencement de la faiblesse. Mais elle le regarda avec une hardiesse si franche, et d'un air de mécontentement si brave, qu'il sentit enfin qu'il avait affaire à une véritablement fort et sincère, et dès lors il n'eut plus la moindre envie d'engager le combat. Il sentit qu'une lutte de ruses avec une âme si droite ne pouvait lui procurer que de la honte ou du remords:

« Eh bien! mon enfant, lui dit-il, en lui pressant la main d'une manière amicale et simple, je vois que vous avez eu en moi une confiance qui nous honore tous les deux. Voulez-vous me permettre de vous faire encore une question? Avez-vous un amant?

— Un amant? non, seigneur, répondit Mila en rougissant beaucoup; mais, sans hésiter, elle ajouta: Je puis vous dire seulement qu'il y a un homme que j'aime.

— Où est-il maintenant?

— A Catane.

— Est-il riche, bien élevé?

— Il a un noble cœur et deux bons bras.

— Et vous aime-t-il comme vous méritez de l'être?

— Cela ne vous regarde pas, seigneur; je ne répondrai plus rien à cette question-là.

— Vous êtes venue ici au risque de perdre son amour, pourtant!

— Hélas! vous le voyez bien, dit Mila en soupirant.

— O femmes! est-ce que vous vaudriez mieux que nous? dit le Piccinino. Mais à peine eut-il jeté un coup d'œil dehors, qu'il prit Mila par la main. « Voici l'abbé! dit-il; suivez-moi: pourquoi tremblez-vous?

— Ce n'est pas de peur, répondit-elle; c'est de répugnance et de déplaisir; mais je vous suis. »

Ils gagnèrent le jardin.

« Vous ne me laisserez pas seule avec lui, seulement une minute! dit Mila, au moment de franchir le seuil de la maison: s'il me donnait seulement un baiser sur la main, je serais forcée de brûler la place avec un fer rouge.

— Et moi je serais forcé de le tuer, répondit le Piccinino. »

Ils marchèrent sous la tonnelle jusqu'à un point où le berceau faisait ouverture. Là, le Piccinino se glissa derrière la treille et suivit ainsi Mila jusqu'à la porte du jardin. Rassurée par sa présence, elle l'ouvrit, et fit signe à l'abbé d'entrer.

« Vous êtes seule? lui dit-il en se hâtant d'entr'ou-

vrir son froc de moine, pour se montrer galamment habillé de noir, en abbé musqué. »

Elle ne lui répondit qu'en disant: « Entrez vite. » A peine eut-elle refermé la porte, que le Piccinino se montra, et jamais on ne vit figure plus désappointée que celle de l'abbé Ninfo. « Pardon, seigneur, dit le Piccinino, en prenant un air de simplicité qui étonna sa compagne; j'ai su par ma cousine Mila que vous désiriez voir mon pauvre jardin, et j'ai voulu vous y faire entrer moi-même. Excusez-moi, ce n'est qu'un jardin de paysan; mais les arbres fruitiers sont si vieux et si beaux qu'on vient de tous côtés pour les voir. Malheureusement j'ai affaire, et il faut que je m'en aille dans cinq minutes; mais ma cousine m'a promis de vous faire les honneurs du logis, et je me retirerai si Votre Seigneurie le permet, aussitôt que je lui aurai offert le vin et les fruits.

— Ne vous gênez pas, brave homme! répondit l'abbé, rassuré par ce discours. Allez à vos affaires, et ne faites pas de cérémonie. Allez, allez vite, vous dis-je, je n'entends pas à vous déranger.

— Je m'en irai dès que je vous verrai à table; Seigneur Dieu! vous mourez de chaud. Nos chemins sont si durs! Venez à la maison, je vous verserai le premier coup, et puis, je m'en irai, puisque votre seigneurie veut bien y consentir.

— Mon cousin ne s'en ira pas tant que vous ne serez pas dans la maison, dit Mila, obéissant au regard d'intelligence du Piccinino. »

L'abbé, voyant qu'il ne se débarrasserait de cet hôte obséquieux qu'en cédant à son désir, traversa la tonnelle sans pouvoir adresser un mot ou un regard à Mila; car le Piccinino, jouant toujours son rôle de paysan respectueux et d'hôte empressé, se plaça entre eux. L'abbé fut introduit dans une salle fraîche et sombre, où une collation était servie. Mais, au moment d'y entrer, le Piccinino dit à l'oreille de Mila: « Laissez-moi remplir votre verre; mais ne le respirez seulement pas. »

Un muscatel couleur de topaze brillait dans un grand flacon placé dans un vase de terre cuite rempli d'eau fraîche. L'abbé, qui était un peu ému de la présence du paysan, et sans hésiter, d'un seul trait, le verre que celui-ci lui présenta.

« Maintenant, dit-il, parlez vite, mon garçon! Je ne me pardonnerais pas de vous avoir fait manquer vos affaires.

— Mila, suis-moi, dit le Piccinino. Il faut fermer la porte après moi, car les enfants entreraient pour me voler mes pêches si le jardin restait ouvert, ne fût-ce qu'un instant. »

Mila ne se fit pas prier pour s'élancer sur les traces du Piccinino; mais il n'alla pas plus loin que la porte de la salle, et, quand il l'eut poussée derrière lui, il mit un doigt sur ses lèvres, se retourna, et resta l'œil collé au trou de la serrure, dans une immobilité complète. Après deux ou trois minutes, il se releva en disant tout haut: « C'est fini! » Et il rouvrit la porte toute grande.

Mila vit l'abbé, rouge et haletant, étendu sur le carreau.

— Ah! mon Dieu! s'écria-t-elle, est-ce que vous l'avez empoisonné, seigneur?

— Non, certes, répondit Carmelo; car il se peut que nous ayons besoin plus tard de ses paroles. Il n'est qu'endormi, le cher homme, mais endormi très-profondément.

— Oh! seigneur, ne parlez pas si haut: il nous voit, il nous entend! Il a les yeux ouverts et fixés sur nous.

— Et pourtant, il ne sait qui nous sommes, il ne comprend plus rien. Que lui sert de voir et d'entendre, puisque rien n'offre plus aucun sens à ce pauvre cerveau? N'approche pas, Mila, si la vipère engourdie te fait peur encore; moi, il faut que j'étudie encore un peu les effets de ce narcotique. Ils varient suivant les individus. »

Le Piccinino approcha tranquillement de l'abbé, tandis que Mila, stupéfaite, restait sur le seuil et le suivait des yeux avec terreur. Il toucha sa proie comme le loup flaire avant de dévorer. Il s'assura de la tête et les mains passaient rapidement d'une chaleur intense à

Le Piccinino ouvrit et parcourut encore quelques papiers. (Page 105.)

un froid glacial, que la figure se décolorait vite, que la respiration devenait égale et faible.

« C'est un bon résultat, dit-il comme se parlant à lui-même ; et une si faible dose ! Je suis content de l'expérience. Cela est très-préférable à des coups, à une lutte, à des cris étouffés par un bâillon ! n'est-ce pas Mila ? Une femme peut assister à cela sans attaque de nerfs ! Voilà les moyens que j'aime, et, si on les connaissait bien, on n'en emploierait jamais d'autres. Vous n'en parlerez pourtant jamais, Mila, entendez-vous ? car on en abuserait, et vous voyez que personne, non, personne, ne pourrait s'en préserver. Si j'avais voulu vous endormir comme cela, il n'eût tenu qu'à moi !... Accepteriez-vous maintenant un verre d'eau de ma main, si je vous l'offrais ?

— Oui, seigneur, je l'accepterais, répondit Mila, qui prit ce défi pour une plaisanterie. — Il plaisante à propos de tout, se disait Mila. C'est un esprit railleur comme Michel.

— Vous n'auriez donc pas plus de méfiance que ce pauvre abbé ? reprit le Piccinino d'un ton distrait ; car

il était occupé à fouiller son dormeur avec beaucoup de sang-froid.

— Vous m'avez défendu de respirer seulement ce vin, répondit Mila ; donc vous n'aviez pas envie de me jouer un mauvais tour !

— Ah ! voici !... murmura le Piccinino, en prenant un portefeuille dans la poche de l'abbé. Ne vous impatientez pas, Mila ; il faut que j'examine cela. »

Et, s'asseyant devant la table, il ouvrit le portefeuille et en tira divers papiers dont il prit connaissance avec une promptitude calme.

« Une délation contre Marc-Antonio Ferrera !... un homme obscur ; sans doute un mari dont il voulait corrompre la femme ! Tenez, Mila, voici mon briquet à fumer. Voulez-vous allumer la lampe et brûler ça ? Ce Marc-Antonio ne se doute point que votre belle main le sauve de la prison....

« Et ceci ? Ah ! c'est plus significatif ; un avis anonyme donné au capitaine de la ville, que le marquis de la Serra ourdit une conspiration contre le gouvernement ! Le cher abbé voulait écarter le Sigisbée de la princesse,

Il rencontra une espèce de brigadier de *campieri.* (Page 108.)

ou l'occuper, tout au moins! L'imbécile! il ne sait pas seulement contrefaire son écriture! Au feu, Mila! ceci n'ira point à son adresse.

« Autre avis! continua le Piccinino en dépouillant toujours le portefeuille. Misérable! il voulait faire saisir le brave champion qui l'avait mis en relation avec le Piccinino! Ceci est à conserver. Malacarne verra qu'il a bien fait de ne point se fier aux promesses de ce drôle, et qu'il eût été bien puni de ne point s'adresser à son chef!

« Je m'étonne de ne rien trouver contre votre père, Mila. Ah! si fait! voilà! Toutes les mesures de monsieur l'abbé étaient prises pour frapper ce grand coup. Ce soir Pier-Angelo Lavoratori et..... Fra-Angelo aussi!... Ah! tu comptais sans ton hôte, ami! Tu ne savais pas que le Piccinino ne laissera jamais toucher à cette tête rasée! Que tu étais donc mal informé! Mais, Mila, cet homme, dont on se faisait un monstre, n'était qu'un idiot, en vérité!

— Et de quoi accusait-il mon père et mon oncle?

— De conspirer, toujours le même refrain; c'est si usé! Il y a une chose qui m'étonne; c'est que la police

s'émeuve encore de ces vieilles platitudes. La police est aussi stupide que les gens qui la poussent.

— Donnez, donnez, que je brûle cela en conscience! s'écria Mila.

— En voici encore! qu'est-ce que c'est que... Antonio Magnani? »

Mila ne répondit pas; elle tendit la main pour saisir et brûler cette nouvelle dénonciation, avec tant de vivacité, que le Piccinino se retourna, et vit son visage coloré d'une soudaine rougeur.

« Je comprends, dit-il, en lui donnant le papier. Mais il aurait dû envoyer cette dénonciation avant d'oser vous faire la cour? Toujours trop tard, toujours à côté, pauvre homme! »

Le Piccinino ouvrit et parcourut encore quelques papiers qui ne mentionnaient que des noms inconnus, et que Mila fit brûler sans les regarder. Mais tout à coup il tressaillit et s'écria:

« Tout de bon? Ceci entre ses mains? A la bonne heure! Je ne vous aurais jamais cru capable de cette capture. Pardon! monsieur l'abbé, dit-il en mettant dans sa poche un papier plus volumineux que les autres, et en adressant un salut ironique à l'être misérable qui gisait à ses pieds, la bouche entr'ouverte et l'œil terne. Je vous rends mon estime jusqu'à un certain point. Vrai, je ne vous en croyais pas capable! »

L'œil de Ninfo parut s'animer. Il essaya de faire un mouvement, et une sorte de râle s'exhala de sa poitrine.

« Ah! est-ce que nous sommes encore là? dit le Piccinino en lui plaçant le goulot du flacon narcotisé dans la bouche. Ceci vous a réveillé? Ceci vous tenait plus au cœur que la belle Mila? En ce cas, vous ne deviez pas songer à la galanterie et venir ici au lieu de courir aux affaires! Dormez donc, Excellence, car, si vous comprenez, il vous faudra mourir! »

L'abbé retomba sur le carreau, son regard vitreux resta attaché comme celui d'un cadavre sur la figure ironique du Piccinino.

« Il a besoin de repos, dit ce dernier à Mila avec un cruel sourire; ne le dérangeons pas davantage. »

Il alla fermer avec de grandes barres de fer cadenassées les solides contrevents de la fenêtre, et sortit avec Mila, après avoir enfermé l'abbé à double tour et mis la clé dans sa poche.

XXXIX.

IDYLLE.

Le Piccinino ramena sa jeune compagne dans le jardin, et, devenu tout à coup pensif, il s'assit sur un banc, sans paraître se souvenir de sa présence. C'était pourtant à elle qu'il pensait; et voici ce qu'il se disait à lui-même :

« Laisser partir d'ici cette belle créature, aussi calme et aussi fière qu'elle y est entrée, ne sera-ce pas le fait d'un niais?

« Oui, ce serait le fait d'un niais pour l'homme qui aurait résolu sa perte; mais moi, je n'ai voulu qu'essayer l'empire de mon regard et de ma parole pour l'attirer dans ma cage, comme un bel oiseau qu'on aime à regarder de près, et auquel on donne ensuite la volée parce qu'on ne veut pas qu'il meure.

« Il y a toujours un peu de haine dans le désir violent qu'une femme nous inspire. » (C'est toujours le Piccinino qui raisonne et résume ses impressions.) « Car la victoire, en pareil cas, est affaire d'orgueil, et il est impossible de lutter, même en jouant, sans un peu de colère.

« Mais il n'y a pas plus de haine que de désir ou de dépit dans le sentiment que cette enfant m'inspire. Elle n'a pas seulement l'idée d'être coquette avec moi; elle ne me craint pas; elle me regarde en face sans rougir; elle n'est pas émue par ma présence. Que j'abuse de son isolement et de sa faiblesse, elle se défendra peut-être mal, mais elle sortira d'ici toute en pleurs, et elle se tuera peut-être, car il y en a qui se tuent... Elle détestera tout au moins mon souvenir et rougira de m'avoir appartenu. Or, il ne faut pas qu'un homme comme moi soit méprisé. Il faut que les femmes qui ne le connaissent point le craignent; il faut que celles qui le connaissent l'estiment ou le désirent : il faut que celles qui l'ont connu le regrettent.

« Il y a, certes, à la limite de l'audace et de la violence, une ivresse infinie, un sentiment complet de la victoire; mais c'est à la limite seulement : une ligne au-delà, et il n'y a plus que bêtise et brutalité. Dès que la femme peut vous reprocher d'avoir employé la force, elle règne encore, bien que vaincue, et vous risquez de devenir son esclave, pour avoir été son maître malgré elle. J'ai ouï dire qu'il y avait eu quelque chose de ce genre dans la vie de mon père, bien que Fra-Angelo n'ait pas voulu s'expliquer là-dessus. Mais tout le monde sait bien que mon père manquait de patience et qu'il s'enivrait. C'étaient les folies de son temps. On est plus civilisé et plus habile aujourd'hui. Plus moral? non; mais plus raffiné, et plus fort par conséquent.

« Y aurait-il beaucoup de science et de mérite à obtenir de cette fille ce qu'elle n'a pas encore accordé à son amant? Elle est trop confiante pour que la moitié du chemin ne soit pas facile. La moitié du chemin est faite, d'ailleurs. Elle a été fascinée par mes airs de vertu chevaleresque. Elle est venue, elle est entrée dans mon boudoir; elle s'est assise à mes côtés. Mais l'autre moitié n'est pas seulement difficile, elle est impossible. Lui faire désirer de me combattre et de céder pour obtenir, voilà ce qui n'entrera jamais dans son esprit. Si elle était à moi, je l'habillerais en petit garçon et je l'emmènerais avec moi à la chasse. Au besoin, elle chasserait au Napolitain comme elle vient de chasser à l'abbé. Elle serait vite aguerrie. Je l'aimerais comme un page; je ne verrais point en elle une femme. »

« Eh bien! seigneur, dit Mila, un peu ennuyée du long silence de son hôte, est-ce que vous attendez l'arrivée du Piccinino? Est-ce que je ne pourrais pas m'en aller, à présent?

— Tu veux t'en aller? répondit le Piccinino en la regardant d'un air préoccupé.

— Pourquoi pas? Vous avez mené les choses si vite qu'il est encore de bonne heure, et que je peux m'en retourner seule au grand jour. Je n'aurai plus peur, à présent que je sais où est l'abbé, et combien il est incapable de courir après moi.

— Tu ne veux donc pas que je t'accompagne, au moins jusqu'à Bel-Passo?

— Il me paraît bien inutile que vous vous dérangiez.

— Eh bien, va, Mila; tu es libre, puisque tu es si pressée de me quitter, et que tu te trouves si mal avec moi.

— Non, seigneur, ne dites pas cela, répondit ingénûment la jeune fille. Je suis très-honorée de me trouver avec vous, et, s'il n'y avait pas à cela le danger que vous savez d'être épiée et faussement accusée, j'aurais du plaisir à vous tenir compagnie; car vous me paraissez triste, et je servirais, du moins, à vous distraire. Quelquefois madame Agathe est triste aussi, et quand je veux la laisser seule, elle me dit : « Reste près de moi, ma petite Mila; quand même je ne te parle pas, ta présence me fait du bien. »

— Madame Agathe est triste quelquefois? En savez-vous la cause?

— Non; mais j'ai dans l'idée qu'elle s'ennuie. »

Là-dessus, le Piccinino fit beaucoup de questions, auxquelles Mila répondit avec sa naïveté habituelle, mais sans vouloir ni pouvoir lui apprendre autre chose que ce qu'il avait déjà entendu dire : à savoir qu'elle vivait dans la chasteté, dans la retraite, qu'elle faisait de bonnes œuvres, qu'elle lisait beaucoup, qu'elle aimait les arts, et qu'elle était d'une douceur et d'une tranquillité voisine de l'apathie, dans ses relations extérieures. Cependant la confiante Mila ajouta qu'elle était sûre que sa chère princesse était plus ardente et plus dévouée dans ses affections qu'on ne le pensait; qu'elle l'avait vue souvent s'émouvoir jusqu'aux larmes au récit de quelque infortune, ou seulement à celui de quelque naïveté touchante.

« Par exemple! dit le Piccinino; cite-m'en un exemple?

— Eh bien! une fois, dit Mila, je lui racontais qu'il y a eu un temps où nous étions bien pauvres, à Rome. Je n'avais alors que cinq ou six ans, et comme nous avions à peine de quoi manger, je disais quelquefois à mon frère Michel que je n'avais pas faim, afin qu'il mangeât ma part. Mais Michel, s'étant douté de mon motif, se mit à dire, de son côté, qu'il n'avait pas faim; si bien que souvent notre pain resta jusqu'au lendemain, sans que nous voulussions convenir, l'un et l'autre, que nous avions grande envie de le manger. Et cette cérémonie fit que nous nous rendions plus malheureux que nous ne l'étions réellement. Je racontais cela en riant à la princesse; tout à coup je la vis fondre en larmes, et elle me pressa contre son cœur en disant : « Pauvres enfants! pauvres chers enfants! » Voyez, seigneur, si c'est là un cœur froid et un esprit endormi, comme on veut bien le dire? »

Le Piccinino prit le bras de Mila sous le sien et la promena dans son jardin, tout en la faisant parler de la princesse. Toute son imagination se reportait vers cette femme qui lui avait fait une impression si vive, et il oublia complètement que Mila aussi avait occupé ses pensées et troublé ses sens pendant une partie de la journée.

La bonne Mila, toujours persuadée qu'elle parlait à un ami sincère, s'abandonna au plaisir de louer celle qu'elle chérissait avec enthousiasme, et *oublia qu'elle s'oubliait*, comme elle le dit elle-même, après une heure de promenade sous les magnifiques ombrages du jardin de Nicolosi.

Le Piccinino avait le cerveau impressionnable et l'humeur mobile. Toute sa vie était tour à tour méditation et curiosité. L'entretien gracieux et simple de cette jeune fille, la suavité de ses pensées, l'élan généreux de ses affections, et je ne sais quoi de grand, de brave et d'enjoué qu'elle tenait de son père et de son oncle, charmèrent peu à peu le bandit. Des perspectives nouvelles s'ouvraient devant lui, comme si, d'un drame tourmenté et fatigant, il entrait dans une idylle riante et paisible. Il avait trop d'intelligence pour ne pas comprendre tout, même ce qui était le plus opposé à ses instincts et à ses habitudes. Il avait lu dévoré les poèmes de Byron. Il s'était élevé dans ses rêves jusqu'à don Juan et jusqu'à Lara; mais il avait lu aussi Pétrarque, il le savait par cœur; et même il avait souri, au lieu de bâiller, en murmurant tout seul à voix basse les *concetti* de l'*Aminta* et du *Pastor fido*. Il se sentit calmé par ses épanchements avec la petite Mila, encore mieux qu'il ne l'était d'ordinaire lorsqu'il lisait ces puérilités sentimentales pour apaiser les orages de sa volonté.

Mais, enfin, le soleil baissait. Mila pensait à Magnani et demandait à partir.

« Eh bien, adieu, ma douce Mila, dit le Piccinino; mais, en te reconduisant jusqu'à la porte du jardin, je veux faire sérieusement pour toi ce que je n'ai jamais fait pour aucune femme que par intérêt ou par moquerie.

— Quoi donc, seigneur? dit Mila étonnée.

— Je veux te faire un bouquet, un bouquet tout virginal, avec les fleurs de mon jardin » répondit-il avec un sourire où, s'il entrait un peu de raillerie, c'était envers lui-même seulement.

Mila trouva cette galanterie beaucoup moins surprenante qu'elle ne le semblait au Piccinino. Il cueillit avec soin des roses blanches, des myrtes, de la fleur d'oranger; il ôta les épines des roses; il choisit les plus belles fleurs; et, avec plus d'adresse et de goût qu'il ne s'en fût supposé à lui-même, il fit un magnifique bouquet pour son aimable hôtesse.

« Ah! dit-il au moment de le lui offrir, n'oublions pas le cyclamen. Il doit y en avoir dans ces gazons... Non, non, Mila, ne cherche pas; je veux les cueillir moi-même, pour que la princesse ait du plaisir à respirer mon bouquet. Car tu lui diras qu'il vient de moi, et que c'est la seule galanterie que je me sois permise avec toi, après un tête-à-tête de deux heures dans ma maison.

— Vous ne me défendez donc pas de dire à madame Agathe que je suis venue ici?

— Tu le lui diras, Mila. Tu lui diras tout. Mais à elle seule, entends-tu? Tu me le jures sur ton salut; car tu crois à cela, toi?

— Et vous, seigneur, est-ce que vous n'y croyez pas?

— J'y crois, du moins, que je mériterais aujourd'hui d'aller en Paradis, si je mourais tout de suite; car j'ai le cœur pur d'un petit enfant depuis que tu es avec moi.

— Mais, si la princesse me demande qui vous êtes, seigneur, et de qui je lui parle, comment vous désignerai-je pour qu'elle le devine?

— Tu lui diras ce que je veux que tu saches aussi, Mila... Mais il se présentera peut-être des occasions, par la suite, où ma figure et mon nom ne se trouveront plus d'accord. Alors, tu te tairas, et, au besoin, tu feindras de ne m'avoir jamais vu; car, d'un mot, tu pourrais m'envoyer à la mort.

— A Dieu ne plaise! s'écria Mila avec effusion. Ah!

seigneur, comptez sur ma prudence et sur ma discrétion comme si ma vie était liée à la vôtre.

— Eh bien! tu diras à la princesse que c'est Carmelo Tomabene qui l'a délivrée de l'abbé Ninfo, et qui t'a baisé la main avec autant de respect qu'il la baiserait à elle-même.

— C'est à moi de vous baiser la main, seigneur, répondit l'innocente fille, en portant la main du bandit à ses lèvres, avec la conviction que c'était au moins le fils d'un roi qui la traitait avec cette courtoisie protectrice; car vous me trompez, ajouta-t-elle. Carmelo Tomabene est un *villano*, et cette demeure n'est pas plus vôtre que son nom. Vous pourriez habiter un palais si vous le vouliez; mais vous vous cachez pour des motifs politiques que je ne dois pas et que ne veux pas savoir. J'ai dans l'idée que vous serez un jour roi de Sicile. Ah! que je voudrais être un homme, afin de me battre pour votre cause! car vous ferez le bonheur de votre peuple, j'en suis certaine, moi. »

La riante extravagance de Mila fit passer un éclair de folie dans la tête audacieuse du bandit: il eut comme un instant de vérité et éprouva presque la même émotion que si elle eût deviné la vérité au lieu de faire un rêve.

Mais aussitôt il éclata d'un rire presque amer, qui ne dissipa point les illusions de Mila; elle crut que c'était un effort pour détruire ses soupçons indiscrets, et elle lui demanda candidement pardon de ce qui venait de lui échapper.

« Mon enfant, répondit-il en lui donnant un baiser au front et en l'aidant à remonter sur sa mule blanche, la princesse Agathe te dira qui je suis. Je te permets de le lui demander; mais, quand tu le sauras, souviens-toi que tu es ma complice, ou qu'il faut m'envoyer à la potence.

— J'irais plutôt moi-même! dit Mila en s'éloignant et en lui montrant qu'elle baisait respectueusement son bouquet. »

« Eh bien! se dit le Piccinino, voici la plus agréable et la plus romanesque aventure de ma vie. J'ai joué au roi déguisé, sans le savoir, sans m'en donner la peine, sans avoir rien médité ou préparé pour me procurer cet amusement. Les plaisirs imprévus sont les seuls vrais, dit-on; je commence à le croire. C'est peut-être pour avoir trop prémédité mes actions et trop arrangé ma vie que j'ai trouvé si souvent l'ennui et le dégoût au bout de mes entreprises. Charmante Mila! quelle fleur de poésie! quelle fraîcheur d'imagination dans ta jeune tête! Oh! que n'es-tu un adolescent de mon sexe! que ne puis-je te garder près de moi sans te faire rien perdre de tes riantes chimères et de ta bienfaisante pureté! Je trouverais la douceur de la femme dans un compagnon fidèle, sans risquer d'inspirer ou de ressentir la passion qui gâte et envenime toutes les intimités! Mais de tels êtres n'existent pas. La femme ne peut manquer de devenir perfide, l'homme ne peut pas cesser d'être brutal. Ah! il m'a manqué, il me manquera toujours de pouvoir aimer quelqu'un. Il m'eût fallu rencontrer un esprit différent de tous les autres, et encore plus différent de moi-même... ce qui est impossible! »

« Suis-je donc un caractère d'exception? se demandait encore le Piccinino, en suivant des yeux la trace que les petits pieds de Mila avaient laissée sur le sable de son jardin. Il me semble que oui, quand je me compare aux montagnards avec lesquels je suis forcé de vivre, et à ces bandits que je dirige. Parmi eux, j'ai, dit-on, plus d'un frère. Ce qui m'empêche d'y croire, c'est qu'ils n'ont rien de moi. Les passions qui servent de lien entre nous diffèrent autant que les traits de nos visages et les formes de nos corps. Ils aiment le butin pour convertir en monnaie tout ce qui n'est pas monnaie; et moi, je n'aime que ce qui est précieux par la beauté ou la rareté. Ce qu'ils peuvent acquérir, ils le gardent par cupidité; moi, je le ménage par magnificence, afin de pouvoir agir royalement avec eux dans l'occasion, et d'étendre mon influence et mon pouvoir sur toute ce qui m'environne.

« L'or n'est donc pour moi qu'un moyen, tandis que pour eux c'est le but. Ils aiment les femmes comme des choses, et moi, hélas! je voudrais pouvoir les aimer comme des êtres! Ils sont enivrés par des actes de violence qui me répugnent, et dont je me sentirais humilié, moi, qui sais que je puis plaire, et qui n'ai jamais eu besoin de m'imposer. Non, non! ils ne sont pas mes frères; s'ils sont les fils du *Destatore*, ils sont les enfants de l'orgie et de son âge de décadence morale. Moi, je suis le fils de Castro-Reale; j'ai été engendré dans un jour de lucidité. Ma mère n'a pas été violée comme les autres. Elle s'est abandonnée volontairement, et je suis le fruit du commerce de deux âmes libres, qui m'ont pas donné la vie malgré elles.

« Mais, dans ce monde qui s'intitule la société, et que j'appelle, moi, le milieu légal, n'y a-t-il pas beaucoup d'êtres de l'un et de l'autre sexe, avec lesquels je pourrais m'entendre pour échapper à cette affreuse solitude de mes pensées? N'y a-t-il pas des hommes intelligents et doués de fines perceptions, dont je pourrais être l'ami? N'y a-t-il pas des femmes habiles et fières dont je pourrais être l'amant, sans être forcé de rire de la peine que je me serais donnée pour les vaincre? Enfin, suis-je condamné à ne jamais trouver d'émotions dans cette vie que j'ai embrassée comme la plus féconde en émotions violentes? Me faudra-t-il toujours dépenser des ressources d'imagination et de savoir-faire infinies, pour arriver au pillage d'une barque sur les récifs de la côte, ou d'une caravane de voyageurs dans les défilés de la montagne? Le tout pour conquérir beaucoup de petits objets de luxe, quelques sommes d'argent, et le cœur de quelques Anglaises laides ou folles, qui aiment les aventures de brigands comme un remède contre le spleen?

« Mais je me le suis fermé à jamais, ce monde où je pourrais trouver mes égaux et mes semblables. Je n'y puis pénétrer que par les portes secrètes de l'intrigue, et, si je veux paraître au grand jour, c'est à la condition d'y être suivi par le mystère de mon passé; c'est-à-dire par un arrêt de mort toujours suspendu sur ma tête. Quitterai-je le pays? C'est le seul peut-être où la profession de bandit soit plus périlleuse que déshonorante. Partout ailleurs, on me demandera la preuve que j'ai toujours vécu dans le monde légal : et, si je ne puis la fournir, on m'assimilera à ce que ces nations ont de plus avili dans les bourbiers obscurs de leur prétendue civilisation!

« O Mila! que vous avez éclairé de douleurs et d'épouvantes ce cœur où vous avez fait entrer un rayon de votre soleil! »

XL.

DÉCEPTION.

Ainsi se tourmentait cet homme si déplacé dans la vie par le contraste de son intelligence avec sa position. La culture de l'esprit, qui faisait ses délices, faisait aussi son tourment. Ayant lu de tout sans ordre et sans choix, les livres les plus pervers et les plus sublimes, et se laissant successivement impressionner par tous, il était aussi savant dans le mal que dans le bien, et il arrivait insensiblement à ce scepticisme qui ne croit plus à l'un ni à l'autre d'une manière absolue.

Il rentra dans sa maison pour y prendre quelques mesures relatives à l'abbé Ninfo, afin que, dans le cas imprévu où son domicile serait envahi, rien n'y portât les traces de la violence. Il fit disparaître le vin narcotisé, et en plaça de pur dans la carafe, afin de pouvoir en faire, au besoin, la feinte expérience sur lui-même. Il jeta l'abbé sur un lit de repos, éteignit la lampe qui brûlait encore, et balaya les cendres des papiers que Mila avait anéantis. Personne n'entrait jamais chez lui en son absence. Il n'avait point de serviteurs attitrés, et la propreté élégante qu'il maintenait lui-même dans sa maison ne lui coûtait pas beaucoup de peine, puisqu'il n'y occupait que peu de pièces, dans lesquelles même il n'entrait pas tous les jours. Il travaillait son jardin, dans ses heures de loisir, pour entretenir ses forces, et pour n'avoir pas l'air de déroger à sa condition de paysan. Il avait appliqué lui-même à toutes les issues de son habitation un système de clôture simple et solide qui pouvait résister longtemps à des tentatives d'effraction. Enfin, il lâcha deux énormes et affreux chiens de montagne, espèce de bêtes féroces, qui ne connaissaient que lui, et qui eussent infailliblement étranglé le prisonnier, s'il eût pu essayer de s'échapper.

Toutes ces précautions prises, le Piccinino alla se laver, se parfumer, et, avant de se diriger vers la plaine, il se montra dans le village de Nicolosi, où il était fort considéré de tous les habitants. Il causa en latin, avec le curé, sous le berceau de vigne du presbytère. Il échangea des quolibets malicieux avec les jolies filles de l'endroit, qui l'agaçaient du seuil de leurs maisons. Il donna plusieurs consultations d'affaires et d'agriculture à des gens sensés qui appréciaient son intelligence et ses lumières. Enfin, comme il sortait du village, il rencontra une espèce de brigadier de *campieri* avec lequel il fit route quelque temps, et qui lui apprit que le Piccinino continuait à échapper aux recherches de la police et de la brigade municipale.

Mila, impatiente de raconter tous ses secrets à la princesse, et de profiter, pour en savoir le mot, de la permission de son mystérieux prince, marchait aussi vite qu'il le pouvait Bianca en descendant des pentes rapides et dangereuses. Mila ne songeait point à la retenir; elle aussi était rêveuse et absorbée. Les personnes très-pures et très-calmes doivent avoir remarqué que, lorsqu'elles communiquent leur disposition d'esprit à des âmes agitées et troublées, leur propre sérénité diminue d'autant. Elles ne donnent qu'à la condition de s'endetter un peu; car la confiance est un échange, et il n'est point de cœur si riche et si fort qui ne risque quelque chose à la bienfaisance.

Peu à peu cependant, la belle Mila se sentit plus joyeuse qu'effrayée. La conversation du Piccinino avait laissé je ne sais quelle suave musique dans ses oreilles, et le parfum de son bouquet l'entretenait dans l'illusion qu'elle était toujours dans ce beau jardin rustique, sous l'ombrage des figuiers noirs et des pistachiers, foulant des tapis de mousse semés de mauve, d'orchis et de fraxinelle, accrochant parfois son voile aux aloès et aux rameaux de smylax épineux, dont la main empressée de son hôte le dégageait avec une respectueuse galanterie. Mila avait les goûts simples de sa condition, joints à la poésie romanesque de son intelligence. Si les fontaines de marbre et les statues de la villa Palmorosa jetaient dans une extase rêveuse, les berceaux de vigne et les vieux pommiers sauvages du jardin de Carmelo parlaient davantage à son cœur. Elle avait déjà oublié le boudoir oriental du bandit; elle ne s'y était pas sentie à l'aise comme sous la tonnelle. Il s'y était montré ironique et froid presque tout le temps; au lieu que, parmi les buissons fleuris et près de la source argentée, il avait eu l'esprit naïf et le cœur tendre.

D'où vient que cette jeune fille, qui venait de voir des choses si bizarres ou si pénibles, le boudoir d'une reine dans la maison d'un paysan, et la scène d'affreuse léthargie de l'abbé Ninfo, ne se souvenait plus de ce qui aurait dû tant frapper son imagination? Cette surprise et cette frayeur s'étaient effacées comme un rêve, et son esprit restait absorbé par un dernier tableau frais et pur, où elle ne voyait plus que des fleurs, des gazons, des oiseaux babillant dans le feuillage, et un beau jeune homme qui la guidait dans le labyrinthe enchanté, en lui disant de douces et chastes paroles.

Lorsque Mila eut dépassé la croix du *Destatore*, elle descendit de sa monture, ainsi que, par prudence pour elle-même, Carmelo le lui avait recommandé. Elle attacha les rênes à l'arçon de la selle, et fit siffler une branche aux oreilles de *Bianca*. L'intelligente bête bondit et reprit au galop le chemin de Nicolosi, n'ayant besoin de personne pour regagner son gîte. Mila continua donc la route à pied, évitant d'approcher de Mal-Passo : mais, par une véritable fatalité, Fra-Angelo revenait en cet instant du palais de la Serra, et il regagnait son couvent par un chemin détourné, si bien que Mila se trouva face à face avec lui.

La pauvrette essaya bien de croiser sa *mantellina* et de marcher vite, comme si elle ne voyait point son oncle.

« D'où venez-vous, Mila ? fut l'apostrophe qui l'arrêta au passage, et d'un ton qui ne souffrait pas l'hésitation.

— Ah ! mon oncle, répondit-elle en écartant son voile : je ne vous voyais pas, j'avais le soleil dans les yeux.

— D'où venez-vous, Mila ? répéta le moine sans daigner discuter la vraisemblance de cette réponse.

— Eh bien ! puisque vous l'exigez, dit résolument Mila, je ne vous ferai pas de mensonge : je vous voyais fort bien.

— Je le sais ; mais vous me direz d'où vous venez ?

— Je viens du couvent, mon oncle... Je vous cherchais... et, ne vous y trouvant point, je retournais à la ville.

— Qu'aviez-vous donc de si pressé à me dire, ma chère fille ? Il faut que ce soit bien important, pour que vous osiez courir seule ainsi la campagne, contrairement à vos habitudes. Allons, répondez donc ! vous ne dites rien ! vous ne pouvez pas mentir, Mila !

— Si fait, mon oncle, si fait !... Je venais... » Et elle s'arrêta court, tout éperdue, car elle n'avait rien préparé pour cette rencontre, et tout son esprit l'abandonnait.

— Vous perdez la tête, Mila, reprit le moine, car je vous dis que vous ne savez pas mentir, et vous me répondez : *Si fait !* Grâce au ciel, vous n'y entendez rien. N'essayez donc pas, mon enfant, et dites-moi franchement d'où vous venez-vous ?

— Eh bien ! mon oncle, je ne peux pas vous le dire.

— Oui-dà ! s'écria Fra-Angelo en fronçant le sourcil. Je vous ordonne de le dire, moi !

— Impossible, mon cher oncle, impossible, dit Mila en baissant la tête, vermeille de honte, et les yeux pleins de larmes ; car il lui était bien douloureux de voir, pour la première fois, son digne oncle courroucé contre elle.

— Alors, reprit Fra-Angelo, vous m'autorisez à croire que vous venez de faire une démarche insensée, ou une mauvaise action !

— Ni l'une ni l'autre ! s'écria Mila en relevant la tête. J'en prends Dieu à témoin !

— O Dieu ! dit le moine d'un ton désolé, que vous me faites de mal en parlant ainsi, Mila ! seriez-vous capable de faire un faux serment ?

— Non, mon oncle, non, jamais !

— Mentez à votre oncle, si bon vous semble, mais ne mentez pas à Dieu !

— Suis-je donc habituée à mentir ! s'écria encore la jeune fille avec fierté, et dois-je être soupçonnée par mon oncle, par l'homme qui me connaît si bien, et à l'estime duquel je tiens plus qu'à ma vie ?

— En ce cas, parle ! répondit Fra-Angelo en lui prenant le poignet d'une manière qu'il crut engageante et paternelle, mais qui meurtrit le bras de l'enfant et lui arracha un cri d'effroi. Pourquoi donc cette terreur ? reprit le moine stupéfait. Ah ! vous êtes coupable, jeune fille ; vous venez de faire, non un péché, je ne puis le croire, mais une folie, ce qui est le premier pas dans la mauvaise voie. S'il n'en était pas ainsi, vous ne reculeriez pas effrayée devant moi ; vous n'auriez pas essayé de me cacher votre visage en passant ; vous n'auriez pas surtout essayé de mentir ! Et maintenant, comme il est impossible que vous ayez un secret innocent pour moi, vous ne refuseriez pas de vous expliquer.

— Eh bien, mon oncle, c'est pourtant un secret très-innocent qu'il m'est impossible de vous révéler. Ne m'interrogez plus. Je me laisserais tuer plutôt que de parler.

— Au moins, Mila, promettez-moi de le dire à votre père, ce secret que je ne dois pas savoir !

— Je ne vous promets pas cela ; mais je vous jure que je le dirai à la princesse Agathe.

— Certes, j'estime et je vénère la princesse Agathe, répondit le moine ; mais je sais que les femmes ont entre elles une rare indulgence pour certains écarts de conduite, et que les femmes vertueuses ont d'autant

plus de tolérance qu'elles connaissent moins le mal. Je n'aime pas que vous ayez à chercher un refuge contre la honte dans le sein de votre amie, au lieu de pouvoir expliquer, la tête haute, votre conduite à vos parents. Allez, Mila, je n'insiste pas davantage puisque vous m'avez retiré votre confiance ; mais je vous plains de n'avoir pas le cœur pur et tranquille, ce soir, comme vous l'aviez ce matin. Je plains mon frère qui mettait en vous son orgueil et sa joie ; je plains le vôtre, qui bientôt sans doute aura à répondre de votre conduite devant les hommes, et qui se fera de mauvaises affaires s'il ne veut vous laisser insulter à son bras. Malheur, malheur aux hommes d'une famille, quand les femmes, qui en devraient garder l'honneur, comme les Vestales gardaient le feu sacré, violent les lois de la prudence, de la pudeur et de la vérité. »

Fra-Angelo passa outre, et la pauvre Mila resta atterrée sous cette malédiction, à genoux sur les pierres du chemin, la joue pâle et le cœur oppressé de sanglots.

« Hélas ! se disait-elle, il me semblait jusqu'ici que ma conduite n'était pas seulement innocente, mais qu'elle était courageuse et méritoire. Oh ! que les lois de la réserve et la nécessité d'une bonne renommée sont donc rudes pour les femmes, puisque, lors même qu'il s'agit de sauver sa famille, il faut s'attendre au blâme des êtres qu'on aime le mieux ! Ai-je donc eu tort de me fier aux promesses du *prince* ? Il pouvait me tromper, il est vrai ! Mais puisque sa conduite m'a prouvé sa loyauté et sa vertu, dois-je me reprocher d'avoir cru en lui ? N'était-ce pas la divination de la vérité qui me poussait vers lui, et non une folle et imprudente curiosité ? »

Elle reprit le chemin de la plaine ; mais, tout en marchant, elle interrogea sévèrement sa conscience, et quelques scrupules lui vinrent. N'avait-elle pas été poussée par l'orgueil d'accomplir des choses difficiles et périlleuses, dont on ne l'avait pas jugée capable ? Ne s'était-elle pas laissée influencer par la grâce et la beauté de l'inconnu, et aurait-elle eu autant de confiance dans un homme moins jeune et moins éloquent ?

« Mais qu'importe, après tout, se disait-elle. Quel mal ai-je fait, et qu'aurait-on à me reprocher, si on avait eu les yeux sur moi ? J'ai risqué d'être méconnue et calomniée, et certes c'est là une faute quand on agit ainsi par égoïsme ou par coquetterie ; mais quand on s'expose pour sauver son père et son frère ?

« Madame Agathe sera mon juge ; elle me dira si j'ai bien ou mal fait, et si elle eût agi comme moi. »

Mais que devint la pauvre Mila, lorsque, dès les premiers mots de son récit, la princesse l'interrompit en lui disant : « O ma fille ! c'était le Piccinino ! »

Mila essaya de se débattre contre la réalité. Elle raconta qu'au dire de tout le monde, le Piccinino était court, trapu, mal fait, affligé d'une laideur atroce, et qu'il avait la figure ombragée d'une chevelure et d'une barbe touffues ; tandis que l'étranger était si élégant dans sa petite taille, si gracieux et si noble dans ses manières !

« Mon enfant, dit la princesse, il y a un faux Piccinino qui joue le rôle de son maître auprès des gens dont ce dernier se méfie, et qui le jouerait au besoin en face des gendarmes et des juges, s'il tombait en leur pouvoir. C'est une horrible et féroce créature, qui ajoute, par la terreur de son aspect, à celle que répandent les expéditions de la bande. Mais le vrai Piccinino, celui qui s'intitule *justicier d'aventure* et qui dirige toutes les opérations des brigands de la montagne, celui qu'on ne connaît point et qu'on saisirait sans pouvoir constater qu'il ait jamais été le chef ou le complice de ces bandes, c'est un beau jeune homme, instruit, éloquent, libertin et rusé : c'est Carmelo Tomabene que vous avez vu à la fontaine. »

Mila fut si interdite qu'elle faillit ne pas continuer son récit. Comment avouer qu'elle avait été la dupe d'un hypocrite, et qu'elle s'était mise à la merci d'un libertin ? Elle confessa tout, cependant, avec une sincérité complète, et, quand elle eut fini, elle se remit à pleurer, en songeant aux dangers qu'elle avait courus et aux suppositions dont elle serait l'objet, si le Piccinino venait à se vanter de sa visite.

Mais Agathe, qui avait plus d'une fois tremblé en l'écoutant, et qui s'était promis de lui reprocher son imprudence, en lui démontrant que le Piccinino était trop habile pour avoir eu réellement besoin de son secours, fut désarmée par son chagrin naïf, et la pressa contre son sein pour la consoler. Ce qui la frappait d'ailleurs, au moins autant que la témérité de cette jeune fille, c'était le courage physique et moral qui l'avait inspirée; c'était sa résolution de se tuer à la moindre imminence d'une insulte; c'était son dévouement sans bornes et sa confiance généreuse. Elle la remercia donc avec tendresse de ce qu'elle avait été mue en partie par le désir de la délivrer d'un ennemi; et, enfin, en recevant l'assurance que l'abbé Ninfo était bien entre les mains du justicier; un autre sentiment de joie la domina tellement, qu'elle baisa les mains de la petite Mila en l'appelant sa bonne fée et son ange de salut.

Mila consolée et réconciliée avec elle-même, la princesse, retrouvant avec elle un éclair de gaieté enfantine, lui proposa de faire une autre toilette pour se rafraîchir de son voyage, et d'aller ensuite surprendre son père et son frère chez le marquis. « Nous irons à pied, lui dit-elle, car c'est tout près d'ici, en passant par nos jardins, et nous dînerons ensemble auparavant. Si bien que nous aurons l'ombre et la brise de la première heure de nuit, et puis un compagnon de voyage sur lequel vous ne comptez peut-être pas, mais qui ne vous déplaira point, car il est de vos amis.

— Nous verrons qui ce peut être, » dit en souriant Mila, qui devinait fort bien, mais qui, à l'endroit de son secret de cœur, et pour cela seulement, retrouvait toute la prudence du son esprit féminin.

Le repas et les préparatifs des deux amies prirent environ une heure; après quoi la camériste vint dire à l'oreille de la princesse : « Le jeune homme d'hier soir, au fond du jardin, près de la grille de l'Est. »

« C'est cela, dit la princesse entraînant Mila; c'est notre chemin. » Et elles se mirent à courir à travers le parc, joyeuses et légères; car toutes deux renaissaient à l'espérance du bonheur.

Magnani se promenait mélancolique et absorbé, attendant qu'on vînt l'avertir d'entrer dans le palais, lorsque deux femmes voilées, sortant des buissons de myrtes et d'orangers et accourant à lui, s'emparèrent chacune d'un de ses bras, et l'entraînèrent dans leur course folâtre sans lui rien dire. Il les reconnut bien, la princesse cependant plutôt que Mila, qui ne lui paraissait pas vêtue comme de coutume sous sa mante légère; mais il se sentait trop ému pour parler, et il feignait d'accepter cette plaisanterie gracieuse avec gaieté. Le sourire errait sur ses lèvres, mais le trouble était dans son cœur, et s'il essayait de se distraire de celui que lui causait Agathe, il ne retrouvait pas beaucoup de calme en sentant Mila s'appuyer sur son bras.

Ce ne fut qu'à l'entrée du parc de la Serra que la princesse entr'ouvrit son voile pour lui dire : « Mon cher enfant, j'avais l'intention de causer avec vous chez moi; mais l'impatience que j'éprouve d'annoncer une bonne nouvelle à nos amis, réunis chez le marquis, m'a engagée à vous y amener avec nous. La soirée tout entière nous appartient, et je vous parlerai ici aussi bien qu'ailleurs. Mais avançons sans faire de bruit; on ne nous attend pas, et je veux que nous les surprenions. »

Le marquis et ses hôtes, après avoir longtemps causé, étaient encore sur la terrasse du palais à contempler l'horizon maritime embrasé par les derniers rayons du soleil, tandis que les étoiles s'allumaient au zénith. Michel écoutait avec un vif intérêt M. de la Serra, dont la conversation était instructive sans jamais cesser d'être aimable et naturelle. Quelle fut sa surprise, lorsqu'en se retournant il vit trois personnes assises autour de la table chargée de rafraîchissements, qu'il venait de quitter pour s'approcher de la balustrade, et que, dans ces trois personnes, il reconnut Agathe, Mila et Magnani!

Il n'eut d'yeux d'abord que pour Agathe, à tel point qu'il reconnaissait à peine sa sœur et son ami. La princesse était cependant mise le plus simplement du monde, d'une petite robe de soie gris de perle avec un guardaspalle de dentelle noire jeté sur sa tête et sur ses épaules. Elle lui parut un peu moins jeune et moins fraîche qu'il ne l'avait vue aux lumières. Mais, au bout d'un instant, la grâce de ses manières, son sourire candide, son regard pur et ingénu, la lui firent trouver plus jeune et plus attrayante encore que le premier jour.

« Vous êtes étonné de voir ici votre chère enfant? dit-elle à Pier-Angelo. Mais ne vous avait-elle pas déclaré qu'elle ne dînerait point seule? Et vous voyez! vous l'avez laissée à la maison, et, comme la Cenerentola, elle vous paraît au milieu de la fête resplendissante de parure et de beauté. Quant à maître Magnani, c'est l'enchanteur qui l'accompagne; mais comme nous n'avons point affaire ici à don Magnifico, l'enchanteur ne fascinera pas ses yeux pour l'empêcher de reconnaître sa fille chérie. Cendrillon peut donc braver tous les regards.

En parlant ainsi, Agathe enleva le voile de Mila, qui parut resplendissante comme un soleil; c'est le style de la légende.

Michel regarda sa sœur. Elle était radieuse de confiance et de gaieté. La princesse lui avait mis une robe de soie rose vif et plusieurs rangs de grosses perles fines autour du cou et des bras. Une couronne de fleurs naturelles d'une beauté splendide et arrangées avec un art exquis ceignait sa tête brune sans cacher les trésors de sa chevelure. Ses petits pieds étaient chaussés avec recherche, et ses jolis doigts faisaient rouler et étinceler le riche éventail d'Agathe avec autant de grâce et de distinction qu'une marchesina. C'était, à la fois, une muse de la renaissance, une jeune patricienne et une belle fille du Midi, brillante de santé, de noblesse et de poésie.

Agathe la regardait d'un air d'orgueil maternel, et parlait d'elle avec un tendre sourire à l'oreille de Pier-Angelo.

Michel observa ensuite Magnani. Ce dernier regardait tour à tour la modeste princesse et la belle filandière du faubourg avec une émotion étrange. Il ne comprenait pas plus que Michel dans quel rêve bizarre et enivrant il se trouvait lancé. Mais il est certain qu'il ne voyait plus Mila qu'à travers un reflet d'or et de feu émané d'Agathe et projeté sur elle comme par magie.

XLI.

JALOUSIE ET RECONNAISSANCE.

La princesse attira le marquis et Pier-Angelo à l'écart pour leur dire que l'abbé était entre les mains du Piccinino et qu'elle venait d'en recevoir la nouvelle par un témoin oculaire qu'il lui était interdit de nommer.

On apporta ensuite de nouveaux sorbets et on se remit à causer. Malgré le trouble et la timidité de Magnani, malgré l'enivrement et les distractions de Michel, la princesse et le marquis eurent bientôt tranquillisé ces deux jeunes gens, grâce à l'intelligente prévenance et au grand art d'être simple que possèdent les gens bien élevés quand le fond du caractère répond chez eux au charme du savoir-vivre. Ainsi, Agathe sut interroger Michel à propos des choses qu'il savait et sentait bien. De son côté, le jeune artiste lui rayait de la manière dont elle comprenait l'art, et il grava dans sa mémoire plusieurs définitions profondes qui lui échappèrent plutôt qu'elle ne les formula, tant il y eut de naturel dans son expression. En s'adressant à lui elle semblait le consulter plutôt que l'instruire, et son regard, animé d'une sympathie pénétrante, semblait chercher, dans celui de Michel, la sanction de ses opinions et de ses idées.

Magnani comprenait tout, et, s'il se hasardait rarement à prendre la parole, il était facile de lire dans sa physionomie intelligente que rien de ce qu'on disait ne dépassait la portée de son esprit. Ce jeune homme avait d'heureuses facultés qui seraient peut-être restées incultes sans sa passion romanesque. Dès le jour où il s'était épris de la princesse, il n'avait cessé d'occuper une partie de ses loisirs à lire et à s'instruire dans l'étude des œuvres d'art qu'il avait pu contempler. Il avait employé ses vacances, que les artisans appellent la *morte-saison*, à parcourir à pied la Sicile et à voir les richesses que l'antiquité a semées sur cette terre, si belle d'ailleurs par elle-même. Tout en se disant qu'il était résolu à rester humble et obscur, et en se persuadant qu'il ne voulait pas déroger à la rude simplicité de sa race, il avait été poussé à s'éclairer par un instinct irrésistible.

L'entretien, devenu général, fut plein d'abandon, de charme et même d'enjouement, grâce aux saillies de Pier-Angelo et aux naïvetés de Mila. Mais ces naïvetés furent si touchantes que, loin de faire souffrir l'amour-propre de Michel en présence de la princesse, elles lui firent apparaître sous un jour nouveau les quinze ans de sa petite sœur. Il est certain qu'il n'avait pas assez tenu compte de l'immense changement qu'une année de plus apporte dans les idées d'une jeune fille de cet âge, lorsque, croyant encore avoir affaire à un enfant irréfléchi et craintif, il avait, d'un mot, cherché à ruiner toutes les espérances de son cœur. Dans chaque parole que disait Mila il y avait pourtant un progrès bien grand de l'intelligence et de la volonté, et le contraste de ce développement de l'esprit avec l'inexpérience, la candeur et l'abandon de l'âme, offrait un spectacle à la fois plaisant et attendrissant. La princesse, avec ce tact délicat que possèdent seules les femmes, faisait ressortir par ses réponses la charmante Mila, et jamais Michel, ni Magnani, ni Pier-Angelo lui-même, ne se fussent avisés auparavant du plaisir qu'on pouvait goûter à causer avec cette jeune fille.

La lune monta, blanche comme l'argent, dans le ciel pur. Agathe proposa une promenade dans les jardins. On partit ensemble; mais bientôt la princesse s'éloigna avec Magnani, dont elle prit familièrement le bras, et ils se tinrent, pendant une demi-heure, à une telle distance de leurs amis, que souvent même Michel les perdit de vue.

Ce qu'Agathe put dire et confier au jeune artisan, pendant cette promenade, qui parut si longue et si extraordinaire au jeune Michel-Angelo, nous ne le dirons point ici; nous ne le dirons même pas du tout. Le lecteur le devinera en temps et lieu.

Mais Michel ne pouvait s'en faire la moindre idée; et il était au supplice. Il n'écoutait plus le marquis, il avait besoin de contredire et de tourmenter Mila. Il railla et blâma tout bas sa toilette, et la fit presque pleurer : si bien que la petite lui dit à l'oreille : « Michel, tu as toujours été jaloux, et tu l'es dans ce moment-ci.

— Et de quoi donc? répondit-il avec amertume : de ta robe rose et de ton collier de perles? »

— Non pas, dit-elle, mais de ce que la princesse témoigne de l'amitié et de la confiance à ton ami. Oh! quand nous étions enfants, je me souviens bien que tu boudais quand notre mère m'embrassait plus que toi ! »

Lorsque la princesse et Magnani vinrent les rejoindre, Agathe paraissait calme et Magnani attendri. Pourtant sa noble figure était plus sérieuse encore que de coutume, et Michel remarqua que ses manières avaient subi un notable changement. Il ne paraissait plus éprouver la moindre confusion en présence d'Agathe. Lorsqu'elle lui adressait la parole, la réponse ne tremblait plus sur ses lèvres, il ne détournait plus ses regards avec effroi, et, au lieu de cette angoisse terrible qu'il avait montrée auparavant, il était calme, attentif et recueilli. On causa encore quelques instants, puis la princesse se leva pour partir. Le marquis lui offrit sa voiture. Elle la refusa. « J'aime mieux m'en aller à pied, par les sentiers, comme je suis venue, dit-elle; et, comme il me faut un cavalier, quoique nous n'ayons pas d'ennemis à craindre, je prendrai le bras de Michel-Angelo.... à moins qu'il ne me le refuse ! » ajouta-t-elle avec un sourire tranquille en voyant l'émotion du jeune homme.

Michel ne sut rien répondre; il s'inclina et offrit son bras. Une heure plus tôt il aurait été transporté de joie. Maintenant, son orgueil souffrait de recevoir en public une faveur que Magnani avait obtenue en particulier et comme en secret.

Pier-Angelo partit de son côté avec sa fille, à laquelle Magnani n'offrit point le bras. Tant de cérémonie courtoise n'était point dans ses habitudes. Il affectait d'ignorer la politesse par haine pour l'imitation ; mais, au fond, il avait toujours des manières douces et des formes bienveillantes. Au bout de dix pas, il se trouva si près de Mila, que, naturellement, pour l'aider à se diriger dans les ruelles obscures du faubourg, il prit le coude arrondi de la jeune fille dans sa main, et la guida ainsi, en la soutenant, jusque chez elle.

Michel était parti cuirassé dans sa fierté, accusant, *in petto*, la princesse de caprice et de coquetterie, et bien résolu à ne pas se laisser éblouir par ses avances. Cependant, il s'avouait à lui-même qu'il ne comprenait absolument rien au dépit qu'il ressentait contre elle. Il était forcé de se dire qu'elle était d'une incomparable bonté, et que si, en effet, elle était l'obligée du vieux Pier-Angelo, elle payait sa dette avec tous les trésors de sensibilité et de délicatesse que peut renfermer le cœur d'une femme.

Mais Michel ne pouvait oublier tous les problèmes que son imagination cherchait depuis deux jours à résoudre; et au moment même, la princesse serrait son bras en marchant, comme une amante passionnée ou comme une personne nerveuse peu habituée à la marche, en était un nouveau qu'il s'expliquait par suffisamment la vraisemblance d'un service rendu par son père à la signora.

Il avança d'abord résolument et en silence, se disant qu'il ne parlerait point le premier, qu'il ne se sentirait point ému, qu'il n'oublierait pas que le bras de Magnani avait pu être pressé de la même façon; qu'enfin il se tiendrait sur ses gardes : car, ou la princesse Agathe était folle, ou elle cachait, sous les dehors de la vertu et de l'abattement, une coquetterie insensée.

Mais tous ces beaux projets échouèrent bientôt. La région ombragée qu'ils traversaient, parmi des terres cultivées et plantées avec soin, était une suite de petits jardins appartenant à des artisans aisés ou à des bourgeois de la ville. Un joli sentier côtoyait ces enclos, séparés seulement par des buissons, des rosiers ou des plates-bandes d'herbes aromatiques. Çà et là des berceaux de vigne jetaient une ombre épaisse sur les pas de Michel. La lune ne lui prêtait plus que des rayons obliques et incertains. Mille parfums s'exhalaient de la campagne en fleurs, et la mer bruissait au loin d'une voix amoureuse derrière les collines. Les rossignols chantaient dans les jasmins. Quelques voix humaines chantaient aussi à distance et défiaient gaiement l'écho; mais il n'y avait personne sur le sentier que suivaient Michel et Agathe. Les petits jardins étaient déserts. Michel se sentait oppressé, sa marche se ralentissait, son bras tremblait convulsivement. Une légère brise faisait flotter près de son visage le voile de la princesse, et il s'imaginait entendre des paroles mystérieuses se glisser à son oreille. Il n'osait pas se retourner pour voir si c'était le souffle d'une femme ou celui de la nuit qui le caressait de si près.

« Mon cher Michel, lui dit la princesse d'un ton calme et confiant qui le fit tomber du ciel en terre, je vous demande pardon ; mais il faut que je reprenne haleine. Je n'ai guère l'habitude de marcher, et je me sens très-fatiguée. Voici un banc sous une tonnelle de chèvrefeuille qui m'invite à m'asseoir cinq minutes, et je ne pense pas que les propriétaires de ce petit jardin me fissent un crime d'en profiter s'ils me voyaient. »

Michel la conduisit au banc qu'elle lui désignait, et, encore une fois ramené à la raison, il s'éloigna respectueusement de quelques pas pour aller contempler une petite fontaine dont le doux gazouillement ne put le distraire de sa rêverie.

« Oui, oui, c'est un rêve, ou bien c'est ma petite sœur Mila qui m'a donné ce baiser. Elle est railleuse et folâtre ! elle eût pu m'expliquer le grand mystère du médaillon, si je l'eusse interrogée franchement et sérieu

Le Piccinino enjamber adroitement le mur. (Page 115.)

sement. Sans doute il y a à tout cela une cause très-naturelle dont je ne m'avise pas. N'en est-il pas toujours ainsi des causes premières? La seule qu'on ne devine pas, c'est justement la plus simple. Ah! si Mila savait avec quel danger elle se joue, et le mal dont elle pourrait préserver ma raison en me disant la vérité!... Je la presserai tellement demain qu'elle m'avouera tout! »

Et pendant que Michel se parlait ainsi à lui-même, l'eau cristalline murmurait toujours dans l'étroit bassin où tremblotait le spectre de la lune. C'était un petit monument de terre cuite, d'une naïveté classique, qui épanchait cette onde discrète ; un Cupidon marin saisissant une grosse carpe, dont la bouche lançait d'un pied de haut le filet d'eau dans le réservoir. L'artisan qui avait exécuté cette figurine avait voulu lui donner l'air mutin, mais il n'avait réussi qu'à donner aux gros yeux de la carpe une expression de férocité grotesque. Michel regardait ce groupe sans le voir, et c'était en vain que la nuit se faisait belle et parfumée ; lui, l'amant passionné de la nature, perdu dans ses propres pensées, lui refusait ce soir-là son hommage accoutumé.

Et pourtant ce murmure de l'eau agissait sur son ima-gination sans qu'il voulût s'en rendre compte. Il lui rappelait une harmonie semblable, le murmure timide et mélancolique dont la Naïade de marbre remplissait la grotte du palais Palmarosa en épanchant son urne dans la conque ; et les délices de son rêve repassaient devant lui, et Michel eût voulu pouvoir s'endormir là pour retrouver son hallucination.

« Mais quoi! se dit-il tout à coup, ne suis-je pas un novice bien ridicule? Ne s'est-on pas arrêté ici pour m'inviter à prolonger un tête-à-tête brûlant? Ce que j'ai pris pour une froide explication du trouble qu'on éprouvait, cette fatigue soudaine, cette fantaisie de s'asseoir dans le jardin du premier venu, n'est-ce point un encouragement à ma timidité farouche? »

Il s'approcha vivement de la princesse, et se sentit enhardi par l'ombre de la tonnelle. Le banc était si petit, qu'à moins de l'engager à lui faire place, il ne pouvait s'asseoir à ses côtés. Il s'assit sur l'herbe, non pas précisément à ses pieds, mais assez près pour être bientôt plus près encore.

« Eh bien, Michel, lui dit-elle avec une incroyable douceur dans la voix, êtes-vous donc fatigué, vous aussi?

Lequel de vous deux voudrait tuer son frère. (Page 119.)

— Je suis brisé, répondit-il d'un ton ému qui fit tres-saillir la princesse.

— Quoi donc! seriez-vous malade, mon enfant? » lui dit-elle en étendant vers lui sa main qui rencontra, dans l'obscurité, la chevelure soyeuse du jeune homme.

D'un bond il fut à ses genoux, la tête courbée et comme fasciné sous cette main qui ne le repoussait point, les lèvres collées sur un pan de cette flottante robe de soie qui ne pouvait révéler ses transports; incertain, hors de lui, sans courage pour déclarer sa passion, sans force pour y résister.

« Michel, s'écria la princesse en laissant retomber sa main sur le front brûlant du jeune fou, vous avez la fièvre, mon enfant! votre tête brûle!... Oui, oui, ajouta-t-elle en touchant ses joues avec une tendre sollicitude, vous avez eu trop de fatigue ces jours derniers; vous avez veillé deux nuits de suite, et quoique vous vous soyez jeté quelques heures ce matin sur votre lit, vous n'avez peut-être pas dormi. Et moi, je vous ai fait trop parler ce soir. Il faut rentrer. Partons; vous me laisserez à la porte de mon parc; vous irez bien vite chez vous. Je voulais vous dire quelque chose ce soir; mais je crains que vous ne tombiez malade; quand vous serez tout à fait reposé, demain peut-être, je vous parlerai. »

Elle voulait se lever; mais Michel était agenouillé sur le bas de sa robe. Il retenait contre son visage, il attirait à ses lèvres cette belle main qui ne se dérobait point à ses caresses.

« Non, non, s'écria impétueusement Michel, laissez-moi mourir ici. Je sais bien que demain vous me chasserez à jamais de votre présence; je sais bien que je ne vous reverrai plus, maintenant que vous voyez ce qui se passe en moi. Mais il est trop tard, et je deviens fou! Ah! ne feignez pas de croire que je sois malade pour avoir travaillé le jour et veillé la nuit! Ne soyez pas effrayée de découvrir la vérité : c'est votre faute, Madame, vous l'avez voulu! Pouvais-je résister à tant de joies? Agathe, repoussez-moi, maudissez-moi; mais demain, mais ce soir, rendez-moi le baiser que j'ai rêvé dans la grotte de la Naïade!

— Ah! Michel, s'écria la princesse avec un accent impossible à rendre, tu l'as donc senti; tu m'as donc vue? tu sais donc tout? On te l'a dit, ou tu l'as deviné? C'est Dieu qui le veut. Et tu crains que je ne te chasse?

tu crains que je ne te maudisse? Oh ! mon Dieu ! est-ce possible ! Et ce qui se passe dans ton cœur ne te révèle-t-il pas l'amour dont le mien est rempli ?»

En parlant ainsi, la belle Agathe jeta ses deux bras autour du cou de Michel, et, attirant sa tête contre son sein, elle la couvrit de baisers ineffables.

Michel avait dix-huit ans, une âme de feu, une organisation inquiète et dévorante, un grand orgueil, un esprit entreprenant. Toutefois, son âme était pure comme son âge, et le bonheur le trouva chaste et religieusement prosterné. Toute sa jalousie, tous ses soupçons outrageants s'évanouirent. Il ne songea plus à se demander comment une personne si austère et qui passait pour n'avoir jamais eu d'amant, pouvait tout à coup, à la première vue, s'éprendre d'un enfant tel que lui, et le lui déclarer avec un abandon si complet. Il ne sentit que la joie d'être aimé, une reconnaissance enthousiaste et sans bornes, une adoration fervente, aveugle. Des bras d'Agathe il tomba à ses pieds et les couvrit de baisers passionnés, presque dévots.

«Non, non, pas à mes pieds, sur mon cœur ! » s'écria la princesse ; et l'y retenant longtemps avec une étreinte exaltée, elle fondit en larmes.

Ces larmes étaient si vraies, elles avaient une si sainte éloquence, que Michel fut inondé de sympathie. Son sein se gonfla et se brisa en sanglots, une volupté divine effaça toute idée de volupté terrestre. Il s'aperçut que cette femme ne lui inspirait aucun désir profane, qu'il était heureux et non agité dans ses bras, que mêler ses larmes aux siennes et se sentir aimé d'elle était un bonheur plus grand que tous les transports que sa jeunesse avait rêvés ; qu'enfin il la respectait jusqu'à la crainte en la tenant pressée sur son cœur, et que jamais, entre elle et lui, il n'y aurait une pensée que les anges ne pussent lire en souriant.

Il sentit tout cela confusément sans doute, mais si profondément et d'une façon tellement victorieuse, qu'Agathe ne se douta jamais du mauvais mouvement de fatuité qui l'avait attiré à ses pieds quelques minutes auparavant.

Alors Agathe, levant vers le ciel ses beaux yeux humides, pâle au clair de la lune, et comme ravie dans une divine extase, s'écria avec transport : « O mon Dieu ! que je te remercie ! Voici le premier moment de bonheur que tu me donnes ; mais je ne me plains pas de l'avoir attendu si longtemps : car il est si grand, si pur, si complet, qu'il efface et rachète toutes les douleurs de ma vie ! »

Elle était si belle, elle parlait avec un enthousiasme si sincère, que Michel crut voir une sainte des anciens jours. « O mon Dieu ! mon Dieu ! dit-il d'une voix étouffée, moi aussi je te bénis ! qu'ai-je fait pour mériter un semblable bonheur? Être aimé d'elle ! Oh ! c'est un rêve, je crains de m'éveiller !

— Non, ce n'est pas un rêve, Michel, reprit la princesse en reportant sur lui son regard inspiré ; c'est la seule réalité de ma vie, et ce sera celle de toute la tienne. Dis-moi, quel autre être que toi pouvais-je aimer sur la terre? Jusqu'ici je n'ai fait que souffrir et languir ; mais, à présent que tu es là, il me semble que j'étais née pour les plus grandes félicités humaines. Mon enfant, mon bien-aimé, ma consolation souveraine, mon seul amour ! Oh ! je ne puis plus parler, je ne saurais rien te dire, la joie m'inonde et m'accable !...

— Non, non, ne parlons pas, s'écria Michel, aucune parole ne pourrait rendre ce que j'éprouve ; et, grâce au ciel, je ne comprends pas encore toute l'étendue de mon bonheur, car, si je le comprenais, il me semble que j'en mourrais ! »

XLII.

CONTRE-TEMPS.

Des pas qui se firent entendre à peu de distance les arrachèrent tous les deux à cette enivrante divagation. La princesse se leva, un peu effrayée de l'approche de ces promeneurs, et, saisissant le bras de Michel, elle reprit avec lui le chemin de sa villa. Elle marchait plus

vite qu'auparavant, soigneusement voilée, mais appuyée sur lui avec une sainte volupté. Et lui, palpitant, éperdu de joie, mais pénétré d'un respect immense, il osait à peine de temps en temps porter à ses lèvres la main d'Agathe qu'il tenait dans les siennes.

Ce ne fut qu'en apercevant devant lui la grille du jardin de la villa qu'il recouvra la parole avec l'inquiétude... « Eh quoi ! déjà vous quitter ? dit-il ; nous séparer si tôt ! C'est impossible ! Je vais expirer d'ivresse et de désespoir.

— Il faut nous quitter ici, dit la princesse. Le temps n'est pas encore venu où nous ne nous quitterons plus. Mais cet heureux jour luira bientôt pour nous. Sois tranquille, laisse-moi faire. Repose-toi sur moi et sur ma tendresse infinie du soin de nous réunir pour jamais.

— Est-ce possible? ce que j'entends est-il sorti de votre bouche? Ce jour viendra ! nous serons unis? nous ne nous quitterons jamais? Oh ! ne vous jouez pas de ma simplicité ! Je n'ose pas croire à tant de bonheur, et pourtant, quand c'est vous qui le dites, je ne peux pas douter !

— Doute plutôt de la durée des étoiles qui brillent sur nos têtes, doute plutôt de ta propre existence que de la force de mon âme pour vaincre ces obstacles qui te semblent si grands et qui me paraissent à moi si petits désormais ! Ah ! le jour où je n'aurai plus à craindre que le monde, je me sentirai bien forte, va !

— Le monde ! dit Michel, oui, j'y songe ; j'avais oublié tout ce qui n'était pas vous et moi. Le monde vous reniera, le monde s'indignera contre vous, et cela à cause de moi ! Mon Dieu, pardonne-moi les élans d'orgueil que j'ai ressentis ! Je le déteste à présent... Oh ! que personne ne le sache jamais, et que mon bonheur soit enseveli dans le mystère ! Je le veux ainsi, je ne souffrirai jamais que vous vous perdiez pour l'amour de moi.

— Noble enfant ! s'écria la princesse, rassure-toi ; nous vaincrons ensemble ; mais je te remercie de ce mouvement de ton cœur. Oh ! oui, tous tes élans sont généreux, je le sais. Je ne suis pas seulement heureuse, je suis fière de toi ! »

Et elle prit à deux mains la tête de l'enfant pour l'embrasser encore.

Mais Michel crut entendre encore des pas à peu de distance, et la crainte de compromettre cette femme si brave l'emporta sur le sentiment de son bonheur. «Nous pouvons être surpris ou épiés, lui dit-il : je suis sûr qu'on vient par ici. Fuyez ! moi je me tiendrai caché dans ces massifs jusqu'à ce que ces curieux ou ces passants se soient éloignés. Mais à demain, n'est-ce pas?...

— Oh ! certes, à demain, répondit-elle. Viens ici dès le matin, comme pour travailler, et monte jusqu'à mon casino. »

Elle le pressa encore dans ses bras, et, entrant dans le parc, elle disparut derrière les arbres.

Le bruit qui s'était fait entendre avait cessé, comme si les gens qui s'approchaient avaient changé de direction. Michel resta longtemps immobile et comme privé de raison. Après tant d'illusions charmantes, après tant d'efforts pour n'y point croire, il retombait plus que jamais sous l'empire des songes, du moins il le craignait. Il n'osait se croire éveillé, il avait peur de faire un pas, un mouvement, qui dissipassent encore une fois le prestige, comme dans la grotte de la Naïade. Il ne pouvait se décider à interroger la réalité. La vraisemblance même l'épouvantait. Comment et pourquoi Agathe l'aimait-elle? A cela il ne trouvait point de réponse, et alors il repoussait cette interrogation comme un blasphème. « Elle m'aime, elle me l'a dit ! s'écriait-il intérieurement. En douter serait un crime ; si je me méfiais de sa parole, je ne serais pas digne de son amour. »

Et il se plongeait dans un océan de délices. Il élevait ses pensées vers le ciel qui l'avait fait naître si heureux. Il se sentait capable des plus grandes choses, puisqu'il était jugé digne des plus grandes joies. Jamais il n'avait cru vers tant de ferveur à la bonté divine, jamais il ne s'était senti si fier et si humble, si pieux et si brave.

« Ah ! pardonne-moi, mon Dieu, disait-il encore dans son cœur ; jusqu'à ce jour je me croyais quelque chose.

J'avais de l'orgueil, je m'abandonnais à l'amour de moi-même; et pourtant je n'étais pas aimé! C'est d'aujourd'hui seulement que j'existe. J'ai reçu la vie, j'ai reçu une âme, je suis homme! Mais je n'oublierai plus que, seul, je ne suis rien, et que l'enthousiasme qui me possède, la puissance qui me déborde, la chasteté dont je sens aujourd'hui le prix, sont nés sous le souffle de cette femme et ne vivent en moi que par elle. O jour de félicités sans bornes! calme souverain, ambition assouvie sans égoïsme et sans remords! Victoire enivrante qui laisse le cœur modeste et généreux! L'amour est tout cela, et plus encore. Que tu es bon, mon Dieu, de ne m'avoir pas permis de le deviner d'avance, et que cette surprise augmente l'ivresse d'une âme au sortir de son propre néant!... »

Il allait se retirer lentement lorsqu'il vit une forme noire glisser le long du mur et disparaître dans les branches. Il se dissimula encore plus dans l'ombre pour observer, et bientôt il reconnut le Piccinino sortant de son manteau qu'il jeta par-dessus le mur, afin de se disposer à l'escalader plus lestement.

Tout le sang de Michel reflua vers son cœur. Carmelo était-il attendu? La princesse l'avait-elle autorisé à conférer avec elle, n'importe à quelle heure, et à s'introduire, n'importe par quel moyen? Il est vrai qu'il avait à traiter avec elle des secrets d'importance, et que sa manière la plus naturelle de marcher étant, comme il le disait, le vol d'oiseau, l'escalade nocturne rentrait, pour lui, dans les choses naturelles. Il avait bien averti Agathe qu'il reviendrait peut-être sonner à la grille de son parterre au moment où elle l'attendrait le moins. Mais n'avait-elle pas eu tort de le lui permettre? Qui pouvait deviner les intentions d'un homme comme le Piccinino? Agathe était seule; aurait-elle l'imprudence de lui ouvrir et de l'écouter? Si elle poussait à ce point la confiance, Michel ne pouvait se résoudre à la partager. Avait-elle compris que cet homme était amoureux d'elle, ou qu'il feignait de l'être? Que s'étaient-ils dit dans le parterre, lorsque Michel et le marquis avaient assisté à leur entretien sans l'entendre?

Michel tombait du ciel en terre. Un violent accès de jalousie s'emparait de lui, et, pour se donner le change, il essayait de se persuader qu'il ne craignait que le danger d'une insulte pour sa dame bien-aimée. N'était-il pas de son devoir de veiller à sa sûreté et de la protéger envers et contre tous?

Il ouvrit sans bruit la grille, dont il avait conservé la clef, ainsi que celle du parterre, et il se glissa dans le parc, résolu à observer l'ennemi. Mais, après avoir vu le Piccinino enjamber adroitement le mur, il lui fut impossible de retrouver aucune trace de lui.

Il se dirigea vers les rochers, et, s'étant bien assuré qu'il n'y avait personne devant lui, il se décida à gravir l'escalier de laves, se retournant à chaque instant pour voir si le Piccinino ne le suivait pas. Le cœur lui battait bien fort, car une rencontre avec lui sur cet escalier eût été décisive. En le voyant là, le bandit aurait compris qu'on l'avait trompé, que Michel était l'amant d'Agathe, et quelle n'eût pas été sa fureur? Michel ne redoutait point une lutte sanglante pour lui-même; mais comment prévenir la vengeance de Carmelo contre Agathe, s'il sortait vivant de cette rencontre?

Néanmoins Michel monta jusqu'en haut, et, s'étant bien assuré qu'il n'était pas suivi, il entra dans le parterre, le referma, et s'approcha du boudoir d'Agathe. Cette pièce était éclairée, mais déserte. Une femme de chambre vint au bout d'un instant éteindre le lustre et s'éloigna. Tout rentra dans le silence et l'obscurité.

Jamais Michel n'avait été aux prises avec une plus violente anxiété. Son cœur battait à se rompre, à mesure que ce silence et cette incertitude se prolongeaient. Que se passait-il dans les appartements d'Agathe? Sa chambre à coucher était située derrière le boudoir; on y pénétrait du parterre par une courte galerie où une lampe brûlait encore. Michel s'en aperçut en regardant à travers la serrure de la petite porte en bois sculpté et armorié. Peut-être cette porte n'était-elle pas fermée en dedans?

Michel essaya, et, ne rencontrant pas d'obstacle, il entra dans le casino.

Où allait-il et que voulait-il? Il ne le savait pas bien lui-même. Il se disait qu'il allait au secours d'Agathe menacée par le Piccinino. Il ne voulait pas se dire qu'il était poussé par le démon de la jalousie.

Il crut entendre parler dans la chambre d'Agathe. C'étaient deux voix de femme: ce pouvait être la camériste répondant à sa maîtresse; mais ce pouvait être aussi la voix douce et quasi féminine de Carmelo.

Michel resta irrésolu et tremblant. S'il retournait dans le parterre, cette porte de la galerie serait sans doute bientôt fermée par la camériste, et alors, quel moyen de rentrer, à moins de casser une vitre du boudoir, expédient qui ne pouvait convenir qu'au Piccinino, et auquel Michel répugnait naturellement?

Il lui semblait que des siècles s'étaient écoulés depuis qu'il avait vu le bandit escalader le mur; il n'y avait pourtant pas un quart d'heure; mais on peut vivre des années pendant une minute, et il se disait que, puisque le Piccinino tardait tant à le suivre, apparemment il l'avait précédé.

Tout à coup la porte de la chambre d'Agathe s'ouvrit, et Michel n'eut que le temps de se dissimuler derrière le piédestal de la statue qui portait la lampe. « Ferme bien la porte du parterre, dit Agathe à sa camériste qui sortait, mais laisse celle-ci ouverte; il fait horriblement chaud chez moi. »

La jeune fille rentra après avoir obéi aux ordres de sa maîtresse. Michel était rassuré. Agathe était seule avec sa femme de chambre. Mais il était enfermé, lui! et comment sortirait-il? ou comment expliquerait-il sa présence si on le découvrait ainsi caché à la porte de la princesse?

« Je dirai la vérité, pensa-t-il sans s'avouer à lui-même que ce n'était que la moitié de la vérité. Je raconterai que j'ai vu le Piccinino escalader le mur du parc, et que je suis venu pour défendre celle que j'adore contre un homme auquel je ne me fie point. »

Mais il se promit d'attendre que la suivante se fût retirée, car il ne savait pas si elle avait la confiance entière de sa maîtresse, et si elle n'incriminerait point cette marque de leur intimité.

Peu d'instants après, Agathe la congédia en effet; il se fit un bruit de portes et de pas, comme si cette femme fermait toutes les issues en se retirant. Ne voulant point tarder à se montrer, Michel entra résolument dans la chambre d'Agathe, qu'il s'y trouva seul. Avant de se coucher, la princesse était entrée dans son oratoire, et Michel l'apercevait, agenouillée sur un coussin de velours. Elle était vêtue d'une longue robe blanche flottante; ses cheveux noirs tombaient jusqu'à ses pieds, en deux grosses nattes dont le poids eût gêné son sommeil si elles les eût gardées la nuit autour de sa tête. Un faible reflet de lampe sous un globe bleuâtre l'éclairait d'une lueur transparente et triste qui la faisait ressembler à une ombre. Michel s'arrêta saisi de crainte et de respect.

Mais, comme il hésitait à interrompre sa prière et se demandait comment il l'éveillerait son attention sans l'effrayer, il entendit ouvrir la porte de la petite galerie, et des pas, si légers qu'il fallait l'oreille d'un jaloux pour les distinguer, s'approcher de la chambre d'Agathe. Michel n'eut que le temps de se jeter derrière le lit d'ébène sculpté et incrusté de figurines d'ivoire. Ce lit n'était pas collé à la muraille comme les nôtres, mais isolé, comme il est d'usage dans les pays chauds, et le pied tourné vers le centre de l'appartement. Entre le mur et le dossier élevé de ce meuble antique, il y avait donc assez de place pour que Michel pût se tenir caché. Il n'osa se baisser, dans la crainte d'agiter les rideaux de satin blanc brodés en soie bullie. Il n'avait plus le temps de prendre beaucoup de précautions. Le hasard le servit, car, malgré le coup d'œil rapide et curieux que le Piccinino promena dans l'appartement, ce dernier ne vit aucun désordre, aucun mouvement qui pût trahir la présence d'un homme arrivé avant lui.

Il allait pourtant se livrer à une prudente perquisition

lorsque la princesse, avertie par le bruit léger de ses pas, se leva à demi en disant : « Est-ce toi, Nunziata ? »

Ne recevant pas de réponse, elle écarta la portière qui lui cachait à demi l'intérieur de sa chambre à coucher, et vit le Piccinino debout en face d'elle. Elle se leva tout à fait et resta immobile de surprise et d'effroi.

Mais, sachant bien qu'elle ne devait pas trahir sa pénible émotion en présence d'un homme de ce caractère, elle garda le silence pour que sa voix altérée ne révélât rien, et elle marcha vers lui, comme si elle attendait qu'il lui expliquât son audacieuse visite.

Le Piccinino mit un genou en terre, et, lui présentant un parchemin plié :

« Madame, dit-il, je savais que vous deviez être dans une grande inquiétude à propos de cet acte important, et je n'ai pas voulu remettre jusqu'à demain pour vous le rapporter. Je suis venu ici dans la soirée ; mais vous étiez absente, et j'ai dû attendre que vous fussiez rentrée. Pardonnez si ma visite est un peu contraire aux convenances du monde où vous vivez ; mais Votre Altesse n'ignore pas que je suis forcé d'agir en toutes choses, et en cette occasion particulièrement, avec le plus grand secret.

— Seigneur capitaine, répondit Agathe après avoir ouvert et regardé le parchemin, je savais que le testament de mon oncle avait été soustrait, ce matin, au docteur Recuperati. Ce pauvre docteur est venu, tout hors de lui, dans l'après-midi, pour me conter sa mésaventure. Il ne pouvait imaginer comment son portefeuille avait été enlevé de sa poche, et j'ai dû attendre que vous fussiez l'abbé Ninfo. Je n'ai pas été inquiète parce que je comptais que, dans la journée, l'abbé Ninfo aurait à vous rendre compte de son larcin. J'ai donc rassuré le docteur en l'engageant à ne rien dire et en lui promettant que le testament serait bientôt retrouvé. Vous pouvez bien croire que je ne lui ai pas laissé pressentir de quelle façon et par quel moyen.

« Maintenant, capitaine, il ne me convient pas d'avoir entre les mains un acte que j'aurais l'air d'avoir soustrait par défiance des intentions de mon oncle ou de la loyauté du docteur. C'est vous qui le remettrez par une voie indirecte, mais sûre, au dépositaire qui l'avait accepté, quand le moment de le produire sera venu. Vous êtes trop ingénieux pour ne pas trouver cette voie sans vous trahir en aucune façon.

— Que je me charge encore de cela ? Y songez-vous, Madame ? dit le Piccinino qui s'était relevé, et attendait avec impatience qu'on lui dît de s'asseoir ; » mais Agathe lui parlait debout, comme quelqu'un qui compte sur la prompte retraite de son interlocuteur ; et il voulait, à tout prix, prolonger l'entretien. Il souleva des difficultés.

« C'est impossible, dit-il, le cardinal a l'habitude de faire comprendre par ses regards qu'il veut qu'on lui représente le testament, et cela, il y songe tous les jours. Il est vrai, ajouta-t-il pour gagner du temps et en appuyant sa main sur le dossier d'une chaise, comme un homme très-fatigué, il est vrai que le cardinal étant privé de son truchement, l'abbé Ninfo, il serait facile au docteur de feindre qu'il ne comprend rien aux regards éloquents de Son Éminence... D'autant plus, continua le Piccinino en secouant un peu la chaise et en y appuyant son coude, que la stupidité habituelle du docteur rendrait la chose très-vraisemblable... Mais, reprit-il en offrant la chaise d'un air respectueux à la princesse pour qu'elle lui donnât l'exemple de s'asseoir, le cardinal peut être compris de quelque autre affidé qui mettrait le bon docteur au pied du mur en lui disant : « Vous voyez bien que Son Éminence veut voir le testament ! »

Et le Piccinino fit un geste gracieux pour lui montrer qu'il souffrait de la voir debout devant lui.

Mais Agathe ne voulait pas comprendre, et surtout elle ne voulait pas garder le testament, afin de n'avoir pas à remercier le Piccinino, dans un moment pareil, en des termes qui l'eussent offensé par trop de réserve, ou encouragé par trop d'effusion. Elle tenait à conserver une attitude de fierté en l'accablant d'une confiance sans bornes à l'endroit de ses intérêts de fortune.

« Non, capitaine, répondit-elle toujours debout et maî-

tresse d'elle-même, le cardinal ne demandera plus à voir le testament, car son état a bien empiré depuis vingt-quatre heures. Il semble que ce misérable Ninfo le tînt dans un état d'excitation qui prolongeait son existence, car, depuis ce matin qu'il a disparu, mon oncle se livre à un repos d'esprit bien voisin sans doute du repos de la tombe. Ses yeux sont éteints, il ne paraît plus se soucier de rien autour de lui, il ne se préoccupe pas de l'absence de son familier, et le docteur est forcé d'user des ressources de l'art pour combattre une somnolence dont il craint de ne pas voir le réveil.

— Le docteur Recuperati a toujours été inepte, reprit le Piccinino en s'asseyant sur le bord d'une console et en laissant tomber son manteau à ses pieds comme par mégarde. Je demande à Votre Altesse, ajouta-t-il en croisant ses bras sur sa poitrine, si les prétendues lois de l'humanité ne sont pas absurdes et fausses en pareil cas, comme presque toutes les lois du respect humain et de la convenance hypocrite ? Quel bien procure-t-on à un moribond lorsqu'on essaie de le rappeler à la vie avec la certitude qu'on n'y parviendra pas et qu'on ne fait que prolonger son supplice en ce monde ? Si j'étais à la place du docteur Recuperati, je me dirais que Son Éminence a bien assez vécu. L'avis de tous les honnêtes gens, et celui de Votre Altesse elle-même, est certainement que cet homme a trop vécu. Il serait bien temps de le laisser se reposer du voyage fatigant de la vie, puisqu'il paraît le désirer pour sa part et s'arranger commodément sur son oreiller pour son dernier somme... Je demande pardon à Votre Altesse si je m'appuie sur ce meuble, mes jambes se dérobent sous moi tant j'ai couru aujourd'hui pour ses affaires, et si je ne reprends haleine un instant, il me sera impossible de retourner ce soir à Nicolosi. »

Agathe fit signe au bandit qu'elle l'engageait à s'asseoir sur la chaise qui était restée entre eux ; mais elle demeura debout pour lui faire sentir qu'elle n'entendait point qu'il abusât longtemps de la permission.

XLIII.

CRISE.

« Il me semble, dit la princesse en posant le testament auprès du Piccinino sur la console, que nous sortons un peu de la question. Je rends compte des faits à Votre Seigneurie. Mon oncle a peu d'instants à vivre et ne pensera plus à son testament. Le jour de produire cet acte est donc proche. Mais je souhaiterais que, ce moment venu, il se trouvât dans les mains du docteur et non dans les miennes.

— C'est un scrupule fort noble, répondit le Piccinino, d'un ton ferme qui cachait son dépit ; mais je le partage pour mon propre compte, et, comme tout ce qui se passe d'étrange et de mystérieux dans la contrée est toujours attribué au fantastique capitaine Piccinino, je souhaite, moi, ne me mêler en rien de cette restitution. Votre Seigneurie voudra donc bien l'opérer comme elle le jugera convenable. Ce n'est pas moi qui ai dérobé le testament. Je l'ai trouvé sur le coupable, je le rapporte, et je crois avoir assez fait pour qu'on ne m'accuse pas de tiédeur. Sans aucun doute, la disparition de l'abbé Ninfo ne tardera pas à être remarquée, et le nom du Piccinino va être en jeu dans les imaginations populaires comme dans les cervelles sournoises des gens de police. De là, de nouvelles recherches ajoutées à celles dont ma véritable personnalité est l'objet, et auxquelles je n'ai échappé jusqu'ici que par miracle. J'ai accepté les risques de cette affaire ; je tiens le monstre dans mes chaînes ; Votre Altesse est tranquille sur le sort de ses amis et sur la liberté de ses démarches. Elle est en possession de son titre à la fortune : veut-elle ma vie ? Je suis prêt à la donner cent fois pour elle ; mais qu'elle le dise et qu'elle ne me pousse point à ma perte par des faux-fuyants sans me laisser la consolation de savoir que je meurs pour elle. »

Le Piccinino accentua ces dernières paroles de manière à empêcher Agathe d'éviter plus longtemps des explications délicates.

« Capitaine, dit-elle en s'efforçant de sourire, vous me jugez mal si vous croyez que je veux me délivrer du fardeau de la reconnaissance envers vous. Ma répugnance à reprendre cet acte, qui représente pour moi la possession de grandes richesses, devrait vous prouver ma confiance en vous et l'intention où je suis de vous laisser disposer vous-même de tout ce qui m'appartient.

— Je ne comprends pas, Madame, répondit Carmelo en s'agitant sur sa chaise. Vous avez donc cru que je venais à votre secours pour faire une affaire, et rien de plus?

— Capitaine, reprit Agathe sans se laisser émouvoir par l'indignation feinte ou réelle du Piccinino, vous vous intitulez vous-même, et avec raison, le *justificier d'aventure*. C'est-à-dire que vous rendez la justice suivant votre cœur et votre conscience, sans vous soucier des lois officielles, qui sont fort souvent contraires à celles de la justice naturelle et divine. Vous secourez les faibles, vous sauvez les victimes, vous protégez ceux dont les sentiments et les opinions vous paraissent mériter votre estime, contre ceux que vous regardez comme les ennemis de votre pays et de l'humanité. Vous punissez les lâches et vous empêchez l'accomplissement de leurs perfides desseins. Tout cela est une mission que le monde légal ne comprend pas toujours, mais dont je connais le mérite sérieux et la tournure héroïque. Ai-je donc besoin de vous tranquilliser sur l'estime que je fais de vous, et trouvez-vous que j'aie manqué à vous la témoigner?

« Mais puisque le monde officiel renie votre intervention, et que, pour la continuer, vous êtes forcé de vous créer par vous-même des ressources d'une certaine importance, il serait insensé, il serait indiscret de réclamer votre protection sans avoir songé à vous offrir les moyens de l'exercer et de l'étendre davantage. J'y avais songé, moi, je le devais, et je m'étais promis de ne point traiter avec vous comme avec un avocat ordinaire, mais de vous laisser régler vous-même le prix de vos généreux et loyaux services. J'aurais cru vous faire injure en les taxant. A mes yeux, ils sont inappréciables : c'est pourquoi, en vous offrant de puiser à discrétion à une fortune princière, je serai encore obligée de compter sur votre modestie et votre désintéressement pour me croire acquittée avec vous.

— Ce sont là de bien flatteuses paroles, et le doux parler de Votre Altesse me charmerait si j'étais dans les idées qu'elle me suppose. Mais si elle daignait ne pas refuser de s'asseoir un instant pour m'entendre, je pourrais lui expliquer les miennes sans craindre d'abuser de la patience qu'elle m'accorde. »

« Allons! pensa Agathe en s'asseyant à quelque distance du Piccinino, la persistance de cet homme est comme la destinée, inévitable. »

« J'aurai bientôt dit, reprit le Piccinino avec un malin sourire, lorsqu'il fut enfin assise. Je fais mes affaires en faisant celles des autres, cela est vrai; mais chacun entend les profits de la vie comme il s'y est porté par la circonstance. Avec certaines gens, il n'y a que de l'or à réclamer. Ce sont les cas vulgaires, le *courant*, comme on dit, je crois. Mais avec certaines autres personnes, riches de plus de qualités et de charmes encore que de ducats, l'homme intelligent aspire à de plus délicates récompenses. La richesse matérielle d'une personne comme la princesse Agathe est bien peu de chose en comparaison des trésors de générosité et de sensibilité que son cœur renferme... Et l'homme d'action qui s'est voué à la servir, s'il l'a fait avec une certaine promptitude et un certain zèle, n'est-il pas libre d'aspirer à quelque jouissance plus noble que celle de puiser dans sa bourse? Oui, certes, il est des joies morales plus élevées et au prix desquelles l'offre de votre fortune me satisfait si peu, qu'elle blesse mon intelligence et mon cœur comme un affront. »

Agathe commença à se sentir gagner par la peur, car le Piccinino s'était levé et s'approchait d'elle. Elle n'osait changer de place, elle craignait de pâlir et de trembler; et pourtant, quelque brave qu'elle fût, la figure et la voix de ce jeune homme lui faisaient un mal affreux. Son costume, ses traits, ses manières, son organe, réveillaient en elle un monde de souvenirs, et quelque effort qu'elle fît pour l'élever au niveau de son estime et de sa gratitude, une aversion invincible fermait son âme à de tels sentiments. Elle avait si longtemps refusé à Fra-Angelo d'accepter cette intervention, que, certes, elle eût persisté à ne jamais y recourir, si elle n'eût été certaine que l'abbé Ninfo l'avait pressé de faire assassiner ou enlever Michel, en lui montrant le testament comme moyen de récompenser ses services.

Mais il était trop tard. Le noble et naïf capucin de Bel-Passo n'avait pas prévu que son élève, qu'il s'était habitué à regarder comme un enfant, pourrait devenir amoureux d'une femme plus âgée que lui de quelques années. Et pourtant quoi de plus facile à prévoir? Mais les personnes qu'on respecte beaucoup n'ont pas d'âge. Pour Fra-Angelo, la princesse de Palmarosa, sainte Agathe de Catane, et la madone, n'avaient même plus de sexe. Si quelqu'un eût troublé son sommeil pour lui dire qu'en cet instant Agathe courait de grands dangers auprès de son élève, il se fût écrié: Ah! le méchant enfant aura vu ses diamants! Et, tout en se mettant en route pour voler au secours de la princesse, il se fût dit encore que, d'un mot, elle pouvait le tenir à distance; mais ce mot, Agathe éprouvait une répugnance insurmontable à le prononcer, et elle espérait toujours n'être pas forcée d'en venir là.

« Je comprends fort bien, monsieur le capitaine, dit-elle avec une froideur croissante, que vous me demandez mon estime pour toute récompense; mais je répète que je vous l'ai prouvée en cette occasion même, et je crois que votre fierté doit être satisfaite.

— Oui, Madame, ma fierté; mais il ne s'agit pas de ma fierté seulement. Vous ne la connaissez pas assez d'ailleurs pour en mesurer la portée, et pour savoir si elle n'est pas au-dessus de tous les sacrifices d'argent que vous pourriez faire en ma faveur. Je ne veux pas de votre testament, je ne veux y avoir jamais aucune part, entendez-vous bien? »

Et il s'agenouilla devant elle, et prit sa main avec une énergie farouche.

Agathe se leva, et, s'abandonnant à un mouvement d'indignation peut-être irréfléchi, elle prit le testament sur la console. « Puisqu'il en est ainsi, dit-elle en essayant de le déchirer, autant vaut que cette fortune ne soit ni à vous ni à moi; car c'est là le moindre service que vous m'ayez rendu, capitaine; et, s'il n'eût été lié à un autre plus important, je ne vous l'eusse jamais demandé. Laissez-moi anéantir ce titre, et ensuite vous pourrez me demander une part légitime dans mes affections, sans que je rougisse de vous écouter. »

Mais le parchemin résista aux efforts de ses faibles mains, et le Piccinino eut le temps de le lui ôter et de le placer sous un gros bloc de mosaïque romaine qui ornait le dessus de la console et qu'elle aurait eu encore plus de peine à soulever.

« Laissons cela, dit-il en souriant, et n'y pensons plus. Supposons même que ce testament n'ait jamais existé; sachons bien qu'il ne peut pas être un lien entre nous, et que vous ne me devez rien, en échange de votre fortune. Je sais que vous êtes assez riche déjà pour vous passer de ces millions; je sais aussi que, n'eussiez-vous rien, vous n'accorderiez pas votre amitié pour un service d'argent que vous comptiez payer avec de l'argent. J'admire votre fierté, Madame, je la comprends et je suis fier de la comprendre. Ah! maintenant que cette prosaïque pensée est écartée de nos cœurs, je me sens bien plus heureux, car j'espère! Je me sens aussi bien plus hardi, car l'amitié d'une femme comme vous me paraît si désirable que je risquerais tout pour l'obtenir.

— Ne parlez pas encore d'amitié, dit Agathe en le repoussant, car il commençait à toucher à ses longues tresses de cheveux et à les rouler autour de son bras comme pour s'enchaîner à elle; parlez de la reconnaissance que je vous dois; elle est grande, je ne la renierai jamais, et je vous la prouverai dans l'occasion, malgré vous, s'il le faut. Le service que vous m'avez rendu vous en assure d'autres de ma part, et un jour nous serons quittes! Mais l'amitié suppose une mutuelle sympathie, et, pour obtenir la mienne, il faut l'acquérir et la mériter.

— Que faut-il faire? s'écria le Piccinino avec feu. Parlez! oh! je vous en supplie, dites-moi ce qu'il faut faire pour être aimé de vous!

— Me respecter au fond de votre cœur, lui répondit-elle, et ne ne pas m'approcher avec ces yeux hardis et ce sourire de satisfaction qui m'offensent. »

En la voyant si haute et si froide, le Piccinino eut du dépit; mais il savait que le dépit est un mauvais conseiller. Il voulait plaire, et il se domina.

« Vous ne me comprenez pas, lui dit-il en la ramenant à sa place, et en s'asseyant auprès d'elle. Oh! non, vous ne comprenez rien à une âme comme la mienne! Vous êtes trop femme du monde, trop diplomate; et moi, je suis trop naïf, trop rude, trop sauvage! Vous craignez des emportements de ma part, parce que vous voyez que je vous aime éperdûment; mais vous ne craignez pas de me faire souffrir, parce que vous ne devinez pas le mal que peut me faire votre indifférence. Vous croyez qu'un montagnard de l'Etna, un brigand aventurier ne peut connaître que de grossiers transports; et, quand je vous demande votre cœur, vous croyez avoir votre personne à défendre. Si j'étais duc ou marquis, vous m'écouteriez sans effroi, vous me consoleriez de ma douleur; et, en me montrant votre amour comme impossible, vous m'offririez votre amitié. Et moi, je serais doux, patient, prosterné dans une reconnaissance mélancolique et tendre. C'est parce que je suis un homme simple, un paysan, que vous me refusez même le mot de sympathie! Votre orgueil s'alarme parce que vous croyez que je la réclame comme un droit acquis par mes services, et vous me jetez toujours mes services à la tête, comme si je m'en faisais un titre auprès de vous, comme si je m'en souvenais quand je vous vois et quand je vous parle! Hélas! c'est que je ne sais point m'exprimer; c'est que je dis ce que je pense; sans me torturer l'esprit à vous le persuader sans vous le dire. J'ignore l'art de vos flatteurs; je ne suis pas plus un courtisan de la beauté qu'un courtisan du pouvoir, et ma vie maudite ne me permet pas de me poser près de vous en cavalier servant comme le marquis de la Serra. Je n'ai qu'une heure dans la nuit pour venir, au péril de ma vie, vous dire que je suis votre esclave, et vous me répondez que vous ne voulez pas être ma souveraine, mais non obligée, ma cliente, qui me paiera bien! Ah! fi! Madame, vous posez une bien froide main sur une âme en feu!

« Si vous ne me parliez que d'amitié, dit Agathe, si vous n'aspiriez réellement qu'à être un de mes amis, je vous répondrais que cela peut venir...

— Laissez-moi parler! reprit le Piccinino en s'animant et en s'illuminant de ce prestige de beauté qu'il avait quand il commençait à s'émouvoir réellement. Je n'osais d'abord vous demander que votre amitié, et c'est votre frayeur puérile qui a fait sortir le mot d'amour de mes lèvres. Eh bien! qu'est-ce qu'un homme peut dire de plus à une femme pour la rassurer? Je vous aime d'amour, donc vous ne devez pas trembler quand je prends votre main. Je vous respecte, vous le voyez bien, car nous sommes seuls et je suis maître de mes sens : mais je ne suis pas celui de mes pensées et des élans de ma passion. Je n'ai pas toute la vie pour vous la prouver. J'ai cet instant pour vous la dire, sachez-la donc. Si je pouvais passer tous les jours six heures à vos pieds, comme le marquis, je me trouverais peut-être heureux du sentiment que vous lui accordez; mais si j'ai seulement cette heure qui passe devant moi comme une vision, il me faut votre amour, ou un désespoir que je n'ose pressentir. Laissez-moi donc parler d'amour; écoutez-moi, et n'ayez pas peur. Si vous dites non, ce sera non, mais si vous m'entendiez sans songer à vous préserver, si vous vouliez tout de bon me comprendre, si vous vouliez oublier et votre monde, et l'orgueil qui n'ont rien à faire ici, et qui cessent d'exister dans la sphère où je

respire, vous seriez attendrie, parce que vous seriez convaincue. Oh! oui. Si vous étiez une âme simple, et si vous ne mettiez pas les préjugés à la place des pures inspirations de la nature et de la vérité, vous sentiriez qu'il y a là un cœur plus jeune et plus ardent que tous ceux que vous avez repoussés, un cœur de lion ou de tigre avec les hommes, mais un cœur d'homme avec les femmes, un cœur d'enfant avec vous! Vous me plaindriez, du moins. Vous verriez ma vie telle qu'elle est : un tourment, une menace, un cauchemar perpétuel! Et une solitude!... Oh! c'est surtout la solitude de l'âme qui me tue, parce que mon âme est plus difficile encore que mes sens. Tenez! vous savez comment je me suis conduit avec Mila, ce matin! Certes, elle est belle, et son caractère ni son esprit ne sont d'une créature vulgaire. J'aurais voulu l'aimer, et, si j'avais senti que je l'aimais, n'eût-ce été qu'un instant, elle m'eût aimé, elle eût été à moi toute sa vie. Mais, auprès d'elle, je ne pensais qu'à vous. C'est vous que j'aime, et vous êtes la seule femme que j'aie jamais aimée, quoique j'aie été l'amant de bien des femmes! Aimez-moi donc, ne fût-ce qu'un moment, rien que le temps de me le dire, ou, en repassant ce soir à un certain endroit qu'on appelle la Croix du *Destatore*, je deviendrai fou! je gratterai la terre avec mes ongles pour insulter et jeter au vent les cendres de l'homme qui m'a donné la vie. »

A ces derniers mots, Agathe perdit toute sa force; elle pâlit; un frisson parcourut tout son corps, et elle se rejeta sur le dossier de son fauteuil, comme si un spectre ensanglanté eût passé devant ses yeux.

« Ah! taisez-vous, taisez-vous! s'écria-t-elle; vous ne savez pas le mal que vous me faites! »

Le Piccinino ne pouvait comprendre la cause de cette émotion soudaine et terrible; il s'y méprit absolument. Il avait parlé avec une énergie d'accent et de regard qui eussent persuadé toute autre femme que la princesse. Il l'avait fascinée sous ses paupières ardentes; il l'avait enivrée de son souffle, du moins il le croyait. Il avait été si souvent fondé à le croire, alors même qu'il n'avait pas éprouvé la moitié du désir que cette femme lui inspirait! Il la jugea vaincue, et, l'entourant de ses bras, cherchant ses lèvres, il compta que la surprise de ses sens ferait le reste. Mais Agathe échappa à ses caresses avec une énergie inattendue, et, comme elle s'élançait vers une sonnette, Michel s'élança entre elle et le Piccinino, les yeux enflammés et un stylet à la main.

XLIV.

RÉVÉLATION.

A cette apparition inattendue, la stupeur du Piccinino fut telle qu'il lui resta immobile, sans songer ni à attaquer ni à se défendre. Aussi Michel, au moment de le frapper, s'arrêta-t-il, confondu de sa précipitation; mais, par un mouvement tellement rapide et adroit qu'il fut invisible, la main du Piccinino fut armée au moment où Michel retirait la sienne.

Néanmoins le bandit, après qu'un éclair de fureur eut jailli de ses yeux, retrouva son attitude dédaigneuse et froide. « A merveille, dit-il, je comprends tout maintenant, et plutôt que d'amener une scène aussi ridicule, la confiance de madame de Palmarosa aurait dû s'étendre jusqu'à me dire : Laissez-moi tranquille, je ne puis vous entendre, j'ai un amant caché derrière mon lit. Je me serais discrètement retiré, au lieu que maintenant il faut que je donne une leçon à maître Lavoratori, pour le punir de m'avoir vu jouer un rôle absurde. Tant pis pour vous, Signora, la leçon sera sanglante! »

Et il bondit vers Michel avec la souplesse d'un animal sauvage. Mais, quelque agile et rapide que fût son mouvement, la puissance miraculeuse de l'amour rendit Agathe plus prompte encore. Elle s'élança au-devant du coup, et l'eût reçu dans la poitrine si le Piccinino n'eût rentré son poignard dans sa manche, si vite, qu'il semblait qu'il n'eût toujours eu la main vide.

« Que faites-vous, Madame? dit-il; je ne veux point

assassiner votre amant, mais me battre contre lui. Vous ne le voulez pas? Soit! Je ne violerai pas une telle sauve-garde : mais je le retrouverai, comptez sur ma parole!

—Arrêtez! s'écria Agathe en le retenant par le bras, comme il se dirigeait vers la porte. Vous allez abjurer cette folle vengeance et donner la main à ce prétendu amant. Il s'y prêtera de bon cœur, lui, car lequel de vous deux voudrait tuer ou maudire son frère?

—Mon frère?... dit Michel stupéfait en laissant tomber son poignard.

—Mon frère, lui! dit le Piccinino sans quitter le sien. Cette parenté improvisée est fort peu vraisemblable, Madame. J'ai toujours ouï dire que la femme de Pier-Angelo avait été fort laide, et je doute que mon père ait jamais joué aucun mauvais tour aux maris qui n'avaient pas sujet d'être jaloux. Votre expédient n'est point ingénieux! Au revoir, Michel-Angelo Lavoratori?

—Je vous dis qu'il est votre frère! répéta la princesse avec force; le fils de votre père et non celui de Pier-Angelo, le fils d'une femme que vous ne pouvez outrager par vos mépris, et qui n'aurait pu vous écouter sans crime et sans folie. Ne comprenez-vous pas?

—Non, Madame, dit le Piccinino en haussant les épaules; je ne puis comprendre les rêveries qui vous viennent à l'esprit en ce moment pour sauver les jours de votre amant. Si ce pauvre garçon est un fils de mon père, tant pis pour lui; car il a bien d'autres frères que moi, qui ne valent pas grand'chose, et que je ne me gêne point pour frapper à la tête de la crosse de mon pistolet, quand ils manquent à l'obéissance et au respect qu'ils me doivent. Ainsi, ce nouveau membre de ma famille, le plus jeune de tous, ce me semble, sera châtié de ma main comme il le mérite; non pas devant vous, je n'aime point à voir les femmes tomber en convulsions; mais ce beau mignon ne sera pas toujours caché dans votre sein, Madame, et je sais où je le rejoindrai!

—Finissez de m'insulter, reprit Agathe d'un ton ferme, vous ne pouvez m'atteindre, et si vous n'êtes pas un lâche, vous ne devez pas parler ainsi à la femme de votre père.

—La femme de mon père! dit le bandit, qui commençait à écouter et à vouloir entendre. Mon père n'a jamais été marié, Signora! Ne vous moquez pas de moi.

—Votre père a été marié avec moi. Carmelo! et si vous en doutez, vous en trouverez la preuve authentique aux archives du couvent de Mal-Passo. Allez la demander à Fra-Angelo. Ce jeune homme ne s'appelle point Lavoratori : il s'appelle Castro-Reale, il est le fils, le seul fils légitime du prince César de Castro-Reale.

—Vous êtes donc ma mère? s'écria Michel en tombant sur ses genoux et embrassant ceux d'Agathe avec un mélange d'effroi, de remords et d'adoration.

—Tu le sais bien, lui dit-elle en pressant contre son flanc ému la tête de son fils. Maintenant, Carmelo, viens le tuer dans mes bras; nous mourrons ensemble! Mais, après avoir voulu commettre un inceste, tu consommeras un parricide! »

Le Piccinino, en proie à mille sentiments divers, croisa ses bras sur sa poitrine, et, le dos appuyé contre la muraille, il contempla en silence son frère et sa belle-mère, comme s'il eût voulu douter encore de la vérité. Michel se leva, marcha vers lui, et, lui tendant la main :

« Ton erreur a fait ton crime, dit-il, et je dois te le pardonner, puisque moi-même aussi je l'aimais sans savoir que j'avais le bonheur d'être son fils. Ah! ne trouble pas ma joie par ton ressentiment! Sois mon frère, comme je veux être le tien! Au nom de Dieu qui nous ordonne de nous aimer, mets ta main dans la mienne, et viens aux pieds de ma mère pour qu'elle te pardonne et te bénisse avec moi. »

A ces paroles, dites avec l'effusion d'un cœur généreux et sincère, le Piccinino faillit s'attendrir; sa poitrine se serra comme si les larmes allaient le gagner; mais l'orgueil fut plus fort que la voix de la nature, et il rougit de l'émotion qui avait menacé de le vaincre.

« Retire-toi de moi, dit-il au jeune homme, je ne te

connais pas; je suis étranger à toutes ces sensibleries de famille. J'ai aimé ma mère aussi, moi; mais avec elle sont mortes toutes mes affections. Je n'ai jamais rien senti pour mon père, que j'ai à peine connu, et qui m'a fort peu aimé, si ce n'est que j'avais un peu de vanité d'être le seul fils avoué d'un prince et d'un héros. Je croyais que ma mère était la seule femme qu'il eût aimée; mais on m'apprend ici qu'il avait trompé ma mère, qu'il était l'époux d'une autre, et je ne puis être heureux de cette découverte. Tu es fils légitime, toi, et moi je ne suis qu'un bâtard. Je m'étais habitué à croire que j'étais le seul fondé à me parer, si bon me semblait, du nom que tu vas porter dans le monde et qui nul ne te contestera. Et tu veux que je t'aime, toi, doublement patricien et prince par le fait de ton père et de ta mère? toi, riche, toi, qui vas devenir puissant dans la contrée où je suis errant et poursuivi! Toi, qui, bon ou mauvais Sicilien, seras ménagé et flatté par la cour de Naples, et qui ne croiras peut-être pas toujours pouvoir refuser les faveurs et les emplois! Toi qui commanderas peut-être des armées ennemies pour ravager les foyers de tes compatriotes! Toi qui, général, ministre ou magistrat, feras peut-être tomber ma tête, et clouer une sentence d'infamie au poteau où elle sera plantée, pour servir d'exemple et de menace à nos autres frères de la montagne? Tu veux que je t'aime? Je te hais et te maudis, au contraire!

« Et cette femme! continua le Piccinino avec une amertume bilieuse, cette femme menteuse, et froide, qui m'a joué jusqu'au bout avec un art infernal, tu veux que je me prosterne devant elle, et que je demande des bénédictions à sa main souillée peut-être du sang de mon père? car je comprends maintenant plus qu'elle ne le voudrait, sans doute! Je ne croirai jamais qu'elle ait épousé de bonne grâce le bandit ruiné, honni, vaincu, dépravé que le malheur, qui ne s'appelait plus que le Destatore... Il l'aura enlevée et violentée.... Ah! oui! je me souviens à présent! Il y a une histoire comme cela qui revient par fragments sur les lèvres de Fra-Angelo. Une enfant, surprise à la promenade par les bandits, entraînée avec sa gouvernante dans la retraite du chef, renvoyée au bout de deux heures, mourante, outragée! Ah! mon père, vous fûtes à la fois un héros et un scélérat! Je le sais, et moi je vaux mieux que vous, car je hais ces violences, et l'obscur récit de Fra-Angelo m'a préservé pour jamais d'y chercher la volupté.... C'est donc vous, Agathe, qui avez été la victime de Castro-Reale! Je comprends maintenant pourquoi vous avez consenti à l'épouser secrètement au monastère de Mal-Passo; car ce mariage est un secret, le seul peut-être de ce genre qui n'ait jamais transpiré! Vous avez été habile, mais le reste de votre histoire s'éclaircit devant mes yeux. Je sais maintenant pourquoi vos parents vous ont tenue enfermée en un lieu, si soigneusement qu'on vous a crue morte ou religieuse. Je sais pourquoi on a assassiné mon père, et je ne répondrais pas que vous fussiez innocente de sa mort!

—Infâme! s'écria la princesse indignée, oser me soupçonner du meurtre de l'homme que j'avais accepté pour époux?

—Si ce n'est toi, c'est donc ton père, ou bien quelqu'un des tiens! reprit le Piccinino en français, avec un rire douloureux. Mon père ne s'est pas tué lui-même, reprit-il en dialecte sicilien, et d'un air farouche. Il était capable d'un crime, mais non d'une lâcheté, et le pistolet qu'on a trouvé sous sa main, à la Croce del Destatore, ne lui avait jamais appartenu. Il n'était point réduit, par la défection partielle des siens, à se donner la mort pour échapper à ses ennemis, et la dévotion que Fra-Angelo cherchait à lui inspirer n'avait pas encore troublé sa raison à ce point qu'il crût devoir se châtier lui-même de ses égarements. Il a été assassiné, et, pour être si aisément surpris aussi près de la plaine, il a fallu qu'on l'attirât dans un piége. L'abbé Ninfo n'est pas étranger à cette trame sanglante. Je le saurai, car je le tiens, et, quoique je ne sois pas cruel, je lui infligerai la torture de mes propres mains jusqu'à ce qu'il se confesse! car ma mission, à moi, c'est de venger la mort de mon père, comme la tienne à toi, Michel, c'est de faire cause commune avec ceux qui l'ont ordonnée.

— Grand Dieu! dit Agathe sans se préoccuper davantage des accusations du Piccinino, chaque jour amènera donc la découverte d'un nouvel acte de fureur et de vengeance dans ma famille!... O sang des Atrides, que les furies ne vous réveillent jamais dans les veines de mon fils! Michel, que de devoirs ta naissance t'impose! Par combien de vertus ne dois-tu pas racheter tant de forfaits commis avant et depuis ta naissance! Carmelo, vous croyez que votre frère se tournera un jour contre son pays et contre vous! S'il en était ainsi, je vous demanderais de le tuer, aujourd'hui qu'il est pur et magnanime; car je sais, hélas! ce que deviennent les hommes qui abjurent l'amour de leur patrie et le respect dû aux vaincus!

— Le tuer tout de suite? dit le Piccinino; j'aurais bien envie de prendre au mot cette métaphore; ce ne serait pas long, car ce Sicilien de fraîche date ne sait pas plus manier un couteau que moi un crayon. Mais je ne l'ai pas fait hier soir quand l'idée m'en est venue sur la tombe de notre père, et j'attendrai que ma colère d'aujourd'hui soit tombée; car il ne faut tuer que de sang-froid et par jugement de la logique et de la conscience.

« Ah! Michel de Castro-Reale, je ne te connaissais pas hier, quoique l'abbé Ninfo t'eût désigné déjà à ma vengeance. J'étais jaloux de toi parce que je te croyais l'amant de celle qui se dit ta mère aujourd'hui, mais j'avais un pressentiment que cette femme ne méritait pas l'amour qui commençait à m'enflammer pour elle, et, en te voyant brave devant moi, je me disais : « Pourquoi tuer un homme brave pour une femme qui peut être lâche? »

— Taisez-vous, Carmelo, s'écria Michel en ramassant son stylet; que je connaisse ou non l'art du couteau, si vous ajoutez une parole de plus à vos outrages contre ma mère, j'aurai votre vie ou vous aurez la mienne.

— Tais-toi toi-même, dit le Piccinino en présentant sa poitrine demi-nue à Michel avec un air de dédain; la vertu du monde légal rend lâche, et tu l'es aussi, toi qui as été nourri des idées de ce monde-là; tu n'oserais seulement égratigner ma peau de lion, parce que tu respectes en moi ton frère. Mais je n'ai pas ces préjugés, et je te le prouverai, un jour où je serai calme! Aujourd'hui, je suis indigné, j'en conviens, et je veux te dire pourquoi : c'est qu'on m'a trompé, et que je ne croyais aucun être humain capable de se jouer de ma crédulité; c'est que j'ai ajouté foi à la parole de cette femme lorsqu'elle m'a dit hier, dans ce parterre dont j'entends d'ici murmurer les fontaines, et sous le regard de cette lune, qui paraissait moins pure et moins calme que son visage : « Que peut-il y avoir de commun entre cet enfant et moi? » Quoi de commun? et tu es son fils! et tu le savais, toi qui m'as trompé aussi!

— Non, je ne le savais pas; et quant à ma mère...

— Ta mère et toi, vous êtes deux froids serpents, deux Palmarosa venimeux! Ah! je hais cette famille qui a tant persécuté mon pays et ma race, et j'en ferai quelque jour un rude exemple, même sur ceux qui prétendent être bons patriotes et seigneurs populaires. Je hais tous les nobles, moi! et tremblez devant ma sincérité, vous autres dont la bouche souffle le froid et le chaud! Je hais les nobles depuis un instant, depuis que je vis que je ne le suis pas, puisque j'ai un frère légitime et que je ne suis qu'un bâtard. Je hais le nom de Castro-Reale, puisque je ne puis le porter. Je suis envieux, vindicatif et ambitieux aussi, moi! mon intelligence et mon habileté justifiaient en moi cette prétention un peu mieux que l'art de la peinture chez le nourrisson des Muses et de Pier-Angelo! J'aurais été plus loin que lui si nos conditions fussent restées ce qu'elles étaient. Et ce qui rend ma vanité plus supportable que la tienne, prince Michel, c'est que je la proclame avec fierté, tandis que tu la caches honteusement, sous prétexte de modestie. Enfin je suis l'enfant de la nature sauvage et de la liberté volontaire, tandis que tu es l'élève de la coutume et de la peur. Je pratique la ruse à la manière des loups, et ma ruse me mène au but. Tu joues avec le mensonge, à la manière des hommes, et tu manqueras toujours le but, sans avoir le mérite de la sincérité. Voilà notre vie à tous les deux. Si la tienne me gêne trop, je me débarrasserai de toi comme d'un obstacle, entends-tu? Malheur à toi si tu m'irrites! Adieu ; ne souhaite pas de me revoir; voilà mon salut fraternel!

« Et quant à vous, princesse de Castro-Reale, dit-il en saluant Agathe avec ironie, vous qui eussiez bien pu vous dispenser de me laisser ramper à vos pieds, vous qui n'avez pas un rôle bien clair dans la catastrophe de la croix du *Destatore*, vous qui ne m'avez pas jugé digne de savoir vos mésaventures de jeunesse, et qui préfériez passer à mes yeux pour une vierge sans tache, sans vous soucier de me faire languir dans une attente insensée de vos précieuses faveurs, je vous souhaite d'heureux jours dans l'oubli de ce qui s'est passé entre nous, mais je m'en souviendrai, moi, et je vous avertis, Madame, que vous avez donné un bal sur un volcan, au réel comme au figuré.

En parlant ainsi, le Piccinino s'enveloppa la tête et les bras de son manteau, passa dans le boudoir, et, sans daigner attendre qu'on lui ouvrît les portes, il traversa d'un bond une des larges vitres qui donnaient sur le parterre. Puis il revint vers cette porte de la galerie dont il n'avait pas voulu franchir le seuil, et, à la manière des anciens fauteurs des Vêpres de Sicile, il entailla d'une croix, faite avec son poignard, l'écusson des Palmarosa, sculpté sur cette porte. Peu d'instants après, il était sur la montagne, fuyant comme une flèche.

« O ma mère! s'écria Michel en pressant dans ses bras Agathe oppressée, vous vous êtes fait un ennemi implacable pour me préserver d'ennemis imaginaires ou impuissants! Tendre mère, mère adorée, je ne te quitterai plus, ni jour ni nuit. Je coucherai en travers de ta porte, et si l'amour de ton fils ne peut te préserver, c'est que la Providence abandonne entièrement les hommes!

— Mon enfant, dit Agathe en l'étreignant dans ses bras, rassure-toi. Je suis navrée de tout ce que cet homme m'a remis devant les yeux, mais non effrayée de son injuste colère. Le secret de ta naissance ne pouvait lui être révélé plus tôt, car tu vois l'effet qu'a produit cette révélation. Mais le moment est venu où je n'ai plus à craindre pour toi que son ressentiment personnel, et celui-ci, nous l'apaiserons. La vengeance des Palmarosa va s'éteindre avec le dernier souffle que le cardinal Ieronimo exhale dans cet instant. Si c'est une faute de l'avoir conjurée à l'aide de Carmelo, cette faute appartient à Fra-Angelo, qui croit connaître les hommes parce qu'il a toujours vécu avec des hommes en dehors de la société, les brigands et les moines. Mais je me fie encore à ses grands instincts. Cet homme, qui vient de se montrer à nous si méchant, et que je ne puis voir sans une souffrance mortelle, puisqu'il me rappelle l'auteur de toute mon infortune, n'est peut-être pas indigne du bon mouvement qui t'a porté à lui donner le nom de frère. C'est un tigre dans la colère, un renard dans la réflexion; mais entre ses heures de rage et ses heures de perfidie, il doit y avoir des heures d'abattement, où le sentiment humain reprend des droits et lui arrache des larmes de regret et de désir : nous le ramènerons, je l'espère! La loyauté et la bonté doivent trouver le défaut de sa cuirasse. Au moment où il te maudissait, j'ai vu hésiter, retenir des pleurs. Son père... ton père, Michel! avait une profonde et ardente sensibilité jusqu'au milieu de ses habitudes de démence sinistre... Je l'ai vu sangloter à mes pieds après m'avoir presque étranglée pour étouffer mes cris... Je l'ai vu ensuite repentant devant l'autel, lorsqu'il m'épousa, et, malgré la haine et l'épouvante qu'il m'inspira toujours, je me suis repentie moi-même, à l'heure de sa mort, de ne lui avoir pas pardonné. J'ai tremblé à son souvenir, mais je n'ai jamais osé maudire sa mémoire; et, depuis que je t'ai retrouvé, ô mon fils bien-aimé! j'ai essayé de le réhabiliter à mes propres yeux, afin de n'avoir point à le condamner devant toi. Ne rougis donc point de por-

Il vit une pauvre femme qui mendiait. (Page 125.)

ter le nom d'un homme qui n'a été fatal qu'à moi, et qui a fait de grandes choses pour son pays. Mais garde pour celui qui t'a élevé et dont tu as cru jusqu'à ce jour être le fils, le même amour, le même respect que tu lui portais ce matin, noble enfant, lorsque tu lui remettais la dot de Mila, en lui disant que tu resterais ouvrier à son service toute ta vie, plutôt que de l'abandonner!

— O Pier-Angelo, ô mon père! s'écria Michel avec une impétuosité qui fit déborder son cœur en sanglots, il n'y a rien de changé entre nous, et le jour où mes entrailles ne frémiraient plus pour toi d'un élan filial, je crois que j'aurais cessé de vivre. »

XLV.

SOUVENIRS.

Agathe était brisée par tant d'agitations et de fatigues. Sa santé était délicate, quoique son âme fût forte, et, en la voyant si pâle, avec la voix presque éteinte, Michel s'effraya. Il commença à ressentir les tendres et poignantes sollicitudes d'un sentiment tout nouveau pour

lui. Il avait à peine connu l'amour qu'une mère peut inspirer. La femme de Pier-Angelo avait été bonne pour lui sans doute, mais, outre qu'il l'avait perdue dans un âge bien tendre, elle avait laissé dans sa mémoire l'impression d'une robuste et fière virago, irréprochable, mais violente, pleine de soins pour ses petits, mais parlant haut et frappant fort. Quelle différence avec cette nature exquise, cette beauté suave, cet être poétique qui s'appelait Agathe, et que Michel pouvait admirer comme l'idéal d'un artiste, tout en l'adorant comme une mère!

Il la supplia de se jeter sur son lit, et d'essayer de prendre une heure de repos.

« Je resterai près de vous, lui dit-il; je veillerai à votre chevet, je serai heureux de vous contempler, et quand vous ouvrirez les yeux, vous me trouverez là.

— Et toi, lui dit-elle, ce sera la troisième nuit que tu auras passée presque sans sommeil. Ah! que je souffre pour toi de la vie que nous menons depuis quelques jours!

— Ne vous inquiétez pas de moi, ma mère chérie, reprit le jeune homme en couvrant ses mains de baisers. J'ai très-bien dormi le matin, durant ces trois jours; et, maintenant je suis si heureux, malgré ce que nous venons de souffrir, qu'il me semble que je ne dormirai plus jamais. Je cherchais le sommeil pour vous retrouver dans mes rêves : à présent que le rêve s'est transporté dans ma vie réelle, je craindrais d'en perdre la notion en dormant. C'est à vous de vous reposer, ma mère... Ah! que ce nom est doux, ma mère!

— Je n'ai pas plus envie de dormir que toi, dit-elle, je ne voudrais plus te quitter un instant. Et puisque le Piccinino me fait toujours trembler pour ta vie, quoi qu'il puisse en résulter, tu resteras avec moi jusqu'au jour. Je vais m'étendre sur mon lit, puisque tu le veux; assieds-toi sur ce fauteuil, ta main dans la mienne, et si je n'ai plus la force de te parler, je t'entendrai du moins; nous avons tant de choses à nous dire! Je veux savoir ta vie depuis le premier jour que tu peux te rappeler jusqu'à celui-ci. »

Ils passèrent ainsi deux heures qui s'envolèrent pour eux comme deux minutes; Michel dit toute sa vie, en effet, et n'en cacha pas même les émotions récentes. L'espèce d'attrait enthousiaste qu'il avait éprouvé pour sa mère sans la connaître, ne soulevait plus dans sa pensée aucune question délicate qui ne pût se traduire par des mots dignes de la sainteté de leurs nouvelles relations. Ceux dont il s'était servi avec lui-même avaient changé de sens, et ce qu'ils avaient pu avoir d'impropre s'était effacé comme les vagues paroles qu'on prononce dans la fièvre, et qui ne laissent pas de traces quand la raison et la santé sont revenues.

Et puis, d'ailleurs, Michel, sauf quelques mouvements de vanité, n'avait rien rêvé dont il eût à rougir maintenant vis-à-vis de lui-même. Il s'était cru aimé, il ne s'était guère trompé! Il avait été envahi par une passion ardente, et il sentait qu'il n'aimait plus Agathe, devenue sa mère, avec moins d'enthousiasme, de reconnaissance, et même de jalousie, qu'il l'avait aimée une heure auparavant. Il s'expliquait maintenant pourquoi il ne l'avait jamais vue sans un élan infini de son âme vers elle, sans un intérêt tout-puissant, sans un sentiment d'orgueil secret qui avait comme un contre-coup en lui-même. Il se rappelait comment, la première fois qu'il l'avait vue, il lui avait semblé l'avoir vue de tout temps; et quand il lui demanda l'explication de ce miracle, « Regarde-toi dans une glace, lui dit-elle, et tu verras que mes traits te présentaient ta propre image; cette ressemblance que Pier-Angelo remarquait sans cesse avec joie, et qui m'enorgueillissait, me faisait pourtant trembler pour toi. Heureusement, elle n'a frappé personne, si ce n'est peut-être le cardinal, qui a fait arrêter sa chaise pour te regarder, le jour où tu te trouvais arrivé, et comme guidé par une main invisible, à la porte du palais de tes ancêtres. Mon oncle était jadis le plus soupçonneux et le plus clairvoyant des persécuteurs et des despotes. Certes, s'il t'eût vu avant de tomber en paralysie, il t'eût reconnu et fait jeter en prison, puis conduire en exil... peut-être assassiner! sans t'avoir adressé une seule question. Tout affaibli qu'il était, il y a dix jours, il a attaché sur toi un regard qui avait éveillé les soupçons de Ninfo, et ses souvenirs s'étaient éclaircis jusqu'à vouloir s'enquérir de ton âge. Qui sait quelle fatale lumière se fût faite dans son cerveau, si la Providence ne t'eût inspiré de répondre que tu avais vingt-un ans au lieu de dix-huit!

— J'ai dix-huit ans, reprit Michel, et vous, ma mère? vous me semblez aussi jeune que moi?

— J'en ai trente-deux, répondit Agathe, ne le savais-tu pas?

— Non! on aurait pu me dire que vous étiez ma sœur, je l'aurais cru en vous voyant! Oh! quel bonheur de vous voyez si belle et si jeune encore! Vous vivrez autant que moi, n'est-ce pas? Je n'aurai pas le malheur de vous perdre!... Vous perdre... Ah! maintenant que ma vie est liée à la vôtre, la mort me fait peur, je ne voudrais mourir ni avant ni après vous!..., Mais, est-ce donc la première fois que nous nous trouvons réunis? Je cherche dans les vagues souvenirs de ma première enfance avec l'espoir d'y ressaisir quelque chose de vous...

— Mon pauvre enfant, dit la princesse, je ne t'avais jamais vu avant le jour où, te regardant par une rosace de la galerie où tu dormais, je ne pus retenir un cri d'amour et de joie douloureuse qui te réveilla. Je ne connaissais même pas ton existence, il y a trois mois. Je te croyais mort le jour de ta naissance. Autrement, crois-tu donc que tu ne m'aurais pas vue accourir à Rome, sous un déguisement, pour te prendre dans mes bras et t'arracher aux dangers de l'isolement? Le jour où Pier-Angelo m'apprit qu'il t'avait sauvé des mains d'une infâme accoucheuse qui allait te jeter dans un hospice par l'ordre de mes parents, qu'il s'était enfui avec toi en pays étranger, et qu'il t'avait élevé comme son fils, j'allais partir pour Rome. Je l'aurais fait, sans la prudence de Fra-Angelo, qui me démontra que ta vie serait en danger tant que durerait celle du cardinal, et qu'il valait mieux attendre sa fin que de nous exposer tous à des soupçons et à des recherches. Ah! mon fils, que j'ai souffert, tant que j'ai vécu seule avec les affreux souvenirs de ma jeunesse! Flétrie dès l'enfance, maltraitée, enfermée et persécutée par ma famille, pour n'avoir jamais voulu révéler le nom de l'homme que j'avais consenti à épouser dès les premiers symptômes de ma grossesse; séparée de mon enfant et maudite pour les larmes que sa prétendue mort m'arrachait, menacée de le voir périr sous mes yeux, quand je m'abandonnais à l'espérance qu'on m'avait trompée, j'ai vu s'écouler le plus beau temps de la vie dans les pleurs du désespoir et les frissons de l'épouvante.

« Je t'ai donné le jour dans cette chambre, Michel, à la place où nous voici. C'était alors une espèce de grenier longtemps inhabité qu'on avait converti en prison pour cacher la honte de mon état. On ne savait pas ce qui m'était arrivé. J'aurais à peine pu le dire, je l'avais à peine compris, tant j'étais jeune et pure d'imagination. Je pressentais le récit de la vérité attirerait sur l'enfant que je portais dans mon sein, et sur son père, de nouvelles catastrophes. Ma gouvernante était morte le lendemain de notre désastre, sans pouvoir ou sans vouloir parler. Personne ne put m'arracher mon secret, même pendant les douleurs de l'enfantement; et lorsque, comme des inquisiteurs, mon père et mon oncle, debout et insensibles auprès de mon lit, me menaçaient de la mort si je ne confessais ce qu'ils appelaient ma faute, je me bornais à répondre que j'étais innocente devant Dieu, et qu'à lui seul appartenait de punir ou de sauver le coupable.

« S'ils ont découvert, depuis, que j'étais la femme de Castro-Reale, c'est ce que je n'ai jamais pu savoir; jamais son nom n'a été prononcé devant moi, jamais je n'ai été interrogée sur son compte. S'ils l'ont fait assassiner, et si l'abbé Ninfo les a aidés à le surprendre, comme le prétend Carmelo, c'est ce que je ne sais pas non plus, et ce dont, malheureusement, je ne puis les croire incapables.

« Je sais seulement qu'à l'époque de sa mort, et lorsque j'étais à peine rétablie de la crise de l'enfantement, ils voulurent me forcer à me marier. Jusque-là ils m'avaient présenté comme un éternel châtiment l'impossibilité de m'établir. Il me tirèrent de ma prison où j'avais été gardée avec tant de soin que l'on me croyait au couvent, à Palerme, et que rien n'avait transpiré au dehors. J'étais riche, belle, et de haute naissance. Vingt partis se présentèrent. Je repoussai avec horreur l'idée de tromper un honnête homme, ou de me confesser à un homme assez lâche pour m'accepter à cause de ma fortune. Ma résistance irrita mon père jusqu'à la fureur. Il feignit de me reconduire à Palerme. Mais il me ramena la nuit, dans cette chambre, et m'y tint enfermée une année entière.

« Cette prison était horrible, étouffante comme les plombs de Venise, car le soleil dardait sur une mince terrasse de métal, cet étage du palais n'ayant jamais été terminé, et n'étant couvert que provisoirement. J'y endurai la soif, les moustiques, l'abandon, l'isolement, le défaut d'air et de mouvement si nécessaires à la jeunesse. Et pourtant, je n'y mourus point, je n'y contractai aucune infirmité, tant était fort en moi le principe de la vie. Mon père, ne voulant confier à personne le soin de me garder, et craignant que la pitié de ses serviteurs n'adoucît mes souffrances, venait lui-même m'apporter mes aliments; et, quand ses intrigues politiques le retenaient dehors pendant des jours entiers, je subissais les tourments de la faim. Mais j'étais arrivée à une constance stoïque et je ne daignais pas me plaindre. J'ai puisé ainsi un certain courage et une certaine lumière dans cette épreuve, et je ne reproche point à Dieu de me l'avoir infligée. La notion du devoir et le goût de la justice sont de grands biens que l'on ne peut acheter trop cher!»

Agathe parlait ainsi, demi-couchée, et d'une voix faible qui s'animait peu à peu. Elle se releva sur son coude, et, secouant sa longue chevelure noire, elle dit à son fils, en lui montrant d'un geste le riche appartement où ils se trouvaient : « Michel! que les jouissances et l'orgueil de la naissance et de la fortune ne t'enivrent jamais! J'ai payé cher ces avantages, et, dans l'affreuse solitude de cette chambre, aujourd'hui si riante pour nous deux, j'ai passé de longues heures d'insomnie, couchée sur un grabat, consumée par la fièvre, et demandant à Dieu pourquoi il ne m'avait pas fait naître dans la grotte d'un chevrier ou sur la barque d'un pirate. Je soupirais après la liberté, et le dernier des mendiants me paraissait plus heureux que moi.

« Si j'avais été pauvre et obscure, j'eusse trouvé chez mes parents des consolations et de la pitié pour mon malheur; au lieu que les illustres Palmarosa faisaient un opprobre et un crime à leur fille de ne vouloir être forcée de mentir, et de se refuser à relever l'honneur de sa famille par une imposture. Je manquais de livres dans ma prison; on ne m'avait jamais donné qu'une éducation superficielle, et je ne comprenais rien à la persécution dont j'étais l'objet. Mais, dans cette lente et cruelle inaction, je fis des réflexions et je découvris de moi-même le néant de l'orgueil humain. Mon être moral changea, pour ainsi dire, et tout ce qui était satisfaction et profit pour la vanité des hommes, m'apparut, à mes dépens, sous son véritable jour.

« Mais, pourquoi dirais-je à mes dépens, au lieu de dire à mon profit? Que sont deux années de tortures au prix du bienfait de la vérité? Quand je revins à la liberté et à la vie, quand je sentis que je reprenais aisément la force de la jeunesse et que j'avais le temps et les moyens de mettre à profit les idées qui m'étaient venues, j'éprouvai un grand calme, et j'entrai dans une habitude déjà toute faite d'abnégation et de fermeté.

« Je renonçai à jamais connaître l'amour et l'hyménée. La pensée de cette ivresse était flétrie et souillée dans mon imagination; et, quant aux besoins du cœur, ils n'avaient plus en moi rien de personnel. Ils s'étaient agrandis au delà du cercle des passions égoïstes; j'avais conçu dans la souffrance une passion véritable, mais qui n'avait plus pour objet la jouissance et le triomphe d'un être isolé des misères générales par la prospérité de sa propre condition. Cette passion qui me rongeait comme la fièvre et avec la fièvre, je puis le dire, c'était la soif de combattre pour les faibles contre les oppresseurs, et de prodiguer autant de bienfaits et de consolations que ma famille avait semé de douleurs et d'épouvante. On m'avait élevée dans les idées de respect et de crainte envers la cour, de méfiance et de haine envers mes malheureux compatriotes. Sans mon propre malheur, j'aurais suivi peut-être ces habitudes et ces exemples d'insensibilité monstrueuse. Mon caractère nonchalant, comme celui des femmes de mon pays, n'eût jamais rien conçu de mieux, probablement, que les principes de ma race; car ma famille n'était pas de celles que la persécution a frappées, et à qui l'exil et la misère ont inspiré l'horreur du joug étranger et l'amour de la patrie. Mes parents, ardemment dévoués à la puissance officielle, avaient toujours été comblés de biens, et la prospérité nouvelle que va nous donner l'héritage du cardinal est une exception honteuse, au milieu de la ruine de tant de maisons illustres que j'ai vues crouler sous les taxes forcées et la proscription.

« A peine fus-je maîtresse de mes actions et de ma fortune, que je consacrai ma vie au soulagement du malheur. Comme femme, il m'était interdit de m'occuper de politique, de sciences sociales ou de philosophie. Et à quel homme cela est-il possible sous le joug qui nous accable? Mais ce je pouvais faire, c'était de secourir les victimes de la tyrannie, de quelque classe qu'elles fussent. Je m'aperçus bientôt que le nombre en était si grand, que mes revenus n'y suffiraient point, quand même je me priverais du nécessaire. Alors, mon parti fut vite pris. J'avais la résolution de ne me point marier. J'ignorais ton existence, je me regardais comme seule au monde. Je me fis rendre un compte exact de ma fortune, soin que les riches patriciens de notre pays prennent bien rarement; leur incurie ne leur permet pas même d'aller voir leurs terres lorsqu'elles sont situées dans l'intérieur de l'île, et beaucoup d'entre nous n'ont jamais mis le pied sur leurs domaines. Je m'enquis et je pris par moi-même connaissance des miens; j'en aliénai d'abord en détail une partie, voulant donner à très-bas prix, et la plupart du temps pour rien, des terres aux pauvres habitants de ces provinces. Cela ne réussit point. On ne sauve pas d'un trait de plume des races tombées dans le dernier abattement de la misère et de l'esclavage. J'essayai d'autres moyens que je te détaillerai plus tard, Ils échouèrent. Tout doit échouer quand les lois d'un pays ont décrété sa ruine. A peine avais-je fait une famille heureuse, que l'impôt, augmentant avec son bien-être, en faisait une famille misérable. Quelle situation d'ordre et de fixité peut-on créer, quand l'État prélève soixante pour cent sur l'humble travail comme sur l'oisiveté opulente?

« Je vis donc avec douleur que, dans les pays conquis et brisés, il n'y avait plus de salut que dans l'aumône, et je vouai ma vie à l'aumône. Cela demandait bien plus d'activité et de persévérance que des dons ratifiés et des sacrifices absolus. Cette existence de dons arbitraires et de sacrifices perpétuels est une tâche sans repos, sans limites et sans consolations; car l'aumône ne remédie qu'à un instant donné de la vie, elle engendre la nécessité de se renouveler et de s'étendre à l'infini, sans qu'on voie jamais le résultat du travail qu'on s'impose. Oh! qu'il est cruel de vivre et d'aimer, là où l'on panse à toute heure une plaie qui ne peut guérir, où l'on jette sans cesse son âme et ses forces dans un gouffre qui ne se ferme pas plus que celui de l'Etna!

« Je l'ai acceptée, cette tâche, et je la remplis à toute heure; je n'en vois l'insuffisance et ne me rebute pas. Je ne m'indigne plus contre la paresse, la débauche et tous les vices qu'engendre la misère; ou, si je m'en indigne, ce n'est plus à l'égard de ceux qui les subissent, mais de ceux qui les infligent et les perpétuent. Je ne comprends pas trop ce qu'on appelle le discernement dans l'aumône. Cela est bon pour les pays de liberté, où la réprimande peut être bonne à quelque chose, et où les enseignements d'une moralité praticable sont à l'usage de tous. Chez nous, hélas! le malheur est si grand, que le bien et le mal sont pour beaucoup d'êtres, en âge de raison, des mots vides de sens; et prêcher l'ordre, la probité et la prévoyance pendant l'agonie de la faim, devient un pédantisme presque féroce.

« Mes revenus n'ont pas toujours suffi à tant de besoins, Michel, et tu trouveras l'héritage de ta mère secrètement miné par des fouilles si profondes, qu'ils s'écroulera peut-être avant ma tombe. Sans l'héritage du cardinal, j'aurais aujourd'hui quelque regret de t'avoir pas laissé les moyens de servir ton pays à ta guise; mais demain tu seras plus riche que je ne l'ai jamais été, et tu gouverneras cette fortune selon ton cœur et tes principes, sans que je veuille t'imposer ma tâche. Dès demain, tu entreras en possession de cette puissance, et je ne m'inquiéterai de l'emploi que tu sauras en faire. Je suis sûre de toi. Tu as été à une bonne école, mon enfant, celle du malheur et du travail! Je sais comment répares tu les fautes légères; je sais de quels sacrifices ton âme est capable, quand elle est aux prises avec le sentiment du devoir, Apprête-toi donc à porter le poids de ta fortune nouvelle, à être prince de fait comme de nom. Depuis trois jours que tu es lancé dans des aventures étranges en apparence, tu as reçu plus d'un enseignement. Fra-Angelo, le marquis de la Serra, Magnani, Mila elle-même, l'adorable enfant, t'ont parlé un langage qui t'a fait une impression profonde, je le sais; je l'ai vu à ta conduite, à ta résolution d'être ouvrier, et, dès ce moment, je m'étais promis de te révéler le secret de ta destinée, quand même la vie du cardinal se prolongerait et nous forcerait à des précautions extérieures.

— O ma mère! que vous êtes grande, s'écria Michel, et que l'on vous connaît peu, vous que l'on croit dévote, apathique ou bizarre! Votre vie est celle d'une martyre et d'une sainte : rien pour vous, tout pour les autres!

— Ne m'en fais pas un si grand mérite, mon enfant, reprit Agathe. Je n'avais plus le droit, quelque innocente que je fusse, de prétendre au bonheur général. Je subissais une fatalité que tous mes efforts n'eussent pu que rendre plus pesante. En me refusant à l'amour, je n'ai fait que remplir le plus simple devoir que la loyauté impose à une femme. De même, en me faisant sœur de charité, j'obéissais au cri impérieux de ma conscience. J'avais été malheureuse, je connaissais le malheur par moi-même; je n'étais plus de ceux qui peuvent nier la souffrance d'autrui parce qu'ils ne l'ont jamais ressentie. J'ai peut-être fait le bien sans lumière; du moins je l'ai fait sans relâche et sans tiédeur. Mais, à mes yeux, faire le bien, ce n'est pas tant qu'on croit; faire ce bien-là, c'est tout simplement ne pas faire le mal : n'être pas égoïste, c'est n'être pas aveugle ou infâme. J'ai une telle pitié de ceux qui tirent vanité de leurs œuvres, que j'ai caché les miennes avec presque autant de soin que le secret de mon mariage et ta naissance. On n'a rien compris à mon caractère. Je voulais qu'il en fût ainsi. Je n'ai donc pas le droit de me plaindre d'avoir été méconnue.

— Oh! moi, je vous connais, dit Michel, et mon cœur vous rendra au centuple tout le bonheur dont vous avez été privée.

— Je le sais, dit-elle, tes larmes me le prouvent, et je le sens; car, depuis que tu es là, si je n'avais eu mon histoire à te raconter, j'aurais oublié que j'ai été malheureuse.

— Merci! ô merci! mais ne dites pas que vous me laissez libre de mes actions et de ma conduite : je ne suis qu'un enfant, et je me sens si peu de chose auprès de vous que je ne veux jamais voir que par vos yeux, agir que d'après vos ordres. Je vous aiderai à porter le fardeau de la richesse et de l'aumône; mais je serai votre homme d'affaires, rien de plus. Moi, riche et prince! moi, revêtu d'une autorité quelconque quand vous êtes là! quand je suis votre fils!

— Mon enfant, il faut être un homme. Je n'ai pas eu le bonheur de t'élever; je ne l'eusse pas fait mieux que le vénérable Pier-Angelo. Mon affaire, maintenant, est de t'aimer, rien de plus, et c'est assez. Pour justifier mon amour, tu n'auras pas besoin que les portraits de tes ancêtres te disent jamais : « *Je ne suis pas content de vous.* » Tu feras en sorte d'entendre toujours ta mère te dire : « *Je suis contente de toi!* »

« Mais écoute, Michel!... les cloches sonnent... toutes les cloches de la ville sonnent le glas d'une agonie, et c'est pour un grand personnage!... C'est ton parent, c'est ton ennemi, c'est le cardinal de Palmarosa qui va rendre à Dieu ses comptes terribles. Il fait jour, séparons-nous! Va prier pour que Dieu lui soit miséricordieux. Moi, je vais recevoir son dernier soupir! »

XLVI.

ÉPANOUISSEMENT.

Tandis que la princesse sonnait sa camériste et ordonnait qu'on mît les chevaux à son carrosse pour aller remplir ses derniers devoirs envers le cardinal mourant, Michel descendait dans le parc par l'escalier de lave du

parterre; mais lorsqu'il n'était encore qu'à moitié de cet escalier, il aperçut messire Barbagallo, qui déjà était debout et commençait sa consciencieuse journée de surveillance, bien éloigné, le brave homme, de croire que ce riche palais et ces beaux jardins n'étaient plus que l'enseigne trompeuse et le vain simulacre d'une fortune opulente. A ses yeux, dépenser ses revenus en aumônes était une habitude seigneuriale et respectable. Il secondait honnêtement la princesse dans ses œuvres de charité. Mais entamer son capital eût été une faute immense, contraire à la dignité héréditaire d'un grand nom; et si Agathe l'eût éclairé ou consulté à cet égard, il n'eût pas eu assez de toute son érudition généalogique pour lui prouver qu'aucun Palmarosa n'eût commis ce crime de lèse-noblesse, à moins d'y être invité par son roi. Se dépouiller de sa véritable puissance pour des misérables! Fi! A moins qu'il ne s'agît d'un hospice, d'un monastère à fonder, monuments qui demeurent et font passer à la postérité la gloire et la vertu du fondateur, et au lieu d'effacer l'éclat d'un nom, lui donnent un nouveau lustre.

Michel, en voyant le majordome lui barrer innocemment le passage, car Barbagallo s'obstinait à contempler un arbuste de l'Inde qu'il avait planté lui-même au bas de l'escalier, prit le parti de baisser la tête et de passer vite sans lui rien expliquer. Quelques heures plus tard, il n'aurait plus à se cacher; mais, par convenance, il valait mieux attendre la déclaration publique de la princesse.

Mais le majordome semblait être planté à côté de son arbuste. Il s'étonnait que le climat de Catane, qui selon lui était le premier climat du monde, ne convînt pas mieux que celui du tropique à cette plante précieuse; ce qui prouve qu'il entendait mieux la culture des arbres généalogiques que celle des arbres réels. Il s'était baissé et presque couché à terre pour voir si un ver rongeur n'attaquait point les racines de la plante languissante.

Michel, arrivé aux derniers degrés du rocher, prit le parti de sauter par-dessus messire Barbagallo, qui fit un grand cri, pensant peut-être que c'était le commencement d'une éruption volcanique, et qu'une pierre lancée de quelque cratère voisin venait de tomber à côté de lui.

Le gémissement qu'il fit entendre eut un son rauque si comique, que Michel éclata de rire.

« *Cristo!* » s'écria le majordome en reconnaissant le jeune artiste, que la princesse lui avait ordonné de traiter avec beaucoup d'égards désormais, mais qu'il était bien loin de croire le fils ou l'amant d'Agathe.

Mais, le premier effroi passé, il essaya de rassembler ses idées, pendant que Michel s'éloignait rapidement à travers le jardin. Il comprit que le fils de Pier-Angelo sortait du parterre avant le lever du soleil; du parterre de la princesse! ce sanctuaire réservé et fortifié, où un amant favorisé pouvait seul pénétrer pendant la nuit!

« Un amant à la princesse Agathe! et un tel amant! lorsque le marquis de la Serra, à peine digne d'aspirer à l'honneur de lui plaire, n'entrait et ne sortait jamais que par la grande porte du palais!... »

Cela était impossible à supposer. Aussi, maître Barbagallo, ne pouvant rien objecter à un fait aussi palpable, et ne voulant point se permettre de le commenter, se borna-t-il à répéter : « *Cristo!* » Et, après être resté immobile durant une ou deux minutes, il prit le parti de vaquer à ses occupations comme à l'ordinaire, et de s'interdire la faculté de penser à quoi que ce soit jusqu'à nouvel ordre.

Michel n'était guère moins étonné de sa propre situation, que le majordome de ce qu'il venait de voir. De tous les rêves qu'il avait cru faire depuis trois jours, le plus inattendu, le plus prodigieux, à coup sûr, était celui qui venait de couronner et d'expliquer les autres. Il marchait devant lui, et l'instinct de l'habitude le conduisait vers la maison du faubourg sans qu'il sût où il allait. Il regardait tous les objets qui frappaient sa vue comme des objets nouveaux. La splendeur des palais et la misère des habitations du peuple lui présentaient un contraste qui ne l'avait jamais attristé que comme un fait dont il avait eu à souffrir personnellement, mais qu'il avait accepté comme une loi fatale de la société. Maintenant qu'il se sentait libre et fort dans cette société, la pitié et la bonté lui venaient au cœur, plus larges, plus désintéressées. Il se sentait meilleur depuis qu'il était du nombre des heureux, et le sentiment de son devoir vibrait dans sa poitrine avec le souffle généreux de sa mère. Il se sentait grandir, dans la sphère des êtres, depuis qu'il se voyait chargé du sort de ses semblables au lieu d'être opprimé par eux. Il se sentait prince, en un mot, et ne s'étonnait plus de s'être toujours senti ambitieux. Mais son ambition s'était ennoblie, dans sa conscience, le jour où il l'avait résumée pour répondre aux objections de Magnani; et, maintenant qu'elle était satisfaite, loin de le corrompre, elle l'exaltait et l'élevait au-dessus de lui-même. Il est des hommes, et malheureusement c'est le plus grand nombre, que la prospérité rabaisse et pervertit; mais une âme vraiment noble ne voit dans la puissance que le moyen de faire le bien, et les dix-huit ans de Michel, c'est l'âge où l'idéal est pur et l'esprit ouvert aux bonnes et grandes aspirations.

À l'entrée du faubourg, il vit une pauvre femme qui mendiait, un enfant dans les bras, trois autres pendus aux haillons de sa jupe. Des larmes lui vinrent aux yeux, et il porta simultanément ses deux mains aux poches de sa casaque, car depuis la veille il avait endossé la livrée du peuple, avec la résolution de la garder longtemps, toujours, s'il le fallait. Mais il s'aperçut que ses poches étaient vides, et il se souvint qu'il ne possédait rien encore. « Pardon, ma pauvre femme, dit-il, c'est demain que je vous donnerai. Soyez ici demain, j'y viendrai. »

La pauvresse crut qu'il se moquait d'elle, et lui dit d'un ton grave, en se drapant dans ses guenilles avec la majesté des peuples méridionaux : « Il ne faut pas se moquer des pauvres, mon garçon, cela porte malheur. »

— Oui! oui! dit Michel en s'éloignant; je le crois, je le sens! cela ne m'arrivera jamais! »

Un peu plus loin il rencontra des blanchisseuses qui étendaient sans façon leur linge sur une corde, en travers de la rue, sur la tête des passants. Michel se baissa, ce qu'il n'eût pas fait la veille; il eût dérangé l'obstacle d'une main impatiente. Deux jolies filles qui tenaient la corde pour le consolider lui en surent gré, et lui sourirent; mais quand Michel eut passé ce premier rideau de *biancheria*, et comme il se baissait pour en passer un second, il entendit la vieille lavandière qui disait à ses apprenties d'un ton de sibylle courroucée : « Baissez les yeux, Ninetta; ne tournez pas tant la tête, Rosalina! c'est ce petit Michel-Angelino Lavoratori, qui fait le grand peintre, et qui ne vaudra jamais son père! Foin des enfants qui renient la profession de leurs parents! »

« Il me fallait absolument la profession de prince, pensa Michel en souriant, car celle d'artiste m'eût attiré de grands reproches. »

Il entra dans sa maison, et, pour la première fois, il la trouva pittoresque et riante dans son désordre misérable. « C'est une vraie maison d'artiste du moyen âge, se dit-il; je n'y ai vécu que peu de jours, mais ils marqueront dans ma vie comme de purs et doux souvenirs. » Il lui sembla qu'il le regrettait déjà un peu, cet humble nid de famille, et le besoin vague que, la veille, il avait éprouvé d'une demeure plus poétique et plus noble lui parut un désir maladif et insensé, tant il est vrai qu'on s'exagère les biens de la vie quand on ne les a pas.

« J'aurais très-bien pu passer là des années, pensa-t-il, aussi heureux que je le serai dans un palais, pourvu que ma conscience y eût été satisfaite elle-même, comme elle l'a été quand Pier-Angelo m'a dit : « Eh bien, vous êtes un homme de cœur, vous! » Tous les portraits des Castro-Reale et des Palmarosa pourront me dire qu'ils sont contents de moi; ils ne me donneront pas plus de joie que ne m'en a donné cette parole de mon père l'artisan. »

Il entra prince dans cette maison dont il était sorti ouvrier quelques heures auparavant, et il franchit le seuil avec un sentiment de respect. Puis il vola auprès du lit de son père, croyant le trouver endormi. Mais Pier-Angelo était dans la chambre de Mila, qui n'avait pas dormi tant elle était inquiète de n'avoir pas vu rentrer son frère. Le vieillard se doutait bien que la princesse l'avait retenu : mais il ne savait comment faire accepter à Mila la probabilité de cette hypothèse. Michel se jeta dans leurs bras et y pleura avec délices. Pier-Angelo comprit ce qui s'était passé, et pourquoi le jeune prince de Castro-Reale lui donnait le nom de père avec tant d'effusion, et ne voulait pas souffrir qu'il l'appelât *Michel*, mais *mon fils*, à chaque parole.

Mila s'étonna beaucoup de ce que Michel, au lieu de l'embrasser avec sa familiarité accoutumée, lui baisait la main à plusieurs reprises en l'appelant sa sœur chérie.

« Qu'y a-t-il donc, Michel? lui dit-elle, et pourquoi cet air respectueux avec moi? Tu dis qu'il ne s'est rien passé d'extraordinaire, que tu n'as couru aucun danger cette nuit, et pourtant tu nous dis bonjour comme un homme qui vient d'échapper à la mort, ou qui nous apporte le paradis dans le creux de sa main. Allons! puisque te voilà, nous sommes heureux comme des saints dans le ciel, c'est vrai! car j'ai fait de bien mauvais rêves en t'attendant. J'ai réveillé ce pauvre Magnani deux heures avant le jour pour l'envoyer à ta recherche; et il court encore. Il aura dû aller jusqu'à Bel-Passo, pour voir si tu n'étais pas avec notre oncle.

— Ce bon, ce cher Magnani! s'écria Michel; eh bien, j'irai à sa rencontre pour le rassurer et le revoir plus tôt. Mais, auparavant, je veux déjeuner avec vous deux, à notre petite table de famille; manger ce riz que tu prépares si bien, Mila, et ces pastèques que ta main sait choisir.

— Voyez comme il est aimable les jours où il n'est pas fantasque! dit Mila en regardant son frère. Quand il est dans ses accès d'humeur, rien n'est bon, le riz est trop cuit et les pastèques sont gâtées. Aujourd'hui tout sera délicieux, avant même qu'on y ait goûté.

— Je serai tous les jours ainsi, désormais, ma sœur chérie, répondit Michel; je n'aurai plus d'humeur, je ne te ferai plus de questions indiscrètes, et j'espère que tu n'auras pas de meilleur ami que moi au monde. »

Dès qu'il fut seul avec Pier-Angelo, Michel se mit à genoux. « Donnez-moi votre bénédiction, lui dit-il, et pardonnez-moi de n'avoir pas toujours été digne de vous. Je le serai désormais, et si je venais à hésiter un instant dans le chemin du devoir, promettez-moi de me gronder et de m'enseigner plus sévèrement que vous ne l'avez fait jusqu'ici.

— Prince, dit Pier-Angelo, j'aurais été plus rude peut-être, si j'eusse été votre père! mais...

— O mon père, s'écria Michel, ne m'appelez jamais ainsi, et ne me dites jamais que je ne suis pas votre fils. Sans doute je suis le plus heureux des hommes d'être le fils de la princesse Agathe; mais ce serait mêler du fiel à mon bonheur que de vouloir m'habituer à n'être plus le vôtre; et, si vous me traitez de prince, je ne veux jamais l'être; et je veux rester ouvrier!

— Eh bien, soit! dit Pier-Angelo en le pressant contre sa poitrine; restons père et fils comme nous étions, j'aime mieux cela : d'autant plus que j'en aurais gardé l'habitude malgré moi, quand même tu t'en serais offensé. Maintenant, écoute; je sais d'avance ce que tu vas me dire bientôt. Tu voudras m'enrichir. Je veux te dire d'avance que je te prie de ne pas me tourmenter là-dessus. Je veux rester ce que je suis; je me trouve heureux. L'argent donne du souci; je n'en ai jamais su garder. La princesse fera pour ta sœur ce qu'elle voudra; mais je doute que la petite veuille sortir de sa condition, car, si je ne me trompe, elle aime notre voisin Antonio Magnani et compte n'en point déparer d'autre. Magnani ne voudra rien recevoir de toi, je le connais; c'est un homme comme moi, qui aime son métier et qui rougirait d'être aidé quand il gagne ce dont il a besoin. Ne te fâche pas, mon enfant; j'ai accepté hier la dot de ta sœur. Ce n'était pas encore le don d'un prince, c'était le salaire de l'artisan, le sacrifice d'un bon frère. J'en étais fier, et ta sœur, quand elle le saura, n'en sera point honteuse; mais je n'ai pas voulu le lui dire. Elle ne l'eût jamais accepté, tant elle est habituée à regarder ton avenir d'artiste comme une chose sacrée; et l'enfant est obstinée, tu le sais.

« Quant à moi, Michel, tu me connais aussi. Si j'étais riche, je serais honteux de travailler. On croirait que c'est par ladrerie, et pour ajouter un peu de gain à mon avoir. Travailler sans y être forcé, je ne le pourrais pas non plus : je suis un animal d'habitude, un artisan routinier ; tous les jours seraient pour moi le dimanche, et autant qu'il m'est bon de m'égayer un peu à table le saint jour du repos, autant il me serait pernicieux de m'amuser tout le long de la semaine. L'ennui me prendrait, la tristesse par conséquent. Je tâcherais d'y échapper, peut-être, par l'intempérance, comme font tous ceux qui ne savent point lire et qui ne peuvent se récréer avec de belles histoires écrites. Il leur faut se nourrir le cerveau pourtant, quand le corps se repose, et c'est avec le vin qu'ils le nourrissent. Cela ne vaut rien, je le sais par expérience. Quand je vais à une noce, je m'amuse le premier jour, je m'y ennuie le second, je suis malade le troisième. Non, non ! il me faut mon tablier, mon échelle, mon pot à colle et mes chansons, pour que les heures ne me paraissent pas doubles. Si tu rougis de moi...

« Mais non, je n'achève pas, cela t'offense ; tu ne rougirais jamais de moi. En ce cas, laisse-moi vivre à ma guise, et, quand je serai trop vieux et trop impotent pour travailler, tu me recueilleras, tu me soigneras, j'y consens, je te le promets ! Je ne peux rien faire de mieux pour toi, j'espère ?

— Vos désirs me seront sacrés, répondit Michel, et je comprends bien qu'il m'est impossible de m'acquitter envers vous avec de l'argent; ce serait trop facile de pouvoir, en un instant, et sans se donner aucune peine, se libérer d'une dette de toute la vie. Ah ! que ne puis-je doubler le cours de la vôtre, vous rendre, aux dépens de mon sang, les forces que vous avez usées pour me nourrir et m'élever !

— N'espère pas me payer autrement qu'en amitié, reprit le vieux artisan. La jeunesse ne peut revenir, et je ne désire rien qui soit contraire aux lois divines. Si j'ai travaillé pour toi, c'est avec plaisir et sans jamais compter sur une autre récompense que le bonheur dont je te verrais faire un bon usage. La princesse sait ma manière de penser à cet égard-là. Si elle me payait ton éducation, elle m'en ôterait le mérite et l'orgueil ; car j'ai mon orgueil, moi aussi, et je serai fier d'entendre dire bientôt : « Quel bon Sicilien et quel bon prince que le Castro-Reale ! C'est pourtant le vieux fou de Pier-Angelo qui l'a élevé ! » Allons, donne-moi ta main, et qu'il n'en soit plus question. Cela me blesserait un peu, je le confesse. Il paraît que le cardinal se meurt. Je veux que nous disions ensemble une prière pour lui, car il en a grand besoin ; c'était un méchant homme, et la femme qui te portait à l'hospice, quand, avec l'aide de mon frère le moine, nous t'avons enlevé de ses bras, m'avait la mine de vouloir te jeter à la mer plutôt que dans la crèche des orphelins. Prions donc de bon cœur ! Tiens, Michel, ce ne sera pas long ! »

Et Pier-Angelo, découvrant sa tête, dit d'une voix forte, et avec un accent de sincérité profonde : « Mon Dieu ! pardonnez-nous nos fautes et pardonnez à l'âme du cardinal Ieronimo, comme nous lui pardonnons nous-mêmes. Au nom du Père, du Fils et du Saint-Esprit. *Amen.* Michel, tu n'as pas dit *amen* ?

— Ainsi soit-il, dit au fond de mon cœur, » répondit Michel pénétré de respect pour la manière naïvement évangélique dont Pier-Angelo pardonnait à son persécuteur.

Car monseigneur Ieronimo avait été bien dur au pauvre artisan. Il n'avait eu que des soupçons sur lui, et pourtant il l'avait poursuivi, jeté en prison, ruiné, contraint, enfin, à l'exil volontaire : ce qui était la plus grande douleur que le bon Pierre pût éprouver. Mais à cette heure suprême, il ne se souvenait de rien de ce qui lui était personnel.

Comme Mila recommençait à s'inquiéter pour Magnani, qui ne rentrait point, Michel partit pour aller à sa rencontre. Toutes les cloches de la ville sonnaient l'agonie du prélat; on disait des prières dans toutes les églises, et ce pauvre peuple opprimé, rançonné et durement châtié par lui à la moindre apparence de révolte, s'agenouillait dévotement sur les marches du parvis pour demander à Dieu de l'absoudre. Tous, sans doute, s'étaient réjouis intérieurement au premier son de la cloche, et devaient se réjouir encore au dernier. Mais les terreurs de l'enfer agissent si fortement sur ces vives imaginations, et l'idée d'un châtiment éternel est si effroyable, que les ressentiments de la vie disparaissaient devant cette menace que le tintement des cloches semblait faire planer sur toutes les têtes.

Michel, n'entendant point le glas final annoncer que la mort avait saisi sa proie, et prévoyant que sa mère ne quitterait le lit funèbre qu'à ce moment décisif, se dirigea vers la colline de Mal-Passo. Il voulait embrasser son ami et son oncle encore une fois avant de les voir saluer en lui le prince de Castro-Reale. Il redoutait surtout, de la part de Magnani, le moment où celui-ci s'armerait de fierté, et peut-être de froideur, dans la crainte injuste de ses dédains. Il tenait à lui demander d'avance la conservation de leur amitié, à en exiger la promesse solennelle, et à l'informer le premier de sa position après qu'il aurait cimenté cette fraternité sacrée entre eux en présence de Fra-Angelo.

Et puis, Michel pensait aussi au Piccinino. Il se disait qu'il n'y avait pas assez loin de Bel-Passo à Nicolosi pour qu'il ne pût aller trouver son frère avant qu'il eût rien entrepris contre la princesse et contre lui-même. Il ne pouvait se résoudre à attendre et à braver des vengeances qui pouvaient atteindre sa mère avant lui ; et, dût-il trouver le bâtard dans un accès de fureur pire que celui où il l'avait quitté, il regardait comme le devoir d'un fils et d'un homme d'en essuyer seul les premières conséquences.

Chemin faisant, Michel se souvint qu'il était peintre en voyant le soleil levant resplendir dans la campagne. Un sentiment de tristesse profonde s'empara de lui tout à coup ; son avenir d'artiste semblait finir pour lui, et, en repassant devant la grille de la villa Palmarosa, en regardant cette niche ornée d'une madone, d'où il avait salué les coupoles de Catane pour la première fois, son cœur se serra, comme si vingt ans, au lieu de douze jours, se fussent écoulés depuis cette nuit où il arrivait à son dénouement et une aventureuse jeunesse, pleine de poésie, de craintes et d'espérances. La sécurité de sa nouvelle condition lui fit peur, et il se demanda avec effroi si le génie d'un peintre ne se trouverait pas mal logé dans le cerveau d'un riche et d'un prince. Que deviendraient l'ambition, la colère, la terreur, la rage du travail, les obstacles à vaincre, les succès à défendre, tous ces aiguillons puissants et nécessaires? Au lieu d'ennemis pour le stimuler, il n'aurait plus que des flatteurs pour corrompre son jugement et son goût; au lieu de la misère pour le forcer à la fatigue et le soutenir dans la fièvre, il serait rassasié d'avance de tous les avantages que l'art poursuit au moins autant que la gloire.

Il soupira profondément, et prit courage bientôt, en se disant qu'il serait digne d'avoir des amis qui lui diraient la vérité, et qu'en poursuivant ce noble but de la gloire il y pourrait porter, plus qu'auparavant, une abnégation complète des profits du métier et des jugements grossiers de la foule.

En raisonnant ainsi, il arriva au monastère. Les cloches du couvent répondaient à celles de la ville, et ce dialogue monotone et lugubre se croisait dans l'air sonore du matin, à travers les chants des oiseaux et les harmonies de la brise.

XLVII.

LE VAUTOUR.

Magnani savait tout; car Agathe avait, sinon deviné, du moins soupçonné son amour et, pour l'en guérir, elle lui avait raconté sa vie; elle lui avait montré son passé flétri et désolé, son présent sérieux et absorbé par le sentiment maternel. En lui témoignant cette confiance et cette amitié, elle avait du moins guéri la secrète blessure de sa fierté plébéienne. Elle avait fait comprendre délicatement que l'obstacle entre eux n'était pas la différence de leurs conditions et de leurs idées, mais celle de leurs âges et d'une destinée inflexible. Enfin, elle l'avait élevé jusqu'à elle en le traitant comme un frère, et si elle ne l'avait pas guéri tout à fait dès le premier effort, elle avait au moins effacé toute l'amertume de sa souffrance. Puis elle avait amené avec adresse le nom de Mila dans leur entretien, et, en comprenant que la princesse désirait leur union, Magnani s'était fait un devoir d'obéir à son vœu.

Ce devoir, il devait travailler à le remplir, et il sentait bien lui-même que, pour le punir de sa folie, Agathe lui indiquait la plus douce des expiations, pour ne pas dire la plus délicieuse. Comme il n'avait point partagé les inquiétudes de Mila à propos de l'absence de Michel, il était sorti uniquement pour lui complaire, et sans songer qu'il fût besoin d'aller à sa recherche. Il était venu trouver Fra-Angelo pour le consulter sur les sentiments de cette jeune fille, et pour lui demander ses conseils et son appui. Lorsqu'il arriva au monastère, la communauté récitait les prières des agonisants pour l'âme du cardinal, et il fut forcé d'attendre, dans le jardin aux allées de faïence et aux plates-bandes de laves, que Fra-Angelo pût venir le rejoindre. Cette lugubre psalmodie l'attrista, et il ne put se défendre d'un noir pressentiment en songeant qu'il venait caresser l'espoir des fiançailles au milieu d'une cérémonie funèbre.

Déjà la veille, avant de se séparer de Pier-Angelo, au retour du palais de la Serra, il avait sondé le vieux artisan sur les sentiments de sa fille. Pier-Angelo, charmé de cette espèce d'ouverture, lui avait dit naïvement qu'il le croyait aimé ; mais, comme Magnani se méfiait de son bonheur et n'osait prendre confiance, Pier-Angelo lui avait conseillé de consulter son frère le capucin, qu'il s'était habitué, bien qu'il fût son aîné, à regarder comme le chef de sa famille.

Magnani était bien troublé, bien incertain. Cependant une voix mystérieuse lui disait que Mila l'aimait. Il se rappelait ses regards furtifs, ses subites rougeurs, ses larmes cachées, ses pâleurs mortelles, ses paroles même, qui semblaient une affectation d'indifférence suggérée par la fierté. Il espéra ; il attendit avec impatience que les prières fussent finies, et quand Fra-Angelo vint le trouver il le pria de lui prêter attention, de lui donner conseil, et, avant tout, de lui dire la vérité sans ménagement.

« Voici qui est grave, lui répondit le bon moine : j'ai toujours eu de l'amitié pour ta famille, mon fils, et une haute estime pour toi. Mais es-tu bien sûr de me connaître et de m'aimer assez pour me croire, si les conseils que je te donne contrarient tes secrets désirs? Car, nous autres moines, on nous consulte beaucoup et on nous écoute fort peu. Chacun vient nous confier ses pensées, ses passions, et même ses affaires, parce qu'on croit que des hommes sans intérêt direct dans la vie y voient plus clair que les autres. On se trompe. Nos conseils sont, la plupart du temps, ou trop complaisants ou trop austères pour être bons à suivre ou possibles à observer. Moi, je répugne aux conseils.

— Eh bien, dit Magnani, si vous ne me croyez pas capable de profiter de vos conseils, voulez-vous me promettre de répondre sans hésitation et sans ménagement à une question que je vais vous adresser?

— L'hésitation n'est pas mon fait, ami. Mais, faute de ménagement, on peut faire beaucoup souffrir ceux qu'on aime, et tu veux que je sois cruel envers toi? Tu mets mon affection à une cruelle épreuve !

— Vous m'effrayez d'avance, père Angelo. Il me semble que vous avez déjà deviné la question que je vais vous faire.

— Dis toujours, pour voir si je ne me trompe pas.

— Et vous répondrez?

— Je répondrai.

— Eh bien, dit Magnani d'une voix tremblante, ferais-je bien de demander à votre frère la main de votre nièce Mila?

— Précisément, voilà ce que j'attendais. Mon frère m'a parlé de cela avant toi. Il pense que sa fille t'aime ; il croit l'avoir deviné.

— Mon Dieu ! s'il était vrai ! dit Magnani en joignant les mains. »

Mais la figure de Fra-Angelo resta froide et triste.

« Vous ne me jugez pas digne d'être l'époux de Mila, reprit le modeste Magnani. Ah! mon frère, il est vrai ! mais si vous saviez comme j'ai la ferme intention de le devenir !

— Ami, répondit le moine, le plus beau jour de la vie de Pier-Angelo et de la mienne serait le jour où tu deviendrais l'époux de Mila, si vous vous aimez ardemment et sincèrement tous les deux ; car, nous autres religieux, nous savons cela : il faut aimer de toute son âme l'épouse à laquelle on se donne, que ce soit la famille ou la religion. Eh bien, je crois que tu aimes Mila, puisque tu la recherches ; mais je ne sais point si Mila t'aime et si mon frère ne se trompe point.

— Hélas ! reprit Magnani, je ne le sais pas non plus.

— Tu ne le sais pas? dit Fra-Angelo en fronçant légèrement le sourcil. elle ne te l'a donc jamais dit ?

— Jamais !

— Et pourtant, elle t'a accordé quelques innocentes faveurs ? Elle s'est trouvée seule avec toi ?

— Par rencontre ou par nécessité.

— Elle ne t'a jamais donné de rendez-vous?

— Jamais !

— Mais hier? hier, au coucher du soleil, elle ne s'est pas promenée avec toi de ce côté-ci ?

— Hier, de ce côté-ci ? dit Magnani en pâlissant ; non, mon père.

— Sur ton salut?

— Sur mon salut et sur mon honneur !

— En ce cas, Magnani, il ne faut point songer à Mila. Mila aime quelqu'un, et ce n'est pas toi. Et, ce qu'il y a de pire, c'est que ni son père, ni moi, ne pouvons le deviner. Plût au ciel qu'une fille si dévouée, si laborieuse et si modeste jusqu'à ce jour, eût pris de l'inclination pour un homme tel que toi ! Vous eussiez noblement élevé une famille, et votre union eût édifié le prochain. Mais Mila un enfant, et un enfant romanesque, j'en ai peur. Désormais on veillera sur elle avec plus de soin ; j'avertirai son père, et toi, homme de cœur, tu te tairas, tu l'oublieras.

— Quoi! s'écria Magnani, Mila, le type de la franchise, du courage et de l'innocence, aurait déjà une faute à se reprocher? Mon Dieu ! la pudeur et la vérité n'existent donc plus sur la terre?

— Je ne dis pas cela, répondit le moine : j'espère que Mila est pure encore ; mais elle est sur le chemin de sa perte si on ne la retient. Hier, au coucher du soleil, elle passait ici, seule et parée ; elle évitait ma rencontre, elle refusait de s'expliquer, elle essayait de mentir. Ah ! j'ai bien prié Dieu cette nuit pour elle, mais je n'ai guère dormi !

— Je garderai le secret de Mila, et je ne penserai plus à elle, dit Magnani atterré. »

Mais il continua à y penser. Il était dans sa nature douloureuse et forte, mais ennemie de toute confiance fanfaronne, de marcher toujours au-devant des obstacles, et de s'y arrêter sans savoir ni les franchir, ni les abandonner.

Michel arriva en cet instant ; il semblait avoir subi une transformation magique depuis la veille, quoique son habit d'artisan fût resté sur ses épaules ; mais son front et ses yeux s'étaient agrandis, ses narines aspiraient l'air plus largement, sa poitrine semblait s'être développée dans une nouvelle atmosphère. La fierté, la force et le calme de l'homme libre resplendissaient sur sa physionomie.

« Ah ! lui dit Magnani en se jetant dans les bras que lui tendait le jeune prince, ton rêve est déjà accompli, Michel ! C'était un beau rêve ! le réveil est encore plus beau. Moi, je me débattais contre un cauchemar que ton bonheur fait évanouir, mais qui me laisse éperdu et brisé de fatigue. »

Un grand vautour qui s'envola brusquement. (Page 129.)

Fra-Angelo les bénit tous deux, et, s'adressant au prince :

— Je salue avec joie, lui dit-il, ton avénement à la grandeur et à la puissance, en te voyant presser contre ton cœur l'homme du peuple de ton pays. Michel de Castro-Reale, Michel-Ange Lavoratori, je t'aimerai toujours comme mon neveu en t'aimant comme mon prince. Direz-vous maintenant, *excellence*, que c'est duperie aux gens de ma race de servir et d'aimer ceux de la vôtre ?.

— Ne me rappelez pas mes hérésies, mon digne oncle, répondit Michel. Je ne sais plus à quelle race j'appartiens aujourd'hui, je sens que je suis homme et Sicilien, voilà tout.

— Donc, vive la Sicile ! s'écria le capucin en saluant l'Etna.

— Vive la Sicile ! répondit Michel en saluant Catane. »

Magnani était attendri et affectueux. Il se réjouissait sincèrement du bonheur de Michel ; mais, pour son compte, il était fort abattu de l'obstacle qui s'élevait entre Mila et lui, et il tremblait de retomber sous l'empire de sa première passion. Pourtant la mère est plus que

la femme, et voir Agathe sous cet aspect nouveau rendit le culte de Magnani plus calme et plus sérieux qu'il ne l'avait été encore. Il sentit qu'il rougirait en présence de Michel s'il conservait la moindre trace de sa folie. Il résolut de l'effacer en lui-même, et, heureux de pouvoir toujours se dire qu'il avait consacré sa jeunesse, par un vœu, à la plus belle sainte du ciel, il garda son image et son souvenir en lui comme un parfum céleste.

Magnani était guéri ; mais quelle triste guérison, à vingt-cinq ans, que d'abjurer tous les rêves de l'amour ! Il se sentit plein de résignation ; mais, à partir de ce moment, la vie ne fut plus pour lui qu'un devoir rigide et glacé.

Les rêveries et les tourments qui lui avaient fait aimer ce devoir n'existaient plus. Jamais il n'y eut d'homme plus isolé sur la terre, plus dégoûté de toutes les choses humaines, que ne le fut Magnani le jour de sa délivrance

Il quitta Michel et Fra-Angelo, qui voulaient se rendre sans tarder à Nicolosi, et passa tout le reste du jour à se promener seul au bord de la mer, vers les îles basaltiques de Jaciréale.

Le jeune prince et le moine partirent aussitôt après

Fra-Angelo triompha de l'hésitation des bandits. (Page 140.)

avoir résolu d'aller trouver le Piccinino. Ils approchaient de la sinistre croix du Destatore, lorsque les cloches de Catane, changeant de rhythme, firent entendre les notes lugubres qui annoncent la mort. Fra-Angelo fit un signe de croix sans s'arrêter; Michel songea à son père, assassiné peut-être par l'ordre de ce prélat impie, et doubla le pas afin de s'agenouiller sur la tombe de Castro-Reale.

Il ne se sentait pas encore le courage de regarder de près cette croix fatale, où il avait éprouvé des émotions si pénibles, alors même qu'il ne savait pas quel lien du sang l'attachait au bandit de l'Etna. Mais un grand vautour qui s'envola brusquement, du pied même de la croix, le força d'y porter les yeux involontairement. Un instant, il se crut la proie d'une odieuse hallucination. Un cadavre couché dans une mare de sang gisait à la place d'où le vautour s'envuyait.

Glacés d'horreur, Michel et le moine s'approchèrent et reconnurent le cadavre de l'abbé Ninfo, à moitié défiguré par des coups de pistolet tirés à bout portant. Ce meurtre avait été prémédité ou accompli avec un rare sang-froid; car on s'était donné le temps et la peine d'écrire à la craie, et en lettres fines et pressées, sur la lave noire du piédestal de la croix, cette inscription d'une précision implacable:

« Ici fut trouvé, il y a aujourd'hui dix-huit ans, le cadavre d'un célèbre bandit, il Destatore, prince de Castro-Reale, vengeur des maux de son pays.

« L'on y trouvera aujourd'hui le cadavre de son assassin, l'abbé Ninfo, qui a confessé lui-même sa participation au crime. Un si lâche champion n'eût pas osé frapper un homme si brave. Il l'avait attiré dans un piége où il a fini par tomber lui-même, après dix-huit ans de forfaits impunis.

« Plus heureux que Castro-Reale frappé par des esclaves, Ninfo est tombé sous la main d'un homme libre.

« Si vous voulez savoir qui a condamné et payé l'assassinat du Destatore, demandez-le à Satan, qui, dans une heure, recevra à son tribunal l'âme perverse du cardinal Ieronimo de Palmarosa.

« N'accusez pas la veuve de Castro-Reale: elle est innocente.

« Michel de Castro-Reale, il y aura encore bien du sang à répandre avant que la mort de ton père soit vengée!

« Celui qui a écrit ces lignes est le bâtard de Castro-Reale, celui qu'on appelle le Piccinino et le Justicier d'aventure. C'est lui qui a tué le fourbe Ninfo. Il l'a fait au soleil levant, au son de la cloche qui annonçait l'agonie du cardinal de Palmarosa. Il l'a fait afin qu'on ne crût pas que tous les scélérats peuvent mourir dans leur lit.

« Que le premier qui lira cette inscription la copie ou la retienne, et qu'il la porte au peuple de Catane! »

« Effaçons-la, dit Michel, ou l'audace de mon frère lui deviendra fatale.

— Non, ne l'effaçons pas, dit le moine. Ton frère est trop prudent pour n'être pas déjà loin d'ici, et nous n'avons pas le droit de priver les grands et le peuple de Catane d'un terrible exemple et d'une sanglante leçon. Assassiné, lui, le fier Castro-Reale? assassiné par le cardinal, attiré dans un piége par l'infâme abbé! Ah! j'aurais dû le deviner! Il y avait encore en lui trop d'énergie et de cœur pour descendre au suicide. Ah! Michel n'accuse pas ton frère de trop de sévérité, et ne regarde pas ce châtiment comme un crime inutile. Tu ne sais pas ce que c'était que ton père dans ses bons jours, dans ses grands jours! Tu ne sais pas qu'il était en voie de s'amender et de redevenir le justicier des montagnes. Il se repentait. Il croyait en Dieu, il aimait toujours son pays, et il adorait ta mère! Qu'il eût pu vivre ainsi une année de plus, et elle l'eût aimé, et elle lui eût tout pardonné. Elle serait venue partager ses dangers, elle eût été la femme du brigand au lieu d'être la captive et la victime des assassins. Elle t'eût élevé elle-même, elle n'eût jamais été séparée de toi! Tu aurais sucé le lait sauvage d'une lionne, et tu aurais grandi dans la tempête. Tout serait mieux ainsi! La Sicile serait plus près de sa délivrance qu'elle ne le sera peut-être dans dix ans, et moi, je ne fusse pas resté moine! Au lieu de nous promener dans la montagne, les bras croisés, pour voir ce cadavre tombé dans un coin, et le Piccinino fuyant à travers les abîmes, nous serions tous ensemble, le mousquet au poing, livrant de rudes batailles aux Suisses de Naples, et marchant peut-être sur Catane, le drapeau jaune frissonnant en plis d'or à la brise du matin! Oui, tout serait mieux ainsi, je te le dis, prince de Castro-Reale!... Mais la volonté de Dieu soit faite! ajouta Fra-Angelo, se rappelant enfin qu'il était moine. Bien certains que le Piccinino avait dû quitter le val, longtemps même avant l'heure désignée dans l'inscription comme celle du meurtre, Michel et le capucin n'allèrent pas plus loin et s'éloignèrent de ce lieu sauvage où, pendant plusieurs heures encore, le cadavre de l'abbé pouvait bien être la proie du vautour, sans que personne vînt troubler son affreux festin. Comme ils revenaient sur leurs pas, ils virent l'oiseau sinistre passer sur leurs têtes et retourner à sa déplorable proie avec acharnement. « Mangé par les chiens et les vautours, dit le moine sans témoigner aucun trouble, c'est le sort que tu méritais! c'est la malédiction que, dans tous les temps, les peuples ont prononcée sur les espions et les traîtres. Vous voilà bien pâle, mon jeune prince, et vous me trouvez peut-être bien rude envers un prêtre, moi qui suis aussi un homme d'église. Que voulez-vous? J'ai beaucoup vu tuer et j'ai tué moi-même, peut-être plus qu'il ne le faudrait pour le salut de mon âme! mais dans les pays conquis, voyez-vous, la guerre n'a pas toujours d'autres moyens que le meurtre privé. Ne croyez pas que le Piccinino soit plus méchant qu'un autre. Le ciel l'avait fait naître calme et patient; mais il y a des vertus qui deviendraient des vices chez nous, si on les conservait. La raison et le sentiment de la justice lui ont appris à être terrible, au besoin! Voyez, pourtant, qu'il a l'âme loyale au fond. Il est fort irrité contre votre mère, m'avez-vous dit, et vous avez craint sa vengeance. Vous voyez qu'il l'absout du crime dont la sainte femme n'a jamais conçu la pensée; vous voyez qu'il rend hommage à la vérité, même dans le feu de sa colère. Vous voyez aussi qu'au lieu de vous adresser une malédiction, il vous exhorte à faire cause commune avec lui, dans l'occasion. Non, non, Carmelo n'est pas un lâche! »

Michel était de l'avis du capucin; mais il garda le silence : il avait un grand effort à faire pour fraterniser avec l'âme sombre de ce sauvage raffiné qui s'appelait le Piccinino. Il voyait bien la secrète prédilection du moine pour le bandit. Aux yeux de Fra-Angelo, le bâtard était bien plus que le prince, le fils légitime du *Destatore* et

l'héritier de sa force. Mais Michel était trop accablé des émotions tour à tour délicieuses et horribles qu'il venait d'éprouver depuis quelques heures, pour suivre une conversation quelconque, et, eût-il trouvé le capucin trop vindicatif et trop enclin à un reste de férocité, il ne se sentait pas le droit de contredire et même de juger un homme auquel il devait la légitimité de sa naissance, la conservation de ses jours, et le bonheur de connaître sa mère.

Ils aperçurent de loin la villa du cardinal toute tendue de noir.

« Et vous aussi, Michel, vous allez être forcé de prendre le deuil, dit Fra-Angelo. Carmelo est plus heureux que vous en ce moment, de ne pas appartenir à la société. S'il était le fils de la princesse de Palmarosa, il lui faudrait porter la livrée menteuse de la douleur, le deuil de l'assassin de son père.

— Pour l'amour de ma mère, mon bon oncle, répondit le prince, ne me montrez pas le mauvais côté de ma position. Je ne puis songer encore à rien, sinon que je suis le fils de la plus noble, de la plus belle et de la meilleure des femmes.

— Bien, mon enfant; c'est bien. Pardonnez-moi, reprit le moine. Moi, je suis toujours dans le passé; je suis toujours avec le souvenir de mon pauvre capitaine assassiné. Pourquoi l'avais-je quitté? pourquoi étais-je déjà moine? Ah! j'ai été un lâche aussi! Si j'étais resté fidèle à sa mauvaise fortune et patient pour ses égarements, il ne serait pas tombé dans une misérable embûche, il vivrait peut-être encore! Il serait fier et heureux d'avoir deux fils, tous deux beaux et braves! Ah! *Destatore, Destatore!* voici que je te pleure avec plus d'amertume que la première fois. Apprendre que tu es mort d'une autre main que la tienne, c'est recommencer à te perdre. »

Et le moine, tout à l'heure si dur et si insensible en foulant sous ses pieds le sang du traître, se mit à pleurer comme un enfant. Le vieux soldat, fidèle au delà de la mort, reparut en lui tout entier, et il embrassa Michel en disant : « Console-moi, fais-moi espérer que nous le vengerons! »

« Espérons pour la Sicile! répondit Michel. Nous avons mieux à faire que de venger nos querelles de famille, nous avons à sauver la patrie! Ah! la patrie! c'est un mot que tu avais besoin de m'expliquer hier, brave soldat; mais aujourd'hui, c'est un mot que je comprends bien. »

Ils se serrèrent fortement la main et entrèrent dans la villa Palmarosa.

XLVIII.

LE MARQUIS.

Messire Barbagallo les attendait à la porte avec un visage plein d'anxiété. Dès qu'il aperçut Michel, il courut à sa rencontre et se mit à genoux pour lui baiser la main. « Debout, debout, Monsieur! lui dit le jeune prince, choqué de tant de servilité. Vous avez servi ma mère avec dévouement. Donnez-moi la main, comme il convient à un homme! »

Ils traversèrent le parc ensemble; mais Michel ne voulut pas encore recevoir les hommages de ses valets, qui ne menaçaient pourtant pas d'être plus importuns que celui de l'intendant; car celui-ci le poursuivait en lui demandant cent fois pardon de la scène du bal, et en s'efforçant de lui prouver que si le décorum lui avait permis, en cette occasion, d'avoir ses lunettes, sa vue affaiblie ne l'eût pas empêché de remarquer qu'il ressemblait trait pour trait au grand capitaine Giovanni Palmarosa, mort en 1288, dont il avait porté la veille, en sa présence, le portrait au marquis de la Serra : « Ah! que je regrette, disait-il, que la princesse ait fait don de tous les Palmarosa au marquis! Mais Votre Altesse recouvrera cette noble et précieuse part de son héritage. Je suis certain que Son Excellence le marquis lui restituera par son testament, ou par une cession plus prompte encore, tous les ancêtres des deux familles.

— Je les trouve bien où ils sont, répondit Michel en

souriant. Je n'aime pas beaucoup les portraits qui ont le don de la parole. »

Il se déroba aux obsessions du majordome et tourna le rocher, afin d'entrer le casino. Mais, comme il pénétrait dans le boudoir de sa mère, il vit que Barbagallo tout essoufflé l'avait suivi sur l'escalier : « Pardon, Altesse, disait-il d'une voix entrecoupée, madame la princesse est dans la grande galerie, au milieu de ses parents, de ses amis et de ses serviteurs, auxquels elle vient de faire la déclaration publique de son mariage avec le très-noble et très-illustre prince votre père. On n'attend plus que le très-digne frère Angelo, qui a dû recevoir un exprès, il y a deux heures, afin qu'il apportât du couvent les titres authentiques de ce mariage, qui doivent constater ses droits à la succession de Son Éminence, le très-haut, très-puissant et très-excellent prince cardinal...

— J'apporte les titres, répondit le moine; avez-vous tout dit, très-haut, très-puissant et très-excellent maître Barbagallo?

— Je dirai encore à Son Altesse, reprit l'intendant sans se déconcerter, qu'elle est attendue aussi avec impatience... mais que...

— Mais quoi? Ne me barrez pas toujours le passage avec vos airs suppliants, monsieur Barbagallo. Si ma mère m'attend, laissez-moi courir vers elle; si vous avez quelque requête personnelle à me présenter, je vous écouterai une autre fois, et, d'avance, je vous promets tout.

— O mon noble maître, oui! s'écria Barbagallo en se mettant en travers de la porte, d'un air héroïque et en présentant à Michel un habit de gala à l'ancienne mode, tandis qu'un domestique, rapidement averti par un coup de sonnette, apportait une culotte de satin brodée d'or, une épée et des bas de soie à coins rouges. Oui, oui! c'est une demande personnelle que j'ose vous adresser. Vous ne pouvez pas vous présenter devant l'assemblée de famille qui vous attend, avec cette casaque de bure et cette grosse chemise. C'est impossible qu'un Palmarosa, qu'un Castro-Reale je veux dire, apparaisse, pour la première fois, à ses cousins-germains et issus de germains dans l'accoutrement d'un manœuvre. On sait les nobles infortunes de votre jeunesse et la condition indigne à laquelle votre grand cœur a su résister. Mais ce n'est pas une raison pour qu'on en voie la livrée sur le corps de Votre Altesse. Je me mettrai à ses genoux pour la supplier de se revêtir des habits de cérémonie que le prince Dionigi de Palmarosa, son grand-père, portait le jour de sa première présentation à la cour de Naples.

La première partie de ce discours avait vaincu la sévérité de Michel. Le moine et lui n'avaient pu résister à un accès de fou rire : mais la fin de l'exorde fit cesser leur gaieté et rembrunit leurs fronts.

« Je suis bien sûr, dit Michel d'un ton sec, que ce n'est pas ma mère qui vous a chargé de me présenter ce déguisement ridicule, et qu'elle n'aurait aucun plaisir à me voir revêtir cette livrée-là ! J'aime mieux celle que je porte encore et que je porterai le reste de cette journée, ne vous en déplaise, monsieur le majordome.

— Que Votre Altesse ne soit pas irritée contre moi, répondit Barbagallo tout confus en faisant signe au laquais de remporter l'habit au plus vite. J'ai agi peut-être inconsidérément en ne prenant conseil que de mon zèle... mais si...

— Mais non! laissez-moi, dit Michel en poussant la porte avec énergie; et, prenant le bras de Fra-Angelo, il descendit l'escalier intérieur du Casino et entra résolument dans la grande salle, sous son costume d'artisan.

La princesse, vêtue de noir, était assise au fond de la galerie sur un sofa, entourée du marquis de la Serra, du seigneur Recuperati, de Pier-Angelo, de plusieurs amis éprouvés des deux sexes et de plusieurs parents, à la mine plus ou moins malveillante ou consternée, malgré leurs efforts pour paraître touchés et émerveillés du roman de sa vie qu'elle venait de leur raconter. Mila était assise à ses pieds sur un coussin, belle, attendrie, et pâle de surprise et d'émotion. D'autres groupes étaient espacés dans la galerie. C'étaient des amis moins intimes, ils

des parents plus éloignés, puis des gens de loi qu'Agathe avait appelés pour constater la validité de son mariage et la légitimité de son fils. Plus loin encore, les serviteurs de la maison, en service actif ou admis à la retraite, quelques ouvriers privilégiés, la famille Magnani entre autres; enfin l'élite de ces *clients* avec lesquels les seigneurs siciliens ont des relations de solidarité inconnues chez nous, et qui rappellent les antiques usages du patriciat romain.

On peut bien penser qu'Agathe ne s'était pas crue forcée de dire quelles raisons cruelles l'avaient décidée à épouser le trop fameux prince de Castro-Reale, ce bandit si brave et si redoutable, si dépravé et pourtant si naïf parfois, espèce de don Juan converti, sur lequel couraient encore plus d'histoires terribles, fantastiques, galantes et invraisemblables, qu'il n'en avait pu mener à fin. Elle préférait à l'aveu public d'une violence qui répugnait à sa pudeur et à sa fierté, l'aveu tacite d'un amour, romanesque, de sa part, jusqu'à l'extravagance, mais librement consenti et légitime. Le seul marquis de la Serra avait été le confident de sa véritable histoire; lui seul savait maintenant les malheurs d'Agathe, la cruauté de ses parents, l'assassinat présumé du *Destatore*, et les complots contre la vie de son fils au berceau. La princesse laissa pressentir aux autres que sa famille n'eût point approuvé ce mariage clandestin, et que son fils avait dû être élevé en secret pour ne point risquer d'être déshérité dans sa personne par ses parents maternels. Elle avait fait un récit court, simple et précis, et elle y avait porté une assurance, une dignité, un calme qu'elle devait à l'énergie du sentiment maternel. Avant qu'elle connût l'existence de son enfant, elle se serait donné la mort plutôt que de laisser soupçonner la dixième partie de son secret; mais, avec la volonté de faire reconnaître et accepter son fils, elle eût tout révélé si un aveu complet eût été nécessaire.

Elle avait fini de parler depuis un quart d'heure, quand Michel entra. Elle avait regardé son auditoire avec tranquillité. Elle savait à quoi s'en tenir sur l'attendrissement naïf des uns, sur la malignité déguisée des autres. Elle savait qu'elle aurait le courage de faire face à toutes les amplifications, à toutes les railleries, à toutes les méchancetés que sa déclaration allait faire éclater dans le public et surtout dans le grand monde. Elle était préparée à tout et se sentait bien forte, appuyée sur son fils, cette femme qui n'avait pas plus voulu de la protection d'un mari que des consolations d'un amant. Quelques-unes des personnes présentes, soit par malice, soit par bêtise, avaient essayé de lui faire ajouter quelques détails, quelques éclaircissements à sa déclaration. Elle avait répondu avec douceur et fermeté : « Ce n'est pas devant tant de témoins, et en un jour de deuil et de gravité pour ma maison que je puis me prêter volontairement à vous divertir ou à vous intéresser au récit d'une histoire d'amour. D'ailleurs, tout cela est un peu loin de ma mémoire. J'étais bien jeune alors, et, après vingt ans écoulés sur ces émotions, je pourrais difficilement me remettre à un point de vue qui vous fît comprendre le choix que j'avais jugé à propos de faire. Je permets qu'on me trouve extraordinaire, mais je ne permettrai à personne de me blâmer en ma présence; ce serait insulter à la mémoire de l'homme dont j'ai accepté le nom pour le transmettre à mon fils. »

On chuchotait avidement dans les groupes de cette assemblée déjà dispersée dans la vaste galerie. Le dernier de tous à l'extrémité de la salle, celui qui se composait de braves ouvriers et de fidèles serviteurs, était le seul grave, calme et secrètement attendri. Le père et la mère de Magnani étaient venus baiser, en pleurant, la main d'Agathe. Mila, dans son extase d'étonnement et de joie, était un peu triste au fond du cœur. Elle se disait que Magnani aurait dû être là, et elle ne le voyait point arriver, quoiqu'on l'eût cherché partout. Elle l'oublia cependant quand elle vit paraître Michel, et elle se leva pour s'élancer vers lui à travers les groupes malveillants ou stupéfaits qui s'ouvrirent pour laisser passer le prince artisan et sa casaque de laine. Mais elle s'arrêta, toute rouge et tout affligée : Michel n'était plus son frère. Elle ne devait plus l'embrasser.

Agathe, qui s'était levée avant elle, se retourna pour lui faire signe, et, la prenant par la main, elle marcha vers son fils avec la résolution et l'orgueil d'une mère et d'une reine. Elle le présenta d'abord à la bénédiction publique de son père et de son oncle adoptifs, puis aux poignées de main de ses amis et aux salutations de ses connaissances. Michel eut du plaisir à se montrer fier et froid avec ceux qui lui parurent tels; et quand il fut au milieu de la partie populaire de la réunion, il se montra tel qu'il se sentait, plein d'effusion et de franchise. Il n'eut pas de peine à se gagner ces cœurs-là, et il y fut accueilli comme si ces braves gens l'eussent vu naître et grandir sous leurs yeux.

Après la production des actes de mariage et de naissance, qui, ayant été contractés et enregistrés sous l'ancienne administration ecclésiastique, étaient parfaitement légitimes et authentiques, Agathe prit congé de l'assemblée de famille et se retira dans son appartement avec Michel, la famille Lavoratori et le marquis de la Serra. Là, on goûta encore sans trouble le bonheur d'être ensemble, et on se reposa un peu de la contrainte qu'on avait subie, en riant de l'incident de l'habit de gala du grand-père, heureuse imagination de Barbagallo! On s'amusa d'avance de tout ce qui allait être enfanté de monstrueux et de ridicule dans les premiers temps, par les imaginations catanaises, messinoises et palermitaines, sur la situation de la famille.

La journée ne s'écoula point sans qu'ils sentissent tous qu'ils auraient besoin d'un courage plus sérieux. La nouvelle de l'assassinat de l'abbé Ninfo, et surtout la copie de l'inscription audacieuse, arrivèrent dans la soirée et circulèrent rapidement par toute la ville. Des promeneurs avaient apporté l'écrit, des *campieri* apportèrent le cadavre. Comme cela avait une couleur politique, on en parla tout bas; mais comme cela était lié aux événements de la journée, à la mort du cardinal et à la déclaration d'Agathe, on en parla toute la nuit, jusqu'à en perdre l'envie de dormir. La plus belle et la plus grande ville possible, lorsqu'elle n'est point une des métropoles de la civilisation, est toujours, par l'esprit et les idées, une petite ville de province, surtout dans le midi de l'Europe.

La police s'amusa d'ailleurs de la vengeance exercée sur l'un de ses employés. Les gens en faveur prirent, dans les salons, une attitude de menace contre la noblesse patriotique. Le parti napolitain fit entendre que le prince de Castro-Reale n'avait qu'à bien se tenir s'il voulait qu'on oubliât les forfaits de monsieur son père, et on fit bientôt pénétrer, jusque dans le boudoir de la princesse, de salutaires avertissements qu'on voulait bien lui donner. Un ami sincère, mais pusillanime, vint lui apprendre que son innocence proclamée par la main fantastique du Piccinino, et l'appel fait à son fils dans le même écrit pour qu'il eût à venger Castro-Reale, la compromettraient gravement, si elle ne se hâtait de faire quelques démarches prudentes, comme de présenter son fils aux puissances du moment, et de témoigner, d'une manière indirecte, mais claire, qu'elle abandonnait l'âme de son défunt brigand au diable et le corps de son beau-fils le bâtard au bourreau; qu'elle avait l'intention d'être une bonne, une vraie Palmarosa, comme l'avaient été son père et son oncle; enfin qu'elle se portait garant de la bonne éducation politique qu'elle saurait donner à l'héritier d'un nom aussi difficile à porter désormais que celui de Castro-Reale.

A ces avertissements, Agathe répondit avec calme et prudence qu'elle n'allait jamais dans le monde; qu'elle vivait, depuis vingt ans, dans une retraite tranquille, où aucun complot ne s'était jamais formé; que faire en ce moment des démarches pour se rapprocher du pouvoir, ce serait, en apparence, accepter des méfiances qu'elle ne méritait point; que son fils était encore un enfant, élevé dans une condition obscure et dans l'ignorance de tout ce qui n'était pas la poésie des arts; qu'enfin elle porterait hardiment, ainsi que lui, le nom de Castro-

Reale, parce que c'était une lâcheté de renier ses engagements et son origine, et que tous deux sauraient le faire respecter, même sous l'œil de la police. Quant au Piccinino, elle feignit fort habilement de ne pas savoir ce qu'on voulait lui dire, et de ne pas croire à l'existence de ce fantôme insaisissable, espèce de Croquemitaine dont on faisait peur aux petits enfants et aux vieilles femmes du faubourg. Elle fut surprise et troublée de l'assassinat de l'abbé Ninfo; mais, comme le testament s'était retrouvé à propos dans les mains du docteur Recuperati, nul ne put soupçonner qu'une accointance secrète avec les bandits de la montagne l'eût remise en possession de son titre. Le docteur ne sut pas même qu'il lui avait été soustrait; car, au moment où il allait faire publiquement la déclaration que l'abbé Ninfo le lui avait volé, Agathe l'avait interrompu en lui disant : «Prenez garde, docteur, vous êtes fort distrait; n'accusez légèrement personne. Vous m'avez montré ce testament, il y a deux jours; ne l'auriez-vous pas laissé dans mon cabinet, sous un bloc de mosaïque?»

On avait été officiellement à l'endroit indiqué, et on avait retrouvé le testament intact. Le docteur, émerveillé de son étourderie, y avait cru comme les autres.

Agathe avait trop souffert, elle avait eu de trop rudes secrets à garder pour ne pas être habile quand il fallait s'en donner la peine. Michel et le marquis admirèrent la présence d'esprit qu'elle déploya dans toute cette affaire, pour sortir d'une situation assez alarmante. Mais Fra-Angelo devint fort triste, et Michel se coucha, bien moins insoucient dans son palais qu'il n'avait fait dans sa mansarde. Les précautions indispensables, la dissimulation assidue dont il fallait s'armer, lui révélèrent les soucis et les dangers de la grandeur. Le capucin craignait qu'il ne se corrompît malgré lui. Michel ne craignait pas de se corrompre; mais il sentait qu'il lui faudrait s'observer et s'amoindrir pour garder son repos et son bonheur domestique, ou s'engager dans un combat qui ne finirait plus qu'avec sa fortune et sa vie.

Il s'y résigna. Il se dit qu'il serait prudent pour sa mère jusqu'au moment où il serait téméraire pour sa patrie. Mais déjà le temps de l'ivresse et du bonheur était passé; déjà commençait le devoir : les romans qu'on ne coupe pas au beau milieu du dénouement se rembrunissent à la dernière page, pour peu qu'ils aient le moindre fonds de vraisemblance.

Certaines personnes de goût et d'imagination veulent qu'un roman ne finisse point, et que l'esprit du lecteur fasse le reste. Certaines personnes judicieuses et méthodiques veulent voir tous les fils de l'intrigue se délier patiemment et tous les personnages s'établir pour le reste de leurs jours, ou mourir, afin qu'on n'ait plus à s'occuper d'eux. Je suis de l'avis des premiers, et je crois que j'aurais pu laisser le lecteur au pied de la croix du *Destatore*, lisant l'inscription qu'avait tracée le justicier d'aventure. Il aurait fort bien pu inventer sans moi le chapitre qu'il vient de parcourir, je gage, avec tiédeur, se disant : «J'en étais sûr, je m'y attendais bien, cela va sans dire.»

Mais j'ai craint d'avoir affaire à un lecteur délicat qui ne se trouvât fort mal installé dans la compagnie classiquement romantique d'un cadavre et d'un vautour.

Pourquoi tous les dénouements sont-ils plus ou moins manqués et insuffisants? la raison en est simple, c'est parce qu'il n'y a jamais de dénouements dans la vie, que le roman s'y continue sans fin, triste ou calme, poétique ou vulgaire, et qu'aucune chose de pure convention ne peut jamais avoir un caractère de vérité qui intéresse.

Mais puisque, contrairement à mon goût, j'ai résolu de tout expliquer, je reconnais que j'ai laissé Magnani sur la grève, Mila inquiète, le Piccinino à travers les champs, et le marquis de la Serra aux pieds de la princesse. Quant à ce dernier, il y avait à peu près douze ans qu'il était ainsi prosterné, et un jour de plus ou de moins ne changeait rien à son sort; mais, dès qu'il connut le secret d'Agathe et qu'il vit son fils en possession de tous ses droits et de tout son bonheur, il changea d'attitude, et, se relevant de toute la grandeur de son caractère chevaleresque et fidèle, il lui dit en présence de Michel :

« Madame, je vous aime comme je vous ai toujours aimée ; je vous estime d'autant plus que vous avez été plus fière et plus loyale, en refusant de contracter sous le beau titre de vierge une union où il vous eût fallu apporter en secret ceux de veuve et de mère. Mais si, parce que vous avez jadis subi un outrage, vous vous croyez déchue à mes yeux, vous ne connaissez point mon cœur. Si, parce que vous portez un nom bizarre et effrayant par les souvenirs qui s'y rattachent, vous pensez que je craindrais d'y faire succéder le mien, vous faites injure à mon dévouement pour vous. Ce sont là, au contraire, des raisons qui me font souhaiter plus que jamais d'être votre ami, votre soutien, votre défenseur et votre époux. On raille votre premier mariage à l'heure qu'il est. Accordez-moi votre main et on n'osera pas railler le second. On vous appelle la femme du brigand ; soyez la femme du plus raisonnable et du plus riche des patriciens, et qu'on sache bien que si vous pouvez enflammer l'imagination d'un homme terrible, vous savez aussi gouverner le cœur d'un homme calme. Votre fils a grand besoin d'un père, Madame. Il va être engagé dans plus d'un passage difficile et périlleux de la vie fatale que nous fait une race ennemie. Sachez bien que je l'aime déjà comme mon fils, et que ma vie et ma fortune sont à lui. Mais cela ne suffit pas : il faut que la sanction d'un mariage avec vous mette fin à la position équivoque où nous sommes vis-à-vis l'un de l'autre. Si je passe pour l'amant de sa mère, pourra-t-il m'aimer et m'estimer ? Ne sera-t-il pas ridicule, peut-être lâche, qu'il ait l'air de le souffrir sans honte et sans impatience ? Il faut donc que je m'éloigne de vous à présent, si vous refusez de faire alliance avec moi. Vous perdrez le meilleur de vos amis, et Michel aussi !... Quant à moi, je ne parle pas de la douleur que j'en ressentirais, je ne sais point de paroles qui puissent la rendre ; mais il ne s'agit point de moi, et ce n'est point par égoïsme que je vous implore. Non, je sais que vous ne connaissez point l'amour et que la passion vous effraie ; je sais quelle blessure votre âme a reçue, et quelle répugnance vous inspirent les idées qui enivrent l'imagination de ceux qui vous connaissent. Eh bien ! je ne serai que votre frère, je m'y engage sur l'honneur, si vous l'exigez. Michel sera votre unique enfant comme votre unique amour. Seulement, la loi et la morale publique me permettront d'être son meilleur ami, son guide, et le bouclier de l'honneur et de la réputation de sa mère. »

Le marquis fit ce long discours d'un ton calme, et en maintenant sa physionomie à l'unisson de ses paroles. Seulement une larme vint au bord de sa paupière, et il eut tort de vouloir la retenir, car elle était plus éloquente que toutes ses paroles.

La princesse rougit ; ce fut la première fois que le marquis l'avait vue rougir, et il en fut si bouleversé, qu'il perdit tout le sang-froid dont il s'était armé. Cette rougeur qui la faisait femme pour la première fois, à trente-deux ans, fut comme un rayon de soleil sur la neige, et Michel était un artiste trop délicat pour ne pas comprendre qu'elle avait encore gardé un secret au fond de son cœur, ou bien que son cœur, ranimé par la joie et la sécurité, pouvait commencer à aimer. Et quel homme en était plus digne que La Serra ?

Le jeune prince se mit à genoux : « O ma mère, dit-il, vous n'avez plus que vingt ans ! Tenez, regardez-vous ! ajouta-t-il en lui présentant un miroir à main oublié sur sa table par la camériste. Vous êtes si belle et si jeune, et vous voulez renoncer à l'amour ! Est-ce donc pour moi ? Serai-je plus heureux parce que votre vie sera moins complète et moins riante ? Vous respecterai-je moins, parce que je vous verrai plus respectée et mieux défendue ? Craignez-vous que je sois jaloux, comme Mila me le reprochait ?... Non, je ne serai point jaloux, à moins que je ne sente qu'il vous aime mieux que moi, et cela, je t'en défie ! Cher marquis, nous l'aimerons bien, n'est-ce pas, nous lui ferons oublier le passé ; nous la rendrons heureuse, elle qui ne l'a jamais

été, et qui, seule au monde, méritait un bonheur absolu ! Ma mère, dites oui ; je ne me relèverai pas que vous n'ayez dit oui !

— J'y ai déjà songé, répondit Agathe en rougissant toujours. Je crois qu'il le faut pour toi, pour notre dignité à tous.

— Ne dites pas ainsi, s'écria Michel en la serrant dans ses bras : dites que c'est pour votre bonheur, si vous voulez que nous soyons heureux, lui et moi ! »

Agathe tendit sa main au marquis, et cacha la tête de son fils dans son sein. Elle avait honte qu'il vît la joie de son fiancé. Elle avait conservé la pudeur d'une jeune fille, et, ce jour, elle redevint si fraîche et si belle, que les méchants, qui veulent absolument trouver partout le mensonge et le crime, prétendaient que Michel n'était pas son fils, mais un amant installé dans sa maison sous ce titre profané. Toutes les calomnies et même les moqueries tombèrent pourtant devant l'annonce de son mariage avec M. de la Serra, qui devait avoir lieu à la fin de son deuil. On essaya bien encore de dénigrer l'amour *donquichottesque* du marquis, mais on l'envia plus qu'on ne le plaignit.

XLIX.

DANGER.

Cette nouvelle fit une grande impression sur Magnani. Elle acheva de le guérir et de l'attrister. Son âme exaltée ne pouvait se passer d'un amour exclusif et absorbant ; mais, apparemment, il s'était trompé lui-même lorsqu'il se persuadait n'avoir jamais connu l'espérance ; car, toute espérance devenue impossible, il ne se sentit plus assiégé du fantôme d'Agathe. Ce fut le fantôme de Mila qui s'empara de ses méditations et de ses insomnies. Mais cette passion débuta au milieu d'une souffrance pire que toutes les anciennes. Agathe lui était apparue comme un idéal qu'il ne pouvait atteindre. Mila lui apparaissait sous le même aspect, mais avec une certitude de plus, c'est qu'elle avait un amant.

Il se passa alors, au sein de cette famille de parents et d'amis, une série de petites anxiétés assez délicates et qui devinrent fort pénibles pour Mila et pour Magnani. Pier-Angelo voyait sa fille triste, et n'y pouvant rien comprendre, il voulait avoir une explication cordiale avec Magnani et l'amener à lui demander ouvertement la main de Mila. Fra-Angelo, qui était par son avis et le retenait. Cette contestation portée devant le doux tribunal de la princesse, avait amené, relativement à la promenade de Nicolosi, des explications satisfaisantes pour le père et pour l'oncle, mais qui pouvaient bien laisser quelque soupçon dans l'âme rigide et fière de l'amant. Fra-Angelo, qui avait fait le mal, se chargea de le réparer. Il alla trouver le jeune homme, et, sans lui révéler l'imprudence sublime de Mila, il lui dit qu'elle était justifiée complètement dans son esprit, et qu'il avait découvert que cette mystérieuse promenade n'avait pour but qu'une noble et courageuse action.

Magnani ne fit point de questions. Autrement, le moine, qui ne savait point arranger la vérité, lui eût tout dit : mais la loyauté de Magnani se refusait au soupçon, du moment que Fra-Angelo lui donnait sa parole. Il crut enfin au bonheur, et alla demander à Pier-Angelo de consacrer le sien.

Mais il était écrit que Magnani ne serait point heureux. Le jour où il se présenta pour faire sa déclaration et sa demande, Mila, au lieu de rester présente, quitta l'atelier de son père avec humeur et alla s'enfermer dans sa chambre. Elle était offensée dans le sanctuaire de son orgueil par les quatre ou cinq jours d'abattement et d'irrésolution de Magnani. Elle avait cru à une victoire plus prompte et plus facile. Elle rougissait déjà de l'avoir poursuivie si longtemps.

Et puis, elle était au courant de tout ce qui s'était passé durant ces jours d'angoisse. Elle savait que Michel n'approuvait pas qu'on se pressât tant d'amener Magnani à se déclarer. Michel seul avait su le secret de son ami, et il était effrayé pour sa sœur adoptive de la promptitude d'une réaction vers elle, qui pouvait bien être un acte de désespoir. Mila en conclut que Michel savait à quoi s'en tenir sur la persistance de Magnani à aimer une autre femme, quoique ce jeune homme eût refusé de lui reprendre la bague de la princesse, et qu'il eût prié Mila de la conserver comme un gage de son estime et de son respect. Ce soir-là même, le soir où il l'avait ramenée du palais de la Serra, tandis que Michel restait auprès de sa mère, Magnani, tout enivré de sa beauté, de son esprit et de son succès, lui avait parlé avec tant de vivacité que c'était presque une déclaration d'amour. Mila avait eu encore la force de ne point l'encourager ouvertement. Mais elle s'était crue victorieuse, et le lendemain, c'est-à-dire le jour de la déclaration d'Agathe, elle avait compté le revoir à ses pieds et lui avouer enfin qu'il était aimé.

Mais ce jour-là il n'avait point paru, et les jours suivants il ne lui avait pas adressé une seule parole; il s'était borné à la saluer avec un respect glacial, lorsqu'il n'avait pu éviter ses regards. Mila, mortellement blessée et affligée, avait refusé de dire à son père la vérité, que le bonhomme, inquiet de sa pâleur, lui demandait presque à genoux. Elle avait persisté à nier qu'elle aimât le jeune voisin. Pier-Angelo n'avait rien trouvé de mieux, simple et rond comme il l'était, que de dire à sa fille :

« Console-toi, mon enfant, nous savons bien que vous vous aimez. Seulement il a été inquiet et jaloux à cause de l'affaire de Nicolosi; mais, quand tu daigneras le justifier devant lui, il tombera à tes pieds. Demain tu l'y verras, j'en suis sûr.

— Ah! maître Magnani se permet d'être jaloux et de me soupçonner! avait répondu Mila avec feu. Il ne m'aime que d'hier, il ne sait pas si je l'aime, et lorsqu'un soupçon lui vient, au lieu de me confier humblement et de travailler à supplanter le rival qui l'inquiète, il prend l'air d'un mari trompé, abandonne le soin de me convaincre et de me plaire, et croira me faire un grand honneur et un grand plaisir quand il viendra me dire qu'il daigne me pardonner! Eh bien, moi, je ne lui pardonne pas. Voilà, mon père, ce que vous pouvez lui dire de ma part. »

L'enfant s'obstina si bien dans son dépit, que Pier-Angelo fut forcé d'amener Magnani à la porte de sa chambre, où elle le laissa frapper longtemps, et qu'elle ouvrit enfin, en disant d'un ton boudeur, qu'on la dérangeait impitoyablement dans sa sieste.

« Croyez bien, dit Pier-Angelo à Magnani, que la perfide ne dormait pas, car elle sortait de chez moi au moment où vous êtes entré. Allons, enfants, mettez sous les pieds toutes ces belles querelles. Donnez-vous la main, puisque vous vous aimez, et embrassez-vous puisque je le permets. Non? Mila est orgueilleuse comme l'était sa pauvre mère! Ah! mon ami Antonio, tu seras mené comme je l'étais, et tu n'en seras pas plus malheureux, va! Allons, à genoux, en ce cas, et demande grâce. Signora Mila, faudra-t-il que votre père s'y mette aussi?

— Père, répondit Mila, vermeille de plaisir, de fierté et de chagrin tout ensemble, écoutez-moi au lieu de me railler, car j'ai besoin de garder ma dignité sauve, moi! Une femme n'a rien de plus précieux, et un homme, un père même, ne comprend jamais assez combien nous avons le droit d'être susceptibles. Je ne veux pas être aimée à demi, je ne veux pas servir de pis-aller et de remède à une passion mal guérie. Je sais que maître Magnani a été longtemps amoureux, et je crains qu'il ne le soit encore un peu, d'une belle inconnue. Eh bien! je souhaite qu'il prenne le temps de l'oublier et qu'il me donne celui de savoir si je l'aime. Tout cela est-il trop nouveau, quand je serai sûr et tôt accepté. Je sais que, quand j'aurai donné ma parole, je ne la retirerai pas, quand même je regretterais de l'avoir fait. Je connaîtrai l'affection de Magnani, ajouta-t-elle en lui lançant un regard de reproche, à l'égalité de son humeur avec moi et à la persévérance de ses attentions. Il a quelque chose à réparer et moi quelque chose à pardonner.

— J'accepte cette épreuve, répondit Magnani, mais je ne l'accepte pas comme un châtiment; je ne sens pas

que j'aie été coupable de me livrer à la douleur et à l'abattement. Je ne me croyais point aimé, et je savais bien que je n'avais aucun droit à l'être. Je crois encore que je ne le suis pas, et c'est en tremblant que j'espère un peu.

— Ah! que de belles paroles pour ne rien dire! s'écria Pier-Angelo. Dans mon temps on était moins éloquent et plus sincère. On se disait : « M'aimes-tu? — Oui; et toi? — Moi, comme un fou. — Moi de même, et jusqu'à la mort. » Cela valait bien vos dialogues, qui ont l'air d'un jeu, et d'un jeu où l'on cherche à s'ennuyer et à s'inquiéter l'un l'autre. Mais peut-être que c'est moi qui vous gêne. Je m'en vais; quand vous serez seuls, vous vous entendrez mieux.

— Non, mon père, dit Mila qui craignait de se laisser fléchir et persuader trop vite; quand même il aurait assez d'amour et d'esprit aujourd'hui pour se faire écouter, je sais que je me repentirais demain d'avoir été trop confiante. D'ailleurs, vous ne lui avez pas tout dit, je le sais. Je sais qu'il s'est permis d'être jaloux parce que j'ai fait une promenade singulière; mais je sais aussi qu'en lui assurant que je n'y avais commis aucun péché, ce qu'il a eu la bonté de croire, mon oncle a cru devoir lui taire le but de cette promenade. Eh bien, moi, je souffre et je rougis de ce ménagement, dont on suppose apparemment qu'il a grand besoin, et je ne veux pas lui épargner la vérité tout entière.

— Comme tu voudras, ma fille, répondit Pier-Angelo. Je suis assez de ton avis, qu'il ne faut rien cacher de ce qu'on croit devoir dire. Parle donc comme tu le juges à propos. Cependant, souviens-toi que c'est aussi le secret de quelqu'un que tu as promis de ne jamais nommer.

— Je puis le nommer, puisque son nom est dans toutes les bouches, surtout depuis quelques jours, et que, s'il y a du danger à dire qu'on connaît l'homme qui porte ce nom, le danger est seulement pour ceux qui s'en vantent; mon intention, d'ailleurs, n'est pas de révéler ce que je sais sur son compte; je puis donc bien apprendre à maître Magnani que j'ai été passer volontairement deux heures en tête-à-tête avec le Piccinino, sans qu'il sache en quel endroit, ni pour quel motif.

— Je crois que la fièvre des déclarations va s'emparer de toutes les femmes, s'écria Pier-Angelo en riant. Depuis que la princesse Agathe en a fait une dont on parle tant, toutes vont se confesser en public! »

Pier-Angelo disait plus vrai qu'il ne le pensait. L'exemple du courage est contagieux chez les femmes, et la romanesque Mila avait une admiration si passionnée pour Agathe, qu'elle regrettait de n'avoir pas le proclamer, en cet instant, quelque mariage secret avec le Piccinino, pourvu toutefois qu'elle fût venue et qu'elle en pût épouser Magnani.

Mais cet aveu téméraire produisit un tout autre effet que celui qu'elle en attendait. L'inquiétude ne se peignit pas sur la figure de Magnani, et elle ne put se réjouir intérieurement d'avoir excité et réveillé son amour par un éclair de jalousie. Il devint plus triste et plus doux encore qu'à l'habitude, baisa la main de Mila et lui dit :

« Votre franchise est d'un noble cœur, Mila, mais il s'y mêle un peu d'orgueil. Sans doute, vous voulez me mettre à une rude épreuve en me disant une chose qui alarmerait au dernier point tout autre homme que moi. Mais je connais trop votre père et votre oncle pour craindre qu'ils m'aient trompé en me disant que vous aviez été sur la route des montagnes pour faire une bonne action. Ne cherchez donc point à m'intriguer; cela serait d'un mauvais cœur, puisque vous n'auriez d'autre but que celui de me faire souffrir. Dites-moi tout, ou ne me dites rien. Je n'ai pas le droit d'exiger des révélations qui compromettraient quelqu'un; mais j'ai celui de vous demander de ne point vous jouer de moi en cherchant à ébranler ma confiance en vous. »

Pier-Angelo trouva que cette fois Magnani avait parlé comme un livre, et qu'on ne pouvait faire, dans une occasion aussi délicate, une réponse plus honnête, plus généreuse et plus sensée.

Mais que s'était-il donc passé depuis peu de jours dans l'esprit de la petite Mila? Peut-être qu'il ne faut jamais jouer avec le feu, quelque bon motif qui vous y porte, et qu'elle avait eu réellement tort d'aller à Nicolosi. Tant il y a que la réponse de Magnani ne lui plut pas autant qu'à son père, et qu'elle se sentit comme refroidie et piquée par l'espèce de leçon paternelle que venait de lui donner son amant.

« Déjà des sermons ! dit-elle en se levant, pour faire comprendre à Magnani qu'elle ne voulait pas aller plus loin avec lui ce jour-là ; et des sermons à moi, que vous prétendez aimer avec si peu d'espoir et de hardiesse ? Il me semble, au contraire, voisin, que vous comptez me trouver fort docile et fort soumise. Eh bien, j'ai peur que vous ne vous trompiez. Je suis un enfant, et je dois le savoir, on me le dit sans cesse ; mais je sais fort bien aussi que lorsqu'on aime, on ne voit aucun défaut, on ne trouve aucun tort à la personne aimée. Tout, de sa part, est charmant, ou tout au moins sérieux. On ne traite pas sa loyauté d'orgueil et sa fierté de taquinerie puérile. Vous voyez, Magnani, qu'il est fâcheux de voir trop clair en amour. Il y a une chanson qui dit que Cupido è un bambino cieco. Mon père la sait ; il vous la chantera. En attendant, sachez que la clairvoyance se communique, et que celui qui écarte le bandeau de ses yeux découvre en même temps ses propres défauts aux autres. Vous avez vu clairement que j'étais un peu hautaine, et vous croyez sans doute que je suis coquette. Moi, j'ai vu par là que vous étiez très-orgueilleux, et je crains que vous ne soyez un peu pédant. »

Les Angelo espérèrent que ce nuage passerait, et, qu'après avoir donné carrière à sa mutinerie, Mila n'en serait que plus tendre et Magnani plus heureux. En effet, il y eut encore entre eux des entretiens et des luttes de paroles et de sentiment où ils furent si près de s'entendre, que leurs soudains désaccords l'instant d'après, la tristesse de Magnani et l'agitation de Mila semblaient inexplicables. Magnani avait parfois peur de tant d'esprit et de volonté chez une femme. Mila avait peur de tant de gravité et de raison inflexible chez un homme. Magnani lui semblait incapable d'éprouver une grande passion, et elle voulait en inspirer une, parce qu'elle se sentait d'humeur à l'éprouver violemment pour son propre compte. Il parlait et pensait toujours comme la vertu même, et c'était avec une imperceptible nuance d'ironie que Mila l'appelait le juste par excellence.

Elle était très-coquette avec lui, et Magnani, au lieu d'être heureux de ce travail ingénieux et puissant entrepris pour lui plaire, craignait qu'elle ne fût un peu coquette avec tous les hommes. Ah ! s'il l'avait vue dans le boudoir du Piccinino, contenir et vaincre par sa chasteté exquise, par la simplicité quasi virile les velléités sournoises et les mauvaises pensées du jeune bandit, Magnani aurait bien compris que Mila n'était point coquette, puisqu'elle ne l'était que pour lui seul.

Mais ce malheureux jeune homme ne connaissait point les femmes, et, pour avoir trop aimé dans le silence et la douleur, il ne comprenait rien encore aux délicats et mystérieux problèmes de l'amour partagé. Il avait trop de modestie ; il prenait trop au pied de la lettre les cruautés persifleuses de Mila, et il la grondait de se faire si méchante avec lui, quand il aurait dû l'en remercier à genoux.

Et puis, il faut tout dire. Cette affaire de Nicolosi avait été marquée du sceau de la fatalité, comme tout ce qui se rattachait, ne fût-ce que par le plus léger fil, à l'existence mystérieuse du Piccinino. Sans entrer dans les détails qui exigeaient le secret, on avait dit à Magnani tout ce qui pouvait le rassurer sur cette aventure de Mila. Fra-Angelo, toujours fidèle à sa secrète prédilection pour le bandit, avait répondu de sa loyauté chevaleresque en une pareille circonstance. La princesse, maternellement éprise de Mila, avait parlé avec l'éloquence du cœur du dévouement et du courage de cette jeune fille. Pier-Angelo avait tout arrangé pour le mieux dans son heureuse et confiante cervelle. Michel seul avait un peu frissonné en apprenant le fait, et il remerciait la Providence d'avoir fait un miracle pour sa noble et charmante sœur.

Mais, malgré sa grandeur d'âme, Magnani n'avait pu encore accepter la démarche de Mila comme une bonne inspiration, et, sans en jamais dire un mot, il souffrait mortellement. Cela se conçoit de reste.

Quant à Mila, les suites de son aventure étaient plus graves, quoiqu'elle ne s'en doutât pas encore. Ce chapitre de roman de sa vie de jeune fille avait laissé une trace ineffaçable dans son cerveau. Après avoir bien tremblé et bien pleuré en apprenant qu'elle s'était livrée étourdiment en otage au terrible Piccinino, elle avait pris son parti sur sa méprise, et elle s'était réconciliée en secret avec l'idée de ce personnage effrayant, qui ne lui avait légué, au lieu de honte, de remords et de désespoir, que des souvenirs poétiques, de l'estime pour elle-même et un bouquet de fleurs sans tache que, je ne sais par quel instinct, elle avait conservé précieusement et caché parmi ses reliques sentimentales, après l'avoir fait sécher avec un soin religieux.

Mila n'était pas coquette ; nous l'avons bien prouvé en disant combien elle l'était avec l'homme qu'elle regardait comme son fiancé. Elle n'était pas volage non plus ; elle lui eût gardé jusqu'à la mort une fidélité à toute épreuve. Mais il y a, dans le cœur d'une femme, des mystères d'autant plus déliés et profonds, que cette femme est mieux douée et d'une nature plus exquise. C'est d'ailleurs quelque chose de doux et de glorieux pour une jeune fille que d'avoir réussi à dominer un lion redoutable, et d'être sortie saine et sauve d'une terrible aventure par la seule puissance de sa grâce, de sa candeur et de son courage. Mila comprenait maintenant combien elle avait été forte et habile à son insu, en ce danger, et l'homme qui avait subi à ce point l'empire de son mérite ne pouvait pas lui sembler un homme méprisable ou vulgaire.

Une reconnaissance romanesque l'enchaînait donc au souvenir du capitaine Piccinino, et on eût pu lui en dire tout le mal possible sans ébranler sa confiance en lui. Elle l'avait pris pour un prince ; n'était-il pas fils de prince et frère de Michel ? Pour un héros, libérateur futur de son pays ; ne pouvait-il pas le devenir, et n'en avait-il pas l'ambition ? Son doux parler, ses belles manières l'avaient charmée ; et pourquoi non ? N'avait-elle pas un engouement plus vif encore pour la princesse Agathe, et cette admiration était-elle moins légitime et moins pure que l'autre ?

Tout cela n'empêchait pas Mila d'aimer Magnani assez ardemment pour être toujours sur le point de lui en faire l'aveu malgré elle ; mais huit jours s'étaient passés depuis leur première querelle sans que le modeste et craintif Magnani eût encore su arracher cet aveu.

Il eût obtenu cette victoire, le lendemain peut-être ! mais un évènement inattendu vint bouleverser l'existence de Mila et compromettre gravement celle de tous les personnages de cette histoire.

Un soir que Michel se promenait dans les jardins de sa villa avec sa mère et le marquis, faisant tous trois des projets de dévouement réciproque et des rêves de bonheur, Fra-Angelo vint leur rendre visite, et Michel remarqua, à l'altération de sa figure et à l'agitation de ses manières, qu'il désirait lui parler en secret. Ils s'éloignèrent ensemble, comme par hasard, et le capucin, tirant de son sein un papier tout noirci et tout froissé, le lui présenta. Il ne contenait que ce peu de mots : « Je suis pris et blessé ; à l'aide, mon frère ! Malacarne vous dira le reste. Dans vingt-quatre heures il serait trop tard. »

Michel reconnut l'écriture nerveuse et serrée du Piccinino. Le billet était écrit avec son sang.

« Je suis au courant de ce qu'il faut faire, dit le moine. J'ai reçu la lettre il y a six heures. Tout est prêt. Je suis venu vous dire adieu, car je pourrai fort bien n'en pas revenir. »

Et il s'arrêta, comme s'il craignait d'ajouter quelque chose.

« Je vous entends, mon père, vous avez compté sur mon aide, répondit Michel ; je suis prêt. Laissez-moi embrasser ma mère.

— Si vous l'embrassez, elle verra que vous partez, elle vous retiendra.

M. SAND.   DELAVILLE

Il se traîna sur les genoux. (Page 141.)

— Non, mais elle sera inquiète. Je ne l'embrasserai pas : partons. Chemin faisant, nous trouverons un motif à lui donner de mon absence et un exprès à lui envoyer.

— Ce serait fort dangereux pour elle et pour nous, reprit le moine. Laissez-moi faire : c'est cinq minutes de retard, mais il le faut. »

Il rejoignit la princesse, et lui parla ainsi en présence du marquis :

« Carmelo est caché dans notre couvent; il est dans les meilleurs sentiments pour Votre Altesse et pour Michel. Il veut se réconcilier avec lui avant de partir pour une longue expédition que nécessite l'affaire de l'abbé Ninfo et les rigueurs ombrageuses de la police depuis ce moment-là. Il a aussi quelques services à demander à son frère. Permettez donc que nous partions ensemble, et si nous étions observés, ce qui est fort possible, je garderais Michel au couvent jusqu'à ce qu'il pût en sortir sans danger. Fiez-vous à la prudence d'un homme qui connaît ces sortes d'affaires. Michel passera la nuit peut-être au couvent, et quand il resterait plus longtemps, ne vous alarmez pas, et surtout ne l'envoyez pas chercher; ne nous adressez aucun message qui pourrait être intercepté et nous faire découvrir donnant asile et protection au proscrit. Que Votre Altesse me pardonne

de ne pouvoir en dire davantage pour la rassurer. Le temps presse ! »

Quoique fort effrayée, Agathe cacha son émotion, embrassa Michel, et le reconduisit jusqu'à la sortie du parc; puis elle l'arrêta :

« Tu n'as point d'argent sur toi, dit-elle; Carmelo peut en avoir besoin pour sa fuite. Je cours t'en chercher,

— Les femmes pensent à tout, dit Fra-Angelo; j'allais oublier le plus nécessaire. »

Agathe revint avec de l'or et un papier qui portait sa signature, et que Michel pouvait remplir à son gré, pour servir de mandat à son frère. Magnani venait d'arriver. Il devina, à l'agitation de la princesse et aux adieux que lui faisait Michel, en la rassurant, qu'il y avait un danger réel que l'on cachait à cette tendre mère.

« Est-ce que je vous serai nuisible si je vous accompagne ? demanda-t-il au moine.

— Tout au contraire ! dit le moine, tu peux nous être fort utile au besoin. Viens ! »

Agathe remercia Magnani par un des regards de l'amour maternel qui sont plus éloquents que toutes les paroles.

Le marquis eût voulu se joindre à eux, mais Michel s'y opposa.

Ils aperçurent ceux qu'ils cherchaient (Page 142.)

« Nous rêvons des dangers chimériques, dit-il en riant, mais s'il y en avait pour moi, il y en aurait pour ma mère ; votre place est auprès d'elle, mon ami. Je vous confie ce que j'ai de plus cher au monde !... Ne voilà-t-il pas des adieux bien solennels pour une promenade au clair de la lune jusqu'à Bel-Passo ? »

L.

MARCHE NOCTURNE.

Quand ils furent à cent pas du parc, Michel, qui voulait bien exposer son existence, mais non pas celle du fiancé de Mila dans une affaire à laquelle celui-ci était étranger et n'avait aucun devoir de conscience et de famille à remplir, pria le jeune artisan de s'en retourner à Catane. Ce n'était pas l'opinion de Fra-Angelo. Fanatique dans ses amitiés comme dans son patriotisme, il trouvait en Magnani un secours providentiel. C'était un robuste et brave champion de plus, et leur troupe était si restreinte ! Magnani valait trois hommes à lui seul ; le ciel l'avait envoyé à leur aide, il fallait profiter de son grand cœur et de son dévouement à la bonne cause.

Tout en marchant vite, ils discutèrent chaudement. Michel reprochait au moine son prosélytisme inhumain en cette circonstance ; le moine reprochait à Michel de ne pas vouloir les moyens en voulant la fin. Magnani termina ce débat par une fermeté invincible. « J'ai très-bien compris dès l'abord, dit-il, que Michel s'engageait dans une affaire plus sérieuse qu'on ne le disait à sa mère. Mon parti a été pris. J'ai fait à madame Agathe, en un autre moment, une promesse sacrée : c'est de ne jamais abandonner son fils à un danger que je pourrais partager avec lui. Je tiens à mon serment, et, que Michel le veuille ou non, je le suivrai où il ira. Je ne vois pas qu'il y ait d'autre moyen de m'en empêcher que de me faire sauter la cervelle ici. Choisissez, d'endurer ma société ou de me tuer, Michel...

— C'est bien ! c'est bien ! dit le moine ; mais silence, enfants ! Le pays se couvre, et il ne faut point parler le long des enclos. D'ailleurs, on marche moins vite quand on dispute. Ah ! Magnani, tu es un homme ! »

Magnani marchait au danger avec une bravoure froide et triste. Il ne se sentait point complétement heureux par l'amour ; un besoin d'émotions violentes le poussait au hasard, vers quelque but extrême qui lui apparaissait vaguement comme une transformation de son existence présente et une rupture décisive avec les incertitudes et les langueurs de son âme.

Michel était résolu plutôt que tranquille. Il savait bien qu'il était entraîné par un fanatique au secours d'un homme peut-être aussi dangereux qu'utile à la cause du bien. Il savait qu'il y risquait lui-même une existence plus heureuse et plus large que celle de ses compagnons; mais il n'hésitait pas à faire acte de virilité dans une pareille circonstance. Le Piccinino était son frère, et quoiqu'il n'éprouvât pour lui qu'une sympathie mêlée de défiance et de tristesse, il comprenait son devoir. Peut-être aussi était-il devenu déjà assez *prince* pour ne pas supporter l'idée que le fils de son père pût périr au bout d'une corde, une sentence d'infamie clouée à la potence. Son cœur se serrait pourtant à l'idée des douleurs de sa mère s'il succombait à une si téméraire entreprise; mais il se défendait de toute faiblesse humaine et marchait comme le vent, comme s'il eût espéré combler, par l'oubli, la distance qu'il se hâtait de mettre entre Agathe et lui.

Le couvent n'était nullement soupçonné ou surveillé, puisque le Piccinino n'y était point, et que la police du Val savait très-bien qu'il avait passé le Garreta pour s'enfoncer dans l'intérieur de l'île. Fra-Angelo avait supposé des dangers voisins pour empêcher la princesse de croire à des dangers éloignés plus réels.

Il fit entrer les jeunes compagnons dans sa cellule et les aida à se travestir en moines. Ils se répartirent l'argent, le nerf de la guerre, comme disait Fra-Angelo, afin qu'un seul ne fût pas gêné par le poids des espèces. Ils cachèrent sous leurs frocs des armes bien éprouvées, de la poudre et des balles. Leur déguisement et leur équipement prirent quelque temps; et là, Fra-Angelo qui était préservé par une ancienne expérience des dangers de la précipitation, examina tout avec un sang-froid minutieux. En effet, la liberté de leurs mouvements et de leurs actions reposait tout entière sur l'apparence extérieure qu'ils sauraient donner à leurs individus. Le capucin arrangea la barbe de Magnani, peignit les sourcils et les mains de Michel, changea le ton de leurs joues et de leurs lèvres par des procédés connus dans son ancienne profession, et avec des préparations si solides qu'elles pouvaient résister à l'action de la pluie, de la transpiration et du lavage forcé que la police emploie souvent en vain pour démasquer ses captures.

Quant à lui-même, le véritable capucin ne prit aucun soin de tromper les yeux sur son identité. Il lui importait peu d'être pris et pendu, pourvu qu'il sauvât auparavant le fils de son capitaine. Et puisqu'il s'agissait, pour y parvenir, de traverser le pays sous l'extérieur de gens paisibles, rien ne convenait mieux que son habit et sa figure véritables au rôle qu'il s'était assigné.

Quand les deux jeunes gens furent tout à fait arrangés, ils se regardèrent avec étonnement l'un et l'autre. Ils avaient peine à se reconnaître, et ils comprirent comment le Piccinino, plus expert encore que Fra-Angelo dans l'art des travestissements, avait pu sauver jusque-là sa personnalité réelle à travers toutes ses aventures.

Et quand ils se virent montés sur de grandes mules maigres et ardentes, d'un aspect misérable, mais d'une force à toute épreuve, ils admirèrent le génie du moine, et lui en firent compliment.

« Je n'ai pas été seul à faire si vite tant de choses, leur répondit-il avec modestie; j'ai été vigoureusement et habilement secondé, car nous ne sommes pas seuls dans notre expédition. Nous rencontrerons des pèlerins de différentes espèces sur le chemin que nous allons suivre. Enfants, saluez très-poliment tous les passants qui vous salueront; mais gardez-vous de dire un mot à qui que ce soit sans avoir regardé de mon côté. Si un accident imprévu nous séparait, vous trouveriez d'autres guides et d'autres compagnons. Le mot de passe est celui-ci : *Amis, n'est-ce pas ici la route de Tre-Castagne?* Je n'ai pas besoin de vous dire que c'est la route tout opposée, et que nul autre que vous complices ne vous adressera une question aussi niaise. Vous répondrez cependant, par prudence, et comme en vous jouant : *Tout chemin conduit à Rome.* Et vous ne prendrez confiance entière que lorsqu'on aura ajouté : *Par la grâce de Dieu le père.*

N'oubliez pas! ne vous endormez pas sur vos mules; ne les ménagez pas. Nous avons des relais en route; pas un mot qui ne soit dit à l'oreille l'un de l'autre. »

Dès qu'ils se furent enfoncés dans la montagne, ils firent prendre à leurs mules une allure très-décidée, et franchirent plusieurs milles en fort peu de temps. Ainsi que Fra-Angelo le leur avait annoncé, ils firent diverses rencontres avec lesquelles les formules convenues furent échangées. Alors, le capuciu s'approchait de ces voyageurs, leur parlait bas, et on se remettait en marche, en observant assez de distance pour n'avoir pas l'air de voyager ensemble, sans toutefois se mettre hors de la portée de la vue ou de l'ouïe.

Le temps était magnifiquement doux et lumineux à l'entrée des montagnes. La lune éclairait les masses de rochers et les précipices les plus romantiques; mais, à mesure qu'ils s'élevèrent dans cette région sauvage, le froid se fit sentir et la brume voilait l'éclat des astres. Magnani était perdu dans ses pensées; mais le jeune prince se laissait aller au plaisir enfantin des aventures, et, loin de nourrir et de caresser, comme son ami, quelque sombre pressentiment, il s'avançait plein de confiance en sa bonne étoile.

Quant au moine, il s'abstenait de penser à quoi que ce soit d'étranger à l'entreprise qu'il dirigeait. L'œil attentif et perçant, l'oreille ouverte au moindre bruit, il veillait encore sur le moindre mouvement, sur la moindre attitude de corps de ses deux compagnons. Il les eût préservés du danger de s'endormir et de faire des chutes au premier relâchement de la main qui tenait les rênes, au moindre balancement suspect des capuchons.

Au bout de quinze milles, ils changèrent de mules dans une sorte d'ermitage qui semblait abandonné, mais où ils furent reçus dans l'obscurité par de prétendus muletiers, auxquels ils demandèrent la route du fameux village de *Tre-Castagne*, et qui leur répondirent, en leur serrant la main et en leur tenant l'étrier, que *tout chemin mène à Rome.* Fra-Angelo distribua de l'argent, de la poudre et des balles, qu'il portait dans son sac de quêteur, à tous ceux qu'il rencontra nantis de cet éloquent passe-port; et quand ils touchèrent au but de leur voyage, Michel avait compté une vingtaine d'hommes de leur bande, tant muletiers que colporteurs, moines et paysans. Il y avait même trois femmes : c'était de jeunes gars dont la barbe n'avait pas encore poussé, et dont la voix n'était pas encore faite. Ils étaient fort bien accoutrés et jouaient parfaitement leurs rôles. Ils devaient servir d'estafettes ou de vedettes au besoin.

Voici quelle était la situation du Piccinino et comment il avait été fait prisonnier. Le meurtre de l'abbé Ninfo avait été accompli et proclamé avec une témérité insensée tout à fait contraire aux habitudes de prudence du jeune chef. Tuer un homme et s'en vanter par une inscription laissée sur le lieu même, au lieu de cacher son cadavre et de faire disparaître tout indice de l'événement, comme cela était si facile dans un pays comme l'Etna, c'était certainement un acte de désespoir et comme un défi jeté à la destinée dans un moment de frénésie. Cependant Carmelo, ne voulant pas se fermer à jamais sa chère retraite de Nicolosi, l'avait laissée bien rangée au cas d'une enquête qui amènerait des visites domiciliaires. Il avait promptement démeublé son riche boudoir et caché tout son luxe dans un souterrain situé sous sa maison, dont il était à peu près impossible de trouver l'entrée et de soupçonner l'existence. Enfin, au lever du soleil, il s'était montré, tranquille et enjoué, dans le bourg de Nicolosi, afin de pouvoir faire constater son *alibi*, si, prenant à la lettre la déclaration écrite sur le socle de la croix du *Destatore*, la police venait à s'enquérir de lui et à s'enquérir de ce qu'il avait fait à cette heure. Le meurtre de l'abbé Ninfo avait été accompli au moins deux heures auparavant.

Tout cela fait, Carmelo s'était monté à cheval, dans le bourg, faisant quelques provisions pour un voyage de plusieurs journées, et disant à ses connaissances qu'il allait voir des terres à affermer dans l'intérieur de l'île.

Il était parti pour les monts Nébrodes, au nord de la

Sicile, résolu d'y passer quelques jours chez des affiliés de sa bande, afin de laisser écouler le temps des enquêtes et des recherches autour de Catane. Il connaissait les allures de la police du pays : ardentes et farouches au premier moment, craintives et fourbes au second, ennuyées et paresseuses au troisième.

Mais l'affaire de la croix du *Destatore* avait ému le pouvoir plus qu'un assassinat ordinaire. Celui-là avait un caractère politique et se trouvait lié à la nouvelle du moment, la déclaration d'Agathe et l'apparition de son fils sur la scène du monde. Des ordres rapides et sévères avaient été donnés sur tous les points. Carmelo ne se trouva point en sûreté dans les montagnes, d'autant plus que son acolyte, le faux Piccinino, l'y avait rejoint, et attirait sur lui tout le danger des poursuites. Carmelo ne voulait point abandonner cet homme farouche et sanguinaire, qui lui avait donné des preuves d'un dévouement sans bornes, d'une soumission aveugle, et qui consentait à jouer son rôle jusqu'au bout avec une audace pleine d'orgueil et de persévérance.

Il résolut donc de le faire évader avant de songer à sa propre sûreté. Le faux Piccinino, dont le vrai nom était *Massari*, dit *Verbum-Caro*, parce qu'il était natif du village de ce nom, avait une bravoure à toute épreuve, mais aussi peu d'habileté qu'un buffle en fureur. Carmelo gagna la mer avec lui, et s'occupa de trouver une barque pour le faire passer en Sardaigne. Mais, malgré la prudence qu'il apporta dans cette tentative, le pilote les trahit et les livra comme contrebandiers aux douaniers de la côte. Verbum-Caro se défendit comme un lion, et ne tomba qu'à moitié mort dans les mains de ses ennemis. Carmelo fut assez légèrement blessé, et tous deux furent conduits au premier fort pour être confiés à une brigade de *campieri*, parmi lesquels se trouvèrent deux hommes qui reconnurent le faux Piccinino pour l'avoir vu dans un engagement sur un autre point de l'île. Ils firent leur déclaration au magistrat de Céfalù, et l'on se réjouit d'avoir mis la main sur le fameux chef de la bande redoutée. Le vrai Piccinino ne passa que pour un de ses complices, bien que Verbum-Caro protestât qu'il ne le connaissait que depuis trois jours, et que c'était un jeune pêcheur qui voulait passer avec lui en Sardaigne pour ses affaires.

Carmelo répondit avec une présence d'esprit et un talent d'imposture qui l'eussent fait relâcher dans tout autre moment ; mais les esprits étaient en émoi : on décida qu'il serait envoyé à Catane avec son dangereux compagnon pour voir son affaire éclaircie, et on les confia à une brigade de gendarmerie qui leur fit prendre la route de Catane en descendant par l'intérieur des montagnes jusqu'à la route du centre, qu'on jugeait plus sûre.

Cependant, les campieri furent attaqués aux environs de Sperlinga par quelques bandits qui avaient déjà appris l'arrestation des deux Piccinino ; mais, au moment où les prisonniers allaient être délivrés, un renfort imprévu vint à l'aide des campieri, et mit les bandits en fuite. Ce fut pendant cette action que le Piccinino eut l'adresse de faire tomber à quelque distance un papier roulé autour d'un caillou qu'il tenait prêt pour la première occasion. Malacarne, qu'il avait reconnu parmi ses libérateurs, était un homme actif, intelligent et dévoué, un ancien brave de son père et un fidèle ami de Fra-Angelo. Le billet fut ramassé et porté à son adresse avec des renseignements précieux.

Dans la crainte fondée, comme l'on voit, d'une attaque dans les monts Nébrodes, pour la délivrance du Piccinino, les autorités de Céfalù avaient essayé de cacher l'importance de cette capture, et l'escorte des prisonniers ne s'en était pas vantée en partant. Mais ces mêmes autorités avaient dépêché un exprès à Catane pour demander qu'on envoyât un détachement de soldats suisses au-devant de l'escorte jusqu'à Sperlinga, où l'on s'arrêterait pour les attendre. Les bandits de la montagne, qui étaient aux aguets, avaient assassiné le courrier ; et, s'étant assurés, par l'examen de ses dépêches, que le prisonnier était bien leur chef, ils avaient essayé, comme on l'a vu, de l'arracher des mains de l'escorte.

Le mauvais succès de cette tentative ne les avait pas rebutés. Carmelo était l'âme de leur destinée. Sa direction intelligente, son activité, l'esprit de justice tantôt sauvage, tantôt chevaleresque qui présidait à ses décisions envers eux, et un prestige énorme attaché à son nom et à sa personne, le leur rendaient aussi sacré que nécessaire. C'était l'avis unanime parmi eux, et parmi un grand nombre de montagnards, qui, sans le connaître, et sans le servir immédiatement, se trouvaient fort bien d'un échange de services avec lui et les siens, que le Piccinino mort, la profession de bandit n'était plus soutenable, et qu'il ne restait plus aux héros d'aventures qu'à se faire mendiants.

Malacarne rassembla donc quelques-uns de ses compagnons près de Sperlinga, et fit parvenir aux deux Piccinino l'avis qu'ils eussent à se faire bien malades, afin de rester là le plus possible, ce qui n'était pas difficile, car Verbum-Caro était dangereusement blessé, et, dans les efforts désespérés qu'il avait faits pour rompre ses liens, au moment de l'engagement dans la montagne, il avait rouvert sa plaie et perdu encore tant de sang, qu'il avait fallu le porter jusqu'à Sperlinga. En outre, les *campieri* savaient qu'il était de la plus grande importance de l'amener vivant, afin qu'on pût tenter de lui arracher des révélations sur le meurtre de Ninfo et l'existence de sa bande.

Aussitôt que Malacarne eut pris ses dispositions, il dit à ses compagnons, qui n'étaient encore qu'au nombre de huit, de se tenir prêts, et, montant sur le cheval du courrier assassiné, après l'avoir rasé de manière à le rendre méconnaissable, il traversa le pays en ligne droite jusqu'à Bel-Passo, avertissant sur son passage tous ceux sur lesquels il pouvait compter, de s'armer également et de l'attendre au retour. Secondé par Fra-Angelo, il passa six heures sur l'Etna à rassembler d'autres bandits, et, enfin, la seconde nuit après l'arrivée des prisonniers à Sperlinga, une vingtaine d'hommes résolus et exercés à ces sortes de coups de main, se trouvaient en marche vers la forteresse ou cantonnés au pied du rocher sur lequel elle est assise.

Fra-Angelo, le jeune prince de Castro-Reale et le fidèle Magnani venaient, en outre, pour diriger l'expédition, le premier en qualité de chef, car il connaissait le pays et la localité mieux que personne, ayant déjà enlevé cette bicoque en de meilleurs jours avec le *Destatore ;* les deux autres en qualité de lieutenants, jeunes seigneurs du bon parti, forcés de garder l'anonyme, mais riches et puissants. Ainsi parlait Fra-Angelo, qui savait bien qu'il faut à la fois du positif et de la poésie pour stimuler des hommes qui combattent contre les lois.

Quand Fra-Angelo et ses amis quittèrent leurs montures pour s'enfoncer dans les âpres rochers de Sperlinga, ils purent compter leurs hommes, et ils apprirent qu'une vingtaine de paysans se tenaient épars à peu de distance, auxiliaires prudents qui les seconderaient aussitôt qu'ils verraient la chance se montrer favorable ; hommes vindicatifs et sanguinaires, d'ailleurs, qui avaient bien des souffrances à faire expier à l'ennemi, et qui savaient faire prompte et terrible justice quand il n'y avait pas trop de danger à courir.

Néanmoins, une partie de la bande commençait à se démoraliser lorsque le moine arriva. Le lieutenant des campieri, qui gardait les prisonniers, avait envoyé demander dans la journée, à *Castro-Giovanni*, un nouveau renfort, qui devait arriver avec lui le jour. Cet officier s'inquiétait de ne pas voir arriver les Suisses, qu'il attendait avec impatience. L'esprit de la population ne le rassurait point. Peut-être s'était-il aperçu de quelque mouvement des bandits dans la montagne et de leurs accointances avec certaines gens de la ville. Enfin, il avait peur, ce que le moine regardait comme un gage de la victoire, et il avait donné l'ordre du départ pour le jour même, aimant mieux voir, disait-il, un misérable comme le Piccinino rendre son âme au diable sur le grand chemin, que d'exposer de braves soldats à être égorgés dans une forteresse sans porte et sans murailles.

Peut-être cet officier savait-il assez de latin pour avoir

lu, sur la porte de l'antique château normand où il était retranché, la fameuse devise que les Français touristes y vont contempler avec amour et reconnaissance : *Quod Siculis placuit, Sperlinga sola negavit*. On sait que Sperlinga fut la seule place qui refusa de livrer les Angevins au temps des Vêpres-Siciliennes. Permis à nos compatriotes de lui en savoir gré; mais il est certain que *Sperlinga* n'avait pas fait alors acte de patriotisme[1]; et que si l'officier des *campieri* regardait le gouvernement actuel comme le vœu de la Sicile, il devait voir, dans le *negavit* de Sperlinga, une éternelle menace qui pouvait lui causer une terreur superstitieuse.

On attendait donc le renfort de Castro-Giovanni à tout instant. Les assiégeants allaient se trouver entre deux feux. L'imagination de quelques-uns rêvait aussi l'arrivée des Suisses, et le soldat suisse est la terreur des Siciliens. Aguerris et implacables, ces enfants de l'Helvétie, dont le service mercenaire auprès des gouvernements absolus est une honte pour leur république, frappent sans discernemeut sur tout ce qu'ils rencontrent, et le *campiere* qui hésiterait à se montrer moins brave et moins féroce qu'eux tombe le premier sous leurs balles.

Il y avait donc peur de part et d'autre; mais Fra-Angelo triompha de l'hésitation des bandits avec quelques paroles d'une sauvage éloquence et d'une hardiesse sans égale. Après avoir adressé de véhéments reproches à ceux qui parlaient d'attendre, il déclara qu'il irait seul, avec ses *deux princes*, se faire tuer sous les murs du fort, afin qu'on pût dire dans toute la Sicile : « Deux patriciens et un moine ont seuls travaillé à la délivrance du Piccinino. Les enfants de la montagne ont vu cela et n'ont pas bougé. La tyrannie triomphe, le peuple de Sicile est devenu lâche. »

Malacarne le seconda en déclarant qu'il irait aussi se faire tuer. « Et alors, leur dit-il, cherchez un chef et devenez ce que vous voudrez. » On n'hésita plus, et, pour ces hommes-là, il n'y a pas de milieu entre un découragement absolu et une rage effrénée. Fra-Angelo ne les eut pas plus tôt vus se mettre en mouvement, qu'il s'écria : « Le Piccinino est sauvé ! » Michel s'étonna qu'il pût prendre tant de confiance en des courages tout à l'heure si chancelants; mais il vit bientôt que le capucin les connaissait mieux que lui.

LI.

CATASTROPHE.

La forteresse de Sperlinga, réputée jadis imprenable, n'était plus dès lors qu'une ruine majestueuse, mais hors de défense. La ville, ou plutôt le hameau situé au-dessous, n'était plus habité que par une chétive population rongée par la fièvre et la misère. Tout cela était porté par un rocher de grès blanchâtre, et les ouvrages élevés de la forteresse étaient creusés dans le roc même. Les assiégeants graviront le rocher du côté opposé à la ville. Il semblait inaccessible; mais les bandits étaient trop exercés à ce genre d'assaut pour ne pas arriver rapidement sous les murs du fort. La moitié d'entre eux, commandée par Malacarne, gravit plus haut encore pour se poster dans un bastion avancé perché à la dernière crête du pic. Ce bastion crénelé offrait une position sûre pour tirer presque perpendiculairement sur le château. Il fut convenu que Fra-Angelo et les siens se placeraient aux abords de la forteresse, qui n'était fermée que par une grande porte vermoulue, disjointe, mais peu nécessaire à enfoncer, cette opération pouvant prendre assez de temps pour donner à la garnison celui d'organiser la résistance. Malacarne devait faire tirer sur le château un certain nombre de coups de carabine, pendant que Fra-Angelo se tiendrait prêt à tomber sur

1. Quelque mal entendu que pouvait être, au point de vue du salut du pays l'hospitalité accordée aux Français par le château de Sperlinga, elle fut admirable de dévoûment et d'obstination. Réfugiés et protecteurs moururent de faim dans la forteresse plutôt que de se rendre.

ceux qui sortiraient. Puis il ferait semblant de fuir, et, pendant qu'on le poursuivrait, Malacarne descendrait pour prendre l'ennemi en queue et le placer entre deux feux.

La petite garnison, temporairement installée dans le château, se composait de trente hommes, nombre plus considérable qu'on ne s'y attendait, le renfort de Castro-Giovanni étant arrivé furtivement à l'entrée de la nuit, sans que les bandits, occupés à faire leurs préparatifs, et soigneux de se tenir cachés, les eussent vus monter par le chemin ou plutôt par l'escalier du village. La partie de l'escorte qui avait veillé la nuit précédente dormait enveloppée dans les manteaux, sur le pavé des grandes salles délabrées. Les nouveaux arrivés avaient allumé un énorme feu de branches de sapin dans la cour, et jouaient à la *mora* pour se tenir éveillés.

Les prisonniers occupaient la grande tour carrée : Verbum-Caro, épuisé et pantelant, étendu sur une botte de joncs; le Piccinino, triste, mais calme, assis sur un banc de pierre, veillant mieux que ses gardiens. Déjà il avait entendu, dans le ravin, siffler un petit oiseau, et il avait reconnu, dans ce chant, inexact à dessein, le signal de Malacarne. Il travaillait patiemment à user, contre une pierre saillante, la corde qui liait ses mains.

L'officier des *campieri* se tenait dans une salle voisine, assis sur l'unique chaise, et les coudes appuyés sur l'unique table qui fussent dans le château, et qu'encore il avait fallu aller chercher dans le village par voie de réquisition. C'était un jeune homme grossier, énergique, habitué à entretenir son humeur irascible par l'excitation du vin et du cigare, et à combattre peut-être en lui-même un reste d'amour pour son pays et de haine contre les Suisses. Il n'avait pas fait une heure de sieste depuis que le Piccinino était confié à sa garde, aussi tombait-il littéralement sous les assauts du sommeil. Son cigare allumé dans sa main lui brûlait de temps en temps le bout des doigts. Il s'éveillait en sursaut, prenait une bouffée de tabac, regardait par une grande crevasse située vis-à-vis de lui si l'horizon commençait à blanchir, et, sentant les atteintes du froid piquant qui régnait sur ce pic isolé, il frissonnait, serrait son manteau autour de lui, envoyant une malédiction au faux Piccinino qui râlait dans la salle voisine, et laissait bientôt retomber sa tête sur la table.

Une sentinelle veillait à chaque extrémité du château; mais, soit la fatigue, soit l'incurie qui s'empare de l'esprit le plus inquiet lorsque le danger touche à sa fin, l'approche silencieuse et agile des bandits n'avait pas été signalée. Une troisième sentinelle veillait sur le bastion isolé dont Malacarne allait s'emparer, et cette circonstance faillit faire manquer tout le plan d'attaque.

En enjambant une brèche, Malacarne vit cet homme assis sous ses pieds, presque entre ses jambes. Il n'avait pas prévu cet obstacle; il n'avait pas son poignard, mais son pistolet dans la main. Un coup de stylet donné à propos tranche là vie de l'homme sans lui donner le temps de crier. Le coup de pistolet est moins sûr, et, d'ailleurs, Malacarne ne voulait pas tirer avant que tous ses compagnons fussent postés de manière à engager un feu meurtrier sur le fort. Cependant, la sentinelle allait donner l'alarme, lors même que le bandit ferait un mouvement en arrière, car ses pieds étaient mal assurés, et, les pierres, dépourvues de ciment, commençaient à crouler autour de lui. Le *campiere* ne dormait pas. Il était transi de froid et avait abrité sa tête sous son manteau pour se préserver du vent aigu qui l'engourdissait.

Mais si cette précaution atténuait le bruit de la rafale et l'aidait à mieux saisir les bruits éloignés, elle empêchait d'entendre ceux qui se faisaient à ses côtés, et le capuchon rabattu sur les yeux le rendait aveugle depuis un quart d'heure. C'était pourtant un bon soldat, incapable de s'endormir à son poste. Mais il n'est rien de si difficile que de savoir bien veiller. Il faut pour cela une intelligence active, et celle du *campiere* était vide de toute pensée. Il croyait observer parce qu'il ne ronflait pas. Cependant il ne fallait qu'un grain de sable roulant à ses pieds pour qu'il tirât son fusil. Il avait la main sur la détente.

Par une inspiration désespérée, Malacarne jeta ses deux mains de fer autour de la gorge du malheureux gardien, roula avec lui dans l'intérieur du bastion et le tint ainsi étouffé jusqu'à ce qu'un de ses compagnons vînt le poignarder entre ses bras.

Aussitôt après, ils se postèrent derrière les créneaux, de manière à ne pas craindre la riposte du fort; le feu qui brillait dans la cour leur permit de voir les *campieri* occupés à jouer sans méfiance, et ils prirent tout le temps de viser. Les armes furent rechargées précipitamment pendant que les assiégeants cherchaient les leurs; mais, avant qu'ils eussent songé à s'en servir, avant qu'ils eussent compris de quel côté ils étaient attaqués, une seconde décharge tomba sur eux d'aplomb et en blessa grièvement plusieurs. Deux ne se relevèrent point, un troisième tomba la figure en avant dans le feu, et y périt faute d'aide pour s'en retirer.

L'officier avait vu, de la tour, d'où partait cette attaque. Il accourait, rugissant, exaspéré. Il n'arriva pas à temps pour empêcher ses hommes d'envoyer aux murailles une décharge inutile. « Anes stupides, s'écria-t-il, vous usez vos munitions à tirer au hasard! Vous perdez la tête! Sortez, sortez! c'est dehors qu'il faut se battre! »

Mais il s'aperçut que lui-même avait perdu la tête, car il avait laissé son sabre sur la table où il s'était endormi. Six marches seulement le séparaient de cette salle. Il les franchit d'un seul bond car il savait bien qu'au bout d'un instant il lui faudrait combattre à l'arme blanche.

Mais, pendant la fusillade, le Piccinino avait réussi à défaire ses liens, et il avait profité du bruit pour enfoncer la porte mal assujettie de sa prison. Il avait sauté sur le sabre du lieutenant et renversé la torche de résine qui était fichée dans sa table. Lorsque l'officier rentra et chercha son arme à tâtons, il reçut en travers du visage une horrible blessure et tomba à la renverse. Carmelo s'élança sur lui et l'acheva. Puis il alla couper les liens de Verbum-Caro et lui mit dans les mains la gourde du lieutenant, en lui disant : « Fais ce que tu peux! »

Le faux Piccinino oublia en un clin d'œil ses souffrances et son état de faiblesse. Il se traîna sur ses genoux jusqu'à la porte, et il réussit à se lever et à se tenir debout. Mais le vrai *Piccinino*, voyant qu'il ne pouvait marcher qu'en se tenant aux murs, lui jeta sur le corps le manteau de l'officier, lui coiffa du chapeau d'uniforme, et lui dit de sortir sans se presser. Quant à lui, il descendit dans la cour abandonnée, arracha le manteau d'un des *campieri* qui venait d'être tué, se déguisa comme il put, et, fidèle à son compagnon, il vint le prendre par le bras pour l'emmener vers la porte du fort.

Tout le monde était sorti, sauf deux hommes qui devaient empêcher les prisonniers de profiter de la confusion pour s'évader, et qui revenaient prendre la garde de la tour. Le feu s'éteignait dans le préau et ne jetait plus qu'une lueur livide. « Le lieutenant blessé! » cria l'un d'eux en voyant Verbum-Caro soutenu par Carmelo, travesti lui-même. Verbum-Caro ne répondit point; mais, d'un geste, il leur enjoignit d'aller garder la tour. Puis il sortit le plus vite qu'il put avec son chef, qu'il suppliait de fuir sans lui, mais qui ne voulait à aucun prix l'abandonner.

Si c'était générosité chez le Piccinino, c'était sagesse aussi; car, en donnant de telles preuves d'affection à ses hommes, il s'assurait à jamais leur fidélité. Le faux Piccinino pouvait être repris dans un instant, mais s'il l'eût été, aucune torture ne lui eût fait avouer que son compagnon était le vrai Piccinino.

Déjà l'on se battait sur l'étroite plate-forme qui s'avançait devant le château, et les bandits commandés par Fra-Angelo feignaient de lâcher pied. Mais les *campieri*, privés de leur chef, agissaient sans ensemble et sans ordre. Lorsque la bande de Malacarne, descendant du bastion comme la foudre, vint s'emparer de la porte et leur montrer la retraite impossible, ils se sentirent perdus et s'arrêtèrent comme frappés de stupeur. En ce moment, Fra-Angelo, Michel, Magnani et leurs hommes,

se retournèrent et les serrèrent de si près que leur position parut désespérée. Alors, les *campieri*, sachant que les brigands ne faisaient point de quartier, se battirent avec rage. Resserrés entre deux pans de muraille, ils avaient l'avantage de la position sur les bandits, qui étaient forcés d'éviter le précipice découvert. D'ailleurs, la bande de Malacarne venait d'être frappée de consternation.

A la vue des deux Piccinino, qui franchissaient la herse, et trompés par leur déguisement, les bandits avaient tiré sur eux. *Verbum-Caro* n'avait pas été touché; mais Carmelo, atteint par une balle à l'épaule, venait de tomber.

Malacarne s'était élancé sur lui pour l'achever, mais en reconnaissant son chef, il avait rugi de douleur, et ses hommes rassemblés autour de lui ne songeaient plus à se battre.

Pendant quelques instants, Fra-Angelo et Michel, qui combattaient au premier rang, furent gravement exposés. Magnani s'avançait plus qu'eux encore; il voulait parer tous les coups qui cherchaient la poitrine de Michel, car on n'avait pas le temps de recharger les armes, on se battait au sabre et au couteau, et le généreux Magnani voulait faire un rempart de son corps au fils d'Agathe.

Tout à coup, Michel, qui le repoussait sans cesse, en le suppliant de ne songer qu'à lui-même, ne le vit plus à ses côtés. Michel attaquait avec fureur. Le premier dégoût du carnage s'étant dissipé, il s'était senti la proie d'une étrange et terrible exaltation nerveuse. Il n'était pas blessé; Fra-Angelo, qui avait une foi superstitieuse dans la destinée du jeune prince, lui avait prédit qu'il ne le serait pas; mais il eût pu l'être vingt fois qu'il ne l'eût pas senti, tant sa vie s'était concentrée dans le cerveau. Il était comme enivré par le danger, et comme enthousiasmé par la lutte. C'était une jouissance affreuse, mais violente; le sang de Castro-Reale s'éveillait et commençait à embraser les veines du lionceau. Quand la victoire se déclara pour les siens, et qu'ils purent rejoindre Malacarne en marchant sur des cadavres, Michel trouva que le combat avait été trop court et trop facile. Et cependant il avait été si sérieux, que presque tous les vainqueurs y avaient reçu quelque blessure. Les *campieri* avaient vendu chèrement leur vie, et si Malacarne n'eût retrouvé son énergie en voyant que le Piccinino se ranimait et se battait assez de force pour se battre, la bande de Fra-Angelo eût pu être culbutée dans l'affreux ravin où elle se trouvait engagée.

L'aube grise et terne commençait à blanchir les cimes brumeuses qui fermaient l'horizon, lorsque les assiégeants rentrèrent dans la forteresse conquise. On devait la traverser pour se retirer, à couvert des regards des habitants de la ville, qui étaient sortis de leurs maisons et montaient timidement l'escalier de leur rue pour voir l'issue du combat. C'est à peine si cette population inquiète pouvait distinguer la masse agitée des combattants, éclairée seulement par les rapides éclairs des armes à feu. Quand on se battit corps à corps, les pâles citadins de Sperlinga restèrent glacés de terreur, en entendant les cris et les imprécations de cette lutte incompréhensible. Ils n'avaient aucune envie de secourir la garnison, et la plupart faisaient des vœux pour les bandits. Mais la peur des représailles les empêchait de venir à leur secours. Au lever de l'aube, on les aperçut presque nus, groupés sur les pointes de rocher comme des ombres frissonnantes, et s'agitant faiblement pour venir au secours du vainqueur.

Fra-Angelo et le Piccinino se gardèrent bien de les attendre. Ils entrèrent dans la forteresse précipitamment, chaque bandit y traînant un cadavre pour lui donner le *coup de sécurité*. Ils relevaient leurs blessés et défiguraient ceux d'entre eux qui étaient morts. Mais cette scène hideuse, pour laquelle Verbum-Caro retrouvait des forces, causa un dégoût mortel au Piccinino. Il donna des ordres à la hâte pour qu'on se dispersât et pour que chacun regagnât ses pénates ou son asile au plus vite. Puis il prit le bras de Fra-Angelo, et, confiant

Verbum-Caro aux soins de Malacarne et de sa bande, il voulut entraîner le moine dans sa fuite.

Mais Fra-Angelo, en proie à une anxiété affreuse, cherchait Michel et Magnani, et sans dire leurs noms à personne, il allait demandant les deux jeunes moines qui l'avaient accompagné. Il ne voulait point partir sans les avoir retrouvés, et son obstination désespérée menaçait de lui devenir funeste.

Enfin le Piccinino aperçut deux frocs tout au fond du ravin.

« Voici tes compagnons, dit-il au moine, en l'entraînant. Ils ont pris les devants : et je conçois qu'ils aient fui le spectacle affreux de cette victoire : mais leur sensibilité ne les empêche pas d'être deux braves. Quels sont donc ces jeunes gens? Je les ai vus se battre comme deux lions ; ils ont l'habit de ton ordre. Mais je ne puis concevoir comment ces deux héros ont vécu dans ton cloître sans que je les connusse. »

Fra-Angelo ne répondit point ; ses yeux voilés de sang cherchaient à distinguer les deux moines. Il reconnaissait bien les costumes qu'il avait donnés à Michel et à son ami ; mais il ne comprenait pas leur inaction, et l'indifférence qui semblait les isoler du reste de la scène. L'un lui paraissait assis, l'autre à genoux près de lui. Fra-Angelo descendit le ravin avec tant d'ardeur et de préoccupation qu'il faillit plusieurs fois rouler dans l'abîme.

Le Piccinino, douloureusement blessé, mais plein de volonté et de stoïcisme, le suivit, sans s'occuper de lui-même, et bientôt ils se trouvèrent au fond du précipice, dans un lieu abrité de tous côtés et horriblement désert, avec un torrent sous les pieds. Forcés de tourner plusieurs roches perpendiculaires, ils avaient perdu de vue les deux moines, et l'obscurité qui régnait encore au fond de cette gorge leur permettait à peine de se diriger.

Ils n'osaient appeler ; enfin ils aperçurent ceux qu'ils cherchaient. L'un était assis, en effet, soutenu dans les bras de l'autre. Fra-Angelo s'élança, et abattit le premier capuchon que sa main rencontra. Il vit la belle figure de Magnani, couverte des ombres de la mort ; son sang ruisselait par terre : Michel en était inondé et se sentait défaillir, quoiqu'il n'eût pas d'autre mal qu'une immense et insupportable douleur de ne pouvoir soulager son ami et de le voir expirer dans ses bras.

Fra-Angelo voulut essayer de secourir le noble artisan ; mais Magnani retint doucement la main qu'il voulait porter sur sa blessure. « Laissez-moi mourir en paix, mon père, dit-il d'une voix si faible que le moine était obligé de mettre son oreille contre la bouche du moribond pour l'entendre. Je suis heureux de pouvoir vous dire adieu. Vous direz à la mère et à la sœur de Michel que je suis mort pour le défendre ; mais que Michel ne le sache pas! Il aura soin de ma famille, et vous la consolerez... Nous avons la victoire n'est-ce pas? dit-il en s'adressant au Piccinino, qu'il regarda d'un œil éteint sans le reconnaître.

« O Mila! s'écria involontairement le Piccinino, tu aurais été la femme d'un brave!

— Où es-tu, Michel? je ne te vois plus, dit Magnani en cherchant son ami avec ses mains défaillantes. Nous sommes en sûreté ici, n'est-ce pas? aux portes de Catane, sans doute?... Tu vas embrasser ta mère? Ah! oui! J'entends le murmure de la naïade, ce bruit me rafraîchit ; l'eau pénètre dans ma blessure, bien froide... mais bien salutaire.

— Ranime-toi pour voir ma sœur et ma mère! s'écria Michel. Ah! tu vivras, nous ne nous quitterons jamais!

— Hélas! je connais ce sourire, dit le Piccinino à voix basse, en examinant les lèvres bleues de Magnani qui se contractaient ; ne le laissez plus parler.

— Mais je suis bien! dit Magnani d'une voix forte en étendant les bras. Je ne me sens point malade. Partons, mes amis! »

Il se leva par un mouvement convulsif, resta un instant debout et vacillant ; puis il retomba mort sur le sable que mouillait l'écume du ruisseau.

Michel resta atterré. Fra-Angelo ne perdit pas sa pré-sence d'esprit, bien que sa poitrine, oppressée par de rudes sanglots, exhalât des rugissements rauques et déchirants. Il souleva une énorme pierre qui fermait l'entrée d'une des mille grottes creusées jadis dans le grès, pour en tirer les matériaux de la forteresse. Il entoura soigneusement le corps de Magnani des plis du froc qui le couvrait, et, l'ayant ainsi enseveli provisoirement, il referma la grotte avec la pierre.

Ensuite il prit le bras de Michel et l'emmena avec le Piccinino à quelque cent pas de là, dans une grotte plus vaste qui servait d'habitation à une misérable famille. Michel eût pu reconnaître, dans l'homme qui vint les rejoindre peu d'instants après, un des paysans alliés de la bande ; mais Michel ne comprenait rien et ne reconnaissait personne.

Le paysan aida le moine à panser la blessure du Piccinino, qui était profonde et qui commençait à le faire souffrir, au point qu'il avait besoin de toute sa volonté pour cacher ses angoisses.

Fra-Angelo était meilleur chirurgien que la plupart de ceux de son pays qui en portaient le diplôme. Il fit subir au Piccinino une cruelle mais rapide opération, pour extraire la balle. Le patient ne proféra pas une plainte, et Michel ne retrouva la notion de la réalité qu'en le voyant pâlir et grincer les dents :

« Mon frère, dit-il en prenant sa main crispée, allez vous donc mourir aussi ?

— Plût au ciel que je fusse mort à la place de ton ami ! répondit Carmelo avec une sorte de cruauté envers lui-même. Je ne souffrirais plus, et je serais pleuré. Au lieu que je souffrirai toute ma vie, et ne serai regretté de personne !

— Ami, dit le moine en jetant la balle par terre, est-ce ainsi que tu reconnais le dévouement de ton frère ?

— Mon frère, répéta le Piccinino en portant la main de Michel à ses lèvres, tu ne l'as pas fait par affection pour moi, je le sais ; tu l'as fait pour ton honneur. Eh bien! tu es vengé de ma haine ; car tu conserves la tienne, et moi, je suis condamné à t'aimer ! »

Deux larmes coulèrent sur la joue livide du bandit. Était-ce un mouvement de sensibilité véritable, ou la réaction nerveuse qui succède à la tension violente de la douleur physique? Il y avait sans doute de l'un et de l'autre.

Le paysan proposa un remède étrange que Fra-Angelo accepta avec un grand empressement. C'était une vase bitumineuse que l'on trouvait au fond d'une source voisine, sous une eau saumâtre chargée de soufre. Les gens du pays la recueillent et la conservent dans des pots de grès pour en faire des emplâtres, c'est leur panacée. Fra-Angelo en fit un appareil qu'il posa sur la blessure du bandit. Puis, l'ayant lavé et couvert de quelques hardes qu'on acheta sur l'heure au paysan, ayant aussi lavé Michel et lui-même du sang dont ils avaient été couverts dans le combat, il fit avaler quelques gorgées de vin à ses compagnons, plaça Carmelo sur le mulet de leur hôte, donna à ce dernier une bonne somme en or, pour lui montrer qu'il y avait de l'avantage à servir la bonne cause, et le quitta en lui faisant jurer qu'il irait chercher, la nuit suivante, le corps de Magnani pour lui donner la sépulture avec autant de respect que s'il eût été son propre fils !

« Mon propre fils ! dit le paysan d'une voix sourde : celui que les Suisses m'ont tué l'année dernière? »

Cette parole donna à Michel plus de confiance en cet homme que tout ce qu'il eût pu promettre et jurer. Il le regarda pour la première fois, et remarqua une singulière énergie et une exaltation fanatique sur cette figure terne et creuse. C'était plus qu'un bandit, c'était un loup cervier, un vautour, toujours prêt à humer sur une proie ensanglantée pour la déchirer et assouvir sa rage dans ses entrailles. On voyait qu'il n'aurait pas assez de toute sa vie pour venger la mort de son fils. Il ne proposa point à ses hôtes de les guider dans leur fuite. Il lui tardait d'avoir rempli ses devoirs envers eux, afin d'aller voir dans le château si quelque *campiere* respirait encore, et d'insulter à son agonie.

LII.

CONCLUSION.

Les trois fugitifs mirent pour retourner à Catane le double du temps qui leur avait suffi pour venir à Sperlinga. Le Piccinino ne pouvait marcher longtemps sans tomber accablé par la fièvre sur le cou de son mulet. On faisait halte dans quelque grotte ou dans quelque ruine abandonnée, et le moine était forcé de lui faire boire du vin pour soutenir ses forces, bien qu'il reconnût que cela augmentait la fièvre.

Il fallait suivre des chemins escarpés et pénibles, ou plutôt éviter toute espèce de chemin, pour ne point s'exposer à des rencontres fâcheuses. Fra-Angelo comptait trouver, à mi-chemin de Catane, une famille de pauvres gens sur lesquels il pouvait compter comme sur lui-même, pour recueillir et soigner son malade ; mais il ne trouva qu'une maison déserte et déjà à demi écroulée. La misère avait chassé ces infortunés de leur asile. Ils ne pouvaient payer l'impôt dont cette chaumière était frappé. Peut-être étaient-ils en prison.

C'était un grave désappointement pour le moine et pour son compagnon. Ils s'étaient éloignés à dessein du pays exploité par les bandits, parce que, vers le midi, l'absence de danger rendait la police moins active. Mais en voyant désert le seul asile sur lequel ils avaient pu compter dans cette partie des montagnes, ils furent réellement alarmés. Le Piccinino pressa en vain le moine et Michel de l'abandonner à sa destinée, prétendant que, dès qu'il se verrait seul, la nécessité lui donnerait peut-être des forces surnaturelles ; ils s'y refusèrent, comme on peut croire, et, après avoir examiné tous les moyens, ils s'arrêtèrent au plus prompt et au plus sûr, quoiqu'il parût être le plus audacieux : c'était de conduire Carmelo dans le palais Palmarosa, et de l'y tenir caché jusqu'à ce qu'il fût en état de fuir. La princesse n'avait qu'à faire la moindre démarche de déférence auprès de certaines gens, pour écarter tout soupçon de sa conduite ; et dans une pareille circonstance, lorsque Michel lui-même pouvait être soupçonné d'avoir aidé à la délivrance du Piccinino, elle n'hésiterait point à tromper le parti de la cour sur ses sentiments politiques.

Cette idée du moine eût répugné à Michel quelques jours auparavant : mais chaque événement le rendait plus Sicilien, en lui faisant mieux comprendre la nécessité de la ruse. Il y acquiesça donc, et on n'eut plus à s'occuper que de faire entrer le blessé dans le palais, sans que personne l'aperçût. C'était le seul point important, car la retraite où vivait Agathe, son domestique peu nombreux et aveuglément dévoué, la fidélité et la discrétion de sa camériste Nunziata, qui, seule, pénétrait dans certaines pièces du casino, mille détails de l'existence habituellement mystérieuse de la princesse, rendaient cette retraite aussi sûre que possible. D'ailleurs, on aurait à deux pas le palais de la Serra pour y transporter le blessé, au cas où le palais Palmarosa ne pourrait plus offrir de sécurité. Il fut décidé que Michel prendrait les devants, et s'introduirait, à l'entrée de la nuit, chez sa mère ; qu'il l'avertirait de l'arrivée du blessé, et l'aiderait à disposer tout pour le recevoir et le faire entrer secrètement quelques heures plus tard.

Agathe était dans un état d'anxiété impossible à décrire, lorsque Nunziata l'avertit que quelqu'un l'attendait dans son oratoire. Elle y courut, et, au premier aspect d'une robe de moine, elle faillit s'évanouir, croyant qu'un des frères de Bel-Passo venait lui apporter quelque nouvelle funeste. Mais, quelque bien déguisé que fût Michel, l'œil maternel ne fut pas longtemps incertain, et elle l'étreignit dans ses bras en fondant en larmes.

Michel lui cacha les dangers qu'il avait courus ; elle les pressentirait assez tôt, lorsque la délivrance du Piccinino deviendrait la nouvelle du pays. Il lui dit seulement qu'il avait été chercher son frère dans une retraite sauvage, où il était mourant et privé de secours,

qu'il le lui amenait pour le confier à ses soins et qu'il fallait préparer son nouvel asile.

Au milieu de la nuit, le blessé arriva sans encombre ; mais il ne gravit point l'escalier de laves avec la même fierté d'allure que la dernière fois. Ses forces déclinaient de plus en plus. Fra-Angelo fut forcé de le porter jusqu'en haut. Il reconnut à peine Agathe, et pendant quelques jours il fut entre la vie et la mort.

L'inquiétude de Mila fut d'abord calmée lorsqu'elle apprit de Michel que Magnani était allé à Palerme pour lui rendre service. Mais il se passa bien des jours, et Magnani ne revenant pas, la famille s'étonna et s'alarma. Michel prétendait avoir reçu de ses nouvelles. Il était parti pour Rome, toujours pour lui rendre service, et, plus tard, on prétendit que l'affaire importante et secrète dont la famille Palmarosa l'avait chargé le conduisait à Milan, à Venise, à Vienne. Que sais-je? On le fit voyager pendant des années, et, pour calmer l'inquiétude et la douleur des parents, on leur lut, à eux qui ne savaient pas lire, des fragments de prétendues lettres ; on leur remit beaucoup d'argent qu'il était censé leur faire passer.

La famille Magnani fut riche et émerveillée de la fortune du pauvre Antonio. Elle vécut de mélancolie et d'espérance ; sa vieille mère mourut, s'affligeant de ne l'avoir pas embrassé, mais chargeant Michel de lui envoyer sa bénédiction.

Quant à Mila, elle eût été plus difficile à tromper, si la princesse, résolue à lui épargner une plus grande douleur, ne lui en eût suggéré une dont elle pouvait mieux prendre son parti. Elle lui fit entendre peu à peu, et finit par lui déclarer que Magnani, partagé entre son ancienne passion et son nouvel amour, avait craint de ne pas la rendre heureuse, et qu'il était parti, résolu à attendre, pour reparaître, qu'il fût entièrement guéri du passé.

Mila trouva de la noblesse et de la sincérité dans ce procédé ; mais elle se sentit piquée de n'avoir pas réussi toute seule à effacer le souvenir d'une passion si tenace. Elle travailla à se guérir, car on ne lui donnait pas pour certaine la guérison de son amant ; et sa grande fierté vint à son secours. Chaque jour l'absence prolongée de Magnani la rendit plus forte et plus courageuse. Lorsqu'on parla du voyage de Rome, on lui fit entendre que Magnani ne surmontait point l'ancienne affection et renonçait à la nouvelle. Mila ne pleura point, elle pria sans amertume pour le bonheur d'un ingrat et reprit peu à peu la sérénité de son humeur.

Michel souffrit beaucoup, sans doute, de l'entendre accuser parfois cet absent, qui eût mérité un culte dans sa mémoire ; mais il sacrifia tout au repos de sa chère sœur d'adoption. Il alla en secret, avec Fra-Angelo, voir la tombe de son ami. Le paysan qui l'avait enseveli les mena dans le cimetière d'un couvent voisin. De bons moines, patriotes comme ils le sont généralement en Sicile, l'y avaient porté durant la nuit, et avaient inscrit ces mots en latin sur une pierre qui lui servait de monument, parmi les roses blanches et les cytises en fleur :

« Ici repose un martyr inconnu. »

La convalescence du Piccinino fut plus longue qu'on ne s'y était attendu. La blessure guérit assez vite ; mais une fièvre nerveuse d'un caractère assez grave le retint trois mois dans le boudoir d'Agathe, qui lui servait de chambre, et qui lui gardé avec un soin religieux.

Une révolution morale tendait à s'opérer chez ce jeune homme méfiant et entier. La sollicitude de Michel et de la princesse, la délicatesse de leurs consolations, ces mille douceurs de la bonté qu'il avait perdues avec sa mère et qu'il n'avait jamais espéré retrouver dans d'autres âmes, entamèrent peu à peu la sécheresse et l'orgueil dont il s'était cuirassé. Il avait toujours éprouvé un besoin ardent d'être aimé, bien qu'il ne fût pas capable lui-même de sentir l'affection avec autant de force et de persistance que la haine. Il fut d'abord comme blessé et humilié d'être forcé à la reconnaissance. Mais il arriva qu'un miracle du cœur d'Agathe en produisit un sur

Michel, et que ce miracle s'accomplît à son tour sur Carmelo. Agathe, quoique froide en apparence et exclusive dans ses sentiments, avait le cœur si large et si généreux qu'elle arrivait à aimer ceux qu'elle plaignait. Il y eut encore bien des moments où les froides théories du Piccinino lui firent horreur; mais la pitié fut plus forte lorsqu'elle comprit combien ce parti pris de se raidir contre toutes choses le rendait malheureux. Dans ses souffrances physiques et dans ses exaltations nerveuses, le Piccinino, après avoir vanté et prouvé la sûreté de sa clairvoyance à l'endroit des affections humaines, déplorait cette triste faculté avec une amertume qui frappait Agathe.

Un soir, qu'elle parlait de lui avec Michel, et que celui-ci lui avouait ne ressentir aucune sympathie pour son frère : « Le devoir t'amène, lui dit-elle, à le soigner, à t'exposer pour lui, à le combler de services et d'égards. Eh bien! il faut aimer son devoir, et ce frère en est un bien terrible. Le devoir serait donc plus doux si tu pouvais l'aimer. Essaie, Michel, peut-être qu'alors ce cœur de marbre changera aussi, car il a des facultés de sibylle. Il sent peut-être que tu ne l'aimes point, et il reste froid. Tu n'auras pas eu plus tôt un élan sincère et tendre vers lui, même sans le lui témoigner, qu'il le devinera et t'aimera peut-être à son tour. Moi, je vais essayer pour te donner l'exemple. Je vais m'efforcer de me persuader qu'il est mon fils, un fils bien différent de toi, Michel, mais que ses défauts ne m'empêchent pas d'aimer. »

Agathe tint parole, et Michel voulut la seconder. Le Piccinino sentit de l'intérêt véritable pour son mal moral au milieu de tous ces soins vertueux prodigués à son mal physique; il s'attendrit peu à peu, et un jour il porta pour la première fois la main d'Agathe à ses lèvres, en lui disant :

« Vous êtes bonne comme ma mère. Oh! que ne suis-je votre fils! j'aimerais alors Michel, parce que les mêmes entrailles nous auraient portés. On n'est vraiment frères que par la femme. Elle seule peut nous faire comprendre ce qu'on appelle la voix du sang, le cri de la nature. »

Puis, un autre jour, il dit à Michel : « Je ne t'aime pas, parce que tu es le fils de mon père. Un homme qui a mêlé la pureté de son sang à celui de tant de femmes si diverses d'origine et de nature devait être une organisation mobile, compliquée, manquant d'unité : aussi ses fils diffèrent-ils entre eux comme le jour de la nuit. Si je venais à t'aimer, toi que j'estime et que j'admire, c'est parce que tu as une mère que j'aime et que je me persuade parfois être la mienne aussi. »

Quand le Piccinino fut en état de reprendre sa vie d'aventures, à laquelle il avait tant aspiré durant les langueurs de sa maladie, il fut tout à coup brisé à l'idée de rompre une vie qu'on lui avait faite si douce. Il voulut prendre un air dégagé, et refusa les offres d'un meilleur sort que lui faisaient Michel et Agathe; mais il était évident qu'il était dévoré d'effroi et de regrets.

« Mon cher enfant, lui dit le marquis, vous devez accepter les moyens de rendre plus vaste et plus efficace la mission à laquelle vous vous êtes voué. Nous n'avons jamais eu la pensée de vous faire rentrer d'une manière puérile et poltronne dans cette société que vous dédaignez, et pour laquelle vous n'êtes point fait. Mais, sans subir de contrainte, sans changer rien à vos principes de négation et d'indépendance, vous pouvez faire une alliance véritable, au-dessus des lois établies, avec la véritable humanité. Jusqu'à ce jour, vous vous êtes trompé, en vous efforçant de haïr les hommes. Ce sont leurs méchantes et fausses institutions contre lesquelles vous protestez. Au fond du cœur, vous aimez vos semblables, puisque vous souffrez de leur aversion et de votre isolement. Comprenez donc mieux votre fonction de justicier d'aventure. Jusqu'ici, votre imagination a usurpé ce titre, puisque vous ne l'avez fait servir qu'à des vengeances personnelles et à la satisfaction de vos instincts. Ce qui vous a manqué pour jouer un plus beau rôle et servir plus grandement notre pays, c'est un plus vaste théâtre et des ressources proportionnées à votre ambition. Votre frère vous offre ces ressources; il est prêt à partager ses revenus avec vous, et ce partage vous rendra puissant dans votre œuvre sans vous lier à la société par aucun point. Vous ne pourriez, en effet, devenir seigneur et propriétaire sans contracter des engagements avec les choses légales; mais, en puisant en secret dans l'amitié fraternelle la force qui vous est nécessaire, vous resterez étranger au monde où nous vivons, tout en devenant capable de travailler à en changer les vices. Vous pourrez sortir de cette île malheureuse où vos efforts sont trop concentrés pour avoir de l'effet; vous pourrez chercher ailleurs des compagnons et des adeptes, établir au loin des relations avec les ennemis du mal public, travailler pour la cause de l'esclavage universel, vous instruire des moyens qui peuvent le faire cesser, et revenir chez nous avec des lumières et des secours qui feront plus en un an que vos expéditions contre de malheureux campieri ne feraient dans toute votre vie. Vos facultés vous placent bien au-dessus de ce métier de bandit. Votre pénétration, votre sagacité, votre instruction étendue et variée, tout jusqu'au charme de votre visage et à la séduction de vos paroles, vous destine à être un homme d'action politique aussi prudent que téméraire, aussi habile que brave. Oui, vous êtes né conspirateur. Le hasard de la naissance vous a jeté dans cette voie, et votre organisation vous a rendu propre à y briller d'un grand éclat. Mais il y a de grandes conspirations, qui, lors même qu'elles avortent sur un point du globe, font marcher la cause de la liberté dans l'univers : et il y en a de petites qui finissent au bout d'une potence avec le héros inconnu qui les a ourdies. Que vous tombiez demain dans une embuscade, votre bande est dispersée, et le dernier soupir de l'indépendance nationale s'exhale de votre poitrine. Mais conspirez sous le soleil de l'humanité, au lieu de flibuster dans l'ombre de nos précipices, et un jour vous pourriez être le libérateur de nos frères, au lieu d'être la terreur de nos vieilles femmes. »

Ces paroles étaient à la fois dures et flatteuses pour l'amour-propre chatouilleux du Piccinino. Cette critique de sa vie passée le faisait souffrir; mais le jugement porté sur sa capacité future le rassurait. Il rougit, pâlit, rêva, comprit. Il était trop intelligent pour se défendre contre la vérité. Agathe et Michel prirent ses mains avec affection, et le supplièrent à genoux d'accepter la moitié d'une fortune qu'ils lui devaient tout entière. Des larmes de fierté, d'espérance, de joie, et peut-être aussi de reconnaissance, s'échappèrent de ses yeux ardents, et il accepta.

Il faut dire aussi qu'un autre miracle s'était fait à l'insu de tous dans le cœur de cet homme étrange. L'amour, le pur amour l'avait vaincu. Mila avait été sa garde-malade, et Mila avait enchaîné le tigre. Elle en était fière avec raison, et puis elle était très-fière naturellement. L'amour du capitaine Piccinino la relevait à ses propres yeux de la tache que Magnani avait faite à sa gloire en l'abandonnant. Elle était brave aussi. Elle se sentait née pour quelque chose de plus difficile et de plus brillant que de filer de la soie. Ses instincts d'héroïsme et de poésie s'arrangeaient fort bien d'une existence périlleuse et pleine d'émotions. Carmelo, qui avait regretté, à leur première entrevue, qu'elle ne fût pas un petit garçon dont, comme Lara, il pourrait faire son page, changea d'avis, en se disant que la beauté d'une femme et le cœur d'une héroïne ajoutaient singulièrement au charme du jeune compagnon qu'il rêvait.

Cependant il n'obtint pas Mila tout de suite. Elle se fit elle-même le gage et la récompense de la docilité avec laquelle il suivrait les conseils de la princesse et du marquis. Je crois que ce jour viendra bientôt, s'il n'est déjà venu. Mais ici finit le roman, qui pourrait encore durer longtemps si je le voulais, car je persiste à dire qu'aucun roman ne peut finir.

FIN DE PICCININO.

ENCYCLOPÉDIE D'HISTOIRE NATURELLE

Ou Traité complet de cette science d'après les travaux des Naturalistes les plus éminents de tous les pays et de toutes les époques,

BUFFON, DAUBENTON, G. CUVIER, LACÉPÈDE, ETC., ETC.,

6 fr. 30 c. le volume.   **PAR LE D' CHENU**   **1 fr. 5 c. la série.**

Chirurgien-Major à l'hôpital militaire du Val-de-Grâce, professeur d'Histoire naturelle, etc., etc.

L'Encyclopédie comprendra les *Races humaines*, les *Mammifères*, les *Insectes*, les *Papillons*, les *Oiseaux*, les *Poissons*, les *Mollusques*, les *Reptiles*, la *Botanique*, la *Minéralogie*, la *Géologie*, etc., etc.

En vente

LES QUADRUMANES (*Singes*), formant un magnifique volume illust. de près de 300 vignettes. — *Prix broché*. **6 fr. 30**

LES INSECTES-COLÉOPTÈRES, 2 volumes illustrés de près de 1,200 vignettes. — *Prix broché*. **12 fr. 60**

LES OISEAUX, 6 volumes illustrés de 3,000 vignettes. — *Prix broché*. **37 fr. 80**

LES PAPILLONS DIURNES, un volume illustré de 500 vignettes. — *Prix broché*. **6 fr. 30**

LES MAMMIFÈRES (*Quadrupèdes*), 4 volumes illustrés de 1,200 vignettes. — *Prix broché*. **26 fr. 25**

LA BOTANIQUE, 2 volumes illustrés de 600 vignettes. *Prix broché*. **14 fr. 70**

En cours de publication

LES REPTILES et POISSONS.

CHAQUE VOLUME SE VEND SÉPARÉMENT.

Ce *magnifique corps d'ouvrage est le plus beau, le moins cher, le plus splendidement illustré, et sera le plus complet de tous ceux qui ont paru jusqu'à ce jour.*

LEMAISTRE DE SACY
Prix broché.

La Sainte Bible. . . . . 9 fr. »
L'Ancien Testament *séparé*. . . . . . 7 »
Le Nouveau Testament *séparé*. . . . . 2 »
Collection de gravures sur acier pour illustrer toutes les éditions de la Bible. Prix de chaque série de 5 gravures. . . . » 50
La collection se compose de 40 séries.

LAMENNAIS
Les Saints Évangiles, avec notes et réflexions. 1 30

VILLIAUMÉ
Histoire de la Révolution. . . . . . . 6 »

FELLENS
Histoire de Louis-Napoléon. 2 20

LORD BYRON
Œuvres complètes, illustrées de 100 gravures. . . . 5 »

WALTER SCOTT
Œuvres complètes. 6 volumes illustrés de 500 gravures. . . . 36 »

GRANDVILLE
Les Animaux peints par eux-mêmes. Un magnifique volume, illustré par Grandville. . . . . 4 »

GAVARNI, ETC.
Le Diable à Paris. Un magnifique volume, illustré par Gavarni, Andrieux, etc. . . . . 4 »

J. J. ROUSSEAU
La Nouvelle Héloïse. 2 10
Mes Confessions. 2 10
Émile. 2 10
Les trois ouvrages, réunis en un volume broché. . . . 6 »

MOLIÈRE
Œuvres complètes. . . . . 4 »
Histoire de la Vie et des Ouvrages de Molière, par Taschereau. . . . » 90

BESCHERELLE AÎNÉ
L'INSTRUCTION POPULARISÉE PAR L'ILLUSTRATION
Prix broché.

L'Art de briller en Société. 1 30
Mythologie illustrée (1re partie). . . . » 90
Id. (2e partie). . . . . . » 90
Monuments élevés à la gloire militaire. . 1 30
Le tout *réuni* en un volume illustré de 120 gravures. . 4 »
Les grands Guerriers des Croisades. . . » 50
Histoire des Ballons. . . . . » 50
Les Jeux des différents âges. . . . . . » 70
Les Beaux-Arts illustrés. . . . . . . » 70
Histoire de l'Armée. . . . . » 90
La Mythologie grecque et romaine. . . » 90
Les Marins illustres. 1 10
Le tout *réuni* en un volume illustré de 150 gravures. . 5 »

ALFRED DE MUSSET, ETC.
Voyage où il vous plaira, ill. par T. Johannot (1re partie). . 1 10
Id. Id. (2e partie). . 1 10
Id. Id. (3e partie). . » 90

CHARLES NODIER
Contes choisis (1re partie). . . . . . » 70
Id. (2e partie). . . . . . » 70
Le Voyage où il vous plaira, *réuni* aux Contes de Charles Nodier, forme un magnifique volume. . . . . 4 »

MAGASIN DES ROMANS INÉDITS. 2 vol. grand in-8, illustrés de 180 gravures.
Tome 1er, contenant : Raphaël et la Fornarina, par Méry; les Amours d'un Hercule, par Savinien-Lapointe; l'Amoureux de Rimini, par Antony Méray; la Maison isolée, par Émile Souvestre; les Guérillas, par Émile Marco Saint-Hilaire. . . 4 »
Tome 2e, contenant : La Puritaine et l'Homme des bois, par Eugène Nus; Louise le Modèle, par Louis Boiviu; les Amoureux de Pierrefonds, par Henry de Kock; la Lettre rouge, par Hawthorne; Daniel le Vagabond, par Savinien-Lapointe. . . 4 »
Chaque volume et chaque ouvrage se vendent séparément.

NOUVEAU MUSÉE UNIVERSEL

Reproduisant, par le dessin, les personnages historiques, les types, les monuments, les sites les plus remarquables, etc., etc.

Dessins par les premiers artistes. — *Texte explicatif par le* BIBLIOPHILE JACOB.

Prix broché : 5 francs.

PANORAMA MUSICAL

RECUEIL DE ROMANCES, AIRS, CHANSONNETTES, VALSES, POLKAS, QUADRILLES, etc., etc., etc.,

PAR LES PLUS CÉLÈBRES COMPOSITEURS

Chaque Livraison, **20** centimes. — Chaque Album, **60** centimes

Les cinquante premières livraisons et les vingt-cinq premiers Albums sont en vente.

NOTA. — Outre les ouvrages indiqués ci-dessus et ci-contre, le Catalogue général contient une très-grande quantité d'œuvres de nos plus célèbres auteurs, et notamment de **Chateaubriand**, le **Bibliophile Jacob, Paul Féval, Alph. Karr, Jacques Arago, Eug. Scribe, Michel Masson, Méry, Pigault-Lebrun, Ricard, Élie Berthet, Dulaure, Anquetil, Hume, Smollett, Albert de Montémont** (*Voyages*), **Lafontaine, Le Dante, Rabelais,** etc. etc. etc.

ŒUVRES ILLUSTRÉES

D'ALEXANDRE DUMAS

	Prix broché		Prix broché
LOUIS XIV ET SON SIÈCLE, 1 vol. ill. de 180 gr.	6 fr.	LES MILLE ET UN FANTOMES. — PASCAL BRUNO.	
LA RÉGENCE ET LOUIS XV, 2 vol. ill. de 70 gravures.	8 »	Réunis en un volume illustré de 100 gravures.	4 »
LES TROIS MOUSQUETAIRES, 2 vol ill. de 200 gr.	8 »	PAULINE DE MEULIEN. — LYDÉRIC. — JACQUES Ier	
VINGT ANS APRÈS, 3 volumes illustrés de 300 gravures.	12 »	ET JACQUES II. — Réunis en un volume ill. de 100 gr.	4 »
LE VICOMTE DE BRAGELONNE, 4 vol. ill. de 125 gr.	6 »	LES FRÈRES CORSES. — OTHON L'ARCHER. — MURAT.	
LE COMTE DE MONTE-CHRISTO, 6 vol. ill. de 600 gr.	24 »	Réunis en un volume illustré de 100 gravures.	4 »
LA REINE MARGOT, 2 volumes illustrés de 200 gravures.	8 »	LA FEMME AU COLLIER DE VELOURS. — LE CAPITAINE MARION. — LA JUNON. — LE KENT. 1 vol. ill. de 75 gravures.	4 »
LE CHEVALIER DE MAISON-ROUGE, 1 vol. ill. de 100 gravures.	4 »	LE TROU DE L'ENFER, 1 vol. illustré de 75 grav.	4 »
LE CHEVALIER D'HARMENTAL, 2 vol. ill. de 200 gr.	8 »	LES MARIAGES DU PÈRE OLIFUS. — LES MÉDICIS 1 vol. illustré de 75 gravures.	4 »
IMPRESSIONS DE VOYAGE (Suisse), 3 vol ill de 300 gr.	12 »	L'HISTOIRE DE LA PEINTURE. — Léonard de Vinci. — Massaccio de S.-Giovani. — Le Pérugin. — Jean Belin. — Luca Granach. — Albert Durer. — Fra Bartolomeo. — André dé Montagna. — Pinturicolo. — Baldassare Peruzzi. — Giorgione. — Quentin Metzis. — LES DEUX ÉTUDIANTS DE BOLOGNE. — DOM BERNARDO DE ZUÑIGA. 1 volume illustré de 75 gravures.	4 »
QUINZE JOURS AU SINAÏ, 1 vol. ill. de 100 grav.	4 »		
BLANCHE DE BEAULIEU. — UN BAL MASQUÉ. — LE COCHER DE CABRIOLET. — BERNARD. — CHERUBINO ET CELESTINI. — HISTOIRE D'UN MORT. — UNE AME A NAITRE. — LA MAIN DROITE DU SIRE DE GIAC. — DON MARTINN DE FREYTAS. — Réunis en un volume illustré de 100 gravures.	4 »		

H. DE BALZAC
ŒUVRES ILLUSTRÉES

	Prix broché
Comprenant toute la *Comédie humaine* et le *Théâtre complet*, réunis en 8 beaux volumes illustrés de 600 gravures.	32 fr. » c.

ŒUVRES DE JEUNESSE

L'Héritière de Birague.	» 90	Argow le pirate.	» 90
Jean-Louis.	» 90	Jane la Pâle.	» 90
La dernière Fée.	» 70	Le Centenaire.	» 90
Le Vicaire des Ardennes.	2 90	L'Excommunié.	» 90
L'Israélite.	1 10	Dba Gigadas.	» 90
Les 5 ouvrages réunis.	4 »	*Les 5 ouvrages réunis.*	4 »

EUGÈNE SUE
ŒUVRES ILLUSTRÉES

	Prix broché
Comprenant les principaux ouvrages réunis en 6 volumes illustrés de 500 gravures.	28 fr. »
Jean Bart et Louis XIV, ou HISTOIRE DE LA MARINE, AU XVIIe SIÈCLE. Magnifique édition illustrée de 125 gravures.	8 »
La Paresse.	» » 50
La Marquise d'Alfi.	» » 70

EN PRÉPARATION

L'Avarice. — La Gourmandise.	

VICTOR HUGO
ŒUVRES ILLUSTRÉES

	Prix broché
Comprenant les œuvres complètes réunies en 4 volumes illustrés de 400 gravures.	19 fr. 20 c.

GEORGE SAND
ŒUVRES ILLUSTRÉES

	Prix broché
Comprenant les principaux ouvrages réunis en 9 volumes illustrés de 800 gravures.	36 fr. » c.

LE

DICTIONNAIRE FRANÇAIS

ILLUSTRÉ

PANTHÉON LITTÉRAIRE, SCIENTIFIQUE, BIOGRAPHIQUE

DICTIONNAIRE D'HISTOIRE, DE BOTANIQUE, DE GÉOGRAPHIE

ENCYCLOPÉDIE DES ARTS ET MÉTIERS

PAR

MAURICE LA CHATRE

20 centimes la livraison	**Ouvrage complet en 100 livraisons**
16 PAGES DE TEXTE ILLUSTRÉES DE GRAVURES SUR BOIS	1,600 PAGES DE TEXTE AVEC 2,000 GRAVURES
Une livraison par semaine.	Prix : 10 francs.

Paris. — Typographie de Gaittet et Cie, rue Git-le-Cœur, 7.